"十四五"国家重点出版物出版专项规划项目
重大出版工程规划

总主编
李振宏

礼记

学术史

潘斌 著

山东城市出版传媒集团·济南出版社

图书在版编目（CIP）数据

《礼记》学术史 / 潘斌著. —济南：济南出版社，2022.11

（中华元典学术史 / 李振宏主编）

ISBN 978-7-5488-5447-0

Ⅰ.①礼… Ⅱ.①潘… Ⅲ.①礼仪—中国—古代 ②《礼记》—研究 Ⅳ.①K892.9

中国版本图书馆 CIP 数据核字（2022）第 221298 号

《礼记》学术史
LIJI XUESHUSHI

出 版 人	田俊林
图书策划	朱孔宝　张雪丽
责任编辑	丁洪玉
装帧设计	牛　钧

出版发行	济南出版社
地　　址	山东省济南市二环南路 1 号（250002）
发行热线	0531-86922073　67817923
	86131701　86131704
印　　刷	山东临沂新华印刷物流集团有限责任公司
版　　次	2022 年 11 月第 1 版
印　　次	2023 年 1 月第 1 次印刷
成品尺寸	148mm×210mm　32 开
印　　张	13.75
字　　数	300 千字
定　　价	88.00 元

（济南版图书，如有印装错误，请与出版社联系调换。）

联系电话：0531-86131736）

总　序

　　从春秋战国到秦汉之际，中国历史经历了一个长达六百年的大动荡、大变革时代。在这场深刻的历史变迁中，此前思想文化领域中各种处于萌芽状态的意识形态、哲学观念、历史意识、宗教神学、文化科学等，都以成熟的形态凝聚、荟萃，而涌现出一批文化元典，为后世中华文化的发展，奠定了一个义域广阔的开放性基础。这些文化元典，包括传统所谓"六经"和先秦诸子之书，历史地奠定了中国文化的发展道路，塑造了中国文化的精神面貌，中国传统文化的文化基因，就深埋在这批文化典籍之中。

　　这批文化典籍以及后世原创性的具有开创意义的文化典籍，传统称之为"中华经典"，从20世纪90年代开始，人们改用"元典"的称谓。这一改变确有深意，但却为人留下疑惑。以笔者之见，这一称谓的改变，反映着文化观念的一大进步。"经典"表征着典籍的神圣性和权威性，经典思想意味着它的只能遵循而不能分析和质疑的属性，经典思维束缚了思想的发展。我们知道，马克思主义哲学的本质属性是其革命性和批判性，它要求我们以科学理性的态度对待传统文化，要求我们从对

"经典"膜拜和盲从的传统积习中解放出来,以更科学的态度对待传统,以更理性的态度研究传统。从"经典"到"元典",这一典籍称谓的改变,意味着我们对传统文化的研究,正在走上更为科学而理性的道路。那么,何谓"元典"?

元者,始也,首也,意谓"第一"和"初始"。这是中国最早的一批文化典籍,对于后世思想文化的发展,具有初始意义。

元者,大也,意谓宏大而辽阔。这批文化典籍提供的思想场域,涵盖了后世中国思想发展的诸多问题意识,具有全覆盖的特点。

元者,善也,吉也,有美好、宝贵和嘉言之意。这批文化典籍提供了后世中国最宝贵、善良和美好的思想修养资源。

元者,基也,根也,具有基础、根本、本源之意。这批文化典籍是后世中国文化的基础和出发点,一切思想元素都来源于此,一切思想的发展都以此为根基。

元者,要也,有主要、重要之意。这批文化典籍不是中国文化典籍的全部,但却是中国文化中最重要、最核心的部分。

总之,"元典"包含有始典、首典、基本之典及大典、善典、宝典等意蕴。"元典"称谓,既在某种程度上包含了传统的圣典、经典之义,又避开了对传统典籍非理性尊崇的嫌疑。

这是笔者以前曾经做过的表述,转述于斯。这批文化元典,包含了中国文化的基本要义，奠定了后世中华文化的发展方向，但并不意味着由文化元典所奠定的文化精神是一成不变的。从先秦元典到现代的中华文化，是一个生成、发展、传承、演变而不断提升的历史过程，是一个思想发展的生生不息的过程。

思想发展的动力何在？马克思、恩格斯说过："思想的历史除了证明精神生产随着物质生产的改造而改造，还证明了什么呢？"（《马克思恩格斯选集》第1卷，人民出版社1995年版，第292页）的确如此，中国元典精神的发展，就是和中国社会经济的发展、中国历史进程的演变，平行而进的。中国历史的每一次变革，以至每一个新的历史时代，都催促当时代哲人从元典著作中寻找答案，并从新的历史条件出发，对元典著作做出符合新时代需要的创造性阐释，为时代的发展提供精神动力。这种不断地返本开新的思想创造活动，就形成了生生不息的元典文化的学术史、思想史。

历代学人对元典精神的时代性阐释，都是元典文化精髓在更高层次上的发扬和转换，是将原有文化元典本已蕴含的文化意蕴在新形势下重新发现、重新唤起，并赋之以新的生命活力。这样，历代学人对文化元典的重新阐释，就构成了中华文化精神的发展史。我们今人所继承的中华文化传统，就是这样伴随着时代的发展在不断的阐释中形成的。中国文化精神，不仅深埋在固有的文化元典中，也活跃在历代学人对元典不断阐释的学术史之中。而要认识今天中国文化的基本精神，理解这种文化的思维特性，洞彻我们的民族心理，就需要下功夫去做元典学术史的研究工作，并把研究的成果向社会推广。济南出版社策划出版的这套《中华元典学术史》丛书，立意就正在这里。本丛书的组织者，希望我们的社会大众，能够在这套书中，看到我们民族文化的精髓和内核，了解中国思想文化发展的历史轨迹，明白民族文化的发展趋势和历史走向，从而更加科学而理性地看待我们所传承并将继续发扬光大的民族文化传统。

从这样的著述宗旨出发，我们要求著述者坚持学术史研究最重要的方法论思想，深刻揭示元典著作被不断阐述、返本开新的时代内涵，从中国历史的发展过程中阐释元典精神的生命力；

从学术史著述的基本特性出发，我们要求著述者严格遵循传统的"辨章学术、考镜源流"的学术史逻辑，清晰地描述元典精神发展演变的历史线索，以揭示中国文化精神的思想轨迹；

从本丛书的社会使命出发，我们要求著述者偏重从思想史的角度，梳理元典思想发展的线索，而不囿于传统元典研究的文献考订方面，将读者定位于社会大众，希望社会读者能够真正得到思想的启发；

从本丛书的预期效果出发，我们要求著述者恪守"学术著作、大众阅读"的著述风格，要求在坚持学术性的同时强调可读性，把适合大众阅读作为在写作方面的基本原则。

经过几年的努力，本丛书终于要和读者见面了。自我检视，这些著述已经实现了丛书设计者的初衷，达成了预期目标，可以放心地交给社会大众去接受检验了。当然，文化著述的最终评判者是读者，是真正喜欢它们的社会大众。我们真诚地希望丛书可以唤起人们对元典文化的热爱，唤起人们对自我文化传统学术史和思想史的关注，从民族文化的历史脉络中汲取营养，从而更自觉地承担起传承中华民族优秀文化传统的历史使命。

李振宏

2022 年 7 月 20 日

目　录

绪论 / 01

第一章　《礼记》的成书、思想及版本 / 13
　　《礼记》的作者和成书 / 14
　　《礼记》的思想 / 40
　　《礼记》的版本及流传情况 / 56

第二章　汉唐时期的《礼记》学 / 59
　　汉唐时期《礼记》学概论 / 60
　　《礼记》学与汉代今古文经学之争 / 71
　　《礼记》与南北朝隋唐义疏之学 / 89
　　唐代《礼记》地位升迁的原因及意义 / 101

第三章　宋元明时期的《礼记》学 / 113
　　宋元明时期《礼记》学概论 / 114
　　《礼记》与理学思想体系之建构 / 127
　　《礼记》与心学思想体系之建构 / 188
　　《礼记》与经世致用 / 198

第四章　清代的《礼记》学 / 219

清代《礼记》学概论 / 220

清初《礼记》学与辨疑思潮的兴起 / 229

清中期《礼记》学与考据学的隆盛 / 249

晚清《礼记》学与今古文之辨 / 282

清代《礼记》学与经世致用 / 297

第五章　20世纪的《礼记》学 / 309

20世纪《礼记》学概论 / 310

《礼记》成书问题之研究 / 323

《礼记》所记制度和思想之研究 / 349

出土文献与《礼记》之研究 / 366

分科而治与《礼记》单篇研究 / 380

主要参考文献 / 413

后　记 / 430

绪　论

一、问题的提出

"礼"是中国古代社会的表征和中国传统文化的核心。从先秦到清代，礼一直是中国古代社会共同体所追求的理想社会的理论框架和价值标准，中国传统文化就是一种以礼的范式而存在的文化。钱穆先生说："中国文化的核心是礼。在西方语言中没有'礼'的同义词。它是整个中国人世界里一切习俗行为的准则，标志着中国的特殊性。正因为西语中没有'礼'这个概念，西方只是用风俗之差异来区分文化，似乎文化只是影响其所及地区各种风俗习惯的总和。"[①] 在儒家学说中，"礼"既是社会政治理想，又是伦理道德规范，它通过对人们思想行为的引导、制约和规范来维护社会的安定和发展。要认识中国古代社会和中华民族精神，研究礼学是必不可少的前提条件。

"礼"这个概念或范畴可从六个层次来理解：一是"礼典"，即记载礼仪和礼义的典籍，其中最重要的就是"三礼"

[①] 邓尔麟：《钱穆与七房桥世界》，社会科学文献出版社，1998，第7—8页。

(《周礼》《仪礼》《礼记》);二是"礼物",即行礼过程中所需的器、物;三是"礼仪",即礼的仪式和程序,这些程序十分复杂,内容极多;四是"礼制",即根据礼的核心要义而制定的一些制度;五是"礼义",即礼所蕴含的深层蕴义;六是"礼俗",即在礼的影响下形成的百姓日常生活中的风俗和习惯。在"礼"的六个层次中,"礼典"是核心和基础,特别是《周礼》《仪礼》《礼记》三部礼经所记载的礼仪和礼义,成为古往今来中国人构建学术思想体系、修养身心、经世致用的重要思想文化资源。

"三礼"是《周礼》《仪礼》《礼记》三部古典文献的统称,属于儒家"十三经",在中国思想文化史上占有重要地位。[①]《周礼》又名《周官》《周官经》,是"十三经"中唯一一部详言班朝治军、设官分职之书;《仪礼》是一部记载古代贵族生活中之冠、婚、丧、祭、乡、射、朝、聘等各种礼仪的书;《礼记》是一部先秦到秦汉时期礼学资料的汇编,共四十九篇,篇目编次没有义例,各篇内容博杂,有的是对《仪礼》部分内容所作之诠释,有的是对孔子及其弟子言行之记录,还有的是对礼学所作的通论。"三礼"之中,《礼记》与记载各种礼仪的《仪礼》关系较近,而与言官制的《周礼》关系较远。在中国古代,《仪礼》又被称作"礼经",此所谓"经",是相对于《礼记》的"记"而言。"经"是根本,而"记"是因为"经"才出现的,因此"记"是"经"的"附庸",从这个角度而言,

---

[①] "三礼"合称始于东汉郑玄,晚清皮锡瑞说:"'三礼'之名,起于汉末。……盖以郑君并注三书,后世盛行郑《注》,于三书有'三礼'之名。"见[清]皮锡瑞:《经学通论》,《皮锡瑞全集》第6册,中华书局,2015,第369页。

绪　论

《仪礼》的重要性当在《礼记》之上。中国古代不少人都持这种观点。比如朱熹说："《仪礼》，礼之根本，而《礼记》乃其枝叶。《礼记》乃秦汉上下诸儒解释《仪礼》之书，又有他说附益于其间。"①"学礼，先看《仪礼》。《仪礼》是全书，其他皆是讲说。……《儒行》《乐记》非圣人之书，乃战国贤士为之。"② 朱熹强调《仪礼》比《礼记》重要，是受"经"与"记"关系学说的影响。与朱熹之说不同，清人焦循认为《礼记》的地位当在"三礼"之首，他说："以余论之，《周官》《仪礼》，一代之书也；《礼记》，万世之书也。必先明乎《礼记》，而后可学《周官》《仪礼》。《记》之言曰'礼以时为大'，此一言也以蔽千万世制礼之法可矣。《周官》《仪礼》固作于圣人，乃亦惟周之时用之。"③ "三礼"之中，焦循认为《礼记》最为重要，《礼记》是"万世之书"，而《周礼》《仪礼》是"一代之书"，其理由是《礼记》所涵之义理适用于各代，而《周礼》《仪礼》所记之名物制度"惟周之时用之"。虽然焦循之说未免片面，但是从礼义的角度来看，《礼记》所具有的优先性和重要性是不容置疑的。

虽然《礼记》成书比《周礼》《仪礼》要晚，但是从其对中国思想文化的影响来看，一点也不比《周礼》《仪礼》逊色。汉代以来的学术思潮形成过程中，《礼记》从来都未缺席。比如

---

① ［宋］黎靖德辑：《朱子语类》卷八四，《朱子全书》（修订本）第17册，上海古籍出版社、安徽教育出版社，2010，第2889页。
② ［宋］黎靖德辑：《朱子语类》卷八七，《朱子全书》（修订本）第17册，上海古籍出版社、安徽教育出版社，2010，第2941页。
③ ［清］焦循：《礼记补疏叙》，《礼记补疏》卷首，《续修四库全书》第105册，第1页。

汉代的今古文之争，经学大师马融、卢植、郑玄等皆有关于《礼记》今文或古文的辨析。曹魏时期的"郑王之争"，王肃驳郑玄时所依靠的重要经典就是《礼记》。南北朝时期，受佛教的影响，义疏之学盛行，皇侃、熊安生等人的《礼记》疏成为此时期义疏之学的重要组成部分。唐代孔颖达修纂《五经正义》时，取《礼记》而弃《周礼》和《仪礼》，《礼记》由《仪礼》的"附庸"一跃而为"大国"。宋代义理之学大兴，周敦颐、张载、"二程"、朱熹、胡宏等人在构建天道性命之学时，《大学》的"格物致知"，《中庸》的"性""命""诚""中和"，《乐记》的"天理""人欲"，成为宋明理学最重要的概念和理论来源。清代乾嘉考据学盛行之时，江永、杭世骏、孙希旦等人或考证《礼记》所记之名物，或辨析《礼记》之体例，或汇集《礼记》之经说，将清代的经学考据之学推向顶峰；晚清今文学跃上历史舞台，廖平、皮锡瑞等人以《礼记》中的《王制》为今文之大宗，以《周礼》为古文之大宗，从而形成"平分今古"之说；晚清政治家康有为借《大学》《中庸》之诠释，或为维新变法提供理论依据，或为表白心境提供思想资源。在清代前期"中西礼仪之争"中，不少有儒学修养的天主教徒以《礼记》所记祭礼之义为据融通儒耶，成就了中西文化交流史上的一段佳话。当代学者从事出土文献研究时，发现郭店简、上博简与《礼记》有极为密切的关系，出土文献与《礼记》互证遂成为现代学界的热门话题。由此可见，虽然《礼记》不一定是每个时代学术思潮中的主角，但一定是十分重要的参与者。

我们有理由相信，《礼记》在中国思想文化史上影响力的形成和地位的奠定，一定有其自身的和外在的原因。从《礼记》

本身的角度来看，其对礼的意义的阐释，以及所提出的理想社会蓝图，反映的是早期中国人的人生理想、社会理想以及社会治理观念，而这些理想和观念对于汉代以来国家的治理、社会秩序的规范、理想人格的培养，起到了十分重要的作用。当然，《礼记》本身所蕴含的哲学观念、社会思想的产生绝非偶然，其是远古以来中华民族逐渐形成的重视血缘亲情、宗法伦理、尚中贵和的民族性格的产物。当《礼记》提出成体系的哲学观念和社会思想之后，又反过来影响和塑造了中华民族的性格。因此，从发生学的角度探讨《礼记》的思想，并考察其与早期中国思想文化的关系，是中国思想史研究中的重要课题。此外，《礼记》所强调的礼仪风范和蕴含的礼乐精神之所以能渗透进中国的民族精神和民族心理，得益于历代学者对《礼记》的不断诠释。《礼记》章法谨严，语言雅洁明畅、整饬而多变，受到历代学人的青睐。他们为《礼记》作注作疏，使《礼记》的诠释成为一门学问——《礼记》学。不同时代学人的《礼记》诠释与他们所处时代学术思潮（比如汉代的今古文之争、谶纬学，魏晋时代的郑王之争，南北朝时期的义疏之学，宋明理学，清代的考据，晚清的今古文之争，等等）之间有何关系？不同时代学人的《礼记》诠释有何异同（比如汉唐学人与宋元明学人的《礼记》诠释路径有何异同；清代中前期与晚清的《礼记》诠释有何异同）？历代学人的《礼记》诠释与其他经典诠释之间有何关系（比如历代的《礼记》诠释与《易》《书》《诗》《礼》《春秋》的诠释有何异同）？要回答这些问题，必须深入研究中国《礼记》学术史。

二、研究现状及评价

当代学界关于《礼记》的研究,可分为本经研究和学术史研究两大领域。

学者们从不同的角度对《礼记》的本经开展研究。如洪业的《礼记引得序》、童书业的《二戴礼记辑于东汉考》、王锷的《〈礼记〉成书考》、蔡介民的《礼记通论》详论《礼记》的成书问题;王梦鸥的《礼记要篇斠订》《礼记斠订》《礼记校正》对《礼记》文本加以校勘;程兆熊的《礼记讲义》、张元夫的《礼记述闻》、吕友仁的《礼记讲读》、洪菊蕊的《礼记研究专辑》、杨雅丽的《礼记研究》则对《礼记》文本、思想等作了综合研究。此外,王梦鸥、杨天宇、吕友仁等人为《礼记》本经作了译注。

从学术史的角度对《礼记》开展研究的,又可细分为三个方面,即历史上《礼记》学文献的个案研究、《礼记》学术断代史研究、《礼记》学术通史研究。

关于《礼记》学文献的个案研究,如李振兴、简博贤对王肃的《礼记》学作了较为细致的探讨;陈俊民从卫湜的《礼记集说》中辑出了吕大临的《礼记解》;杨立诚从卫湜的《礼记集说》中辑出了王安石的《礼记发明》。此外,潘斌对卢植的《礼记解诂》、王安石的《礼记发明》作了探讨;焦桂美、潘斌、王启发、乔秀岩、张帅等人对皇侃的《礼记》义疏学作了研究;郜同麟、叶庆兵、马琳等人对孔颖达的《礼记正义》作了研究;林鹄、潘斌、王璐等人对卫湜的《礼记集说》作了研究;戴雅萍、苏成爱、刘千惠等人对陈澔的《礼记集解》作了研究；吕友仁、潘斌、万丽文等人对孙希旦的《礼记集解》作了研究。

关于《礼记》学的断代史研究，代表性的论著有台湾学人吴万居所撰《宋代三礼学研究》和潘斌的《宋代〈礼记〉学研究》。吴万居的《宋代三礼学研究》对宋代"三礼"学进行了全面的研究，此书的第五章为"宋代之《礼记》学"，此章共分三节：第一节为"宋代治《礼记》之学者及其著作"，第二节为"宋儒治《礼记》之重点"，第三节为"宋儒治《礼记》之特色"。此书在宋代《礼记》学研究上所取得的成果和特点至少有以下两个方面：第一，此书是第一部在研究宋代"三礼"学术史时考察宋代《礼记》学术史的专著，在宋代《礼记》学研究方面具有开创意义；第二，此书将文献学与学术史结合起来研究宋代《礼记》学，其研究方法对于全面揭示宋代《礼记》学的面貌实属可取。潘斌的《宋代〈礼记〉学研究》在充分搜集、挖掘并认真整理、爬梳史料的基础上，从个案和专题两个角度对宋代《礼记》学的经学体例、释经方法、经学思想及其与理学思想体系建构的关系等作了全面深入的探讨。该书研究的特点，一是全面系统，在学术通史的视野中研究宋代《礼记》学，而不是仅仅研究宋代《礼记》学，作者不仅对宋代前后整个中国《礼记》学作了考察，还对历代《礼记》文献存佚状况作了调研，最后才对宋代《礼记》学术史进行考述，真正做到了由博返约、取宏用精；二是个案考察与专题研究相结合的研究方式对于全面深入认识宋代《礼记》学颇有助益，个案部分对宋代《礼记》学家进行了专项研究和述评，专题部分则对宋代《礼记》学的一些重大问题和创见进行专题探讨，有点有面，有综合有专门，从不同侧面、不同角度，对宋代《礼记》学的成就进行系统总结；三是将文献学、经济史与思想史的研究有机结合起来，除完成经学史研究一般任务外，还透过文献和经学的考察，透视宋代《礼记》学在思想史上的意义。此外，林存阳的《清初三礼学》对清初学人王夫之、李光坡、方苞等人的《礼记》学作了探讨。此书的研究，对包括《礼记》在内的"三礼"诠释与时代学术思潮、政治导向等多有关注。

就笔者所知，目前学术界还没有关于《礼记》学的通史研究著作问世。不过有的学者在从事"三礼"学术史研究时，对历代《礼记》学术史也作了研究。这方面以丁鼎所主持的国家社科基金项目《三礼学通史》为代表。该项目已于2017年完成，并由人民出版社于2021年出版。该书的《礼记》学术史的汉代部分由丁鼎负责完成，魏、晋、唐代部分由郭善兵完成，南北朝部分由张帅完成，宋、元、明、清、20世纪部分由潘斌完成。该书重在从文献学的层面对历代《礼记》学进行研究，也就是说，对历代《礼记》学文献的版本流传、撰写过程及训释体例等所作的考察比较深入。这是该书用力之所在，也是该书的特点。比如对南北朝时期《礼记》学术史的梳理，该书重点归纳庾蔚之的《礼记略解》、何胤的《礼记隐义》、皇侃的《礼记义疏》、崔灵恩的《三礼义宗》、刘芳的《礼记义证》、熊安生的《礼记义疏》释经释注的特点。从文献的角度来看，该书所作的研究固然是深入的、成功的，也是很重要的，不过在时代文化思潮与《礼记》诠释之间互动关系的揭示方面，略显不足。

绪　论

部分经学史或学术史著作，亦有涉及《礼记》学的内容。比如梁启超的《中国近三百年学术史》对部分清人的《礼记》学文献有高屋建瓴的评价。皮锡瑞的《经学通论》《经学历史》，刘师培的《经学史教科书》，马宗霍的《中国经学史》，钱基博的《经学通志》，姜广辉的《中国经学思想史》，吴丽娱的《礼与中国古代社会》，舒大刚的《儒学文献研究》等，对《礼记》学的发展演变及其在学术思想史上的地位皆有评价。

综上所述，中国《礼记》学术史的研究虽然取得了一定成绩，然而其存在的问题也是很明显的。

从研究的方法来看，学者们重视研究某一时代或某位经学家的《礼记》学，这固然对于认识历代《礼记》学的成就具有重要意义，然而由于缺乏从历史的角度对历代《礼记》学进行系统的考察，因此很难对某个时代或某位经学家的《礼记》学进行客观评价。《礼记》中的一些单篇，比如《大学》《中庸》与宋明理学的关系极大，《礼运》《王制》等与晚清今文经学密切相关，然而并没有多少人将《礼记》的这些单篇放到经学史的大背景下进行考察，进而揭示其历史意义和思想意义。

从研究的广度来看，一些重要的《礼记》学文献尚没有得到整理和辑佚，如张载的《礼记说》、王安石的《礼记发明》等均无人从宋元时期的集解类著作中辑出，更谈不上研究。一些重要的《礼记》学文献，如卢植的《礼记解诂》、王肃的《礼记注》虽有辑佚，然而并无系统的研究。此外，元、明、清时期一些《礼记》学名著，如吴澄的《礼记纂言》、明官方修纂的《礼记大全》、王夫之的《礼记章句》、江永的《礼记训义择言》、朱彬的《礼记训纂》等均乏研究。

从研究的深度来看，虽然有不少著作从文献的角度对历史上的《礼记》学文献作了考察，但是限于其体例和篇幅，相关的考述并不深入，特别是缺乏从经典诠释与时代思想文化思潮互动的角度对《礼记》学术史进行研究，对于揭示《礼记》在学术思想史和社会变迁中所承担的角色、发挥的作用是不利的。

三、研究思路和方法

本书致力于对《礼记》学的发展历史进行梳理，并借此寻绎中国经典诠释的一般规律，思路大致如下。

第一，本研究除绪论外，根据时代和学术演变的轨迹，分五章对历代的《礼记》学术史进行探讨，分别是"《礼记》的成书、思想及版本""汉唐时期的《礼记》学""宋元明时期的《礼记》学""清代的《礼记》学""20世纪的《礼记》学"。第一章是对《礼记》学术史上的一些基本问题进行研究，其中包括《礼记》的作者和成书、《礼记》单篇的成篇时代和分类、《礼记》与《仪礼》的关系、《礼记》思想、《礼记》的版本流传。第二章是汉唐时期的《礼记》学术史研究，其中包括汉唐《礼记》学特点的归纳、汉唐《礼记》学文献举要、《礼记》与今古文之争、《礼记》与谶纬学、《礼记》与魏晋南北朝隋唐时期的义疏学、《礼记》地位升迁的原因及影响。第三章是宋元明时期《礼记》学术史研究，其中包括从总体上对宋元明时期《礼记》学特点的归纳、宋元明时期《礼记》学文献举要、《礼记》与宋明理学思想体系的建构、《礼记》与宋元明时期经世致用思想的关系。第四章是清代《礼记》学术史研究，其中包括从总体上对清代《礼记》学特点的归纳、清代《礼记》学文献举要、清初《礼记》学与辨疑思潮的兴起、清中期《礼记》学与考据学的隆盛、晚清《礼记》学与今古文之辨、《礼记》与清代经世致用思想的关系。第五章是20世纪《礼记》学术史研究，其中包括从总体上对20世纪《礼记》学特点的归纳、20世纪的《礼记》成书问题之研究、20世纪的《礼记》所记制度和思想之研究、20世纪出土文献与《礼记》之研究、20世纪分科而治与《礼记》单篇之研究。

第二，本书将文献学、思想史与社会史结合起来进行《礼记》学术史研究。如果从今天学科分而治之的角度来看，与《礼记》相关的研究可分属于文献学、历史学、哲学、社会学等学科。在研究中重视《礼记》学文献的版本、文字训诂和名物制度，属于文献学的研究路数，比如王锷的《三礼研究论著提要》《〈礼记〉版本研究》等就是这方面研究的代表作。在研究中以《礼记》所记内容为据从事古史研究，则属于历史学的研究路数，詹子庆的《〈礼记〉的史学价值》就是这方面研究的代表作。在研究中重视《礼记》思想之掘发，以及《礼记》与历代思想流派关系之辨析，则属于哲学研究的路数，龚建平《意义的生成与实现——〈礼记〉哲学思想》就属于这方面研究的代表作。如果从社会现象或社会控制的角度对《礼记》进行研究，则属于社会学的研究路数，李安宅的《〈仪礼〉与〈礼记〉之社会学的研究》就是这面研究的代表作。

《礼记》是中国思想文化史上的重要著作，而围绕《礼记》的诠释又产生了一门学问——《礼记》学，既往《礼记》学的发展演变过程就是《礼记》学术史。因此，从概念上来说，"《礼记》学术史"是"《礼记》学"的一个方面，"《礼记》学术史"强调"史"的一面。"史"的研究,有时间层面的考量,即古往今来《礼记》学家及其论著的面貌之呈现;也有关系层面的考量,即各个时代《礼记》学文献之间的因袭关系,以及这些文献与时代思潮、政治导向之间关系的揭示。本书致力于对《礼记》学术史进行研究,既有对《礼记》成篇成书的研究,也有对历代经学家《礼记》诠释内容的研究,也有从社会思潮的角度对《礼记》学家和著作所作的评价和辨析。因此,本书将思想史、文献学、社会史研究形成一个交互作用的立体网络,从而对历代经学家的《礼记》学文本、思想等进行"微观"的考察,也对历代的《礼记》学与当时的社会思潮、政治导向之间的关系作"中观"的辨析,还从整个经学史、思想史的角度对历代《礼记》学的特点、价值和意义进行"宏观"的归纳。

第三,本书受众的定位,既可以是专业的研究者,也可以是对中国传统文化有兴趣的一般爱好者。因此,本书在对《礼记》学术史进行专业解读的同时,力求兼顾学术性与通俗性。本书在写作中,尽量在消化古文献记载的基础上,再用流畅的语言对相关问题进行阐述,即使需要征引部分文献记载,也力求精当,而非长篇累牍。

第一章
《礼记》的成书、思想及版本

　　《礼记》是先秦到西汉时期诸儒者论礼之说的选集。这些论礼之说或单篇流行，或出于诸子之书，到了西汉，经过学者的编辑，从而成书。由于年代久远，书缺有间，《礼记》的作者和成书问题变得十分复杂。不过从事《礼记》学术史研究，还是有必要对《礼记》的作者和成书问题加以讨论，因为这不仅关乎《礼记》作者和成书问题之廓清，还关乎东汉以前《礼记》学基本面貌之认识。此外，《礼记》受到历代学者和统治者的重视，与其所持的礼治主义和蕴含的礼学思想有极密切的关系。对《礼记》思想的勾勒和掘发，是认识《礼记》学术发展史的前提。

《礼记》的作者和成书

《礼记》的作者和成书问题十分复杂。此所谓"作者",既可以是《礼记》四十九篇各篇的作者,也可以是《礼记》一书的纂辑者;此所谓"成书",既可以是《礼记》单篇的形成过程,也可以是《礼记》一书的纂辑过程。历代学者对这些问题都曾有所讨论,不过意见纷纭,莫衷一是。今结合相关文献和前贤时人所作的研究,对《礼记》的作者和成书问题加以探讨。

一、《礼记》纂辑者及成书时代

《礼记》一书由四十九篇《记》文组合而成。汉唐以来,关于《礼记》纂辑者和纂辑过程存在两种不同的观点。

一种观点认为戴德和戴圣分别传《大戴礼记》八十五篇和《礼记》四十九篇,持这种观点的代表人物是东汉的郑玄。郑玄说:"今礼行于世者,戴德、戴圣之学也。……戴德传《记》八十五篇,则《大戴礼》是也;戴圣传《礼》四十九篇,则此《礼记》是也。"[①] 戴德是《大戴礼记》的纂辑者,而戴圣是

---

① [清] 阮元校刻:《十三经注疏(附校勘记)》,中华书局,1980,第1226页。

《礼记》的纂辑者，戴德与戴圣各自选编《礼》的《记》文而成书，二者之间不存在互相参考的情况。

另一种观点认为"小戴删大戴"而成《礼记》，持此种观点的代表人物是晋代的陈邵。陈邵说："戴德删古《礼》二百四篇为八十五篇，谓之《大戴礼》；戴圣删《大戴礼》为四十九篇，是为《小戴礼》。后汉马融、卢植考诸家同异，附戴圣篇章，去其繁重及所叙略而行于世，即今之《礼记》是也。郑玄亦依卢、马之本而注焉。"① 也就是说，陈邵认为《礼记》是在《大戴礼记》的基础上成书的。《隋书·经籍志》在陈邵的基础上提出"马融足三篇"说。《隋书·经籍志》云："汉末马融，遂传小戴之学。融又定《月令》一篇、《明堂位》一篇、《乐记》一篇，合四十九篇。而郑玄受业于融，又为之注。"②

清代学者毛奇龄、纪昀、戴震、钱大昕、陈寿祺，近现代学者王国维、龚道耕、吴承仕、洪业、钱玄、王文锦、杨天宇等都认为"小戴删大戴""马融足三篇"之说不可信。如纪昀说："其（《隋志》）说不知所本。今考《后汉书·桥玄传》云：'七世祖仁，著《礼记章句》四十九篇，号曰桥君学。'仁即班固所谓小戴授梁人桥季卿者，成帝时尝官大鸿胪。其时已称四十九篇，无四十六篇之说。又孔《疏》称《别录》《礼记》四十九篇，《乐记》第十九。四十九篇之首，《疏》皆引郑《目录》。郑《目录》之末必云此于刘向《别录》属某门。《月令目录》云：'此于《别录》属《明堂阴阳记》。'《明堂位目录》

---

① [唐]陆德明著，吴承仕疏证：《经典释文序录疏证》，中华书局，2008，第91页。
② [唐]魏徵：《隋书》卷三二，中华书局，1973年点校本，第925—926页。

云：'此于《别录》属《明堂阴阳记》。'《乐记目录》云：'此于《别录》属《乐记》。'盖十一篇今为一篇，则三篇皆刘向《别录》所有，安得以为马融所增？《疏》又引玄《六艺论》曰：'戴德传《记》八十五篇，则《大戴礼》是也；戴圣传《礼》四十九篇，则此《礼记》是也。'玄为马融弟子，使三篇果融所增，玄不容不知，岂有以四十九篇属于戴圣之理？"① 纪昀的辨析颇有道理。陈邵"小戴删大戴"与《隋书·经籍志》"马融足三篇"之说不可信，然而其并不否定戴德和戴圣分别为大、小戴《礼记》的纂辑者。

20 世纪以来，不少学者认为《礼记》非戴圣所编纂，持此种观点的有皮锡瑞、洪业、蔡介民、钱玄、王文锦等。而各家观点也有分歧，如皮锡瑞认为《礼记》由叔孙通纂辑，他说："《礼记》删定，由于二戴，其前授受，亦莫能详，魏张揖以为叔孙通撰辑。揖去汉不远，其说当有所受。"② 洪业认为《礼记》出自大、小戴之后，郑玄之前，由多人抄合而成。他引纪昀、戴震、钱大昕、陈寿祺诸家之说，力证"小戴删大戴"之非，认为："四十九篇之非由八十五篇删减而成，证据确实，不必再论矣。"③ 蔡介民则认为《礼记》由马融、卢植编纂而成。各家认为《礼记》非戴圣所纂辑，依据主要是《汉书·艺文志》不载戴氏与《礼记》书名。

---

① ［清］永瑢等：《四库全书总目》卷二一，中华书局，1965 年影印本，第 168—169 页。
② ［清］皮锡瑞：《经学通论》，《皮锡瑞全集》第 6 册，中华书局，2015，第 458—459 页。
③ 洪业：《礼记引得序——两汉礼学源流考》，《史学年报》，1936 年 11 月，第 2 卷第 3 期。

若戴圣辑《礼记》于《汉书·艺文志》之前,那么《礼记》当见于《汉书·艺文志》,而事实上《汉书·艺文志》并无《礼记》之著录。关于此,近代学者龚道耕作了说明:"《释文·叙录》引刘向《别录》云'《古文礼》二百四篇',此《古文记》都数也。《正义》云:'刘向《别录》《礼记》四十九篇,《乐记》第十九。'此《小戴记》都数及目录也。……是古文与诸家之《记》,刘向俱载其目。……至刘歆总群书而奏《七略》,遂仅载刘所校诸记篇数,而古文、戴、庆诸《记》,《别录》有其目者,并不著录。"自注云:"《别录》著录刘向定本,而仍存古文今文之篇目,犹乾隆间《四库全书》之有'存目'也;《七略》但著刘向定本、篇目,犹《四库简明目录》,不载'存目'之书也。"① 龚道耕据《别录》与《七略》著录方式的差异,以明《汉书·艺文志》不载二戴《记》的原因。惜龚氏此论虽精,却并没有受到学界的重视。

近代以来,有些疑古派学者认为《礼记》中既有今文,又有古文,而戴圣是今文经学家,不可能纂辑今古文汇于一书的文献。此论已为不少学者所反驳。如龚道耕说:"廖君(平)作《戴记今文古文篇目表》,以为《戴记》'古多于今'。近人泥之,遂疑戴氏为今文家,何以多录古学?又以其采及《逸礼》(即《奔丧》《投壶》二篇)及曾、思、荀、贾诸子书,疑今之《礼记》并非二戴所辑。夫古文晚出,戴氏所传之《记》适与古经相同,初非取经附《记》。曾、思、荀、贾,儒家大宗,吐词为经,宁谓非当?且诸子之书亦多述古,必谓出于自作,则又识昧通方,斯为妄矣。"② 龚氏认为,先秦、秦汉诸子之书多

---

① 龚道耕:《礼记郑义疏发凡》,《志学月刊》,1942年第3期。
② 龚道耕:《礼记郑义疏发凡》,《志学月刊》,1942年第3期。

有述古的内容，因此与诸子相关的《记》文也有与汉代出土的古文经相近者。戴圣在纂辑《礼记》时并非刻意采择古文，只不过其所传的有些《记》文与古文相合而已。今人杨天宇也对戴圣辑《礼记》时兼采今古文的现象作了说明。在其看来，两汉时期的今文经学与古文经学并非水火不容，今文经学家也懂古文学，而古文经学家也懂今文学，因此，今文经学家戴圣为何纂辑今古文杂之的《礼记》也就不难理解了。

龚道耕、杨天宇二人之说跳出成见，对于今人认识《礼记》的纂辑情况颇有启发。"今文"指汉代的文字，"古文"指先秦六国的文字，而"今文经"与"古文经"的区别则比较复杂。有人认为，凡是用隶书抄写的经书都是今文经，用秦以前的文字抄写的经书都是古文经。其实，仅从文字类别的角度来辨别今、古文经犯了简单化的错误。六国文字在汉代已不通行，为了传授方便，西汉的经师多将古文经改写为当时通行的隶书本。由于今文经的系统在西汉尚未形成，所以西汉的经书抄本多介于今文与古文之间。据学者考证，马王堆帛书和银雀山汉简都是隶书体，写于汉初，用字往往与许慎、郑玄等人所说的古文一致。[1] 因此，古文经很可能有今文抄本，而今文经也可能有古文祖本。如人所共知的《今文尚书》是用战国古文写成的，而在传授的过程中出现了今文抄本。

---

[1] 《周礼·小宗伯》郑玄《注》引郑司农说："《春秋经》'公即位'为'公即立'。"而"位"字在马王堆帛书和银雀山汉简均作"立"，与古文经一致。《仪礼·觐礼》郑《注》云："古文'尚'作'上'。"而马王堆帛书《老子》"不尚贤"写为"不上贤"，"吉事尚左，凶事尚右"写为"吉事上左，凶事上右"，与古文经用字一致。见姜广辉：《中国经学思想史》第2卷，中国社会科学出版社，2003，第573页。

今、古文经学在文本上有相通的地方。汉代的经师也多是今、古文兼通，时时表现出混淆今、古的立场。比如刘向在汉宣帝时为《春秋》穀梁派的代表人物，桓谭《新论·识通》云："刘子政、子骏、子骏兄子伯玉，三人俱是通人，尤珍重《左氏》。教授子孙，下至妇女，无不读颂者。"[1]《汉书·楚元王传》引刘向于汉元帝时所上疏："周室多祸……郑伤桓王。"[2]杨树达释义："伤王事但见于《左氏传》，《公》《穀》二传并无之。然则（刘）向虽持《穀梁》义，亦时兼用《左氏》之说也。"[3] 按照经学的传统，《春秋》穀梁派属于今文学阵营。然而根据以上材料可知，持今文学立场的刘向也研习古文学，其在论政之时也不排斥采用古文经说。

刘向之子刘歆的《移让太常博士书》是公认的古文经学代表作，文中说："是故孔子忧道之不行，历国应聘。自卫反鲁，然后乐正，《雅》《颂》乃得其所；修《易》，序《书》，制作《春秋》，以纪帝王之道。"[4] 刘歆认为孔子"作《春秋》"，恰恰是今文家的立场，因为在古文家的眼中，孔子是史料的编修者，只有今文家才认为孔子是"六经"的作者。[5] 有学者指出："《汉书·艺文志》由刘歆《七略》删成，书中屡次称颂孔子而不提周公，如说儒家'祖述尧舜，宪章文武，宗师仲尼'，在这圣王统绪之中有孔子而没有周公的位置，可见古文经学未必尊

---

[1] ［宋］李昉：《太平御览》卷六一〇，中华书局，1960年影印本，第2746页。
[2] ［汉］班固：《汉书》卷三六，中华书局，1962年点校本，第1937页。
[3] 杨树达：《汉书窥管》卷四，湖南教育出版社，2007，第238页。
[4] ［汉］班固：《汉书》卷三六，中华书局，1962年点校本，第1968页。
[5] 周予同：《经今古文学》，朱维铮编，《周予同经学史论》，上海人民出版社，2010，第6页。

崇周公超过孔子。"① 东汉时期，今、古文经学兼通的经师比比皆是，马融、许慎、郑玄等人既精通古文经学，又不废今文经学。

事实上，汉代今、古文之争的本质并非学术之争，而是利禄之争。有学者说："至于博士们一致反对立古文经的根本原因，则是为了垄断利禄之途，不愿古文经学派出来跟他们争饭碗。"② 汉代今、古文之争的集中表现是今文经学家与古文经学家争立学官，今文家为了保持学术上的统治地位，竭力反对古文家，但只要不涉及争立博士，两派便可相安无事。由此可见，汉代的今、古文之争并不是泾渭分明、水火不容。由此我们便不难理解为什么作为今文经学大师的戴圣在纂辑《礼记》时收入《奔丧》《投壶》这些古文经学文献。

李学勤说："晚清以来的疑古之风，很大程度上是对学术史的怀疑否定，而这种学风本身又是学术史上的现象。只有摆脱疑古的局限，才能对古代文明作出更好的估价。"③ 实际上，只要我们证明了《礼记》各篇撰著的大致年代是在先秦时期，至于是谁将这些篇章收集起来编订成书，与本书的史料价值似乎没有太大干系。因为不管是谁选编了《礼记》，都只表明其去取态度，并不能左右其所选者的史料价值。然而为了明确在历史上围绕《礼记》编者问题所发生的种种争议，以窥学术史发展的脉络，我们于此还是无可回避地对其纂辑者及纂辑过程的争论略作回顾，并略加考证。

---

① 姜广辉：《中国经学思想史》第 2 卷，中国社会科学出版社，2003，第 573 页。
② 杨天宇：《略论汉代今古文经学的斗争与融合》，《郑州大学学报》，2001 年第 2 期。
③ 李学勤：《重写学术史》后记，河北教育出版社，2002，第 440 页。

二、《礼记》单篇的成篇时代

《礼记》由四十九篇《记》文组合而成，有些篇目的内容单一而集中，如《月令》《冠义》等；有些篇目的内容博杂而无序，每段独立，如《曲礼》上下、《檀弓》上下等；有些篇目的内容以某方面的内容为主，而兼及其他，如《礼运》《乐记》等。自东汉以来，不少学者对《礼记》各篇的作者和写作时代都作过一些探讨。不过由于年代久远，书缺有间，仁者见仁，智者见智，意见并不统一。如有人认为《礼记》来源于"《记》百三十一篇"，持此说的有钱大昕、李学勤等人；有人认为《礼记》来源于"《记》百三十一篇""《明堂阴阳记》三十三篇""《孔子三朝记》七篇""《王史氏》二十一篇""《乐记》二十三篇"等，持此说的有陈邵、陆德明、陈寿祺等；还有人认为《礼记》各篇不但选自"《记》百三十一篇"等五种，还选自其他一些文献，持此说的有洪业、钱玄、王文锦、杨天宇等。各家皆持之有故，言之成理。今以传世文献和出土文献为基础，结合古今学人的观点，对《礼记》单篇的成篇年代加以探讨。

近几十年来，随着出土文献的大量出现，《礼记》的来源问题变得愈来愈清晰。结合出土文献和传统文献的记载，我们认为《礼记》的来源有三：一是"七十子"及其后学之说，二是先秦到秦汉时期礼学家的《记》文，三是《礼古经》。

《汉书·艺文志》"礼"类文献有"《记》百三十一篇"，班固自注："七十子后学者所记也。"[1]《隋书·经籍志》说："汉

---

[1] ［汉］班固：《汉书》卷三〇，中华书局，1962年点校本，第1709页。

初，河间献王又得仲尼弟子及后学者所记一百三十一篇献之，时亦无传之者。"① 《汉书·艺文志》所言"七十子后学"与《隋书·经籍志》所言"仲尼弟子及后学者"实际上是一个意思。所谓"七十子"，是指孔子门人中才能突出的七十余人，即孔门七十二贤。《史记·孔子世家》记载："孔子以诗、书、礼、乐教，弟子盖三千焉，身通六艺者七十有二人。"② "七十子"及其学生是孔子思想和学说的坚定追随者、支持者和实践者，也是孔门儒学积极的弘扬者和传播者。不过孔子卒后，儒分为八，各路弟子虽然秉承孔子之道，但是各家学说不尽相同。传"七十子"之学的人，就是此所谓"七十子后学"，其时间跨度很大，上自战国，下至秦汉，皆有他们的身影。虽然班固没有明确各篇的作者，但却告诉我们，《礼记》的单篇很大一部分是出自七十子及他们的追随者。

近几十年以来，随着出土文献的大量出现，孔门后学的情况渐为清晰。1993年10月，湖北省荆门市郭店一号墓出土竹简八百余枚。经过整理发现，这批竹简主要是儒家和道家著作。儒家的有《缁衣》《鲁穆公问子思》《穷达以时》《五行》《唐虞之道》《忠信之道》《成之闻之》《尊德义》《性自命出》《六德》《语丛》一、《语丛》二、《语丛》三、《语丛》四等十四篇。1994年，上海博物馆从香港购得一千二百余枚战国竹简，这批竹简约三万字，内容涉及儒家、道家、兵家等，共百余种古籍。其中的《缁衣》《易经》《孔子闲居》《曾子立孝》等有

---

① ［唐］魏徵：《隋书》卷三二，中华书局，1962年点校本，第925页。
② ［汉］司马迁：《史记》卷四七，中华书局，1959年点校本，第1938页。

传世本，其他如《诗论》《性情论》《乐礼》《鲁邦大旱》《四帝二王》《乐书》《子羔》等皆已亡佚。① 郭店简和已公布的上博简中的《缁衣》两件与《礼记·缁衣》的内容基本一致；上博简中的《民之父母》与《礼记·孔子闲居》的内容基本一致；郭店简的《性自命出》与《礼记·乐记》关系密切；《六德》《内礼》与《礼记·丧服四制》《礼记·内则》关系密切。正因为郭店简与《礼记》之间有着密切的关系，所以有的学者将郭店简称作"荆门礼记"。② 根据郭店简和上博简可知，类似于《礼记》中的单篇这类文献在先秦时期曾经大量存在，并且广为流传。

礼源于俗，礼起于义，无论是"经礼三百"还是"仪礼三千"，形式背后都蕴含着一定的思想内涵，故赵衰曰："礼乐，德之则也。"③ 是故女叔齐与晋侯有"礼""仪"之辨④，孔子亦有"礼云礼云，玉帛云乎哉"之叹！揖让进退之礼、上下登降之节，胥载在典册，藏于书府，而其德义思想、和乐精神，则藏在行间，不见明文。是故先秦时期，礼学家们在传习《仪礼》的过程中都于礼仪之外编写一些参考资料，这种资料被称为"记"。这些《记》文重在阐释礼仪的意义，旨在对《仪礼》进行补充和解释。先秦时期，这些《记》是很多的。这些《记》不是出自一人，也不是出于一时，而是作者众多，累世相传。

---

① 张立行：《战国竹简露真容》，《文汇报》，1999年1月5日；郑重：《"上博"看竹简》，《文汇报》，1999年1月14日；马承源主编：《上海博物馆藏战国楚竹书》（一），上海古籍出版社，2001，序、前言。
② 陈来：《郭店简可称"荆门礼记"》，《人民政协报》，1998年8月3日。
③ ［清］阮元校刻：《十三经注疏（附校勘记）》，中华书局，1980，第1822页。
④ ［清］阮元校刻：《十三经注疏（附校勘记）》，中华书局，1980，第2041页。

这些《记》在流传的过程中，由于各种原因逐渐遗失，到了西汉初，保存下来的《记》已不多见。西汉的礼学家们在传习《仪礼》的过程中，各自选辑了一些参考资料，如汉宣帝于甘露年间召集诸儒讲论五经于石渠阁，其议有曰：

《经》云："宗子孤为殇。"言"孤"何也？闻人通汉曰："孤者，师传曰：'因殇而见孤也。'男子二十冠而不为殇，亦不为孤，故因殇而见之。"戴圣曰："凡为宗子者，无父乃得为宗子。然为人后者，父虽在，得为宗子，故称孤。"圣又问通汉曰："因殇而见孤，冠则不为孤者，《曲礼》曰：'孤子当室，冠衣不纯采。'此孤而言冠，何也？"对曰："孝子未曾忘亲，有父母，无父母，衣服辄异。《记》曰：'父母存，冠衣不纯素；父母殁，冠衣不纯采。'故言孤。言孤者，别衣冠也。"圣又曰："然则子无父母，年且百岁，犹称孤不断，何也？"通汉曰："二十而冠不为孤，父母之丧，年虽老，犹称孤。"①

此所谓"《经》云"者，见于《仪礼·丧服》，所谓"《曲礼》曰"者，见于今《礼记·曲礼》，所谓"《记》曰"者，大概是《曲礼》的逸文。另外，《通典》卷八十一有引《礼记·王制》中的内容，卷八十三有引《礼记·杂记》中的内容。由此可见，西汉时期的礼经研习者都各自拥有篇数不等的礼的《记》文。这些《记》文为礼经研习者所熟悉，所以他们在朝廷组织

---

① ［唐］杜佑：《通典》卷七三，中华书局，1988，第1998—1999页。

第一章 《礼记》的成书、思想及版本

的石渠阁辩论会上能运用自如。

这些《记》文在西汉初还是以单篇的形式流传。1973 年，河北定县四十号西汉墓出土有《哀公问五义》《保傅》，内容与今本《大戴礼记》基本一致。竹简《儒者之言》与《大戴礼记》的《曾子大孝》《曾子本孝》以及《礼记·祭义》中的内容大致相同。[①] 这是今传大、小戴《礼记》在西汉时期有单篇流传的有力证据，同时也说明大、小戴《礼记》的部分篇目是选自这些单篇流传的《记》文。

《礼记》的有些单篇还来自《礼古经》。《汉书·艺文志》著录"《礼古经》五十六卷"[②]，除今传《仪礼》十七篇之外，其他各篇均已亡佚。《礼记》中有《奔丧》和《投壶》，此皆为《礼古经》的佚篇。如《奔丧》，郑玄说："名曰'奔丧'者，以其居他国，闻丧奔归之礼。此于《别录》属丧服之礼矣，实逸《曲礼》之正篇也。汉兴后得古文，而礼家又贪其说，因合于《礼记》耳。"[③] 又如《投壶》，郑玄说："名曰'投壶'者，以其记主人与客燕饮讲论才艺之礼。此于《别录》属吉礼，亦实《曲礼》之正篇。"[④] 据郑玄之说可知，《奔丧》和《投壶》属于《礼古经》，二者本来是经，而不是记。西汉初年，礼家将其辑入《礼记》，并流传至今。

至于《礼记》各篇的作者和时代，前人聚讼纷纭，莫衷一是。今人王锷甚至撰写《〈礼记〉成书考》一书，专门对《礼

[①] 定县汉墓竹简整理组：《定县40号墓出土竹简简介》，《文物》，1981 年第 8 期。
[②] ［汉］班固：《汉书》卷三〇，中华书局，1962 年点校本，第 1709 页。
[③] ［清］阮元校刻：《十三经注疏（附校勘记）》，中华书局，1980，第 1653 页。
[④] ［清］阮元校刻：《十三经注疏（附校勘记）》，中华书局，1980，第 1665 页。

记》每篇的作者和成篇年代进行考辨。王锷认为,《礼记》中的单篇皆出自先秦,分别是春秋末期、战国初期、战国中期、战国后期。① 今结合相关古籍记载以及前人的研究成果,对《礼记》中《王制》《月令》《儒行》《大学》《中庸》等篇的作者和成篇年代稍加介绍。

1. 《王制》

《王制》是《礼记》的第五篇,主要记录了周代的爵禄、封国、官职、巡狩、朝聘、教学、养老等制度。任铭善说:"兹篇所记者十事:班爵,禄田,任官,巡狩,朝聘,教学,养老,国用,丧祭,职方,盖损益四代以定一王之法,而未必时行者也。"② 关于《王制》的作者和成篇年代,学术界主要有三种观点。

一是认为《王制》为汉文帝时博士所作,持此观点的代表人物是司马迁和卢植。司马迁说:"(前164年)夏四月,文帝……而使博士诸生刺《六经》中作《王制》,谋议巡狩封禅事。"③ 卢植说:"汉孝文皇帝令博士诸生作此《王制》之书。"④

二是认为《王制》作于战国,持此观点的代表人物是郑玄。郑玄云:"孟子当赧王之际,《王制》之作,复在其后。"⑤

三是认为《王制》作于秦汉之际,持此观点的代表人物是孔颖达。孔氏云:"《王制》之作,盖在秦汉之际。"⑥

---

① 笔者认为,《礼记》中的篇目大多数是春秋战国时期的文献,但是也有一些篇目出于西汉初期,如汉初礼学家们在阐释和补充《仪礼》时所辑的一些资料被称为《记》,戴圣在选编时也曾参考这些《记》文。
② 任铭善:《礼记目录后案》,齐鲁书社,1982,第11页。
③ [汉]司马迁:《史记》卷二八,中华书局,1959年点校本,第1382页。
④ [清]阮元校刻:《十三经注疏(附校勘记)》,中华书局,1980,第1231页。
⑤ [清]阮元校刻:《十三经注疏(附校勘记)》,中华书局,1980,第1231页。
⑥ [清]阮元校刻:《十三经注疏(附校勘记)》,中华书局,1980,第1231页。

第一章 《礼记》的成书、思想及版本

2.《月令》

《月令》是《礼记》的第六篇。郑玄说："名曰《月令》者，以其记十二月政之所行也。"① 此篇记载了一年十二个月中，王者根据每月天文、气候的变化，发布合适的政令，从而达到治国安民之目的。关于《月令》的作者和成篇年代，学术界主要有五种观点。

一是认为《月令》为周公所作，持此种观点的有贾逵、马融、蔡邕、王肃等人。

二是认为《月令》出自《吕氏春秋》，持此种观点的有高诱、卢植、郑玄、陆德明、孔颖达、杨甲、郑樵和黄震等人。如黄震云："《月令》固非尽述三代之制，亦非立为秦人一代之制。吕不韦姑集众闻，而人时行事若可垂训，记礼者又从而取之。"②

三是认为《月令》作于夏代，持此种观点的为晋代的束晳。

四是认为《月令》杂有虞、夏、殷、周之法，持此种观点的为隋代的牛弘。

五是认为《月令》为秦人所作。持此种观点的代表人物是张载。张氏曰："《月令》大率秦法也。然采三代之文而为之，不无古意。其衣服、器皿、官名皆秦礼也。"③

3.《礼运》

《礼运》是《礼记》的第九篇。郑玄云："'礼运'者，以其记五帝三王相变易及阴阳转旋之道。此于《别录》属通论。"④

---

① [清]阮元校刻：《十三经注疏（附校勘记）》，中华书局，1980，第1352页。
② [宋]黄震：《黄氏日抄》卷一六，文渊阁《四库全书》第707册，第460页。
③ [宋]卫湜：《礼记集说》卷三七，文渊阁《四库全书》第117册，第748页。
④ [清]阮元校刻：《十三经注疏（附校勘记）》，中华书局，1980，第1413页。

孔颖达云:"不以子游为篇目者,以曾子所问,事类既烦杂,不可以一理目篇;子游所问唯论礼之运转之事,故以'礼运'为标目耳。"① 孔颖达认为,《礼运》所记载的是子游问孔子礼的运转之事。关于《礼运》的作者,汉唐学者认为是孔子的弟子子游。

宋儒认为《礼运》非出自子游,且书中有道家思想。如黄震说:"《礼运》记五帝三王相变易阴阳转移之道,故以'运'名。虽思太古而悲后世,其主意微近于老子,而终篇混混为一,极多精语。"② 元代陈澔"疑(《礼运》)出于子游门人之所记"③;任铭善认为《礼运》是子游自记,其中有后人窜入者;④ 王锷认为《礼运》的主体部分应该是子游记录,大概写成于战国中期。⑤

4.《儒行》

《儒行》是《礼记》的第四十一篇,此篇专论儒者所应有之德行,故名。郑玄认为,《儒行》是孔子的著作,他说:"《儒行》之作,盖孔子自卫初反鲁时也。孔子归至其舍,哀公就而礼馆之,问儒服而遂问儒行,乃始觉焉。言'没世不敢以儒为戏',当时服。"⑥

宋儒对《儒行》评价甚低,如李觏说:"《儒行》非孔子言也,盖战国时豪士所以高世之节耳。"⑦ 又说:"考一篇之内……

---

① [清]阮元校刻:《十三经注疏(附校勘记)》,中华书局,1980,第1413页。
② [宋]黄震:《黄氏日抄》卷十八,文渊阁《四库全书》第707册,第512页。
③ [清]纳兰性德:《陈氏礼记集说补正》卷一三,文渊阁《四库全书》第127册,第116页。
④ 任铭善:《礼记目录后案》,齐鲁书社,1982,第23页。
⑤ 王锷:《〈礼记〉成书考》,中华书局,2007,第241页。
⑥ [清]阮元校刻:《十三经注疏(附校勘记)》,中华书局,1980,第1671页。
⑦ [宋]李觏:《读儒行》,《李觏集》卷二九,中华书局,2011,第343页。

多自夸大以摇其君,岂所谓孔子者哉?"① 程颐也说:"《儒行》之篇,此书全无义理,如后世游说之士所为夸大之说。观孔子平日语言,有如是者否?"② 朱熹曰:"《儒行》《乐记》非圣人之书,乃战国贤士为之。"③ 元人陈澔、清人孙希旦继承了宋儒的观点,认为《儒行》为战国时人所作。今人任铭善、王梦鸥、杨天宇、吕友仁等人均认为《儒行》是战国贤士假托孔子与鲁哀公问答之辞。由此可见,宋儒对《儒行》作者问题之认识,影响一直延续到今天。

5.《大学》

《大学》是《礼记》的第四十二篇。郑玄云:"名曰'大学'者,以其记博学可以为政也。此于《别录》属通论。"④ 关于《大学》的作者和成篇年代,宋代以前绝少有人提及。对《大学》的作者和成篇年代有较多考察,当始自宋儒。程子曰:"《大学》乃孔子遗书,须从此学则不差。"⑤ 程子认为,《大学》是孔子遗书,意即孔子是《大学》的作者。

在二程之基础上,朱熹对《大学》的作者和成篇年代作了进一步的探究。朱熹将《大学》分为经、传两部分,他说:"右经一章,盖孔子之言,而曾子述之。其传十章,则曾子之意而门人记之也。"⑥ 朱熹认为,《大学》有经有传,经是孔子之言

---

① [宋]李覯:《读儒行》,《李覯集》卷二九,中华书局,2011,第344页。
② [宋]程颢、程颐:《河南程氏遗书》卷一七,《二程集》,中华书局,1981,第177页。
③ [宋]黎靖德辑:《朱子语类》卷八七,《朱子全书》(修订本)第17册,上海古籍出版社、安徽教育出版社,第2941页。
④ [清]阮元校刻:《十三经注疏(附校勘记)》,中华书局,1980,第1673页。
⑤ [宋]卫湜:《礼记集说》卷一四九,文渊阁《四库全书》第120册,第567页。
⑥ [宋]朱熹:《大学章句》,《朱子全书》(修订本)第6册,上海古籍出版社、安徽教育出版社,2010,第17页。

而曾子述之,传是曾子之意而门人记之;《大学》成篇最迟不过战国前期。朱熹的观点曾一度遭到后人的怀疑,如有人认为《大学》"盖亦七十子门人所记",或谓"盖亦儒分为八之后,其中一派之说",或谓"大约是战国时期的作品",有人甚至认为"《大学》则大部分是荀学"①。不过,随着出土文献的增多和研究的深入,朱熹观点的合理性逐渐凸显出来。朱熹认为《大学》有经有传,这与出土的马王堆帛书《五行》有经、说(传)的体例如出一辙,正如李学勤所云:"前人为什么说《大学》是'圣经贤传',经的部分是孔子之言而曾子述之,传的部分是曾子之意而其门人记之呢?这是由于传文明记有'曾子曰',而曾子的话又和整个传文不能分割。按战国时的著书通例,这是曾子门人记录曾子的论点,和孟子著书有与其弟子的讨论相同,所以《大学》的传应认为是曾子作品。曾子是孔子弟子,因而经的部分就一定是曾子所述孔子之言。"②

6.《中庸》

《中庸》是《礼记》的第三十一篇。郑玄云:"名曰'中庸'者,以其记中和之为用也。庸,用也。孔子之孙子思伋作之,以昭明圣祖之德。此于《别录》属通论。"③除郑玄外,司马迁、沈约等人也以为《中庸》出自子思。司马迁《史记·孔

---

① 任铭善:《礼记目录后案》,齐鲁书社,1982,第90页;杨天宇:《礼记译注》,上海古籍出版社,1997,第1033页;吕友仁等:《礼记全译·孝经全译》(下),第1085页;冯友兰:《中国哲学史》,华东师范大学出版社,2001,第267—278页。
② 李学勤:《荆门郭店楚简中的〈子思子〉》,《重写学术史》,河北教育出版社,2002,第9—10页。
③ [清]阮元校刻:《十三经注疏(附校勘记)》,中华书局,1980,第1625页。

子世家》云："子思作《中庸》。"① 《隋书·音乐志》引梁沈约之语："《中庸》《表记》《坊记》《缁衣》，皆取《子思子》。"②

宋代二程认为《中庸》为"孔门传授心法"，程子曰："子思恐其久而差也，故笔之于书，以授孟子。其书始言一理，中散为万事，末复合为一理，'放之则弥六合，卷之则退藏于密'，其味无穷，皆实学也。善读者玩索而得焉，则终身用之，有不能尽者矣。"③ 二程认为，子思忧"孔门传授心法"日久渐失，于是著《中庸》以授孟子。朱熹继承二程和吕大临的观点，并作了较为详密的论证。朱熹说："《中庸》何为而作也？子思子忧道学之失其传而作也。"④ 朱熹认为，子思恐异端兴起，"道统"在延续中失真，遂推本尧舜以来相传之意，并以平日所闻父师之言，更互演绎，而成《中庸》。

今人李学勤、王锷等人同意《中庸》为子思所作。王锷在《〈礼记〉成书考》一书中，对《中庸》的作者问题作了比较深入的考察，得出《中庸》确为子思所作的结论。王锷赞同朱熹为《中庸》所划分的章句，并援引了朱熹的观点。

清代崔述、当代冯友兰等人否认《中庸》为子思的作品。崔述认为《论语》为曾子、有子门人所记，"文简而明"，"言皆平实切于日用"，"无高深广远之言"，有子、曾子的门人正与子思同时，"何以《中庸》之言独繁而晦"，"探赜索隐，欲极

---

① ［汉］司马迁：《史记》卷四七，中华书局，1959年点校本，第1946页。
② ［唐］魏徵：《隋书》卷一三，中华书局，1973年点校本，第288页。
③ ［宋］朱熹：《大学章句》，《朱子全书》（修订本）第6册，上海古籍出版社、安徽教育出版社，2010，第32页。
④ ［宋］朱熹：《中庸章句序》，《朱子全书》（修订本）第6册，上海古籍出版社、安徽教育出版社，2010，第29页。

微妙之致"①。这种将《中庸》与《论语》相比较,以证《中庸》非子思所作的做法,在宋人王十朋那里已有之。今人否定《中庸》为子思所作的主要理由,是认为《中庸》"今天下车同轨,书同文,行同伦"乃秦统一以后的文字。②此说王十朋早已论及。对于王十朋的观点,今人或肯定,或否定。

7.《乐记》

《乐记》是《礼记》的第十九篇,主要论述乐的产生、乐与礼的关系、礼乐的作用等。《乐记》的作者和成篇年代,自古以来众说纷纭,莫衷一是。如《汉书·艺文志》说:"武帝时,河间献王好儒,与毛生等共采《周官》及诸子言乐事者,以作《乐记》。……其内史丞王定传之,以授常山王禹。禹,成帝时为谒者,数言其义,献二十四卷记。刘向校书,得《乐记》二十三篇,与禹不同,其道浸以益微。"③《汉书·艺文志》认为《乐记》的作者是河间献王和毛生。清代学者姚际恒认为《乐记》"乃汉武帝时河间献王与诸生取《文子》《荀子》《吕览》诸书凑集而成"④。姚氏指出《乐记》有"言多驳杂不纯""扬之过高"⑤处,"皆非礼乐之义""与圣人之言恰相反"⑥。清人方苞、姜兆锡等人支持姚际恒此说。

唐代张守节则认为"《乐记》者,公孙尼子次撰也"⑦。清代

---

① [清]崔述:《丰镐考信录余录》卷三《子思子》,《崔东壁遗书》第11册,上海古书流通处,1926年影印本,第6页。
② 廖焕超:《〈中庸〉作者献疑》,《孔子研究》,1990年第2期。
③ [汉]班固:《汉书》卷三〇,中华书局,1962年点校本,第1712页。
④ [清]杭世骏:《续礼记集说》卷六八,《续修四库全书》第102册,第225页。
⑤ [清]杭世骏:《续礼记集说》卷六八,《续修四库全书》第102册,第225页。
⑥ [清]杭世骏:《续礼记集说》卷六八,《续修四库全书》第102册,第226页。
⑦ [汉]司马迁:《史记》卷二四,中华书局,1959年点校本,第1234页。

人孙希旦对公孙尼子作《乐记》之说持阙疑态度。孙氏说："愚谓此篇郑、孔皆不言作者之人，惟《史记正义》以为公孙尼子所作，未知何据。"① 孙氏对公孙尼子作《乐记》之说不置可否。

三、《礼记》单篇的分类

《礼记》四十九篇，内容博杂，篇目编次没有义例。郑玄《三礼目录》记录了刘向《别录》对《礼记》各篇的分类。《别录》将《礼记》各篇分为制度、通论、明堂阴阳、丧服、世子法、祭祀、乐记、正篇、吉事九类。

制度类有《曲礼上》《曲礼下》《王制》《礼器》《少仪》《深衣》；

通论类有《檀弓上》《檀弓下》《礼运》《玉藻》《大传》《学记》《经解》《哀公问》《仲尼燕居》《孔子闲居》《坊记》《中庸》《表记》《缁衣》《儒行》《大学》；

明堂阴阳类有《月令》《明堂位》；

丧服类有《曾子问》《丧服小记》《杂记上》《杂记下》《丧大祭》《问丧》《服问》《间传》《三年问》《丧服四制》；

世子法类有《文王世子》《内则》；

祭祀类有《郊特牲》《祭法》《祭义》《祭统》；

乐记类有《乐记》；

正篇类有《奔丧》《投壶》；

吉事类有《冠义》《昏义》《乡饮酒义》《射义》《燕义》《聘义》。

---

① ［清］孙希旦：《礼记集解》卷三七，中华书局，1989年点校本，第975页。

"通论"是根据文体来进行划分的,"祭祀"是根据内容来进行划分的,"乐记"则是根据出处来进行划分的,可见刘向的分类标准比较混乱。

梁启超在《要籍解题及其读法》中将大、小戴《礼记》的篇目混合在一起,总共分为十类,分别为:

记述某项礼节条文之专篇;

记述某项政令之专篇;

解释礼经之专篇;

专记孔子言论;

记孔门及时人杂事;

制度之杂记载;

制度礼节之专门的考证及杂考;

通论礼意及学术;

杂记格言;

某项掌故之专记。①

梁启超划分的条目太多,又略显杂乱。

杨天宇在此基础上对《礼记》篇目的命名作了进一步的划分:

一是依据篇中所记主要内容命名;

二是仅据首节或仅据篇中部分内容命名;

三是取篇首或首句中若干字,或取篇中若干字命名;

四是以所记内容的性质命名;

五是命名之由不详者。②

---

① 梁启超:《古书真伪及其年代(附三种)》,江苏广陵古籍刻印社,1990年影印本。
② 杨天宇:《礼记译注》,上海古籍出版社,1997,序言。

杨天宇探讨的是《礼记》各篇的命名，从命名的不同对《礼记》的篇目进行划分。

王锷综合各家之见，并据《礼记》各篇的内容，将四十九篇分为四类：

一是记礼节条文，补他书所不备，如《曲礼》《檀弓》《玉藻》《丧服小记》《大传》《少仪》《杂记》《丧大祭》《奔丧》《投壶》；

二是阐述周礼的意义，如《曾子问》《礼运》《礼器》《郊特牲》《内则》《学记》《乐记》《祭法》《祭义》《祭统》《经解》《哀公问》《仲尼燕居》《孔子闲居》《坊记》《中庸》《表记》《缁衣》《问丧》《服问》《间传》《三年问》《儒行》《大学》《丧服四制》；

三是解释《仪礼》之专篇，如《冠义》《昏义》《乡饮酒义》《射义》《燕义》《聘义》；

四是专记某项制度和政令，如《王制》《月令》《文王世子》《明堂位》等。①

王锷的划分，可以使初学者在读《礼记》的时候选出自己感兴趣的篇目，研究者也可以凭借这种分类重点阅读某些篇目，因此比较合理。

四、《礼记》与《仪礼》的关系

《周礼》《仪礼》《礼记》三部古典文献在历史上统称"三礼"，属于儒家"十三经"，在中国思想文化史上占有重要地位。

---

① 王锷：《〈礼记〉成书考》，中华书局，2007，绪论。

《周礼》又名《周官》《周官经》，是"十三经"中唯一一部详言班朝治军、设官分职之书。全书共分为《天官》《地官》《春官》《夏官》《秋官》《冬官》六篇，分别叙述各个系统之职官。《仪礼》是一部记载古代贵族礼仪之书。全书共分十七篇，分别记述冠、婚、丧、祭、乡、射、朝、聘等各种礼仪。《礼记》是一部礼学资料的汇编，共四十九篇，篇目编次没有义例。该书内容博杂，有的是对《仪礼》部分内容之诠释，有的是对孔子及其弟子言行之记录，还有的是对礼学之通论。"三礼"之中，《礼记》与《仪礼》的关系最为密切，对二者的关系进行辨析，对于认识中国礼文化的层次意义重大。

　　关于《礼记》与《仪礼》的关系，历史上有些学者已有探讨。比如朱熹认为，"《仪礼》，礼之根本，而《礼记》乃其枝叶。《礼记》乃秦汉上下诸儒解释《仪礼》之书，又有他说附益于其间"①。既然《礼记》是《仪礼》的附庸，因此"读《礼记》，须先读《仪礼》。"②"《礼记》要兼《仪礼》读，如冠礼、丧礼、乡饮酒礼之类，《仪礼》皆载其事，《礼记》只发明其理。读《礼记》而不读《仪礼》，许多理皆无安著处。"③不少学者继承朱熹这种观点，强调《仪礼》对于研习《礼记》的重要性。如清初学者万斯大说："《仪礼》一经，与《礼记》相表里。考仪文，则《仪礼》为备，言义理，则《礼记》为经。

---

① ［宋］黎靖德辑：《朱子语类》卷八四，《朱子全书》（修订本）第17册，上海古籍出版社、安徽教育出版社，2010，第2889页。
② ［宋］黎靖德辑：《朱子语类》卷八七，《朱子全书》（修订本）第17册，上海古籍出版社、安徽教育出版社，2010，第2941页。
③ ［宋］黎靖德辑：《朱子语类》卷四二，《朱子全书》（修订本）第15册，上海古籍出版社、安徽教育出版社，2010，第2940页。

……故读《礼记》而不知《仪礼》，是无根之木，无源之水也。悬空无据，岂能贯通？"[①] 江永也说："《礼记》四十九篇，则群儒所记录，或杂以秦汉儒之言，纯驳不一，其《冠》《昏》等义，则《仪礼》之义疏耳。"[②] 朱熹、万斯大和江永等人都看到了《仪礼》对于认识《礼记》内容的重要性，不过他们只片面强调《仪礼》对于理解《礼记》的重要性，没有强调《礼记》对于理解《仪礼》的重要性。事实上，《礼记》对于《仪礼》所记礼仪的阐释，是我们认识《仪礼》所记礼制、礼仪的重要参考资料，也是集中体现中华礼乐精神的最重要的文本材料。况且《礼记》并不仅仅是阐释《仪礼》，还记述了很多《仪礼》所不具备的古制名物、政治哲学和伦理思想。

我们认为，《仪礼》之所以重要，是因为其所记载的冠、婚、丧、祭、乡、射、朝、聘等礼仪的细节，比较全面地、符号化地呈现了殷周以来贵族生活中的仪式。据此书，可对古代的礼仪制度有较为全面和系统的认识。然而《仪礼》所记载的只是礼仪、礼器以及行礼的场地，而对于为什么要如此行礼则没有说明。也就是说，礼仪、礼器以及行礼的场地是表面的、符号的、现象的，而这些符号和现象所蕴含的社会观念、政治哲学、人生价值观等，《仪礼》皆没有阐述，而《礼记》的特点就在于对这些现象和符号进行了阐释。比如《仪礼》有《士相见礼》，《礼记》就有《冠义》；《仪礼》有《士昏礼》，《礼记》

[①] ［清］万斯大：《与陈令升书》，《仪礼商》附录，文渊阁《四库全书》第108册，第285页。
[②] ［清］江永：《礼记纲目序》，《礼记纲目》卷首，文渊阁《四库全书》第133册，第43页。

就有《昏义》;《仪礼》有《乡饮酒礼》,《礼记》就有《乡饮酒义》;《仪礼》有《乡射礼》《大射》,《礼记》就有《射义》。《礼记》对于诸礼仪节的阐释,对于揭示古人行冠、婚、乡、射之礼的本质和意义颇有助益。比如《仪礼》对婚礼"六礼"(即纳采、问名、纳吉、纳征、请期、亲迎)的仪节言之甚详,而对这些仪节的意义则无阐释。《礼记·昏义》说:

> 昏礼者,将合二姓之好,上以事宗庙,而下以继后世也。故君子重之。是以昏礼纳采、问名、纳吉、纳征、请期,皆主人筵几于庙,而拜迎于门外,入,揖让而升,听命于庙,所以敬慎重正昏礼也。
>
> 敬慎重正而后亲之,礼之大体,而所以成男女之别而立夫妇之义也。男女有别而后夫妇有义,夫妇有义而后父子有亲,父子有亲而后君臣有义。

这两段文字从儒家的立场对《仪礼》所记婚礼仪式的本质及社会功能作了阐释。在其看来,包括"六礼"在内的婚礼仪节既有合两姓之欢好、传宗接代的意义,也有从夫妇到父子血缘关系再扩展到君臣上下政治秩序建构的功能。如果没有《礼记》的阐述,仅凭《仪礼》所记婚礼陈列的仪式,后人将很难理解这些仪式所蕴含的意义。清代学者焦循特别看重《礼记》,他说:"以余论之,《周官》《仪礼》,一代之书也;《礼记》,万世之书也。必先明乎《礼记》,而后可学《周官》《仪礼》。《记》之言曰'礼以时为大',此一言也以蔽千万世制礼之法可矣。《周官》《仪礼》固作于圣人,乃亦惟周之时用之。"① 与朱熹等人重《仪礼》不同,焦循认为《礼记》更重要,因为《礼记》所含之义理适用于各代,而《周官》《仪礼》所记之名物制度"惟周之时用之",《周官》《仪礼》是"一代之书",《礼记》是"万世之书"。

概而言之,《礼记》重在阐释礼的意义,与重在记录礼仪的《仪礼》互为补充、互相发明。自文献产生言之,《仪礼》在《礼记》先;自礼学精神言之,《礼记》当在《仪礼》之上。因此读《礼记》必须读《仪礼》,因为《礼记》所阐扬礼之义的基础就是《仪礼》所记载的各种礼仪;读《仪礼》也要读《礼记》,因为《仪礼》只是让人们知道了各种礼仪,而要明确这些礼仪所蕴含的深意,就必须到《礼记》中去寻求。

当然,将《礼记》完全当成阐述《仪礼》之书也是不对的,因为《礼记》中还有不少篇目的内容并不是对《仪礼》进行阐释,而是相对独立的。这一点,古代已有人看到了。比如清代李绂认为"《仪礼》为经""《礼记》为传"之说不可取,因为《礼记》的部分篇目如《曲礼》《内则》《玉藻》《明堂位》《丧服小记》《大传》《少仪》《杂记》《丧大祭》《祭法》《奔丧》《深衣》《投壶》中皆有关于礼制的内容,这属于"经"的范畴,而不可谓之"传";此外,《大学》《中庸》《乐记》等篇目并不仅仅阐释礼的意义,还有丰富的哲学思想。

---

① [清]焦循:《礼记补疏叙》,《礼记补疏》卷首,《续修四库全书》第105册,第1页。

《礼记》的思想

礼教是儒家制度、行为和思想的核心内容,其对中华民族性格的形成、社会的发展变迁产生了极为深远的影响。汉学家华琛（James Watson）曾说:"中国传统文化之所以能自成一体,全靠有一套标准统一的礼教在起作用,礼教在缔造和维系这一传统文化的过程中居于核心主导地位。"[①]《礼记》所言的社会思想、政治哲学和人生观,既是中华礼教的重要内容,也对中华礼教的形成起到了推动作用。

一、《礼记》对"礼"的来源的探索

《礼记》重在从"意义"的角度对礼及相关问题进行阐述,而首要的问题就是礼的起源。《礼记》多处谈到礼的起源,比如《礼运》:"夫礼,先王以承天之道,以治人之情。故失之者死,得之者生。……故圣人以礼示之,故天下国家可得而正也。"《礼记》认为礼是出于"先王"之制作。所谓"先王"就是古

[①] 转引自周启荣:《清代儒家礼教主义的兴起——以伦理道德、儒学经典和宗族为切入点的考察》,天津人民出版社,2017,第17页。

代的圣王，一般特指历史上尧舜禹汤文武几个有名的帝王。他们是远古时代为百姓造福之人，也是智慧的化身。古人在探讨一些与社会进步密切相关的现象时，皆将其归为先王的制作。在对礼的起源问题的认识上，儒家学者也不例外。实际上，礼并非一朝一夕所成，更不可能出自一人之制作，而是在漫长的历史长河中逐渐形成的。

《礼记》的作者认为，先王制礼绝不是随意而为之，而是"承天之道"。其将目光转向了主体之外，在更加广阔的背景中寻求礼产生和存在的根源。这样的记载在《礼记》中随处可见，如《丧服四制》说："凡礼之大体，体天地，法四时，则阴阳，顺人情，故谓之礼。"《礼运》说："是故夫礼，必本于大一，分而为天地，转而为阴阳，变而为四时，列而为鬼神。"《礼运》说："夫礼，先王以承天之道，以治人之情，故失之者死，得之者生。"《乐记》说："夫礼与天地同节。"所谓"大一""天之道""天地"，就是万事万物的终极依据，正如《哀公问》中有人问，何谓天道？孔子回答道："如日月东西相从而不已也，是天道也。""大一""天道""天地"是世间万物永恒不变的秩序和法则，先王就是依据这种秩序和法则，从而制定了规范社会秩序和人伦的礼。由此可见，《礼记》的作者将礼的产生和存在提高到了同宇宙秩序合一的高度。将礼和天道相提并论，见诸先秦不少文献，比如《左传·昭公二十五年》："夫礼，天之经也，地之义也，民之行也。"礼是"天经地义"的。儒家之所以将礼与天道并称，其用意是将礼神圣化，从而维护礼在现实社会中的地位，发挥其整合社会秩序的功能。

《礼记》的作者还指出，先王制礼是顺应"人情"。对于人的本质的探讨，先秦诸子言"人性"者多，比如孟子主张"性善"，其所谓的"性"是道德之性，"仁义礼智，非由外铄我也，我固有之也"（《孟子·告子上》），"君子所性，仁义礼智根于心"（《孟子·尽心上》）。荀子则认为人性本恶，他说："人之性恶，其善者伪也。"（《荀子·性恶》）礼是外在于人的规范，是须通过学习才可具备的。然而战国时代的社会现实却使得人性"善""恶"的标准在事实面前大打折扣，持性善或性恶的任何一方，都可以根据现实中的实例将对方的观点推翻。《礼记》的作者清楚地认识到孟子和荀子人性论的不足，遂从"人情"的角度来探求人之本质。① 《礼运》说："何谓人情？喜、怒、哀、惧、爱、恶、欲，七者弗学而能。"《礼记》不用"善""恶"的价值判断来界定人的本质，而是采用"人情"这样近乎中性的概念来对人之本质加以探讨。《礼记》认为，人是有情感和情绪的。对于人的情感和情绪，首先要以"顺"来面对。《礼运》说："故礼义也者……所以达天道、顺人情之大窦也。"在《礼记》看来，只有顺乎"人情"的规则和制度才是有生命力的，顺乎"人情"，就是顺乎"天道"。反过来说，当顺乎"人情"的礼被制定出来之后，又能恰如其分地体现"人情"。《曾子问》说"君子礼以饰情"，所谓"饰情"，就是通过礼来表达感情和情绪。儒家的礼仪中"重于丧祭"，而丧祭之礼的功能之一就是"人情"之表达。比如丧礼中的"哭踊"仪节，当亲人去

---

① "人情论"在荀子那里已显端倪，《荀子·正名》："不事而自然谓之性，性之好、恶、喜、怒、哀、乐谓之情。"《荀子·性恶》又云："起礼义，制法度，以矫饰人之情性而正之，以扰化人之情性而导之也。"在这里，荀子所论人情与人性并无实质上的区别。《礼记》则完整地提出了"人情论"。

世时，孝子可以跳着哭泣，这是孝子悲伤至极在行为上的体现。不过，顺乎"人情"也要有度，不可放纵。因此，礼的另一个功能是对人的情感和情绪进行节制。《礼运》说："故圣王修义之柄，礼之序，以治人情。"《坊记》说："礼者，因人之情而为之节文，以为民坊者也。"先王所制之礼，可以对"人情"加以节制，从而将"顺人情"维持在一定限度之内。通过礼从而将人情的"顺"与"节制"结合起来，这是《礼记》的高明之处，也是《礼记》对孟子的"性善论"与荀子的"性恶论"所作的调和。

除了从终极依据的"天道"和主体的"人情"对圣人制礼进行探讨之外，《礼记》的作者还根据历史的依稀记忆和对经验世界的观察，对礼的起源作了说明。《礼记》说：

> 夫礼之初，始诸饮食，其燔黍捭豚，污尊而抔饮，蒉桴而土鼓，犹若可以致其敬于鬼神。（《礼运》）
>
> 昔者先王未有宫室，冬则居营窟，夏则居橧巢。未有火化，食草木之实，鸟兽之肉，饮其血，茹其毛。未有麻丝，衣其羽皮。后圣有作，然后修火之利。范金，合土，以为台榭、宫室、牖户；以炮，以燔，以亨，以炙，以为醴酪。治其麻丝，以为布帛。以养生送死，以事鬼神上帝。皆从其朔。（《礼运》）

第一段引文是《礼记》对祭祀之礼的起源所作的探讨。其认为礼的起源与人的饮食、居住、日用等相关，"其燔黍捭豚，污尊而抔饮，蒉桴而土鼓"，郑玄注："污尊，凿地为尊也。抔饮,手掬之也。"古人爆粟粒,烤小猪,挖土坑盛酒,用手掬饮,再用草槌敲地取乐,这就是先民用自己最得意的生活方式祭祀鬼神,从而表达对祖先和神灵的崇拜,并希望获得祖先和神灵的庇佑。在第二段引文中,《礼记》认为人在落后的原始生活中无所谓礼仪规则,然而随着生活、日用等方面的日益进步,礼仪规则成为有序社会的重要保障。礼就是在社会的进步中,由"先王"总结生活经验从而制定出来的。"先王"制礼,就是通过赋予现实事物和行为以象征意义,进而引导社会有序发展。《礼运》说:"是故昔先王之制礼也,因其财物而致其义焉尔。故作大事必顺天时,为朝夕放于日月,为高必因丘陵,为下必因川泽。是故天时雨泽,君子达亹亹焉。"意即先王制礼时,根据事物固有的特性而赋以意义。举行祭祀一定顺着天时,什么时候祭祀神灵绝不错乱,举行朝日、夕月之祭一定仿照日出于东和月升于西,祭天是至高无上之祭,那就必定凭借本来就高的圆丘,祭地是至卑无二之祭,那就必定凭借本来就低的方泽。由此可见,虽然《礼记》于此仍是言祭礼,但是其所言祭礼的起源是具有普遍意义的。在其看来,礼的起源,就是人们在漫长的岁月中通过不断地体验、归纳总结生活经验,从而提炼出一些行之有效而又成本最小的规则,这些规则就是礼仪。

二、《礼记》对"礼"的功能的说明

在对礼的起源问题的探索基础上,《礼记》对礼的功能也作了说明,这可以从以下几个方面来理解。

第一,礼是人的基本属性和修养。

《礼记》言人与动物的区别:"鹦鹉能言,不离飞鸟,猩猩能言，不离走兽，今人而无礼，虽能言，不亦禽兽之心乎？"人与动物的根本区别，并不在于是否能言，而在于是否有礼。也就是说，《礼记》将道德作为人与动物的根本区别。这并不是说《礼记》否认人的自然属性，相反，《礼记·礼运》托孔子之口说："饮食男女，人之大欲存焉。"但是《礼记》更强调人的道德属性，因为这才是人之为人的根本，是人区别于同样有自然属性的动物的根本标志。

不仅如此，礼还是人的治身之本。《冠义》云："凡人之所以为人者，礼义也。"《礼器》云："礼也者，犹体也。体不备，君子谓之不成人。"可见礼对于个人而言，是治身之本。《礼记》特别强调人要有礼。可以说，一部《礼记》，其核心观念就是规劝人要有礼。《曲礼上》说："夫礼者，自卑而尊人。虽负贩者，必有尊也，而况富贵乎？富贵而知好礼，则不骄不淫；贫贱而知好礼，则志不慑。"不管是高贵还是贫贱，有礼才可获得尊重。在《曲礼上》中，《礼记》对人应具备的礼仪作了介绍。比如作为子女，侍奉父母应该有一系列的姿态。其曰：

夫为人子者：出必告，反必面，所游必有常，所习必有业。恒言不称老。（《曲礼上》）

为人子者，居不主奥，坐不中席，行不中道，立不中门。食飨不为概，祭祀不为尸。听于无声，视于无形。不登高，不临深。不苟訾，不苟笑。（《曲礼上》）

凡为人子之礼：冬温而夏清，昏定而晨省，在丑夷不争。（《曲礼上》）

这些内容有的是与《仪礼》相通的，比如"礼尚往来"与《士相见礼》是相通的；有的则是《仪礼》所不备的，比如子女侍奉父母的礼仪细节方面的规定。

《礼记》关于人的礼仪修养方面的规定，对今人仍有启发意义。比如与人一起吃饭的礼仪，《曲礼上》："共食不饱……毋刺齿，毋歠醢。"意思是，与他人一起用餐不可光顾自己吃饭，不要当众剔牙齿。这些礼仪，直到今天仍然实用。《曲礼上》："侍于君子，不顾望而对，非礼也。"陪侍君子，君子有所垂询，自己也不回头看看在座的有没有比自己更合适的解答者，张口就对答，这是很失礼的。

第二，礼是通过特定的姿态和仪式，从而让社会上下有等、长幼有序。

为此，《礼记》从人与人的互动关系中归纳出一些原则，并将其升华为礼。比如《仪礼》中有《士相见礼》，其中有士人造访别人，而被造访者回访的记载。《仪礼》通过行为昭示了"礼尚往来"。《礼记》则将这种行为所蕴含的交往原则提炼出来，其曰："太上贵德，其次务施报。礼尚往来，往而不来非礼也，来而不往亦非礼也。人有礼则安，无礼则危，故曰，礼者不可不学也。"(《曲礼上》)《礼记》强调，人与人之间交往要讲对等原则，有往有来，才算有礼。

社会中的人有不同的角色，社会和谐的前提是社会不同角色的人按照一定的规则行事，人们各尽其职，各安其分，社会才能安定。《论语》所言"君君、臣臣、父父、子子"，就是强调社会中拥有不同身份的人承担不同的责任和义务，这样才能使社会井然有序，有序的社会才是真正的和谐。而要使社会走向有序，其中一个重要的途径就是有礼。儒家重视"正名"，《论语·子路》："名不正，则言不顺；言不顺，则事不成；事不成，则礼乐不兴；礼乐不兴，则刑罚不中；刑罚不中，则民无所措手足。""名正言顺"，才能有礼乐之兴。在《礼记》中，对"名正言顺"都有强调，比如《曲礼下》："天子死曰崩，诸侯死曰薨，大夫曰卒，士曰不禄，庶人曰死。""崩"，山倒塌之义，天子的死是很重大的事，像山塌下来一样；而"薨""不禄""死"所体现的重要性渐次降低。天子、诸侯、大夫、士、庶人之于"死"的称谓不同，反映的是他们不同的身份、地位。即便是致送女子给天子、国君、大夫，说法都是有差异的，"纳女于天子，曰'备百姓'；于国君，曰'备酒浆'；于大夫，曰'备扫洒'"（《曲礼下》）。《曲礼上》说："大夫、士见于国君，君若劳之，则还辟，再拜稽首。君若迎拜，则还辟，不敢答拜。"意思是，大夫或士拜见国君，国君如果慰劳，大夫或士就要转身躲避，表示不敢当，然后面向国君答拜磕头。国君如果迎接先拜，大夫或士既惶恐闪避，又不敢答拜，意谓不敢和国君分庭抗礼。这里大夫、士拜见国君的过程中，大夫、士对于国君的慰劳和先拜所应该表现的不敢当或惶恐闪避，意在体现君臣之别，以及对国君的尊重，此即《论语》所言"君君、臣臣"。

又如祭祀之礼，不同身份的人，祭祀对象的区别，体现的也是一种秩序。比如《曲礼下》："天子祭天地，祭四方，祭山川，祭五祀，岁遍。诸侯方祀，祭山川，祭五祀，岁遍。大夫祭五祀，岁遍。士祭其先。"天子、诸侯、大夫、士，身份不同，祭祀的对象也不同。天子祭祀的对象比大夫多且重要，大夫祭祀的对象比士多且重要，祭祀对象的区别，正是天子、诸侯、大夫、士不同身份、不同社会地位之反映。其中所隐含的，就是社会的秩序。《礼记》的作者甚至还直接指出祭祀之礼中所蕴含的秩序观念，其曰："夫祭有十伦焉：见事鬼神之道焉，见君臣之义焉，见父子之伦焉，见贵贱之等焉，见亲疏之杀焉，见爵赏之施焉，见夫妇之别焉，见政事之均焉，见长幼之序焉，见上下之际焉。"(《祭义》) 这里所言的"君臣""父子""夫妇""长幼"是《论语》所言"五伦"的翻版，只不过《礼记》在此是通过祭礼来说的。

自从意识到礼有益于社会秩序的整合以来，人们便开始有意识地将礼提升到国家治理的层面，即所谓的"礼治"。《礼记》认为，统治者治国安民需要礼。"治国而无礼，譬犹瞽之无相与！"(《仲尼燕居》)"礼之于正国也，犹衡之于轻重也，绳墨之于曲直也，规矩之于方圆也。""安上治民，莫善于礼。"(《经解》) 若"治国不以礼，犹无耜而耕也"(《礼运》)，如果治国不以礼，那么就像耕地时没有农具。

对于统治者来说，以礼治国意义重大。"是故礼者，君之大柄也，所以别嫌明微，傧鬼神，考制度，别仁义，所以治政安君也。故政不正则君位危，君位危则大臣倍，小臣窃。刑肃而俗敝，则法无常，法无常而礼无列，礼无列则士不事业。刑肃而俗敝，则民弗归也。"(《礼运》) 比如祭祀，《礼运》曰："故先王患礼之不达于下也，故祭帝于郊，所以定天位也，祀社于国，所以列地利也，祖庙所以本仁也，山川所以傧鬼神也，五祀所以本事也。……故礼行于郊，而百神受职焉；礼行于社，而百货可极焉；礼行于祖庙，而孝慈服焉；礼行于五祀，而正法则焉。故自郊社、祖庙、山川、五祀，义之修而礼之藏也。"远古以来，人们逐渐意识到祭祀本身不仅是对先祖和神灵表达崇拜，而且通过这些祭祀礼仪来推行教化，移风易俗，有益治道。《礼记》特重丧祭之礼，其中的论述有很重的"神道设教"意味。比如《祭义》："众生必死，死必归土：此之谓鬼。骨肉毙于下，阴为野土；其气发扬于上，为昭明，焄蒿，凄怆，此百物之精也，神之著也。因物之精，制为之极，明命鬼神，以为黔首则，百众以畏，万民以服。圣人以是为未足也，筑为宫室，谓为宗祧，以别亲疏远迩，教民反古复始，不忘其所由生也。众之服自此，故听且速也。二端既立，报以二礼。建设朝事，燔燎膻芗，见以萧光，以报气也。此教众反始也。荐黍稷，羞肝肺。首心，见间以侠甒，加以郁鬯，以报魄也。教民相爱，上下用情，礼之至也。"《祭义》通过追溯祭礼之来源，认为祭礼的功能是通过对神灵的崇拜，从而营造一种氛围，形成一种群众心理，"以为黔首则，百众以畏，万民以服"；不仅如此，通过祭祀，统治者可以"教民反始""教民相爱""上下用情"，这是通过教化的形式让百姓在生活中有道德的自觉，而不是刑罚的强制。

《礼记》在强调"礼"的重要性的同时，还对"乐"颇为重视。《礼记·乐记》篇详细论述了音乐的起源、作乐的方法以及音乐的功效。其认为礼乐对于平衡人的内在情感和外在行为，以达到身心和谐至关重要。《乐记》："乐统同，礼辨异。"《乐记》："乐者，天地之和也；礼者，天地之序也。和，故百物皆化；序，故群物皆别。"如果礼重在讲分别，那么乐就重在讲和合。《乐记》又说："故乐也者，动于内者也；礼也者，动于外者也。乐极和，礼极顺。"如果说礼重在外在的仪式、姿态，那么乐就诉诸心性。因此，只有将礼和乐结合起来，才能取得人际间的分与合、人的心性与行为的最完美结合。这也是"圣人"礼乐设计的初衷，"乐者敦和，率神而从天；礼者别宜，居鬼而从地。故圣人作乐以应天，作礼以配地。礼乐明备，天地官矣。"（《乐记》）

《礼记》的作者追求的是"伦理本位社会"。① 这样的社会治理更看重伦理的作用。《大传》云："圣人南面而听天下，所且先者五，民不与焉：一曰治亲，二曰报功，三曰举贤，四曰使能，五曰存爱。五者一得于天下，民无不足，无不赡者。"同一篇又说："服术有六：一曰亲亲，二曰尊尊，三曰名，四曰出入，五曰长幼，六曰从服。"在这两段论述中，"治亲"和"亲亲"都放在首位。《礼记》的作者将人伦关系泛化到国家政治生活中，《哀公问》借孔子之口说："古之为政，爱人为大。所以治爱人，礼为大。所以治礼，敬为大。"《燕义》云："礼无不答，言上之不虚取于下也。上必明正道以道民，民道之而有功，然后取其什一，故上用足而下不匮也，是以上下和亲而不相怨也。和宁，礼之用也。此君臣上下之大义也。"在这里，《礼记》的作者强调君王为政必须以爱敬为本，而对礼乐的强调和重视正是追求"伦理本位社会"的反映。

《礼记》也看到了刑法对于社会规范的作用。如《乐记》云："故礼以道其志，乐以和其声，政以一其行，刑以防其奸。礼乐刑政，其极一也，所以同民心而出治道也。"又云："礼节

---

① 姜义华：《论〈礼记〉及其文化内涵》，《中国文化》，1996年第2期。

民心，乐和民声，政以行之，刑以防之。礼乐刑政，四达而不悖，则王道备矣。"不过，《礼记》的作者并没有将刑法提高到与礼一样的高度，《哀公问》借孔子之口曰："为政先礼，礼其政之本与。"也就是说国君施政，以礼为先，礼是国政的根本，至于刑法，则是在治国方面对礼的补充，不能起到支配的作用。《礼记》之所以如此重视礼乐而轻刑法，与其对礼乐和刑法的认知有关系。《大戴礼记·礼察》说："礼者禁于将然之前，而法者禁于已然之后。是故法之用易见，而礼之所为生难知也。"由于两种社会治理途径不同，从而导致二者的结果也不同，《大戴礼记·礼察》又说："以礼义治之者积礼义，以刑罚治之者积刑罚；刑罚积而民怨倍，礼义积而民和亲。"礼依人的内在自觉，将规则内化于心，再外化于行，是以善治善；而法的实施是靠外在强制，是以恶治恶。从社会运作成本的角度来看，"礼将规则内化于人们内心，使他们自觉地规范行动，使很多潜在的冲突得到消解，也就不需要由法来裁断，也减少了大量社会成本"[①]。

《礼记》重视礼治，与殷周以来人们逐渐形成的重孝、亲人、贵民、贵德的文化气质一脉相承。周代文化具有和商代文化一脉相承的连续性，并且更多地表现出对宗族成员的亲和力，对人际关系也表现出浓厚的兴趣。周公制礼后，周礼就成了一个具有巨大涵摄力的社会整合实体。春秋时期，礼坏乐崩，孔子倡导恢复周礼，对礼进行了广泛的发挥，使之成为有体系的学说。与法家倡导以"刑"和"法"对社会秩序进行整合的理

---

① 盛洪：《天道之法：儒家的道—礼—法秩序观》，《中国法律评论》，2016年第3期。

念不同，荀子提出了寓法于礼的学说。《礼记》在荀子学说的基础上对礼法关系作了进一步的探讨，从而建立起一套以伦理为本位的社会秩序学说，影响了中国两千多年。

三、《礼记》对理想社会图景的描绘

古今中外的思想家中，不少人都提出了他们心目中最为完美的社会图景，如古希腊柏拉图提出的由哲学王统治的"理想国"，英国空想社会主义者莫尔提出的"乌托邦"。中国的"理想国"理论更是多样，如先秦老子的"小国寡民"，等等。儒家学者在解释这个世界的同时，也提供一些改变这个世界的可行性论证，他们在批判社会不合理现象的同时，也试图提出一些方案，设计一些蓝图，构思政治理想，试图一劳永逸地解决现实社会的种种政治难题。《礼记·礼运》所提出的"大同"社会理想就是这种努力最为典型的表现。

《礼记·礼运》对理想的社会图景作了展望，提出了"小康"和"大同"两个理想的社会图景。"大同"是对原始共产主义历史记忆的一种恢复，具有乌托邦性质。《礼运》说："大道之行也，天下为公，选贤与能，讲信修睦。故人不独亲其亲，不独子其子，使老有所终，壮有所用，幼有所长，矜寡孤独废疾者皆有所养。男有分，女有归。货恶其弃于地也，不必藏于己；力恶其不出于身也，不必为己。是故谋闭而不兴，盗窃乱贼而不作，故外户而不闭。是谓大同。"据孔颖达之说，大同之世就是所说的"禅让"时代，"在禹汤之前，故为五帝时也"[①]。

---

① ［清］阮元校刻：《十三经注疏（附校勘记）》，中华书局，1980，第1414页。

在"大同"社会的图景中，国家为全民公有，人与人之间没有尔虞我诈、互相争斗，而是互敬互爱、团结互助。治理国家的有才能者为民所推举。在这样的社会中，人们已经突破了个人和家庭的界限，将爱自己子女的情怀扩展到整个社会，将爱自己双亲的情怀扩展到爱别人的双亲。在"大同"社会，因为有"大道"运行其中，所以礼义道德、刑罚征服皆不在其中。在人类历史上，这是一种普遍的现象，是人类在面对现实社会问题时所构想出的理想社会图景。"大同"是儒家的社会理想，千百年来，为人所向往。

"小康"之世则与礼治密切相关。《礼运》说："今大道既隐，天下为家，各亲其亲，各子其子，货力为己，大人世及以为礼，城郭沟池以为固，礼义以为纪；以正君臣，以笃父子，以睦兄弟，以和夫妇，以设制度，以立田里，以贤勇知，以功为己。故谋用是作，而兵由此起。禹、汤、文、武、成王、周公，由此其选也。此六君子者，未有不谨于礼者也。以著其义，以考其信，著有过，刑仁讲让，示民有常。如有不由此者，在执者去，众以为殃。是谓小康。"大道既隐的"小康社会"，出现了权利和财物私有，人与人之间需要通过仪义道德来维护，国家的运作需要通过法律和制度来调节。《礼运》又说："四体既正，肤革充盈，人之肥也；父子笃，兄弟睦，夫妇和，家之肥也；大臣法、小臣廉，官职相序，君臣相正，国之肥也；天子以德为车，以乐为御，诸侯以礼相与，大夫以法相序，士以信相考，百姓以睦相守，天下之肥也。是谓大顺。"在小康社会中，每个社会成员都在严格的等级序列中明确自己的身份，充当特定的角色。整个社会井井有条，和谐安定。

除了《礼运》之外,《礼记》的《王制》篇也有对理想社会的描述,只不过相对于《礼运》来说,《王制》的描绘更加具体。《王制》与《周礼》等文献一样,其所记载的内容是先秦时期政治制度的反映,只不过这些内容并非完全写实,而是带了浓厚的理想化色彩。比如关于不同等级所拥有的田地数量,《王制》载:"天子之田方千里,公侯田方百里,伯七十里,子男五十里。"又如关于封国之制,《王制》载:"凡四海之内九州,州方千里,州建百里之国三十,七十里之国六十,五十里之国百有二十,凡二百一十国,名山大泽不以封,其余以为附庸间田。""天子之县内,方千里者,为方百里者百,封方百里者九,其余方百里者九十一。又封方七十里者二十一,为方百里者十,方十里者二十九,其余方百里者八十,方七十里者七十一。"这些关于封国、封地及相关的数据,反映出的问题可从两个方面来看:一是《王制》的作者对于古代的政治制度有相当全面和深入的认识,不然其断然不会写出如此系统而全面的关于古代治国蓝图的设计;二是《王制》的作者对于政治蓝图的设计又是颇具理想色彩的,田千里、百里、七十里,百里之国、七十里之国、五十里之国,数据越是确凿,越显现出作者是出于一种"乌托邦"式的社会图景追求。

《王制》对理想的社会治理的设计和描述,从经验和理性的角度去检视,虽然是理想的,但是在特定的社会背景和学术语境中,仍然具有其价值。比如晚清廖平认为《王制》为今文经学之祖,是孔子晚年定论。廖氏认为,今古文所言礼制分别主《王制》和《周礼》,《王制》主今学,《周礼》主古学,"从周"是孔子早年之说,"改制"才是孔子晚年定论。廖氏说:

"孔子初年问礼,有'从周'之言,是尊王命、畏大人之意也。至于晚年,哀道不行,不得假手自行其意,以挽弊补偏;于是以心所欲为者,书之《王制》,寓之《春秋》,当时名流莫不同此议论,所谓因革继周之事也。后来传经弟子因为孔子手订之文,专学此派,同祖《王制》。其实孔子一人之言,前后不同。予谓从周为孔子少壮之学,因革为孔子晚年之意者,此也。"[1]廖氏认为,此所谓"因革"就是素王改制,《王制》从法的层面对国家的政治、经济、宗教、礼仪等作了设计,从而成为王者之大经大法。晚清康有为将《王制》归为孔子所作。今文家将《王制》的作者归为孔子或孔子后学,意在赋予《王制》以经典意义,提升其神圣性。而反过来,通过对《王制》微言大义之发掘,可以达到崇经尊孔之目的。这种做法的本质,与今文家将"六经"归为孔子所作,并以"六经"为孔子致治之术大致相同。

---

[1] [清]廖平:《今古学考》卷下,杨世文、舒大刚主编:《廖平全集》第1册,上海古籍出版社,2015,第34页。

《礼记》的版本及流传情况

西汉时期,《礼记》文本基本面貌已定。此后在流传的过程中,《礼记》出现了许多不同的本子。先有刘向校勘《礼记》,从而有了《礼记》刘向本;《后汉书》记载,"七世祖仁,从同郡戴德学,著《礼记章句》四十九篇"①,《礼记》遂有桥氏本;《后汉书》载曹褒"传《礼记》四十九篇,教授诸生千余人"②,《礼记》遂有曹氏本。到了东汉,经学大家马融、卢植、郑玄皆为《礼记》作注释。③ 唐代陆德明所撰《经典释文》记述道:"后汉马融、卢植,考诸家同异,附戴圣篇章,去其繁重及其所略,而行于世,即今《礼记》是也。"④ "考诸家同异",就是马融、卢植、郑玄等人在注释《礼记》之前,都曾对该书进行整理和校勘。

今所能见到的《礼记》文本,分白文本和注疏本以及今人

---

① [汉]范晔:《后汉书》卷五一,中华书局,1965年点校本,第1695页。
② [汉]范晔:《后汉书》卷三五,中华书局,1965年点校本,第1205页。
③ 关于卢植的《礼记》学著述,可以参见潘斌《卢植〈礼记解诂〉探微》一文,载于《青海社会科学》2007年第5期,文中对卢植《礼记解诂》的流传、训诂方法、对郑玄的影响等都进行了介绍。
④ [唐]陆德明:《经典释文》,中华书局,1983,第11页。

译注本。

所谓"白文",即只有原文,没有任何注解、翻译。《礼记》白文经的刊刻,可以分为石经和刻本两大类。唐太和七年(833),唐文宗命陈介、艾居晦等人耗时数年,到开成二年(837)刻成"开成石经",内容包括儒家最重要的十二部经典。"开成石经"中的《礼记》是目前所知最早的刻石者。此外,北宋"嘉祐石经"始刊于仁宗庆历元年(1041),毕工于嘉祐元年(1056),经文用篆、真二体书写,所以又称"二体石经"。刻成之后,放置在开封太学,故又称"开封府石经""国子监石经",今存残石。近人罗振玉所辑《吉石庵丛书》收有拓本影印的《礼记》残石。北京图书馆现藏有多种嘉祐石经拓本,其中包括《礼记》。南宋绍兴年间(1131—1162),《易》《书》《诗》《左传》《论语》《孟子》以及《礼记》中的《大学》《中庸》《学记》《儒行》《经解》五篇刻于石,立于杭州国子监,今存残石。此外,清乾隆年间(1736—1795)刻十三经于石,其中包括《礼记》白文,今保存完整。

根据近人王国维的考证,南宋监本是目前所知最早的《礼记》白文经刻本。宋代以来,《礼记》的白文经刻本卷数不一,少则有一卷或不分卷者、两卷本、三卷本、四卷本、五卷本、六卷本;多则有二十卷本、二十一卷本、三十卷本。不少版本见于全国各地的图书馆,比如明弘治九年(1496)周木所刻白文《礼记》一卷本,今藏国家图书馆、上海图书馆、浙江图书馆、台湾故宫博物院,而明弘治九年(1496)庄㮤所刻白文《礼记》三十卷,今藏浙江天一阁文物保管所。

自东汉郑玄作《礼记注》以后,汉代其他各家皆佚。郑玄对《礼记》作了非常详密的校勘，并保存了经文的不少异文。《礼记注》也有石经本。后蜀广政七年（944），蜀相毋昭裔将郑玄《仪礼注》《礼记注》等十部经典连同注文，全部开雕上石；并由张德钊、杨钧、张绍文等上书丹。这项雕刻工程于广政十四年（951）全部完成，历时八年。不过由于"广政石经"毁于南宋末，所以其中的郑玄《礼记注》已佚。宋以来，郑玄《礼记注》刻本分两类。一是未附陆德明《经典释文》者。这类《礼记注》多是二十卷，可见于全国各大图书馆。比如宋淳熙四年（1177）抚州公使库刊绍熙至淳祐间递次修补本，今藏台湾"中央图书馆"。又如明嘉靖东吴徐氏刻本，今藏南京图书馆。二是附陆德明《经典释文》者。这类《礼记注》也多是二十卷，偶有四十九卷，也见于全国各大图书馆。比如宋刻《监本纂图重言重意互注礼记》二十卷，今藏北京大学图书馆。又如清乾隆四十八年（1783）武英殿刻本二十卷，今藏复旦大学图书馆。

唐初为适应科举取士和维护全国政治统一的需要，唐太宗命孔颖达领衔撰《五经正义》，以求结束经学派别之争。《礼记正义》是《五经正义》的一种。《礼记》的经、注、疏合刊始于南宋，即宋代两浙东路茶盐司刻《礼记正义》七十卷。宋、元、明、清以来，此书皆有刻本。其中既有单疏本，也有附陆德明《经典释文》本，以及未附陆德明《经典释文》本。这些文献也多见于全国各大图书馆。

第二章
汉唐时期的《礼记》学

汉唐是中国学术思想史上一个非常繁荣的时期,其间经历两汉经学的确立、发展和演变,魏晋南北朝以玄学为统领、道教佛教为辅弼,南北朝政治分裂至隋唐"大一统"政治特点下的义疏之学三个大的阶段。在长达千余年间,政治思潮多变,学术流派纷呈,经师云集,文化灿烂。与之相应的是,作为中华文化象征符号的"三礼"学一直是学者们关注的中心,其中《礼记》更成为研究的重点之一。

魏晋以降,《礼记》地位的升迁对后世学术思想史产生了深远的影响。

汉唐时期《礼记》学概论

汉唐时期是经学确立和不断发展的时期，学术思想繁荣，《礼记》学文献数量众多。下面我们从文献的基本情况和学术特色两个方面对汉唐《礼记》学作概要性的论述。

一、汉唐时期《礼记》学文献概览

由于年代久远，汉代的《礼记》学文献现存数量极少。"汉代的《礼记》有二戴及刘向三种辑本，三者都可溯源于河间献王的礼书，又都与今古文学派有复杂的关系。"[1] 据《汉书·艺文志》记载，《礼》有13家，其中《礼记》类著录《记》百三十一篇、《明堂阴阳记》三十三篇、《王史氏记》二十一篇、《曲台后仓》九篇、《中庸说》二篇、《乐记》二十三篇、《孔子三朝记》七篇、《明堂阴阳说》五篇。姚振宗《汉书艺文志拾补》补录西汉《礼》16家19部，其中包含《礼记》学文献9家11部。《大戴礼记》八十五篇为《别录》所不提，《小戴礼记》四十九篇为《别录》所著录。朱彝尊《经义考》著录汉代

---

[1] 姜广辉：《中国经学思想史》第2卷，中国社会科学出版社，2003，第215页。

《礼记》学文献共10种。王锷的《三礼研究论著提要》著录的汉代《礼记》学文献有《礼记群儒疑义》（戴圣）、《礼记章句》（桥仁）、《月令章句》（景鸾）、《礼记要抄》（缑氏）、《礼记注》（马融）、《礼记解诂》（卢植）、《月令章句》（蔡邕）、《礼传》（荀爽）、《礼记注》（高诱）、《明堂月令》（高诱）、《礼记注》（郑玄）、《礼记音》（郑玄）等，共12部。舒大刚《儒学文献通论》认为"已知的汉代《礼记》学文献为20种以上"①。由这些书目可以看出，汉代学者热衷于为《礼记》作注作传。这些文献除郑玄《礼记注》现存外，其余皆佚，部分内容见于清人的辑佚书。

值得注意的是，由于汉代谶纬盛行，故出现了很多纬书。纬书依附经书，用阴阳五行学说和推演灾异的方法解释政治和经典。顾颉刚曾将现存的两汉时期纬书名目、卷数进行统计，认为《礼纬》在汉代纬书中占3.5%。②《礼纬》所依赖的经典究竟是《周礼》《仪礼》，还是《礼记》？这个问题不能一概而论。总的来说，《礼纬》于"三礼"皆有依附，而与《礼记》的关系尤为密切。《仪礼》仅记载古代礼制，在思想上并无多大阐发的空间，《周礼》多记职官及相关的典章制度，而《礼记》中有关于月令、明堂、阴阳灾异等方面的记载，谶纬起于今文经学，兴于今文经学，故《礼纬》与《礼记》的关系更为密切。据《后汉书》记载，《礼纬》有《含文嘉》《稽命征》《斗威仪》，《隋书·经籍志》载《礼记默房》，殷元正《集纬》增

---

① 舒大刚：《儒学文献通论》中册，福建人民出版社，2012，第897页。
② 顾颉刚：《中国上古史研究讲义》，中华书局，1988，第267页。

补了《元命苞》《礼纬》，杨乔岳编、杜士芬校《纬书》中增补了《礼·稽命曜》，乔松年《纬捃》辑录有《泛引礼纬》。总体来说，两汉时期的纬书与《礼记》关系密切，很多兼通今古文经学、融汇"三礼"的经学家都好引纬书以解经。

魏晋南北朝时期，中国处于分裂割据状态，不过南北地方政权的统治者出于统治需要，普遍重视礼学。朝廷重视征用礼学名家制礼作乐，讲授"三礼"之学。如曹魏明帝时就重用礼学名家王肃推行礼法之治，司马氏当政时，王氏的地位进一步上升。学者也都重视礼学的研究，皇侃曾言："六经其教虽异，总以礼为本。"[1] 这一时期礼学名家众多，政治上的动荡并没有导致礼学的颓败。据朱彝尊《经义考》著录，魏晋南北朝时期的《礼记》学文献共 50 种，其中魏晋时期 21 种，南北朝时期 29 种。王锷的《三礼研究论著提要》著录的《礼记》学文献，三国时期 9 部，晋朝 17 部，南朝 17 部，北朝 5 部，其中十余部《礼记》学文献作者不详。舒大刚《儒学文献通论》则根据各种文献记载，认为魏晋南北朝时期的《礼记》学文献在 70 种左右。据《隋书·经籍志》载，仅南北朝时期"三礼"类著述共计"一百三十六部，一千六百二十二卷（通计亡书，二百一十一部，二千一百八十六卷）"[2]，其中著录的《礼记》学文献有 32 部。实际上，由于印刷术出现之前书籍刊刻不易，而文献在流传过程中难免亡佚，所以南北朝时期《礼记》义疏类文献究竟有多少，可能永远是一个谜。不过根据已有的统计，可窥这

---

[1] ［清］阮元校刻：《十三经注疏（附校勘记）》，中华书局，1980，第 1609 页。
[2] ［唐］魏徵：《隋书》卷三二，中华书局，1973 年点校本，第 924 页。

个时期《礼记》义疏学之发达。

隋唐时期结束了长期分裂割据的局面，大一统政治局面确立，经学也由南北朝时期的分离局面走向统一，其标志是在官方主持下由孔颖达等编定《五经正义》。而"三礼"之中，唯有《礼记》被列为"正义"编纂计划之中。以颜师古、孔颖达及贾公彦等为代表的学者融合南北礼学，推崇郑玄《礼记注》，使《礼记》由《仪礼》的"附庸"变成"大国"。同时，隋唐《礼记》义疏之学得到发扬光大，《礼记》义理化阐释逐渐受到礼学家们的重视。总体来说，由于南北经学趋于统一，所以隋唐时期《礼记》学文献的数量相应减少。不过，因受《礼记正义》纂定和颁布之影响，唐代《礼记》地位升迁，《礼记》学文献的数量大大超过了《周礼》《仪礼》文献的数量。据《旧唐书·经籍志》《新唐书·艺文志》的著录，可知隋唐二代《周礼》类文献仅贾公彦的《周礼疏》、王玄度的《周礼义决》二部，《仪礼》类文献仅贾公彦的《仪礼疏》一部，而《礼记》类文献有魏徵的《次礼记》、孔颖达的《礼记正义》、贾公彦的《礼记疏》、元行冲的《类礼义疏》、王玄度的《注礼记》、御定《礼记月令》和《礼记字例异同》、成伯玙的《礼记外传》、王元感的《礼记绳愆》以及王方庆的《礼经正义》《礼杂问答》等，共11部。朱彝尊的《经义考》著录隋唐时期的《礼记》学文献为30种，其中超过半数属于《礼记》的单篇之作。王锷的《三礼研究论著提要》增补了隋王元规的《礼记音》、牛弘的《明堂议》和唐贾公彦的《礼记疏》。

总的来看，汉唐时期的《礼记》学文献有以下几大特点。

一是学者多尊重《礼记》文本原貌，不随意删改经文。这方面尤以汉代为甚。如郑玄注《礼记》时，对多家《礼记》版本所存异文不轻易取舍，而是存异文，以求阙疑。据李云光统计，郑玄《礼记注》中保存了多达二百零六条异文。① 南朝礼学大家皇侃的《礼记》研究受到汉代经学家解经传统的影响，以至于孔颖达称其著作"章句详正，微稍繁广"。② 尊重文本原貌，不随意删改经文，不妄下结论，让世人择善而从，追求经文之原义，这是汉唐《礼记》研究者们共同的学风。

二是多宗郑《注》，采用"注不驳经，疏不破注"的原则从事经文诠释。汉初的经师们拘于章句训诂之学，践守"注不驳经，疏不破注"的原则，不取异义，专宗一家。继之者奉行师法和家法，经典阐释日益烦琐，动辄万言，特别是博士之学既立，经学家们专注于传，于是经说越来越多，经学逐渐失去了创造力。即使郑玄兼采今古文，遍注群经，也只是以其渊博的学识对经典予以注解，仍不悖于"注不驳经，疏不破注"的原则。到了唐代，《五经正义》的撰作原则仍是"注不驳经，疏不破注"。在宣告"五经"经义历史性统一的时候，儒学的发展逐渐失去活力和创造性，日益走向禁锢和僵化。在这样的背景下，以韩愈、李翱为代表的中唐心性之学兴起。宋代辨疑之风兴起，宋儒更是视汉唐注疏之学为土埂。

三是义疏之学盛行，《礼记》义疏文献数量庞大。所谓《礼记》义疏文献，就是对《礼记》的经和注进行诠释的文献。考察《隋书·经籍志》，可知自魏晋以来，包括《礼记》学文献

---

① 李云光：《三礼郑氏学发凡》，华东师范大学出版社，2012，第5页。
② ［清］阮元校刻：《十三经注疏（附校勘记）》，中华书局，1980，第1222页。

在内的许多经学文献的名称都被冠以"义",尤以南北朝时期以"义""义疏""讲疏"为书名居多。有学者认为义疏之学"发生于两晋南北朝"①,还有学者认为义疏之学始于东汉郑玄的《毛诗笺》,甚至有学者认为"义疏的渊源可追溯至西汉的费直"②。不管义疏之学起于何时,可以肯定的是,义疏体在南北朝隋唐时期相当盛行。正是在这样的学术背景下,《礼记》义疏之作繁多,为唐代《礼记正义》的纂定提供了丰富的材料。

二、汉唐时期《礼记》学的特色

汉唐时期时间跨度大,社会背景和学术思潮较为复杂。不过从中国学术思想史演变的角度来看,汉唐与宋元明有着截然不同的特点,而汉唐学术思想可自成一体系。因此,我们在探讨中国《礼记》学术史的时候,认为汉唐《礼记》学具有异于宋元明《礼记》学的特色,这可从以下几个方面来理解。

一是两汉时期今古文经学并存,《礼记》多本流传。西汉时期,今文经学盛极一时,古文经学湮没不彰。东汉时期,古文经学在民间兴起,并有了很大的发展,出现了一些兼通今古文的经学大师。《礼记》学的发展与汉代经学的演变息息相关。相对于其他儒家经典来说,《礼记》成书较晚,直到西汉中后期才纂辑成书,因此,西汉《礼记》学的重点在其成书方面。东汉时期,《礼记》文本已定,多种传抄本出现;同时,由于古文经学重视文字训诂,所以《礼记》笺注之学应时而生。自西汉中

---

① 刘卫宁:《两晋南北朝儒经义疏研究》,暨南大学 2008 年博士学位论文,第 9 页。
② 申屠炉明:《南北朝儒家经学义疏三论》,《江苏社会科学》,2001 年第 4 期。

后期始，《礼记》出现了许多不同的传本。刘向对戴圣纂辑的《礼记》进行校勘，从而形成《礼记》刘向本。《后汉书·桥玄列传》载："七世祖仁，从同郡戴德学，著《礼记章句》四十九篇。"① 可见《礼记》还有桥氏本。《后汉书·曹褒列传》载曹褒"传《礼记》四十九篇，教授诸生千余人"②，故《礼记》有曹氏本。东汉时期，《礼记》文本已经引起众多经学大师的重视，在东汉中后期古文经学兴起、今古文经学融合的大趋势下，经师们对《礼记》文本进行注释阐发，出现了最早的《礼记》训释之作。据《后汉书》中《马融传》《卢植传》《郑玄传》记载，马融、卢植、郑玄均为《礼记》作注。《经典释文·序录》云："后汉马融、卢植，考诸家同异，附戴圣篇章，去其繁重及所略，而行于世，即今《礼记》是也。"③ 可见马融、卢植在为《礼记》作注之前，都曾对其校勘。马融、卢植的《礼记》学文献虽已亡佚，但其部分文字仍被史书、注疏保留了下来。东汉后期，郑玄兼通今古经，精通礼学，其参考众本，校勘《礼记》，并为之作注，保存了汉代《礼记》的不少异文。我们根据郑玄的《礼记》注文，可窥汉代《礼记》传本之概况。

二是魏晋南北朝时期的《礼记》学具有郑王相对、南北相异的特点。东汉末年的战乱导致大量经典文献被毁或散佚，今文经学的师承和家法断绝，加之当时政治腐败，儒者经邦济世的理想破灭，多种原因导致经学走向衰微。幸好有今古合一的郑学大行于世，经学才不至中绝。正如皮锡瑞所言："盖以汉时

---

① [宋] 范晔：《后汉书》卷五一，中华书局，1965 年点校本，第 1695 页。
② [宋] 范晔：《后汉书》卷三五，中华书局，1965 年点校本，第 1205 页。
③ [唐] 陆德明：《经典释文》卷一，北京：中华书局，1983，第 11 页。

第二章　汉唐时期的《礼记》学

经有数家，家有数说，学者莫知所从。郑君兼通今古文，沟合为一，于是经生皆从郑氏，不必更求各家。郑学之盛在此，汉学之衰亦在此。"① 在此背景下，魏晋南北朝时期的《礼记》学或尊郑氏之学，或与之相异相诘。在与郑为异方面，当以王肃为代表。

曹魏时，王肃遍注群经，但他不好郑学，处处与郑玄为异。他攀附司马氏，凭借与司马氏的姻亲关系，其所注诸经被立于学官，以至于"郑学出而汉学衰，王肃出而郑学亦衰"②。郑玄《三礼注》乃其群经注中之最精者，王肃与郑为异，在"三礼"学方面体现得尤为明显。王肃与郑玄的分歧主要在于礼制，而王肃与郑玄论争的主要依据却是《礼记》的内容。

南北朝时期，政治上南北分立，说经者亦有"南学""北学"之别。南朝经学崇尚玄学，学风比较虚浮，经学益衰。梁武帝时，由于统治者重视，所以经学较为繁荣。"南朝的经学，最可称道者，要数《三礼》学了"③，其时礼学名家众多，如何佟之、严植之、司马筠、崔灵恩、孔佥、沈峻、皇侃、沈洙、戚衮、郑灼、张崖、陆诩、沈德威、贺德基等人都以研习"三礼"学闻名于世。北朝经学不杂玄学，稍盛于南朝。北魏孝文帝、北周武帝对经学都十分重视。在北朝的诸多经学家中，成就最大的当推徐遵明。《北史·儒林列传·序》云："'三礼'并出遵明之门。"又云："诸生尽通《小戴礼》，于《周》《仪礼》

---

① ［清］皮锡瑞：《经学历史》，《皮锡瑞全集》第6册，中华书局，2015，第48页。
② ［清］皮锡瑞：《经学历史》，《皮锡瑞全集》第6册，中华书局，2015，第50页。
③ 杨天宇：《略述中国古代的〈礼记〉学》，《河南大学学报（社会科学版）》，2000年第5期。

67

兼通者，十二三焉。"① 可见北朝经学家十分重视"三礼"学，尤其重视《礼记》。魏晋时期，许多学者对《礼记》音义的探讨兴趣日隆，出现不少关于《礼记》音义之作，如三国射慈撰有《礼记音义隐》，曹耽、孙毓、尹毅、李轨、范宣、徐邈、谢桢等都撰有《礼记音》。魏晋南北朝时期，义疏之学兴起，皮锡瑞云："夫汉学重在明经，唐学重在疏注。当汉学已往，唐学未来，绝续之交，诸儒倡为义疏之学，有功于后世甚大。"② 此时期《礼记》义疏之作甚多，如南朝有崔灵恩的《三礼义宗》、沈文阿的《礼记义疏》、皇侃的《礼记义疏》和《礼记讲疏》、戚衮的《礼记义》等；北朝有刘献之的《三礼大义》、李铉的《三礼义疏》、沈重的《礼记义疏》、熊安生的《礼记义疏》等。其中以皇侃的《礼记义疏》和熊安生的《礼记义疏》影响最大，唐代孔颖达的《礼记正义》取材于二者甚多。

三是隋唐时期《礼记》学实现南北融合，"五经"归一。隋唐两朝结束了南北朝长期分裂的局面，建立了统一的多民族国家。隋唐中央集权的加强和统一局面的形成，对本时期经学的发展产生了很大的影响。首先是经学实现了统一。南北朝时期的经学分为南北两派，至隋统一，南北之学亦归统一。其次是官方直接组织、干预古文献的修纂和整理，经学研究比较集中。《隋书·文帝本纪》载隋文帝开皇十三年（593）五月"诏人间有撰集国史、臧否人物者，皆令禁绝"③。唐太宗诏颜师古考订五经，诏孔颖达与诸儒撰定《五经正义》。隋立《礼》学

---

① ［唐］李延寿：《北史》卷八一，中华书局，1974，第2708页。
② ［清］皮锡瑞：《经学历史》，《皮锡瑞全集》第6册，中华书局，2015，第59页。
③ ［唐］魏徵：《隋书》卷二，中华书局，1973年点校本，第38页。

博士仍以郑学为宗。隋朝礼学，见于《隋书·经籍志》记载者，唯马光"尤明'三礼'"，褚辉"以'三礼'学称于江南"而已。唐孔颖达等人继承了南北义疏之作的体例，融合了汉魏以来的经学成果，撰成《五经正义》，成为中国经学史上划时代的著作。《五经正义》之一的《礼记正义》依据皇侃的《礼记义疏》，并参考熊安生的《礼记义疏》修纂而成。《礼记正义》为《五经正义》中成就较高者，是唐代以来《礼记》学之典范。尽管其书仍有不足，"然采摭旧文，词富理博，说礼之家，钻研莫尽"[1]。从中国经学史演变的角度来看，隋唐时期的经学处于守成状态，开创性不大，相关的经学文献数量也较其他时代少得多。隋唐时期的《礼记》学文献数量也很少，除《礼记正义》以外，几乎没有对后世产生重要影响的《礼记》学文献出现，这种状况直到宋代才有所转变。

四是引礼入法至礼法结合，体现了《礼记》学的经世致用取向。有论者认为，引礼入法发生于西汉中期，魏晋南北朝时期则是礼法结合。唐代《礼记正义》的出现，标志着《礼记》在国家政治生活中地位的上升。《礼记》在国家治理中的应用，使得礼法结合得到进一步加强。如南朝萧梁时，社会上办理丧事多不尊礼，以速办为尚，针对此现象，侍中徐勉在上疏中引用《礼记·问丧》"三日而后殓者，以俟其生也；三日而不生，亦不生矣"，认为治丧从速是违法悖伦之举，奏疏得到梁武帝的批准。[2]《礼记正义》也处处体现了礼与政治、刑法的结合。如

---

[1] ［清］永瑢等：《四库全书总目》卷二一，中华书局，1965年影印本，第169页。
[2] ［唐］姚思廉：《梁书》卷二五，中华书局，1973年点校本，第378页。

在对《礼记·王制》"附从轻，赦从重；凡制五刑，必即天论，邮罚丽于事"，"必即天论"，孔《疏》突出"天意好生"的一面，即遵守天的"伦理"，使"生杀得中"。这些都表明《礼记》在政治生活中得到了广泛的运用。①

---

① 陶广学：《孔颖达〈礼记正义〉研究》，扬州大学 2012 年博士学位论文，第 306 页。

第二章 汉唐时期的《礼记》学

《礼记》学与汉代今古文经学之争

今古文之争一方面是学术思想发展的产物,另一方面又是社会处于变革时期的结果。由于所依据的经书传本存在区别,故两汉时期的今文经学派与古文经学派在传授方式及对政治、文化、宗教和哲学等方面的观点上出现了许多分歧和争论。概言之,今文经学派的特点是:尊奉孔子,尊孔子为"素王",视孔子为哲学家、政治家、教育家;借孔子托古改制,以"六经"为孔子作,以《春秋公羊传》为主,经的传授多可考;盛行于西汉且都立于学官;斥古文经为刘歆伪作;信纬书且认为其蕴孔子微言大义。古文经学派的特点是:崇奉周公,尊孔子为先师,认孔子为史学家,以为孔子"信而好古,述而不作";以"六经"为孔子以前的史料,以《周礼》为主,经的传授不大可考;西汉时多行于民间,盛行于东汉;斥今文经是秦火之余,斥纬书为巫妄。故今古文经学之争主要围绕以上区别而展开,分歧的焦点是对孔子的看法、对"六经"的见解、双方引申态度、经学传授方式四个方面,其论争既是在特定时代背景下的学术地位之争,也是政治地位之争、利禄之争,其实质是争得学术思想上的"大一统",政治生活中的"话语权"。

从西汉武帝采用董仲舒"罢黜百家，独尊儒术"起，到东汉哀帝时刘歆要求设立古文经博士，今文经学一直占据着主导地位。"古文经学为刘歆所创始，今古文经学争论亦因刘歆而起，而最早的今古文经学的思想分歧，当发生于刘歆与其父刘向之间。"[①] 今古文之争在汉代先后掀起了三次高潮：第一次是在西汉哀帝时刘歆争立《毛诗》《古文尚书》《逸礼》《左氏春秋》为官学，这是今古文经学之争的开端；第二次是在东汉光武帝初年韩歆、陈元与范升争立《左氏春秋》《费氏易》为官学；第三次是在东汉章帝时贾逵推《左氏传》与李育推《公羊传》之争，《左氏春秋》得立博士，但不久又遭废黜。东汉章帝时召开白虎观会议，欲调和两派之争。会后形成了《白虎通义》，其思想倾向于今文经学，显示终以今文派获胜。汉章帝想扶持古文经，东汉晚期名儒马融、郑玄等人亦治古文经，但古文经仍未立于学官，始终为私学。通过系列争论，古文经学在学术上和政治上的地位得以迅速崛起。汉末郑玄兼通今古文经，广采众书，遍注群经，调和两派，形成"郑学"，今古文之争至此基本结束。在长达百年的今古文之争中，作为争论的焦点之一，《礼记》成为众家关注的重点内容。

一、《礼记》与王莽改制

姜广辉认为，古文经学为刘歆所创，其古文经学知识传自其父刘向，今古文经学最早的思想分歧发生在刘向、刘歆父子之间。在西汉当时的学术背景下，二人学术源流本同出于今文

[①] 姜广辉：《中国经学思想史》第2卷，中国社会科学出版社，2003，第573页。

经学，但后因受校勘、整理工作之影响，二人治学方向逐渐发生了变化。西汉成帝时，刘向、刘歆父子奉命负责古籍的编校整理工作，其中就包括对古文一百三十一篇与《礼记》有关的记文的整理、选编工作。"郑玄为'三礼'作注时，对于《礼记》选择了小戴的辑本，从此小戴《礼记》成为官方通行的本子得以流传下来，大戴《礼记》则佚失了很多，而刘向本则全部失传。"① 虽然如此，通过孔颖达疏中所载刘向对一百三十一篇古文的分类，可以考察刘向对记文研究的基本观点。《关于刘向〈礼记〉的三个问题》一文中提到刘向对当时留存的数百篇古文《记》进行选编，进而编撰成新的《礼记》选本，并撰《别录》对《礼记》篇目进行分类。因此，刘向对《礼记》的流传与研究作出了重要贡献，同时也奠定了郑玄将小戴《礼记》各篇纳入《别录》分类之下的基础。郑玄既保存了《礼记》，也保留了刘向的分类标准。因资料阙失，难以考察刘向在《礼记》学方面的思想观点，但据西汉时期经学家们普遍治今文经学的情况来看，刘向自不例外。由于他校勘、整理的古籍文献有些是古文经，如古文《周易》《尚书》《周礼》《礼记》《逸礼》，故他在学问方面是兼治古文经学，推崇《周礼》，认为礼乐的作用是"以风化天下"，对礼制的态度是"以汉制为体、礼制为辅"，其礼制思想是"古今异制，不可泥古擅议"，维护汉制，反对复古②。

当刘歆欲争取古文经之根本地位而要求将古文经置于今文

---

① 刘丰：《关于刘向〈礼记〉的三个问题》，《中国哲学史》，2017 年第 3 期。
② 陈丽平：《试析刘向以礼制改良政治思想》，《阜阳师范学院学报（社会科学版）》，2014 年第 5 期。

经之上，提议《左传》地位应超过《公羊》《穀梁》二传，便与其父刘向发生了严重分歧。① 汉代经学史上，刘向之子刘歆是一个非常重要的人物，他不仅开启了汉代今古文之争，还直接参与了王莽改制的政治活动。刘歆随父共同校勘、整理了一批古文经典，尤好古文学，推重《春秋左氏传》。哀帝即位后，他向朝廷建议设《古文尚书》《毛诗》《逸礼》《左氏春秋》等为学官，遂与今文派发生矛盾。于是，刘歆作《移让太常博士书》，与今文经师们发生激烈论争，今文经学仍占上风，古文经学未能立于学官。因王莽与刘歆同习古文经学，二人又系故交，故基于政治目的，刘歆及古文经学受到王莽重视，古文经学得以立于学官。

王莽专权时期的一大政治现象是借《周礼》《礼记》等经典托古改制。王莽以《周礼》《礼记》《尚书》等儒家经典为理论依据，为推进礼制改革和篡汉建新寻找理论支撑。汉平帝元始四年（4），王莽主持增置博士员数，六经博士共三十人，其中《礼》有二戴、庆氏、《礼古经》、《周礼》五家，刘歆支持的古文经以及《周官》（《周礼》）全立于学官，可见其与王莽之间政治关系的紧密程度。之后，王莽明确提出"经文所见，《周官》《礼记》宜于今者"②的观点，显露出兼容今古文《礼经》《礼记》及《周官》的思想倾向。王莽在托古改制代汉的过程中，则频繁引用《周礼》《礼记》等经典条文，并融合其思想，为自己推行政治、经济等方面的改革寻找理论根据。总

---

① 姜广辉：《中国经学思想史》第 2 卷，中国社会科学出版社，2003，第 573 页。
② ［汉］班固：《汉书》卷九九，中华书局，1962 年点校本，第 4072 页。

体来说，王莽以古文经学为本，但在托古改制过程中，则是今古兼用。如其引用的阴阳五行说、五德始终说、灾异符命说等都能在今文经学中找到理论依据，而且王莽也多次直接引用《礼记》中的经文，或对其进行改造、利用。

在政治制度方面托古改制是王莽代汉建新的重点。王莽为此借《周礼》《礼记》等经典采取了系列重大举措。

第一，元始五年（5），王莽为自己"加九锡"，称"摄皇帝"。"九锡"在《周礼》和《礼记》中均有相关记载。《周礼·春官·典命》曰："上公九命为伯，其国家、宫室、车旗、衣服、礼仪，皆以九为节。"《礼记·明堂位》亦曰："昔周公朝诸侯于明堂之位，天子负斧依，南乡而立。""周公践天子之位……朝诸侯于明堂。"可见，王莽是兼用古文经《周礼》和《礼记》中的今文内容，而仿周公居摄，实施篡汉的重要一步。

第二，王莽引入包括《礼记》在内的"三礼"之学推进礼制改革，在祭礼、巡狩之礼、祧庙之礼等方面采取措施为自己代汉称帝创造条件。郊祀被历代帝王视为宣扬正统的重要仪式，因此王莽对此格外重视。汉成帝时王商、师丹、翟方进等人进言："《礼记·祭法》曰：'燔柴于泰坛，祭天也；瘞埋于泰折，祭地也。'兆于南郊，所以定天位也；祭地于大折，在北郊，就阴位也。郊处各在圣王所都之南北。"[①] 王莽也同意此议，并向朝廷上奏，认为当时的礼制不合古制，应恢复长安南北郊祭祀制度。王莽对南郊制度的改革，设计了高祖配天、高后配地的郊祀方式，天子亲自合祀天地于南郊，并安排高帝、高后配祀。

---

① ［汉］班固：《汉书》卷二五下，中华书局，1962年点校本，第1254页。

王莽之所以进行如此变革，一方面跟其外戚身份有关，另一方面也体现了他"尊阳抑阴"的意图，通过对郊祀制度的改革，从而逐步达到自己的政治目的。

第三，运用《礼记》等经典中的内容制定新的巡狩之礼。巡狩礼是古代帝王重要的政治活动，用以确立、重申、维护最高统治者的地位，以彰显其威仪。王莽代汉后制定了自己的巡狩之礼，包括东、南、西、北四方巡狩，最后"于土中居雒阳之都"，其中就借鉴了《尚书》《礼记》相关内容。《礼记·王制》中就有天子关于东巡之礼、南巡之礼、西巡之礼、北巡之礼的记载，王莽制定的巡狩之礼的时间、方位顺序与《王制》同。王莽要求巡狩时劝奖农耕、"以劝盖藏"[①] 等内容，就采纳了《礼记·月令》中"命百官谨盖藏""天子亲载耒耜"等相关记载。

第四，王莽借《周礼》《礼记》等而定祧庙之制。"祧庙"在《周礼》《礼记》中为"庙祧"，《礼记》对"庙祧"的阐述颇为详细。《礼记·祭法》云"天下有王，分地建国，置都立邑，设庙祧坛墠而祭之"，并对庙祧之制的具体内容进行了规定。因此，王莽定祧庙之制应是参考了《礼记》的内容。西汉平帝与宣帝、哀帝继承皇位十分相似，并不是皇帝大宗之子，而是过继给大宗之子之后继承皇位。汉哀帝时，朝廷采取了系列措施限制外戚王氏集团的势力，王莽失势。王莽重新得势后，迁毁宣帝皇考庙和哀帝皇考庙，立高帝庙、文帝庙、武帝庙、

---

① ［汉］班固：《汉书》卷九九，中华书局，1962年点校本，中华书局，1962年点校本，第4133页。

宣帝庙、元帝庙、成帝庙、平帝庙等七庙，而将哀帝排除在外。此做法既维护了皇帝宗庙的正统原则，又遏制了平帝之后的庙制之争，限制了汉平帝的宗族势力，还实现了自己的个人野心，为自己篡权打下了基础。

第五，借鉴《周礼》《礼记》，并采用谶纬之学建立职官制度。王莽依据伪造的"金匮图书"建立十一辅臣之制，从而构建中央和地方官制、爵制。所谓"十一辅臣"包括四辅、三公、四将，其人数和人选依据符命谶记"金匮图书"。同时王莽又建立中央三公九卿制，即大司马司允、大司徒司直、大司空司若，再对应九卿分属三公，"每一卿置大夫三人，一大夫置元士三人，凡二十七大夫，八十一元士，分主中都官诸职"①，此制与《礼记·王制》中"天子三公，九卿，二十七大夫，八十一元士"相对应，可知王莽建立官制、爵制兼取今古文经，并主要依据《礼记》、《春秋左氏传》、谶纬的相关内容。

第六，引征《礼记》制定民族政策。王莽对周边民族采取歧视贬黜和武力征服的政策，进一步激化了矛盾，加速了其政权的崩溃。他在诏书中大贬四夷："贬句町王为侯；西出者，至西域，尽改其王为侯；北出者，至匈奴庭，授单于印，改汉印文，去'玺'曰'章'。"② 其做法在《礼记》中也能找到相关内容，如《礼记·坊记》云"天无二日，土无二王，家无二主，尊无二上"，其内容与王莽所称"天无二日，土无二王，百王不易之道也"③ 同出一辙。王莽认为四夷称王"有违古典"，此

---

① ［汉］班固：《汉书》卷九九，中华书局，1962年点校本，第4133页。
② ［汉］班固：《汉书》卷九九，中华书局，1962年点校本，第4115页。
③ ［汉］班固：《汉书》卷九九，中华书局，1962年点校本，第4105页。

"古典"当为《礼记》等经典。王莽基于自己的政治目的和个人私利对《礼记》《春秋公羊传》《今文尚书》等经典进行曲解,采取民族歧视政策,带来了严重的后果。可以看出,王莽在政治制度方面托古改制、代汉建新除了依托《周礼》等古文经外,还利用了《礼记》等经典中对自己有利的内容,兼收并蓄。借助这些手段,王莽逐渐为自己篡汉自立披上了正统的合法外衣。

综合来看,王莽托古改制中《礼记》被引用最多,其次是《周礼》《今文尚书》,其所托之"古"分别对应《礼记》和《周礼》中所载古制。王莽自身兼习今古文经学,因此他对今古文经学的态度是兼收并蓄、合己则用。虽然他重用刘歆等古文经学家,但不影响他对今文经学的利用,这也反映出西汉末年今古文经学此消彼长、既相互融合又相互斗争的局面。王莽的托古改制对古文经学的发展产生了重要影响,同时也为东汉时期今古文合流创造了一定条件。

东汉建立后,汉光武帝刘秀尽废王莽所立古文经学博士,恢复五经博士,尽立今文博士。虽如此,但古文经学经过长时间发展,已成相当气候,在民间也广为传授,出现了很多古文经学大师。此时期《礼记》文本已定,受到众多经学大师的重视。在古文经学兴起、今古文经学斗争和融合的大势下,由于古文经学重视文字训诂,故《礼记》笺注之作纷纷出现。汉末马融传小戴之学,郑玄、卢植均受业于融,都曾为《礼记》作注。曹魏时好与郑玄为异的王肃也"初好贾、马之学"[1],亦作

---

[1] [晋]陈寿:《三国志》卷一三,中华书局,1964,第419页。

《礼记注》，于是《礼记》之学大行其时。

二、《礼记》与谶纬学

汉今古文经学之争中纠缠着阴阳谶纬之别。谶纬肇始于董仲舒时期，以董仲舒为代表的今文经学家用阴阳五行、符命灾异、天人感应等思想学说，来解释儒家经典，服务于大一统的中央集权。经学在发展中不断被掺入符命灾异说等内容，并以之解经作注，学术思想日益神学化、神秘化，谶纬思潮泛滥，形成汉代严重的社会和政治危机下一种特有现象。统治者利用谶纬为自己的利益服务，如王莽代汉、刘秀建立东汉都利用谶纬为自己政权的合法性寻找理论依据。在当时的社会背景下，今文经学派和古文经学派对谶纬的态度还存在区别。今文经学将谶纬移入自身的学术范围，与政治高度结合，用纬书注解经典，以迎合当朝统治者的政治需要，成为当时一种普遍现象。在对待谶纬方面，古文学派跟今文学派并无尖锐的矛盾，即使是许慎这样的古文经学大师，也结合今文经学和纬书在《说文解字》中进行附会解释。像郑玄这样的古文经学大师也常引谶纬阴阳以解经。谶纬的文献体系在汉哀帝、平帝之际形成，而白虎观会议的召开、《白虎通义》的编撰则标志着谶纬成为官方的最高标准。此时期，依附经书的纬书大量出现，其中《礼纬》在纬书中占 3.5%[①]，著名的篇章有《礼纬·含文嘉》《礼纬·稽命征》等。郑玄兼用今古文，引征谶纬，遍注群经，同时为纬书作了系列注释，其中就包括《礼纬注》《礼记默房注》。

---

① 徐兴元：《谶纬与经学》，《中国社会科学》，1992 年第 2 期。

《隋书·经籍志》《旧唐书·经籍志》《新唐书·艺文志》载有《礼纬》三卷，其中有《礼纬》中常见的《含文嘉》《稽命征》《斗威仪》三种，马国翰《玉函山房辑佚书》中有辑录。《礼纬·含文嘉》篇讲礼的起源和性质，强调礼的内在本质和外在表现，内外相合以至尽善尽美的境界。《稽命征》强调圣王受命于天，强调制礼作乐，文质相符，最终达到上天征命的目的。《斗威仪》叙述礼的警示和权威作用，是"讲帝王五德终始之运，五行五声与政教相配之理及日月星辰风物相感之征，以明天人相应之说"。[①]《礼纬》除了对礼经进行阐释之外，还涉及天人感应、祥瑞灾异、神话传说等方面的内容。《礼纬》对《礼记》的阐释和附会，主要包括以下几个方面。

一是对《礼记》有关内容的宏观阐释、附会，涉及礼的起源、礼的内容、礼的运动变化、礼的意义等方面。《含文嘉》云"礼理起于太一"，"太一"在汉代具有哲学、宗教祭祀、星辰占卜三个层面的内涵。根据《礼记》中的阐释，礼来源于天，效法于地，圣人取法天地而示之于民，从而达到国家大治。《含文嘉》又云"礼事起于遂皇"，而《礼记·礼运》言上古之礼的起源时，云"后有圣作，修火之利"，此"圣"便是燧人氏，跟"遂皇"一致。因此，在礼的起源上，《礼记纬》和《礼记》的思想是一脉相承的。关于礼的运动变化状态，《含文嘉》云"与天地同气，四时合信，阴阳为符，日月为明，上下和洽，则物兽如其性命"，与此相关的内容都可以在《礼记》中找到。如《礼记·礼运》云"转而为阴阳，变而为四时"，《礼记·丧服

---

① 钟肇鹏：《谶纬论略》，辽宁教育出版社，1991，第53页。

四制》亦云"凡礼之大体,体天地,法四时,则阴阳,顺人情……"《礼记·乐记》云"在天成象,在地成形",《礼记·哀公问》云"非礼无以节事天地之神也……"可见《礼纬》中的内容是对《礼记》经义的补充、发挥。关于礼对"三纲六纪"的建构,《含文嘉》云"君为臣纲,父为子纲,夫为妻纲",又言及六种关系之间需遵循的"善""义""序""亲""尊""旧",其制定尊卑秩序、人伦关系的思想也是对《礼记》内容的阐发,如《礼记·曲礼》云"夫礼者,所以定亲疏,决嫌疑,别同异,明是非也",《礼记·乐记》云"礼者,天地之序也",《礼记·礼运》亦云"故圣王修义之柄、礼之序,以治人情"。《礼纬》与《礼记》一样,对"三纲六纪"的建构符合统治阶级的利益,对中国古代社会的政治、思想具有深远影响。

二是在礼学思想的阐释上,《礼纬》与《礼记》是一致的。《礼记·礼运》云"故礼也者,义之实也。协诸义而协。则礼虽先王未之有,可以义起也",《礼记·乐记》亦云"五帝殊时,不相沿乐;三王异世,不相袭礼",认为"礼"在符合"义"的前提下应因时而变,应时而制,不应泥古不变。对此,《礼纬》相关篇章也有阐述,如《礼纬·稽命征》云"礼得其宜,则虚危有德星见","王者得礼之宜,则宗庙生祥木","王者制礼作乐,损改祭器……"《礼纬·含文嘉》亦云"殡丧制礼,各以其时变制,革礼之差,得制之宜,三台平正,有德星出入其间矣"。因此,《礼纬》与《礼记》中所载礼可损益的思想在本质上是一致的,只不过《礼纬》掺入了祥瑞等谶纬内容。在遵循自然规律、顺时取物思想方面,《礼纬》的思想也与《礼记》保持一致。《礼纬·斗威仪》云"岁凶年,谷不登,君膳不祭肺，马不食谷"，《礼记·曲礼》云"岁凶，年谷不登，君膳不祭肺，马不食谷"，二者表述几乎一样，强调了统治者应天恤民的礼学观念，也说明了《礼纬》的思想是结合谶纬之学对包括《礼记》在内的礼经思想的阐述。此外，在礼制方面，《礼纬》也对《礼记》有关内容进行引申、发挥，如丧仪中饭含之制、小敛之制和祭祀之制等，二者都有相似的阐述。

三、《礼记》与郑王之争

汉魏时期的郑学和王学之争，是历代制礼作乐者皆无法回避的焦点问题，更是历代礼学家的关注点和意见相左之所在。汉魏之际，郑玄之学独盛。王肃反对郑玄之说，处处与郑玄为异。郑玄用今文说，王肃便以古文驳之；郑玄用古文说，王肃则以今文驳之。所以王肃和郑玄一样，也属于今古文兼习。他们之间的争论本质上也属于今古文之争。郑、王在关于"三礼"学的一些根本性问题上展开激烈争论，影响了魏晋以降礼学的发展道路。

王肃学术视野极广，与郑玄一样，亦遍注群经。虽然王肃伪造古书同郑学对抗，并广为后世诟病，但其治学精神、治经方法不乏可称道之处。王肃与郑玄一样，皆是以"三礼"之学为主体，也为汉代经学作了重要的总结性工作，同时，郑王之学又存在很多差异。对郑玄的《礼记注》内容和王肃的《礼记注》辑佚文字进行比较，梳理郑、王《礼记》学之不同，王启发的《王肃的〈礼记〉学及其后世影响》、刘丰的《王肃的三〈礼〉学与"郑王之争"》等论文进行了专门研究，具有一定的学术参考价值。学术界一般认为，郑、王在礼学方面的争论集中在礼制方面,与《礼记》学有关的大略有五。

第一,王肃"一天"说与郑玄"六天"说之争。郑玄认为昊天分为上帝、青帝、赤帝、黄帝、白帝和黑帝六个主宰,即"六天"说。其中上帝为总,其余为东、南、西、北、中,又各有主宰,各司其职,还由此引出了"感生帝"的概念。《礼记·大传》曰:"礼,不王不禘。王者禘其祖之所自出,以其祖配之。"郑《注》曰:"王者之先祖,皆感大微五帝之精以生,苍则灵威仰,赤则赤熛怒,黄则含枢纽,白则白招拒,黑则汁光纪,皆用正岁之正月郊祭之,盖特尊焉。"郑玄认为王之先祖由"感大微五帝之精"而生,五色对应五帝。"六天"说是由昊天与五帝构成的,天被区分为昊天、上帝与五帝三个层次,这三个层次对应着三种配天之祭,即祭祀昊天的圜丘礼、祭祀上帝的郊祀礼、总祭五帝的明堂礼。这三种配天的大祭同谓之"禘",其祭祀的主体是王者,受祭的则是天帝,配享的则是有功德的先帝先王。三种配天之禘结合成为一个结构整体,遂成为王朝从"感生"到"受命",继而以昭示政治正当性与合法性的王朝制度性大典。郑玄的"六天"说一定程度上体现了一种"分权"思想。而充满浓厚阴阳谶纬色彩的"感生帝"之说,是汉代儒学的重要内容之一,对后世产生了重要影响。王肃则在《圣证论》中提出"天唯一而已,何得有六"的质疑,对郑玄的"六天"说和"感生"说进行驳难,否认郑玄"六天"说,主张"一天"说,认为郑玄"以五帝为灵威仰之属,非也"[1]。王肃在否定"六天"说的同时也对阴阳谶纬进行了否

---

[1] [清]阮元校刻:《十三经注疏(附校勘记)》,中华书局,1980,第1587页。

定,其"一天"说一定程度上体现了"集权"思想。王肃同时反对郑玄的"感生"说。郑玄笺注《诗·大雅·生民》和《诗·商颂·玄鸟》中,认为弃和契都是感生的。到了魏晋之际,面临政权更替,司马氏篡魏,正要为打破这种约束力而寻求理论上的支持。这就是王肃反对"感生"说的最重要原因。王肃反对"感生"说,固然有其特定的政治图谋,但在认识论上却不得不说有一定的积极意义。从思想体系上看,反"感生"说跟《孔子家语·大婚解》宣扬的天道自然的观点和《五仪解》中宣扬的存亡祸福在乎己而不在乎天的观点,也存在一脉相承的关系,其积极意义就在于它的反谶纬、反迷信色彩。

第二,郑、王关于郊丘之辩。郑玄认为"天"与"上帝"不一,所以祭法、祭名、地点均异;而王肃则认为,"圜丘"与"郊"实则为一。郑、王"郊丘之辨"对中国经学史产生了重大影响,并一直持续到清末。郑、王"郊丘"异同之论,虽始于郊祀之礼,但由于宗庙制度中之"禘郊祖宗"是以郊丘分立为前提,故而又对宗庙制度产生了深远影响。宗郑玄者以天有六名、岁凡九祭;宗王肃者则以天体为一、一岁二祭而已。故郊丘之说,自魏晋以来历代礼家各执所见。孔颖达的《礼记正义》和孙诒让的《周礼正义》均倾向于郑说,因为他们认为郑玄注经体系完整,架构严密。郑、王"郊丘"之辩各有受后世诟病之处。郑玄征引纬书之说,认为郊天礼与圜丘祀天礼不是一回事,圜丘与南郊是两种祭礼,冬至圜丘祭祀昊天上帝,正月南郊祭祀感生帝;而王肃则认为二者实际是一回事。《礼记·郊特牲》孔《疏》也载王肃观点,认为"圜丘与郊是一也"。就王肃与郑玄争论的圜丘与郊来说,在"三礼"当中,

《周礼》主圜丘，而《礼记》主郊。郑玄认为圜丘与郊不同，是因为郑玄以古文学为本，笃信《周礼》，认为《周礼》是周公制定的宗周礼制。但是，郑玄也吸纳今文之学，借鉴《礼记·郊特牲》中关于郊礼的内容。郑、王的礼学之争，首先是源于对"三礼"的认识、理解不同而形成的。就郊丘问题来说，郑玄以《周礼》为准而弥合其他礼经材料，因而形成了郊丘不同、禘重于郊的观点，而王肃更加重视《礼记》，并以之难郑。

第三，郑、王关于"禘""祫"相异之辩。宗庙祭祀当中的禘祭与祫祭，二者何为大祭，是古代礼学家们争论较为激烈的问题，也是郑王之争的一个重点。郑玄认为祫大禘小，王肃认为禘大祫小。郑玄结合《礼记》等文献之说，认为禘、祫皆为古代帝王大规模祭祀祖先的祭礼，"祫"是所有已毁庙之主和未毁庙之主合食于太祖之意。所谓祫为合祭，即所有已毁庙之主和未毁庙之主合祭于太祖庙，禘则是分祭于各庙；禘祫为四时祭以外的大祭，禘祭大于四时祭，小于祫祭。郑玄此说亦为历代礼家所承认和接受。但王肃完全反对郑玄的解释，认为禘为大，祫为小。其观点为后世一些礼家所接受，如孙希旦就认为"禘大祫小"。郑、王二人观点之所以不同，跟各自引证的经典有关。郑玄以《公羊传》为正，而王肃以《逸礼》为正，孔颖达在《礼记·王制》"禘一祫一祫"的疏文中专门对郑、王"禘祫"大小之争作了辨析。

第四，郑、王关于庙制之辩。天子庙制问题事关帝王正统和宗法制度，故也受到统治者和礼家们的重视。在此问题上，王肃与郑玄的观点也不同。郑说以三昭三穆加太祖之庙而七，即：太祖庙（后稷）加文、武二祧庙加四亲庙（高祖、曾祖、

85

祖、父）。孔《疏》所引王肃《圣证论》则认为文王、武王是受命之王，二者为"不迁之庙"，不在"常庙之数"，在此之外，另有七庙。王肃认为宗庙的构成如下：太祖庙（后稷）加文、武二祧庙加亲庙二祧（已迁的高祖之祖、高祖之父）加四亲庙（高祖、曾祖、祖、父）。考二人观点相歧，实与二人依据经典不同相关。唐代杜佑认为，郑玄注《礼记·王制》是据《礼纬·元命苞》云"唐虞五庙，殷六庙，周七庙"，又注《祭法》曰"天子迁庙之主，以昭穆合藏于二祧之中"。可以看出，郑玄于此的依据是纬书《礼纬·元命苞》。杜佑认为王肃在驳郑观点上的主要依据是《礼记·祭法》。郑、王关于庙制之争影响深远，后世统治者和学者无论在礼制建构还是礼学研究中，皆要对郑、王之争进行辨析。如唐初高祖崩，增修太庙，中书侍郎岑文本在奏议中就认同王肃之说。清代学者陈启源、秦蕙田等人也"是王"而"非郑"。

第五，三年丧及丧服之争。关于《仪礼·士虞礼·记》中祥后"中月而禫"一句，《礼记·间传》中有"中月而禫，禫而饮醴酒"之说，《礼记·三年问》还有"三年之丧，二十五月而毕"之言，郑玄《注》谓"中犹间也"，禫祭当是与大祥间隔一个月，即第二十七月。而王肃则以"中"为"中间"，认为大祥与禫祭同月，即完成于第二十五个月。由此造成了祥、禫为二十五月或二十七月的区别。郑、王二人的观点在《礼记》《春秋》等经典中都能找到相应的依据，如《礼记·杂记》曰"父在，为母为妻十三月大祥，十五月禫"，郑玄认为，为母、妻祥、禫尚且异月，三年之丧祥、禫也应间隔一月。再如《学记》"中年考校"之"中"释为"间"，即间隔之意，故郑玄依据《礼记》而释。孔颖达据《春秋》，"文公二年冬，'公子遂如齐纳币'，是僖公之丧，至此二十六月，左氏云'纳币，礼也'"①，故认为王肃以《礼记》《左传》等经典为据，持二十五月禫除丧毕合礼的观点。郑、王三年丧之争也引起后世礼学家们的争议，如北宋司马光认为郑《注》为是，南宋朱熹则以王说为是。

而关于同母异父兄弟服大功之服的问题，郑、王之间也存在分歧。如《礼记·檀弓》"公叔木有同母异父之昆弟死"，郑玄曰："疑所服也，亲者属大功是。"即认同同母异父兄弟服大功丧服，同母有亲缘关系，只比同父同母兄弟降一等而服大功。孔颖达也持此说。王肃却认为，如果以血缘而论就为出母之子服大功的话，就应该为同样与出母有血缘关系的出母之父母服更重的丧服，但事实却是为出母之父母无服，于礼不通。

郑、王之争既是礼学之争，又是今古文学之争，其对后世礼学具有重要的影响。

一是进一步推动了今古文经学的融合。王肃反对郑玄之说，处处与郑玄为异。郑玄用今文说，王肃便以古文驳之；郑玄用古文说，王肃则以今文驳之。所以郑、王之争从客观上推进了今古文经学的融合，加速了长达百年的今古文之争终结进程。

二是推动了礼学的人情化。台湾学者简博贤认为，郑玄重尊尊，多泥迹；王肃重亲亲，守时训。② 他还指出郑玄说经常引谶纬，正是其尊尊封建意识的体现，而王肃排斥谶纬、妖妄是

---

① ［清］阮元校刻：《十三经注疏（附校勘记）》，中华书局，1980，第1278页。
② ［日］乔秀岩：《论郑王礼说异同》，载北京大学历史系编《北大史学》（13），北京大学出版社，2008。转引自刘丰《王肃的三〈礼〉学与"郑王之争"》。

"推阐随时之训"的体现。① 因此，郑王之争体现了人情上的差别。有学者指出："郑玄尚名分，王肃重人情。"② 具体而言，郑说更重于父子君臣大义，而王说注重以人情为据。重视人情是魏晋时期礼学思想的一个新发展，这是与郑、王之争中王学的兴起和发展密切相关的。

三是推动了礼学的义理化发展。郑、王虽然都有合今古文的倾向，但他们的经学本质上都是主古文学的。从两汉经学的整体来看，今文学的进一步发展是谶纬化，而古文学的进一步发展则是向义理学过渡。在汉代经学的发展过程中，古文经学的发展逐渐显示出义理化的倾向。古文经学的深入发展，经学的条例化、义理化与魏晋时期义理化玄学的兴起，有着内在的逻辑关系。王肃是魏晋时期经学发展、转变过程中的一位关键人物，有学者认为，王肃"盖欲超脱汉学之繁琐之名物训诂，而返之于义理"。③ 因此，王肃是推动魏晋经学义理化的重要人物，他继承了荆州学派重视义理的传统，反对郑学中的谶纬，并在整体上肃清了谶纬，为经学义理的发展扫清了障碍。郑、王今古文之争，特别是关于礼经的思想观点之争，构成了汉唐礼学义理化过程中的一个重要环节。因此，郑王之争在中国思想史和礼学思想史上具有重要意义。

---

① 简博贤：《今存三国两晋经学遗籍考》，台北三民书局，1986，第322页。转引自刘丰《王肃的三〈礼〉学与"郑王之争"》。
② 郝虹：《魏晋儒学新论——以王肃和"王学"为讨论的中心》，中国社会科学出版社，2011，第119页。
③ 贺昌群：《魏晋清谈思想初论》，商务印书馆，2011，第20页。

第二章　汉唐时期的《礼记》学

《礼记》与南北朝隋唐义疏之学

义疏之学是一种时代学术潮流，是经学发展史上最突出的事件之一。汉唐时期是义疏之学兴起、发展、演变，直至衰落时期，尤以南北朝时期的义疏之学为汉唐时期经学演变的重点。在南北朝时期，大多数经学著作都被冠以"义疏"之名。"义疏"作为诠释体裁存在而言，分别对应义例、义理、意义三种义项。"疏"有疏通和疏记两种含义。义疏学的兴起和发展经历了一个较长的历史过程。魏晋南北朝时期儒、释、道三教鼎立局面形成，在此背景下，儒学式微，统治者和学术界欲振儒学为己所用。但是因汉代经学已逾数百年，汉代经注已显晦涩难懂，于是魏晋南北朝时期的学者们将训释经注作为治学的重点。此时期，玄学注重抽象哲理的思辨，佛教徒则善用讲疏的方式传播佛教义理，这直接影响到南北朝时期义疏之学的兴起，形成了以义理解经的治学特色。南北经学分野，"义疏"之体繁荣，《礼记》义疏著述因之而繁富。

一、《礼记》义疏学繁荣的原因及特色

魏晋南北朝时期，《孝经》、"三礼"、《周易》义疏类最盛。

考其原因，这几部经典以义理见长，与当时佛、玄之学趣味契合。再加之两晋南北朝社会动荡，门阀士族势力很大，统治者为图长治久安计，遂大力提倡忠孝礼教，故"三礼"、《孝经》义疏受到社会欢迎。《礼记》类义疏文献层出不穷，具体原因有三。

首先，这是经学自然衍化的结果。在南北朝义疏之前，经学已经出现了在体例上兼释经、注的著述。清人陈澧根据《汉书·儒林传》之记载，认为汉代"以《彖》《象》《系辞》《文言》十篇解说上下经"的费直"乃义疏之祖"①。清人焦循认为为《毛诗传》作笺的郑玄为"后世疏义之滥觞"②。郑玄之后，兼释经、注、音之作逐渐增多，如西晋的《春秋公羊穀梁传解诂》《周礼徐氏音》《礼记徐氏音》就是这方面的代表作。"由汉儒的训诂、章句之学而发展至南北朝隋唐的义疏之学，是一个循序渐进的自然过程。只要儒家经学不停留于训诂、章句之学，便会发展到义疏之学。"③ 因此，汉唐义疏之学的出现和发展是经学诠释体例自然衍化的结果。

其次，魏晋南北朝佛、玄义疏繁荣进一步推动了《礼记》义疏的兴盛。魏晋以后，玄、佛之学兴盛，说经解经著述繁多。佛教解经斟酌词句、推衍义旨、解释周详，有利于佛学思想的传播。儒生中有许多人精通佛教经典和儒家经典，他们借鉴佛教讲经的方法来诠释儒家经典，重视义理。因此，经学家在经典诠释方面或多或少会受到佛教解经方式的影响。如南朝梁武

---

① ［清］陈澧：《东塾读书记》，《陈澧集》第2册，上海古籍出版社，2008，第70页。
② ［清］焦循：《孟子正义》卷一，中华书局，1987，第27页。
③ 姜广辉：《中国经学思想史》第2卷，中国社会科学出版社，2003，第731页。

帝既尊儒又崇佛，主持撰有《周易讲疏》《孝经义疏》等儒家义疏著作，还有大量佛教著作，儒佛兼通是当时广泛存在的一种现象。皇侃的义疏文献体例采用的就是佛教章段体式，有学者认为章段体式起源于佛教的讲经仪式。[1] 同时，魏晋南北朝时期援玄入儒现象也比较普遍，尤以《周易》义疏之学为盛。《礼记》义疏文献援佛、玄解经，是时代风气使然。

再次，政权巩固和门阀统治的需要推动了《礼记》义疏之学的繁荣。魏晋南北朝时期，政权更替频繁，社会动荡不安，不管是统一的西晋王朝，还是南北朝各割据政权，统治者都重视以礼乐来宣示自己的权威，彰显自己继承皇位的合法性，达到以"礼"来巩固自身统治的目的，于是就全力支持对《礼记》等经典进行有利于政权统治的注解诠释，对礼乐之制进行改革。同时，魏晋南北朝时期，世家大族在政治上占据统治地位，在政治、经济等方面享有特殊权利，门阀制度等级森严，属于"三礼"体系的丧服制度正好迎合了世家大族的门第观念，因此魏晋南北朝时期（尤其是南朝）对丧服的研究达到空前的繁荣。而关于丧服的研究，最重要的文献是《仪礼·丧服》和《礼记》中的《檀弓》《丧服小记》《丧大记》等。如果说《丧服》所记载的主要是丧服的原则是什么，那么《礼记》中的《檀弓》《丧服小记》《丧大记》等篇所记载的就是丧服的原则为什么会如此。因此，魏晋南北朝的丧服学，不仅仅是《仪礼》方面的，还有《礼记》方面的。

---

[1] 牟润孙：《论儒释两家之讲经与义疏》，《现代佛学大系》第26册，台湾弥勒出版社，1984，第54页。

唐代继承和发展了魏晋南北朝时期的义疏之学。皮锡瑞以南北朝诸经义疏之较有名者为例，说这些义疏文献"渊源有自，唐人五经之疏，未必无本于诸家者。论先河后海之义，亦岂可忘筚路蓝缕之功乎"①？一语就道出了南北朝义疏学对后世的学术价值及影响。唐代孔颖达就是在广泛吸收南北朝时期《礼记》义疏成果的基础上纂修《礼记正义》，从而成为汉唐《礼记》学的集大成之作的。

总体来说，南北朝时期的《礼记》义疏文献分为讲疏体和疏注体两大类。讲疏体义疏，指讲解经籍、分述字词义理，笔录而成书的一种义疏体式。《隋书·经籍志》中所著录的《礼记讲疏》便属此类。有的文献以"大义""讲义""述议""述义"为名，亦属讲疏体。这类文献是讲经人分析疏通经义之作。疏注体义疏专宗一家故注，且兼释经文故注，这类文献以疏通经文、发挥义理见长。疏注体的出现较讲疏体晚，皇侃的《论语义疏》《礼记义疏》便属疏注体文献。皇侃的《礼记义疏》是在《礼记》每则经文之下，先列郑《注》，再对郑《注》予以疏解。

具体来看，南北朝《礼记》义疏类文献的内容、体例、疏释方式等大致如下。

一是解释词语、名物和制度。如对《曲礼上》"六十曰耆，指使"，南朝梁代礼学家贺玚疏曰："耆，至也，至老境也。六十耳顺，不得执事，但指事使人也。"② 此疏属解释字词。《内

---

① ［清］皮锡瑞：《经学历史》，《皮锡瑞全集》第6册，中华书局，2015，第60页。
② ［清］阮元校刻：《十三经注疏（附校勘记）》，中华书局，1980，第1232页。

则》"三牲用藡",贺玚疏曰:"今蜀郡作之,九月九日取茱萸,折其枝,连其实,广长四五寸。"① 此疏系解释名物。

二是释经注之义和经注之旨。如《礼记·乐记》"礼乐刑政,其极一也",贺玚疏曰:"虽有礼乐刑政之殊,及其检情归正,同至理极,其道一也。"② 此是对《礼记》经文之义进行解释。

三是阐明经文大义,并进行发挥。如《礼记·中庸》"天命之谓性",贺玚疏曰:"性之与情,犹波之与水,静时是水,动则是波;静时是性,动则是情。"③ 此是明经文之微言大义。

四是内容与佛、玄之学关系密切,注重文理,讲究层次。疏注体的《礼记》义疏文献更加重视结构、体例,大体由"总序""篇序""正文"三部分构成。这类文献首先借助于总序对全书加以说明。如皇侃的《礼记义疏》总序以"礼有三起,礼理起于大一,礼事起于遂皇,礼名起于皇帝"④,总论礼的起源。其次,每篇有序。篇序是归纳或分析篇章大意、结构、意义等,如《礼记·经解》,皇侃在篇序中说:"解者,分析之名,此篇分析六经体教不同,故名曰《经解》也,六经其教虽异,总以礼为本,故记者录入于礼。"⑤ 此篇序主要是论《经解》篇名之由来。再次,正文部分用以说明章旨、篇章结构,解释音义,

---

① [清]阮元校刻:《十三经注疏(附校勘记)》,中华书局,1980,第1467页。
② [南朝·梁]贺玚:《礼记新义疏》,马国翰《玉函山房辑佚书》,第2册,中华书局,1990,第994页。
③ [南朝·梁]贺玚:《礼记新义疏》,马国翰《玉函山房辑佚书》,第2册,中华书局,1990,第996页。
④ [清]阮元校刻:《十三经注疏(附校勘记)》,中华书局,1980,第1224页。
⑤ [清]阮元校刻:《十三经注疏(附校勘记)》,中华书局,1980,第1609页。

疏解字词义，疏解典章制度，阐释义旨等。如《礼记·礼运》"昔者仲尼与于蜡宾，事毕，出游于观之上，喟然而叹"，皇侃为这段文字作疏时，言"从'昔者仲尼'以下至于篇末，此为四段""自初至'是谓小康'为第一，明……""又自……为第二，明……""又自……为第三，明……"①，这种具有鲜明佛教章段体的释经之法，结构严谨，层次清晰，逻辑关系分明，文理通畅，对唐代《礼记正义》的编撰乃至后世《礼记》学都有影响。讲疏体《礼记》类文献与疏注体《礼记》类文献的区别是，讲疏体变化较大，随意性较强，而疏注体体例谨严，在注音、解题、训诂、署名等方面都有严格的范式，重在读而轻于讲。正因为如此，《礼记》讲疏体逐渐衰微，而《礼记》疏注体走向繁荣。皇侃的《礼记义疏》采用了疏注体，为《礼记正义》所效法，正是因为孔颖达看到了疏注体的诸多优点。

二、《礼记》义疏的学术价值及意义

"三礼"之中，《礼记》的义理性较强，故在南北朝时期更受礼学家们欢迎，他们纷纷起而为之作疏。南北朝《礼记》义疏之学的影响是多方面的，它不仅推进了训诂学的发展和成熟，还推动了当时玄谈义理学风的形成。南北朝《礼记》义疏之学的价值可从以下几个方面来理解。

一是丰富了中国《礼记》学的内容。《北史》言："大抵南

---

① [南朝·梁]皇侃：《礼记皇氏义疏》，马国翰《玉函山房辑佚书》，第2册，中华书局，1990，第1009页。

北所为章句，好尚互有不同……《诗》则并主于毛公，《礼》则同遵于郑氏。"① 南北朝《礼记》义疏之学尊郑学，并以解释郑玄《礼记注》为宗旨。礼学家们在遵郑《注》的基础上，对郑《注》进行解释和补充，并间出新义。具体而言，《礼记》义疏文献对郑《注》做了以下几个方面的工作。一是对郑《注》进行补充、推衍，使郑《注》得以完善。如《檀弓上》"夫子制于中都"，郑《注》曰："孔子由中都宰为司空，由司空为司寇。"南朝梁礼学家崔灵恩疏云："今夫子为司空者，为小司空也，从小司空为小司寇也。"② 崔氏在郑《注》的基础上进一步阐明了孔子所担任的职官。二是在《礼记》郑《注》的基础上对经文作出新的解释。郑《注》简奥，甚至有不尽其意之处，南北朝礼学家在对《礼记》作义疏时，力求新义。如《曲礼上》"毋啮骨"，郑《注》曰："为有声响，不敬。"南朝礼学家庾蔚之疏曰："为无肉之嫌。"③ 孔《疏》曰："啮之口唇可憎，故不啮也。"④ 这就是《礼记》义疏追求新义的典型例子。三是南北朝《礼记》义疏文献补释郑《注》未解之经文。如《曲礼上》"逮事父母则讳王父母"，郑《注》未下注释，而庾蔚之补之。此类例子甚多，正是因为众多礼学家对《礼记》经文及郑《注》进行补充和完善，才使得《礼记》之义愈发明晰。

二是使得《礼记》研究的方法多样化。南北朝《礼记》义疏之学吸收和借鉴了佛、玄之学问答与辩难的方法。章太炎说：

---

① ［唐］李延寿：《北史》卷八一，中华书局，1974，第2709页。
② ［清］阮元校刻：《十三经注疏（附校勘记）》，中华书局，1980，第1290页。
③ ［清］阮元校刻：《十三经注疏（附校勘记）》，中华书局，1980，第1243页。
④ ［清］阮元校刻：《十三经注疏（附校勘记）》，中华书局，1980，第1243页。

"玄学常与礼相扶。"[①] 牟润孙亦云:"桓温听人讲《礼记》,便觉咫尺玄门,似即缘于玄、礼均论名理,所争论之问题不同而辩论之方法与条例则一致也。"[②] 章、牟所言,道出了南北朝时期《礼记》学与玄学深度结合的事实。皇侃的《礼记义疏》等义疏文献,一定有问答、辩难之语,只不过孔颖达纂定《礼记正义》时将一些问答、辩难之语删去罢了。此外,南北朝《礼记》义疏之学继承了汉代的名物、制度考证传统,从而使得对《礼记》及郑《注》所记名物制度的考释趋于完备。魏晋南北朝礼学家多擅长音韵之学,他们通过音韵探求字词之义。在从事《礼记》研究时,他们也常用此方法。如《玉藻》"二爵而言言斯",皇侃释"言"为"誾",而不采郑《注》"言言,和敬貌"。皇氏于此采用的就是因音求义的方法。同时,南北朝礼学家在为《礼记》作义疏时继承了郑玄以今物释古物的方法。如《曲礼上》"国君不乘奇车",郑《注》以"奇车"为"猎衣之属",南朝梁何胤释"奇车"为"猎车之形,今之钩车是也"[③],丰富了郑《注》的内容。此类例子不胜枚举。

三是扩大了《礼记》学的义理阐发范围。南北朝礼学家在为《礼记》作疏时不仅重视方法的运用,还进一步扩大了义理的阐发范围。比如他们对礼例或仪节背后所蕴含的深层义理多加掘发。礼例与礼义互为表里,统一于义例之中。南北朝礼学家通过对名物、度数、仪节、礼例所蕴含的伦理观念和政治伦

[①] [清]章太炎:《五朝学》,《章太炎全集》卷四,上海人民出版社,1985,第76页。
[②] 牟润孙:《论魏晋以来之崇尚谈辩及其影响》,《注史斋丛稿》,中华书局,1987,第230页。
[③] [清]阮元校刻:《十三经注疏(附校勘记)》,中华书局,1980,第1253页。

理进行发掘,从而使《礼记》经、注的意涵得以彰显。如《丧服小记》"苴杖,竹也;削杖,桐也",此"削杖"为何用"桐"?皇侃曰:"桐者,同也,明其外虽削,而心本同也。"① 皇侃所言,隐含妻从夫之义,其所彰显的正是《礼记》的家庭伦理观。此外,南北朝礼学家在为《礼记》作疏时还重视政治义理的阐发。他们通过对礼的政治作用的阐释,倡导天、地、人需和谐共处,从而维护社会秩序。如《月令》"律中大蔟",北朝礼学家熊安生云:"小动为气和,大动为君弱臣强专政之应,不动穀为君严猛之应。"② 熊氏于此所言拓展了郑《注》的外延,熊氏的政治理想,由此可得窥见。

到了唐代,义疏之学随着《五经正义》的纂定和颁布而逐渐走向衰微。《五经正义》既是对南北朝义疏之学的继承,又是义疏之学的集大成之作。日籍学者乔秀岩在其所著《义疏学衰亡史论》中对中国义疏学有较全面的考察。该书选取《周礼疏》《仪礼疏》《礼记正义》《论语义疏》《左传正义》为核心材料,辅以《礼记子本疏义》和《孝经述议》之佚文,详细分析了皇侃、二刘(刘炫、刘焯)、孔颖达和贾公彦的经学立场和治学方法。据乔秀岩研究,义疏学产生于汉魏,兴盛于南北朝,而衰微于唐。在乔氏看来,孔颖达、贾公彦等人以"疏不破注"的原则对经注进行传述、疏解的同时,又多穿凿附会、比附释经、喜引巧说。再加之《五经正义》纂定而颁布,官方以之为定本,经学家再无新出义疏之作的必要和动力。这些都使得义疏学渐

---

① 罗振玉:《六朝写本礼记子本疏义·跋》,《罗雪堂先生全集》第七编,台湾大通书局,1976。
② [清]阮元校刻:《十三经注疏(附校勘记)》,中华书局,1980,第1354页。

失活力，走向衰微。南北朝《礼记》义疏之学对礼学研究产生了深远的影响，这可从以下几个方面来阐述。

第一，其进一步推动了后世《礼记》诠释学的发展。义疏主要是诠释汉注、阐发经典章旨，因此，其是对汉代烦琐的章句训诂的改进，是对训诂体式的创新和发展。没有义疏之学，后世读秦汉经典传注就难得要领。正是义疏之学具备上述优点，魏晋南北朝时期的经学家纷纷推崇义疏的经典诠释体式，并将其广泛运用到对《礼记》的诠释之中。他们不仅疏通《礼记》经注，还阐发《礼记》经文之义。如北朝礼学家卢辩所著《大戴礼记注》就是从疏通经文入手阐释经文大义，并对名物、职官、礼制等多有训释，明其大义。再如南朝何胤的《礼记隐义》也对《礼记》经文和郑《注》所记载的名物、制度等均有疏解。南北朝礼学家改变了以前只从事经文诠释而不释注的训诂方式，在训诂学上可谓开辟了一大新领域。从《礼记》诠释史来看，唐代《礼记正义》对南北朝的《礼记》义疏进行继承和总结，从而成为《礼记》义疏体的代表作。《礼记》义疏既是中国经学史上义疏学的重要组成部分，也是中国训诂学的重要内容。

第二，其是唐代《礼记正义》编纂的重要体例和资料来源。南北朝《礼记》义疏在体例和内容方面对《礼记正义》的编纂都有直接影响。孔颖达、贾公彦等人坚持"疏不破注"的原则，继承了南北朝义疏之学释经兼释郑《注》的做法，并有创新和突破。《礼记正义》对南北朝《礼记》义疏的采择和处理情况大致如下。

首先，《礼记正义》采择南北朝《礼记》义疏，有时仅稍加修订。《礼记正义》多直接征引皇侃的《礼记义疏》，并稍加调整修订。如《丧服小记》"为父后者，为出母无服"，皇侃义疏六十二字，《礼记正义》征引之，只是改变了其中六字，其他内容则完全一致。经过《礼记正义》的修改、调整，前人义疏的语句更加流畅，《礼记》的经义也就更加明晰了。

其次，《礼记正义》采择南北朝《礼记》义疏，有时则删繁为简，保存精要。对于南北朝《礼记》义疏，《礼记正义》有时候"取文证详悉，义理精审，翦其繁芜，撮其机要"①。因此，对南北朝《礼记》义疏，《礼记正义》既有全文照录者，又有删改或化繁为简者。其所删减者包括问答之语、经文之论。孔颖达等人通过对前人义疏进行删减，从而增强《礼记正义》的可读性。如《丧服小记》"男主必使同姓，妇主必使异姓"，皇氏义疏达三百字，而《礼记正义》所采者不到六十字，但其基本含义不变。如前所述，由于受佛、玄之学的影响，皇氏义疏中有大量问答、辩难的内容，而《礼记正义》为规范统一之需，对问难之语作了删减。

再次，《礼记正义》对前人义疏进行归纳、提炼，取其大义。如《丧服小记》"故期而祭，礼也。期而除丧，道也。祭不为除丧也"，皇氏义疏近两百字，《礼记正义》对其进行归纳后仅四十五字，文虽短，而意愈明。

再次，《礼记正义》还对南北朝《礼记》义疏中出现的一些错误进行改正。郑玄释经，并非完全无误；南北朝义疏以郑《注》为宗，也不免偶有将错就错者。因此，《礼记正义》在对南北朝义疏进行处理时，并不是完全照搬，而是以理性审定之，

---

① ［清］阮元校刻：《十三经注疏（附校勘记）》，中华书局，1980，第1223页。

对前人义疏不合理者加以否定,荒谬者予以摒弃。

实际上,南北朝《礼记》义疏对唐代学术的影响不仅在于《礼记正义》的编纂上,也影响到唐代的注经形式、经学内容、经学风尚等方面。南北朝时期很多经学家都贯综古今、精于"三礼"之学,如房晖远、张文诩、刘焯、刘炫等人在治学方面都有这些特点。唐代经学家崇尚文质彬彬,反对玄虚浮华,可谓对南北朝义疏之学的扬弃。唐人对南北朝经学家援引玄、佛、谶纬释经的做法进行批判是属于"弃",正如孔颖达所云:"熊(安生)则违背本经,多引外义,犹之楚而北行,马虽疾而去逾远矣。"① 此所谓"外义",是指谶纬阴阳之说。唐代经学家治经重视经义、言必有征,是对南北朝义疏之学的"扬"。

南北朝《礼记》义疏对清代《礼记》学也产生了重要影响。由于宋元明三代重视性理之学,所以礼学不彰,有分量的《礼记》学文献也屈指可数。有鉴于宋元明学术之空疏,从晚明开始,不少人就在批判性理之学的同时,提倡实事求是的考据之学。在此背景下,礼学开始勃兴。到了清代中期,礼学如日中天,出现了江永、惠栋、程瑶田、凌廷堪、胡培翚、金榜、杭世骏、沈彤、吴廷华、孙希旦、朱彬等一大批重量级的礼学专家。考其礼学著作,会发现他们研究汉唐礼学的材料,除了郑玄的经注之外,大多都是魏晋南北朝的义疏。也就是说,魏晋南北朝隋唐时期义疏是清人从事经学研究的文献渊薮,没有义疏,何来清代所谓的"汉学"?清代"三礼"诸经之学如此,《礼记》当然也不例外。

---

① [清]阮元校刻:《十三经注疏(附校勘记)》,中华书局,1980,第1222页。

第二章　汉唐时期的《礼记》学

唐代《礼记》地位升迁的原因及意义

唐代建立后，延续了唐之前《礼记》地位不断上升的情况。《礼记》成为《五经正义》之一，从此超越《周礼》和《仪礼》，而受到世人格外重视。虽然贾公彦为《周礼》《仪礼》作疏，但是仍不能改变《周礼》《仪礼》地位下降和《礼记》地位上升的局面。《礼记》地位的升迁是汉唐经学史上的大事，是统治阶层、学者、社会民众对《礼记》认识和态度发生重大变化的最直接体现。

一、《礼记》地位上升的原因

唐代《礼记》地位的上升有其政治背景和学术背景。从政治背景看，自郑玄作"三礼注"之后，《礼记》的地位总体上呈不断上升的趋势。曹魏时，齐王曹芳令讲《礼记》；高贵乡公曹髦令诸儒讲《周易》《尚书》《礼记》三经；晋武帝令讲《礼记》《论语》《孝经》等经。南北朝时，熊安生、皇侃等人因为精通《礼记》而皆居高位，很多儒生为功名利禄计，皆从事包括《礼记》在内的"三礼"研究。此时期，《周礼》《仪礼》学也大行其道，礼学家们更是热衷于对其中某些篇章的研究，这与门阀士族维护门第等级和自身特殊政治利益的目的息息相关。唐以前的礼学更加注重烦琐的仪式仪节,"五礼"与社会生活严重脱节。隋朝建立后,终结南北礼学分立的局面,最终形成了以南朝礼学为主的礼学体系。唐代建立后,由于科举取士制度的广泛施行,门阀士族地位衰落,庶族地主地位上升,传统重视《周礼》《仪礼》的局面得到进一步改变。唐承隋制,基本沿袭了隋朝所整合的南北朝礼学,对于唐朝政权而言,这是维护新的大一统王朝统治的需要,重新制礼成为时代的新课题。

与此同时,唐代官方对"礼"的态度也发生了变化,开始由重视"礼仪"向重视"礼义"转变,特别重视礼制建设和礼典的编撰,更加关注"礼"在政治生活和社会生活中的运用,这为《礼记》地位的上升提供了条件。如唐太宗十分重视礼学的恢复和重建,针对社会礼俗颓败的现状,他即位不久就在颁布的诏书《令州县行乡饮酒礼诏书》中说:"自非澄源正本,何以革其弊俗?可先录《乡饮酒礼》一卷,颁示天下,令州县长官,亲率长幼,依礼行之。"① 首先颁行《乡饮酒礼》,是因为统治者看到了其对敦行礼俗教化的作用。唐官方修订的《贞观礼》《显庆礼》《开元礼》《开元后礼》《元和曲台新礼》等礼典通俗易懂,与日常生活关系紧密。而《礼记》语言比《周礼》《仪礼》更浅易明晓,意涵丰富,切合人情世故,因此,《礼记》受到统治者和庶民阶层的欢迎。唐代统治者利用《礼记》来矫正风俗、敦行教化,以彰显礼乐之盛。

---

① [唐]李世民:《令州县行乡饮酒礼诏书》,见[清]董浩:《全唐文》第1册,中华书局,1983,第63页。

官方在从事礼典编撰时,考虑到《周礼》的主要内容是记述职官制度,所以对《周礼》的采用相对较少。而《礼记》和《仪礼》与社会生活密切相关,因此采用较多。如关于《开元礼》,有学者说:"因此十二月读时令文不过是通过对《礼记·月令》的简化和改写,而合成一部唐本'月令',它是从传统和精神上继承了《礼记》。"① 唐代皇帝在明堂读十二月令,按十二月分别排列之做法,是受《礼记·月令》的影响。再如《开元礼》将官员的丧制按品级分三等的做法与《仪礼·既夕礼》《礼记·丧大记》所记丧制相对应。《开元礼》还将《仪礼》《礼记》有关篇章的文字进行综合、融通,并结合时代特征和社会习俗对礼仪进行改造。官方修撰礼典,加强礼制建设,都借鉴和采用《礼记》中的思想内容,推动了《礼记》地位的升迁。

正因如此,唐代学者对"三礼"的研究呈现出明显的分化,《礼记》学的文献数量远超《周礼》《仪礼》的文献数量。据《旧唐书·经籍志》《新唐书·艺文志》统计,《周礼》类的文献仅贾公彦的《周礼疏》、王玄度的《周礼义决》二部,《仪礼》类文献仅贾公彦的《仪礼疏》一部,而《礼记》类的文献有魏徵的《次礼记》、孔颖达的《礼记正义》、贾公彦的《礼记疏》、元行冲的《类礼义疏》、王玄度的《注礼记》、御定《礼记月令》和《礼记字例异同》、成伯玙的《礼记外传》、王元感的《礼记绳愆》以及王方庆的《礼经正义》和《礼杂问答》等11部,这反映了唐代礼学家们对礼学关注的方向和重点发生了

---

① 吴丽娱:《改撰〈礼记〉:〈大唐开元礼〉的创作更新》,《礼学与中国传统文化》,中华书局,2006,第277页。

显著变化。由此可见,《礼记》地位的升迁是统治阶层、礼学家、社会民众共同推动的结果。

二、《五经正义》选《礼记》的原因

从学术角度看,孔颖达领衔修纂的《五经正义》中独选《礼记》,对于《礼记》地位的提升至关重要。孔颖达在"三礼"中独选《礼记》,其原因可从以下三个方面来论述。

首先,《礼记》地位的提升是南北学术发展趋势和孔颖达等人的治学取向使然。魏晋南北朝时期,"三礼"学相对繁荣。据《隋书·经籍志》统计,南北朝时期经学文献中以"三礼"学文献数量居首,而研习《周礼》《仪礼》的礼学名家和著述数量更多[1],很多仪注类著述的作者都是"三礼"学大家。如南朝梁代官方主持修撰了《五礼仪注》,北朝的礼学家如卢辩、刘芳、刘献之、李铉、沈重、李公绪、樊深、熊安生等都有《周礼》《仪礼》义疏之作,而《礼记》著述相对较少。官方和民间的态度,透显出《周礼》《仪礼》在魏晋南北朝时期的地位比《礼记》更高。隋唐之际,郑玄"三礼注"仍是礼学最权威的注本,在学界拥有广泛的影响力。在此背景下,郑玄礼学在唐代继续受到官方重视,孔颖达在编撰《礼记正义》过程中选取郑注本作为权威注本当在情理之中。这一择取,既符合南北礼学同尊郑玄的情形,又延续了北方礼学重视《礼记》的传统。《北齐书·儒林传·序》记载:"诸生尽通《小戴礼》,于《周》

---

[1] 张帅:《南北朝三礼学研究》,山东师范大学2013年博士学位论文。

《仪礼》兼通者十二三焉。"① 于此可见北方礼学之盛，尤其是《小戴礼》在北学中地位更高。以孔颖达为代表的官方学者，普遍推崇郑玄《礼》学，而尤以推崇郑玄《礼记》之学为突出特点。孔颖达等北方学者更加重视《礼记》的倾向是唐初礼学的一大特点。或者说，孔颖达等人选取《礼记》及郑玄注，并为之《正义》，是以北学为本位，整合南北礼学的结果。

其次，《礼记》地位的提升与孔颖达等人对《礼记》的认识有关。因受南北之学特点的影响，唐初官方学者对"三礼"的地位认识不一。北朝礼学家几乎尽通《礼记》，粗通《周礼》《仪礼》，而南方经学家陆德明却认为《礼记》只是《周礼》《仪礼》的"附庸"，《周礼》《仪礼》地位比较高。陆德明说："《周》《仪》二礼，并周公所制……'三礼'次第，《周》为本，《仪》为末，先后可见。"② 在陆德明看来，"三礼"应以《周礼》《仪礼》《礼记》为序。孔颖达则认为《礼记》是孔子之后"七十二子之徒共撰所闻"，所载内容包罗万象，其地位的重要性不言而喻。孔颖达等人有感于秦汉之际"岐涂诡说"的状况，欲以礼乐整饬社会。正如他在《礼记正义·序》中所言："于是博物通人，知今温古，考前代之宪章，参当时之得失，俱以所见，各记旧闻。错总鸠聚，以类相附，《礼记》之目，于是乎在。"③ 孔颖达认为《礼记》最能承载自己的学术理想和政治抱负，考虑到当时礼学"江左尤胜"之状况，便以皇氏为本，以熊氏相补，整合南北之学。因此，《礼记正义》的编撰和地位

---

① ［唐］李百药：《北齐书》卷四四，中华书局，1972，第583页。
② ［唐］陆德明：《经典释文》卷一，中华书局，2008，第4页。
③ ［清］阮元校刻：《十三经注疏（附校勘记）》，中华书局，1980，第1222页。

的提升是孔颖达等人遵从北方礼学传统并综合南北之学的结果。①

再次,《礼记》地位的提升是由《礼记》本身的特点决定的。在语言方面,《周礼》《仪礼》文简义奥,可读性不强,就连唐代韩愈都曾叹"余尝苦《仪礼》难读"②,何况他人!而《礼记》语言整饬而多变,且能灵活运用排比、反问、夸张等多种修辞手法,这些修辞手法的运用使《礼记》烦琐细碎的记文有起伏和变化,文字之间处处透显出灵动和生气。在内容方面,《周礼》记述官制、国家机构框架及管理职能等,内容枯燥无味,与礼的关系不大。《仪礼》主要记录周代政治礼仪和贵族生活礼仪,仪节烦琐。《礼记》则不然,其于事、文、义兼备,注重发掘寓藏于仪节之中的思想文化意义,因此在唐代受到上至统治者、下至庶民阶层的欢迎。

三、《礼记》地位上升的影响

唐代《礼记正义》的纂定和颁布,标志着《礼记》地位的根本确立。《礼记》地位的升迁在政治史和学术史上具有重要的意义,并产生了深远的影响。

第一,《礼记》一跃而超越《周礼》《仪礼》,从"附庸"变成了"大国"。

汉魏以来,"三礼"的地位是不断变化发展的。东汉郑玄作"三礼注"之前,"礼经"专指《仪礼》,《礼记》只不过是《仪

---

① 潘忠伟:《唐初〈礼记〉地位的提升与北朝礼学传统》,《中华文化论坛》,2011年第3期。
② [唐]韩愈:《昌黎先生文集》卷一一,文渊阁《四库全书》第1074册,第233页。

礼》的"记",是附属之物。三国时,曹魏立《礼记》博士,《礼记》入"经"。蜀汉刘备临终嘱咐后主"可读《汉书》《礼记》"①。此时期,王肃、孙炎、射慈等为《礼记》作注,可见《礼记》在三国时已受到经学家的格外重视。西晋武帝令皇太子讲《礼记》,东晋元帝时"置《周易》王氏、《尚书》郑氏、《古文尚书》孔氏、《毛诗》郑氏、《周官》《礼记》郑氏、《春秋左传》杜氏服氏、《论语》《孝经》郑氏博士各一人,其《仪礼》《公羊》《穀梁》及郑《易》皆省不置"②。置《礼记》博士而不置《仪礼》博士,这是《仪礼》地位下降而《礼记》地位上升的表现。南北朝时期,由于最高统治者和礼学家们的重视和共同推动,在礼学领域,《礼记》的地位得到进一步的提升。尽管此时期《仪礼》的《丧服》颇受重视,但是《礼记》的礼义同样备受关注。南朝宋文帝刘义隆、齐高帝萧道成、梁武帝萧衍等都非常重视《礼记》。北朝北魏道武帝拓跋珪、北周武帝宇文邕等也重用儒术和礼学。在最高统治者的带动下,南北朝出现了一大批礼学家,其中最杰出者为南朝的皇侃、北朝的熊安生。礼学家们纷纷为《礼记》作疏,从而出现了大量的《礼记》义疏之作。据统计,南北朝时期"三礼"学著作"《周礼》有15种,《仪礼》有72种,《礼记》有32种,总论'三礼'的著作有9种,通论礼学者50种,总计接近180种,远远超过对其他经典的研究"③。《仪礼》学著作的数量多于《礼记》学著

---

① [晋]陈寿:《三国志》卷三二,中华书局,1964年点校本,第891页。
② [唐]房玄龄等:《晋书》卷七五,中华书局,1974年点校本,第1976页。
③ 王锷:《东汉以来〈礼记〉的流传(上)》,《井冈山大学学报(社会科学版)》,2010年第5期。

作，实因南北朝礼学家为迎合当时社会的需要而热衷于研究《仪礼·丧服》篇。据王锷《三礼研究论著提要》统计，南北朝《丧服》学文献不少于37部[①]。不过经学家们也越来越热衷于《礼记》的研究，相对于汉魏，本时期的《礼记》学获得了长足的发展。到了唐初，《礼记》已开始超越《周礼》《仪礼》，受到当时人的格外关注。《礼记正义》一出，《礼记》的地位便彻底超越《仪礼》《周礼》。虽有贾公彦作《周礼疏》《仪礼疏》，但是《周礼》《仪礼》受冷落的局面直到清代中期之前仍不见改观。《礼记》地位的升迁和《周礼》《仪礼》地位的相对衰落，与学术发展的趋势密切相关，也是时代和社会选择的结果。

第二，《五经正义》取《礼记》而舍《仪礼》，推动了宋元明时期《礼记》学的发展，不过也导致了宋元明时期《仪礼》学的相对衰落。

唐代官方根据字数的多少而将儒家经典分为大、中、小经。在唐代，《礼记》与《左传》同列大经。由于《礼记》的字数只有《左传》的一半，所以《礼记》更受欢迎，研习者更多。《周礼》《仪礼》沦为中经，加之文字古奥，名物纷繁，故研习者少。从今天的角度来看，"三礼"各部经典并不存在孰重孰轻的问题，然从唐代官方的选择中，可知唐人已将《礼记》的重要性置于《周礼》《仪礼》之上。五代时期，《礼记》被雕版印刷，同列"九经"，这对于《礼记》的传播颇有助益。宋初学人治经守汉唐遗风，章句训诂仍为主流。北宋庆历之后，宋人

---

① 王锷：《三礼研究论著提要》，甘肃教育出版社，2001，第139—143页。

治学风格发生显著变化，义理之学成为主流。在此背景下，《礼记》的一些单篇受到了格外的重视，并被不断刊印。《礼记》也是宋代科举考试的主要经典，出于功令的原因，士人们也热衷于《礼记》的研究。宋代《礼记》研究最有影响者当推朱熹和卫湜。朱熹将《大学》和《中庸》从《礼记》中析出，并为之作章句。其《大学章句》和《中庸章句》成为《四书章句集注》的重要组成部分。由于朱熹的《四书章句集注》被悬为功令，所以《大学》和《中庸》实际上已为经中之经，是士子的必读之书、晋升之阶。在朱熹等人的努力下，《大学》《中庸》研究成为宋元明清时期从不过时的学术重点和热点。卫湜《礼记集说》一百六十卷，广涉众家，采摭繁富。其所征引宋代的《礼记》解义，大多已亡佚，因此卫湜之书的文献价值极大。欲窥宋代《礼记》学，舍卫湜之书莫由。据王锷《三礼研究论著提要》可知，两宋时期（含辽、金）《周礼》类文献有104部，《仪礼》类文献有55部，《礼记》类文献有123部。从数量上来看，宋代《礼记》类文献最多，是《仪礼》类文献的两倍以上，这也充分体现了宋人对《礼记》研究的偏好。元代元祐年间科举考试中用"四书"和"五经"命题取士，《礼记》被大量刊印，广为流传。据王锷《三礼研究论著提要》可知，元明两代的《周礼》类文献为113部，《仪礼》类文献为80部，《礼记》类文献则多达230部，《礼记》类文献的数量比《周礼》《仪礼》类文献的数量总和还多。由此可见，元明时期的学人延续了宋儒重义理的治经取向，推崇《礼记》，热衷于《礼记》研究。

第三，《礼记》地位的升迁推动了宋代义理之学的兴起，而宋代义理之学的繁荣又反过来提升了《礼记》的地位。

北宋庆历之后，宋人治学风格发生显著变化，独抒己见、疑经改经、尊崇德性、由道问学成为时代学术风尚，以义理解经成为当时经学的主流。宋儒或以《礼记》为文本依据阐发礼义，如张载的《礼记说》、陆佃的《礼记解》等；或依托《儒行》等篇章阐发束身自修之道，如李觏的《读儒行》、苏总龟的《儒行解》等，特别是言天道性命的理学开始兴起，经学逐渐理学化。《礼记》中的《大学》《中庸》《儒行》《乐记》等篇的概念和范畴成为理学重要的理论来源，理学家们依托《大学》《中庸》《乐记》等篇章阐发哲学思想，如朱熹的《大学章句》和《中庸章句》、吕大临的《中庸解》等就是其中的代表作。王安石变法期间，《仪礼》旁落，《礼记》则受到重视，除了王安石亲撰《礼记发明》以外，其追随者方悫、陆佃、马希孟等人也对《礼记》倾注了热情。唐代以来《礼记》地位的升迁推动了宋代义理之学的繁荣，而义理之学的兴盛进一步推动了《礼记》地位的提升。

第四，《礼记》地位的升迁推动了庶民礼仪的兴起。

庶民礼仪的勃兴源自门阀士族地位的衰落、庶族地主地位的上升，而《礼记》在其中起到了重要作用。唐代统治者摘取、吸收《礼记》等经典中有关内容指导政治、人伦和人情世故，并制定了一些礼典和庶民礼仪的读本。"唐人之究心'三礼'，考古义以断时政，务为有用之学，而非徒以炫博也。"[1] 正是基于这样一种经世致用之目的，唐代先后有六次制礼实践，分别

---

[1] ［清］赵翼：《廿二史札记》卷二〇，凤凰出版社，2008，第294页。

是太宗时的《贞观礼》、高宗时的《显庆礼》、武后时的《紫宸礼要》、玄宗时的《开元礼》、德宗时的《贞元新集开元后礼》、宪宗时的《元和曲台礼》及《曲台续礼》，其中的《开元礼》等开始涉及少量的庶人礼仪。唐代不断加强礼制建设，体现了早先"家天下"的礼仪理念逐渐被更为集权、更强调"天下为公"的礼仪理念所取代。在这种新的礼仪理念指导下，统治者开始思考如何重构王朝礼仪与乡村社会之间的关系。在唐代，由于统治者的大力提倡和庶民阶层文化素质的提高，雅洁明畅、意蕴丰富的《礼记》逐渐为广大庶民所熟悉，《礼记》的思想内容真正融入了社会大众之中。

唐代《礼记》学地位的提升对于庶民礼仪兴起的推动可从以下两个方面来理解。首先是出现了一大批适合庶民学习的礼学著作，除了官方修订的系列礼典外，还出现了《励忠节抄》《辨才家教》《贤愚经》《婚仪》《太公家教》等一些通俗易懂、适合庶民阅读的礼学普及读物。这些读物都借鉴和吸收了包括《礼记》在内的"三礼"内容，特别是《礼记》的内容颇为实用，广受欢迎。其次，庶民阶层掀起学习《礼记》及礼仪的热潮，传统的"礼不下庶人"逐渐向"礼下庶人"的方向转变。由于受到《礼记》地位上升及普及的影响，唐宋以降，朝廷开始为庶民制礼，以经世济民的士大夫也致力于改革祭祖礼仪，推行家礼、乡约，在乡村民众中推广儒家礼仪，这些都推动了"礼下庶人"。

第三章
宋元明时期的《礼记》学

宋代是中国学术思想发展的高峰时期，宋学以其与汉学迥异的治学方法和理念，对中国中古以后的学术思想产生了深远影响。至宋代，儒生不再秉承汉唐诸儒"注不驳经""疏不破注"的解经原则，而是喜以己意解经。皮锡瑞称宋代是经学的"变古时代"，所谓"变古"，即汉唐笺注之学的没落，以及义理之学的兴起。

元明时期的经学可谓宋代经学之流裔，虽然此时期也出现了不少经学家，但是有分量的经学论著却乏善可陈。不少学人都认为元、明是中国经学发展的衰落时代，经学衰落表征之一，是宋、元、明的经学一代不如一代。如清儒皮锡瑞认为，宋儒虽拨弃古义，然宋儒毕竟学有根柢，故仍可自成一家。元人株守宋儒之学，明人又株守元人之学，故元代之经学不如宋代，明代之经学又不如元代。

中唐以来的学风深刻地影响到《礼记》学的发展，宋代学人在批判并继承汉唐《礼记》笺注之学的同时，格外重视发掘《礼记》所蕴含的思想，并据此从事理学、心学思想体系之建构，以及阐发经世致用思想。宋代《礼记》学对元、明两代《礼记》学产生了深远的影响，元、明两代《礼记》学与宋代《礼记》学可谓一脉相承，然而元明时期的《礼记》学亦不甚发达，较有水平的《礼记》学著作屈指可数。

宋元明时期《礼记》学概论

宋元明时期《礼记》学文献数量众多，《礼记》诠释也颇有特色。下面将从宋元明时期《礼记》学文献的基本情况和宋元明《礼记》诠释的特色两个方面，对宋元明时期《礼记》学的总体面貌作一概览式的介绍。

一、宋元明时期《礼记》学文献概览

朱彝尊《经义考》著录的宋代《礼记》学文献大约270部，其中单篇之属约有200篇。单篇文献中，《中庸》文献约有70篇，《大学》文献约有40篇，《大学》《中庸》合论文献约有30篇。王锷的《三礼研究论著提要》著录宋代《礼记》学文献124部，其中不含《大学》和《中庸》文献。王锷在《经义考》的基础上增补了陈襄的《礼记讲义》、周行己的《礼记讲义》、沈焕的《礼记订义》、朱熹的《礼记章句》和《大小戴礼论》、徐自明的《礼记说》、亡名氏的《礼记举要图》。

据《元史·选举志》可知，元朝的科考大抵以宋人注疏为主。除《春秋》和《礼记》二经之外，皆宗朱子之学。《春秋》用胡安国的《春秋传》，《礼记》则用古注疏。元代所立考试科目,"三礼"中只用《礼记》,可见自唐代以来,官方重视《礼记》之学远甚于《周礼》和《仪礼》。元代的《礼记》学成就主要是陈澔的《礼记集说》和吴澄的《礼记纂言》。《经义考》所录元人《礼记》学文献共29种,其中单篇之属12种。《三礼研究论著提要》在《经义考》的基础上又增补了几种,分别为陈澔的《改正音训礼记》、彭廉夫的《礼记纂图注义》、黄舜祖的《礼记说》、鲜云龙的《大月令》。笔者的统计结果与上面基本一致。据此,已知的元代《礼记》学文献有30多种。

据《明史·选举志》可知,永乐以前科举考试的课目沿用元人之法,《礼记》仍用古注疏。而到了永乐年间《五经四书大全》颁布以后,其中的《礼记大全》以元人陈澔的《礼记集说》为根本,陈书立为官学。皮锡瑞说:"元以宋儒之书取士,《礼记》犹存《郑注》,明并此而去之,使学者全不观古义,而代以陈澔之空疏固陋,《经义考》所目为兔园册子者。故经学至明为极衰时代。"[①] 明代的《礼记》学文献数量较大。据《经义考》之著录,可知明代《礼记》学文献共150种,其中单篇之属约为50种。《三礼研究论著提要》在《经义考》的基础上增补了近60种。笔者在前贤时人统计的基础上又增补10余种,分别是梅鹗的《礼记稽疑》、倪章的《礼记讲义》、蔡官治的《礼记删繁》、林来狱的《戴记解》、赖涣的《礼记合解》、桂实的《礼记选注》、邹元标的《礼记正义》、孙延铎的《礼记叙纂》、张若麟的《礼记课》、董养性的《礼记订疑》、杨丕基的《礼记集解补注》。这11种著作均已亡佚。根据以上统计数据,已知

---

① [清] 皮锡瑞:《经学历史》,《皮锡瑞全集》第6册,中华书局,2015,第86页。

的明代《礼记》学文献有210余种。明代的《礼记》学文献虽多，然总体水平不高，值得称道的不多。

宋元明时期的《礼记》学文献数量大，然大体上来看，无非是一些专著、专论和序跋。兹以宋代《礼记》学文献为例（元明时期的《礼记》学文献是宋代《礼记》学文献的衍生物，数量虽大，但是学术价值不高），可见这一时期《礼记》学文献的纂修体例和特点。

笔者对宋代的《礼记》学专著、专论和序跋文献作了考察和统计。所谓"《礼记》学专著"文献，一是关于《礼记》的专门著述，包括注、解、论、说、讲义、传等，二是独立成篇，单独刊行，或学界习惯上单言其名，或比较著名的目录书有著录者。以此为标准，可知的宋代《礼记》学专著约110种，出自93名学人。其中流传至今的有14种，亡佚和存佚不明的有96种。所谓"《礼记》学专论"文献，是指未单独刊行，寓于学人的文集而又单独成篇，不包括寓于《四书》学文献中的《大学》和《中庸》部分。以此为标准，可知的宋代专论类《礼记》学文献有81种，出自26名学人。所谓"《礼记》序跋"文献，包括"序""跋"和"后记"。所谓"《礼记》奏议"文献，包括"奏""进""表""札子"等。以此为标准，可知的宋代《礼记》学序跋类、奏议类文献共27种，涉及学人20名，其对研究宋代《礼记》学具有重要的参考价值。

宋代专著类《礼记》学文献内容与形式多种多样。从内容上看，有考察名物的，有研究礼制的，有研究文字、音韵、训诂的，有阐发义理的；从形式上看，有传、注、疏、图等。考虑到宋代《礼记》学文献内容与形式的实际情况，着眼于文献诠释的方式，我们将宋代专著专论《礼记》学文献分为"义理类"和"义理考据类"两大类型。

宋代"义理类"《礼记》学文献又可细分为二——

一是经学家、理学家不在意对《礼记》文本及所记名物制度的考证，而是以《礼记》为资源阐发自己的思想或构建思想体系。如张载在其专著《礼记说》中借助于《礼记》中的思想资源从而阐发理学思想，不但涉及中庸、礼乐等多方面的课题，而且涉及"太虚即气""格物""天理人欲""民吾同胞"等切要至论。又如王安石在其《礼记发明》中借助于《礼记》的记载从而阐发自己的政治思想，为其变法提供理论依据。

二是有些学者的文集或笔记中关于《礼记》不成体系的论述，或据《礼记》阐发自己的思想，或对《礼记》的成书情况、单篇的作者和时代等问题进行说明。如李觏《盱江集》借助于《礼记》中的《曲礼》《王制》《月令》《文王世子》《礼运》《礼器》《内则》《玉藻》《学记》《乐记》《祭法》《经解》《哀公问》《中庸》《儒行》《乡饮酒义》《丧服四制》等篇的内容，从而构建自己的礼学思想体系。又如《朱子语类》既有关于《礼记》单篇的考察，也有关于《礼记》与《仪礼》关系等方面的论说。

宋代"义理考据类"《礼记》学文献既重视义理阐发，又重视文字训诂和名物制度的考证。"义理考据类"《礼记》学文献又可细分为二——

一是有些学人在从事《礼记》诠释时考据义理并重。如朱熹在义理当以考据为基础的理念支配下，对《礼记》中的《大学》和《中庸》加以诠释，以成《大学章句》和《中庸章句》。

吕祖谦等人亦在阐发《礼记》义理的同时重视名物制度的考证。

二是有些集解体的《礼记》学文献不存汉宋门户之见，既广采宋儒解义，又不废汉唐诸儒之说。如南宋卫湜《礼记集说》征引汉唐以来的《礼记》解义百余家，汉宋兼采是此书的最大特点。同样是集解体的《黄氏日抄》的《礼记》部分在征引材料时，既有文字音义、名物礼制考证方面的，也有义理方面的。因此，《黄氏日抄》的《礼记》部分可谓考据与义理兼重。

二、宋元明时期《礼记》学的特色

学术有"实"有"虚"。所谓"实"，既有方法上的，即归回文献，信而有征，也有意义层面的，即经世致用；所谓"虚"，既有方法上的，即重视义理阐发，也有意义层面的，即哲学体系之建构。自汉代到清代，经学的演变是"实"过则求"虚"，"虚"过则求"实"。总体来说，汉唐诸儒重视考据之学，学术的总体面貌是"实"，而宋元明诸儒重视义理阐发，学术的总体面貌是"虚"。在这样的思想文化背景下，宋元明时期的《礼记》学有其鲜明的特色。

第一，宋元明诸儒在从事《礼记》诠释时重视义理之阐发。

长期以来，不少人标榜礼学是"实学"，言下之意，礼学重视名物制度之考证，而缺乏义理之阐发。"三礼"所记的名物制度甚多，名物制度的考证的确是礼学研究首先要面对的，从这个角度来讲，名物制度的考证在礼学研究中优先于义理的阐发。然而礼为人所定，特定的名物、仪节和礼制是人的思想观念的外化，从这个角度来看，义理的阐发在礼学研究中优先于名物制度的考证。与汉唐学人重视《礼记》文字、音义和名物制度的考证不同，宋元明诸儒重视《礼记》义理的阐发，主要体现在以下两个方面。

一是对《礼记》之礼意的发掘。《礼记》是《仪礼》之"记"，其中的不少内容是对《仪礼》所记礼仪、礼制的补充，也有对《仪礼》所记礼制、礼仪的意义阐释。宋元明诸儒对《礼记》的礼意之发掘，又可从两个层面来看：一是对《礼记》所记礼制、礼仪和名物背后的意义进行发掘，二是对《礼记》已言及的礼意进行再诠释。张载、吕大临、王安石、陆佃、马希孟、叶梦得、陈澔等人在从事《礼记》诠释时，既有关于《礼记》所记名物、礼仪、礼制意义的阐释，也有对《礼记》所言礼意的引申和发挥。

二是利用《礼记》从事思想体系之建构。《礼记》中除了保存一些《仪礼》的"记"文外，还有一些颇富哲理的单篇论文，其中的《大学》《中庸》《乐记》等涉及中国古代哲学和政治思想的许多概念和命题。对于崇尚思辨的宋元明理学家来说，《礼记》中的《大学》《中庸》《乐记》是他们构建理学思想体系的重要思想资源。比如二程、朱熹等人根据《大学》文本所言"格物""致知"，从而构建理学的天理论和认识论；他们还将《中庸》所言的"诚""中""中庸""道""理"等与理学的核心概念相关联，提升了"诚""中""中庸"的本体地位，丰富了理学本体论。他们还沿袭《乐记》"天理""人欲"对举的模式，赋予"天理""人欲"丰富的内涵，从而使"天理人欲之辨"成为宋明理学的重要议题。

需要指出的是，虽然宋元明诸儒重视从义理的角度从事《礼记》诠释，但是他们并不是完全不讲考据。事实上，刘敞、朱熹、魏了翁、卫湜、黄震、吴澄、陈澔、胡广等人均对《礼记》所记名物礼制多有考证，且有新见。即使是极为重视义理的张载、吕大临等人，在从事《礼记》诠释时仍有不少名物礼制考证的材料流传至今。清代经学家江永、孙希旦等从事《礼记》诠释时对宋元明诸儒之说多有借重，便可见宋元明诸儒在《礼记》考据方面尚有可称道者。

第二，宋元明诸儒在从事《礼记》诠释时不仅疑改《礼记》经文，还疑旧注。

宋元明诸儒对《礼记》的怀疑是该时期疑经思潮的重要组成部分。宋代学术思想环境相对自由，对于一些被儒家奉为经典的文献，宋儒多加怀疑。这种风气一直延续到元代和明代。宋元明诸儒对《礼记》的怀疑有两个向度。

一是"我注《礼记》"。所谓"我注《礼记》"，是指宋元明诸儒在诠释《礼记》时，主观上是为了寻找《礼记》的文本原义。不管是北宋刘敞的《七经小传》中的《礼记》部分、李觏的《读儒行》、王安石的《礼记发明》、陆佃的《礼记解》、方慤的《礼记解》，还是南宋黄震的《黄氏日抄》的《礼记》部分，抑或元代吴澄的《礼记纂言》、明代陈澔的《礼记集说》，这些文献对于《礼记》所记名物、制度都有考证和辨析，甚至对《礼记》文本进行改动。比如北宋程子改动《大学》《中庸》在前，又有南宋朱熹等人改动《大学》《中庸》在后；南宋卫湜撰《礼记集说》，分各家之说于《礼记》经文之下，以众家之说代替郑、孔之见；南宋黄震的《黄氏日抄·读礼记》和魏了翁的《礼记要义》也对《礼记》文本多有分合；元代吴澄的《礼记纂言》继承朱熹等人的礼学思想，打破《礼记》原有之编排格局，重新加以组合编排。

宋元明诸儒怀疑《礼记》经文有讹、衍、脱、错乱，他们的怀疑虽然有"疑古过勇"者，但是也不乏真知灼见者，他们的怀疑，对于清理《礼记》经文和旧注有一定的参考意义。这方面最有代表性的就是北宋刘敞所撰《七经小传》的《礼记》部分。如《檀弓上》："圣人之葬人与？人之葬圣人也，子何观焉？"郑《注》："与，及也。"① 《檀方上》此之"与"字，郑玄视为连词。王肃云："'圣人葬人与'，属上句以言。若圣人葬人与，则人庶有异闻，得来观者；若人之葬圣人，与凡人何异，而子何观之？"② 王肃此解以"与"为语助辞，与郑玄为异。孔《疏》已知王《注》合理，然囿于"疏不破注"之陈条，还是极力为郑《注》辩护。刘敞支持王肃之说，云："与，语助辞。"③ 若依刘敞之说，此句断逗应为："圣人之葬人与？人之葬圣人也，子何观焉？"刘敞支持王肃之说，不为孔《疏》所蔽，可见其经典诠释是颇有主见的。事实上，王肃之说的合理性，后来也得到了很多清儒的认可，如清人江永在训释《檀弓上》这段经文时云："按：王肃说是。"④ 孙希旦云："案：'与'字，郑《注》训为及，如字，读下属为句，故《释文》无音。王肃读平声，属上句，今从之。"⑤ 朱彬《礼记训纂》亦从之。⑥ 从实质上来看，刘敞疑经惑传的动机却是尊经。刘敞尊崇儒家经

---

① ［清］阮元校刻：《十三经注疏（附校勘记）》，中华书局，1980，第1292页。
② ［清］阮元校刻：《十三经注疏（附校勘记）》，中华书局，1980，第1292页。
③ ［宋］刘敞：《七经小传》卷中，文渊阁《四库全书》第183册，第26页。
④ ［清］江永：《礼记训义择言》卷二，文渊阁《四库全书》第128册，第318页。
⑤ ［清］孙希旦：《礼记集解》卷九，中华书局，1989年点校本，第227页。
⑥ ［清］朱彬著，饶钦农点校：《礼记训纂》卷三，中华书局，1996，第115页。

典，认为儒家经典记载的是圣人之道。他说："圣人之政，吾非得亲见之也，而有礼存焉。圣人之言，吾非得亲闻之也，而有道存焉。"① 刘敞还认为经书乃君子修身行事之准则。他说："《礼》者德行之本也，《诗》者言语之本也，《书》者文学之本也，《春秋》者政事之本也。此四本者，君子之所尽心也。"②

刘敞的思路是，因为尊经，所以要疑经，疑经是为了更好地尊经。刘敞怀疑经书在传抄过程中简文有讹脱衍倒，遂致其改经文和句读。刘敞认为郑玄《注》不尽合经义，遂致其撇开郑《注》而阐发新义。只有洞悉了刘敞疑经惑传的初衷，才能对其观点作出客观公允的评价。刘敞对《礼记》经文旧注的疑改受到后世经学家特别是清儒的高度重视。清儒对刘敞之疑改内容作了重新审视，并在刘敞之说的基础上提出新的观点。清儒如江永、惠栋、翁方纲、孙希旦等人的《礼记》学著述中，常常可见"刘原父""刘氏"字样，可见刘敞《礼记》解义影响之深远。清人的论证告诉我们，刘敞对《礼记》经文旧注的疑改既有眼光独到之处，又有臆断的成分。刘敞疑《礼记》经文旧注的最大价值，在于他的发现。《礼记》经文有不连贯、于文义有不通者，汉唐近千年以来无异议，刘敞却看到了，这就是他最大的贡献。

二是"《礼记》注我"。所谓"《礼记》注我"，是指宋元明诸儒在从事《礼记》诠释时，主观上并非为了寻找《礼记》文本的原义，而是通过疑改《礼记》阐发自己的思想。这方面最

---

① [宋] 刘敞：《公是弟子记》卷四，文渊阁《四库全书》第698册，第470页。
② [宋] 刘敞：《公是弟子记》卷一，文渊阁《四库全书》第698册，第446页。

为明显的例子当是二程、朱熹等人对《大学》和《中庸》的疑改。二程、朱熹等人为《大学》和《中庸》划分章句，其目的是构建他们的理学思想体系。从纯粹文献学的角度来看，"《礼记》注我"的向度对于恢复《礼记》文本当是不可取的，但是从学术思想演变的角度来看，"《礼记》注我"的向度又当有其意义所在。

第三，宋元明诸儒从事《礼记》诠释时重视经世致用。

宋元明诸儒大多是理想主义者，他们高悬道德标准，以此要求自己，同时也以此要求别人。《礼记》所讲的儒家信条，伦理意味极重，对于宋元明诸儒来说，《礼记》正是他们谈论道德伦理的现成资源。宋元明诸儒不仅为道德理想主义者，他们同时也投身政治，为生民立命。宋儒李觏、张载、朱熹等人均参与政治，重视礼教，他们在对《礼记》的诠释中，部分地表达了他们的政治理想和对儒家伦理的维护。比如宋儒李觏通过征引《礼记》等文献成《教道》九篇，征引《礼记·王制》《经解》《乡饮酒义》《大传》《文王世子》等篇目中的内容，从而说明教化的重要性，并指出实现教化的途径。李觏据《经解》，以婚礼、乡饮酒礼、丧祭礼、聘觐礼的丧失，反观古礼对于教化和安定百姓所具有的重要意义。李觏是政论家，其著述仅仅是手段，最终目的是经世致用。汉唐学人重视《礼记》经文之训诂、名物制度之考证；宋代理学家则以《礼记》为资源来建立理学体系，阐发天道性命之说。李觏的《礼记》诠释，既无汉学家们的详密考证，又无哲学体系之建构，他所在意的，是利用《礼记》来阐发礼学、政治、经济及教化思想。李觏对《礼记》之诠释是从两个维度展开的：若《礼记》之记载有助于建构自己的礼学思想体系，则予以征引；若《礼记》之记载与他的礼学思想不符，则予以批判。由此可见，李觏对《礼记》的征引和论说，仅仅意在使《礼记》成为自己学说的佐证。

利用《礼记》阐发经世致用思想的，北宋政治家王安石亦可为代表。王安石藉《礼记》之诠释从而阐发崇圣复古思想。如《礼运》："孔子曰：'……鲁之郊禘，非礼也，周公其衰矣。'"王安石说："鲁有周公之功而用郊，不亦可乎？鲁之郊也，可乎？曰：有伊尹之心，则放其君可也，有汤武之仁，则绁其君可也，有周公之功，用郊不亦宜乎？"① 郊礼祭天为历代统治者所看重。王安石认为，鲁国若有周公之功，就可以行郊祭，由此可见王安石对周公之尊崇态度。其如此重视崇圣复古，用意就是通过采用包括《礼记》在内的经典，从而推行富国强兵的变法。

北宋思想家张载也通过《礼记》之诠释从而阐发和推行他的社会理想。《礼记》中亦有宗法制度和思想的记载，如《曲礼》曰"支子不祭"，张载认为，支子虽不与祭，然其斋戒致诚意却不可少。在张载看来，古之立宗子之法仍有其现实意义，他说："若不立宗子，徒欲废祭，适足长惰慢之志，不若使之祭犹愈于已也。今日大臣之家，且可方宗子法。譬如一人数子，且以嫡长为大宗，须据所有家计厚给以养宗子，宗子势重，即愿得之，供宗子外乃将所有均给族人。"② 张载倡导大臣之家可仿宗法立嫡长子为大宗，从而增强宗亲的凝聚力，并在资源分

---

① ［宋］卫湜：《礼记集说》卷五五，文渊阁《四库全书》第118册，第150页。
② ［宋］张载著，张锡琛点校：《经学理窟·宗法》，《张载集》，中华书局，1978年点校本，第260页。

配上有益于族人。

明儒黄道周治经重经世致用。如其释《礼记·缁衣》时说："好善恶恶，民之性也，民性定则教化兴，而争攘息民知为善之，可好为不善之，可恶闾阎之下，先有好恶以为赏罚，而明廷之赏罚皆后矣。"① 其在《坊记集传》原序中说："臣闻之，《记》曰：礼禁乱之所繇生，犹坊止水之所自来也。以旧坊为无所用而坏之者，必有水败，以旧礼为无所用而弃之者，必有乱患。乱患之坊莫大于《春秋》，圣人本春以立礼，本王以立刑，本天以立命，命以坊欲，刑以坊淫，礼以坊德，三坊立而乱患息，乱患息而后礼乐可举也。"② 黄道周藉注《缁衣》阐释人主所行之道，藉注《坊记》释圣人立礼、立刑、立命以正父子君臣夫妇之位。由于黄氏在释《表记》等篇时专事大义之发挥，而不重视考据，故后世学人在肯定其治经的同时，亦颇有微词。如关于《儒行》，四库馆臣言："至若《礼记》五篇，则意不主于解经，不过目击时事之非，借经以抒其忠愤。又一年之中辑书五种，亦成之太易，故考证时或有疏，特以其为一代伟人，又引君当道之心有足多者，故至今尚重其书焉。"③ 又如关于《缁衣》，四库馆臣曰："其于经济庶务条目之间，虽有未悉，而于君心好恶纲领之原，以至三代而下，治乱盛衰之故，亦略云赅备。且是编本以《缁衣》为目，而郑注以好贤为解，道周此书，虽泛引史事，要其指归，固亦不乖于古训矣。"④ 在晚明学

---

① ［明］黄道周：《缁衣集传》卷一，文渊阁《四库全书》第122册，第1014页。
② ［明］黄道周：《坊记集传》卷一，文渊阁《四库全书》第122册，第929页。
③ ［清］永瑢等：《四库全书总目》卷二一，中华书局，1965年影印本，第172页。
④ ［清］永瑢等：《四库全书总目》卷二一，中华书局，1965年影印本，第171页。

术界，黄道周比较重视经学。其曾有《冰天小草》一书，该书已佚，其门人洪思说："时天下将乱，王畿、李贽之言满天下，世之治制举义者，不归王则归李。归王之言多幻，归李之言多荡。凡不则不洁之言皆形于文章。子忧之，谓谢焜曰：'为王汝中，李宏甫则乱天下无疑矣，吾将救之以六经。'辛未四五月，乃伏枕为之，皆自意向以自道其怀，与世之为制举义者异。"[1]由此可见，在晚明学术界，黄道周的经学思想实际上是对阳明学流弊之反动。

---

[1] ［明］黄道周：《冰天小草自序》，《黄漳浦集》卷二十一，铅印本。

第三章 宋元明时期的《礼记》学

《礼记》与理学思想体系之建构

在中国思想文化史上，宋明理学是继先秦子学、汉代经学、魏晋玄学、隋唐佛学之后的又一重大文化现象。狭义的"宋明理学"指程朱理学，而广义的"宋明理学"既包括程朱理学，又包括陆王心学。我们于此所言的"理学"是从广义的角度来界定的。理学最重要的经典依据是"四书"，而"四书"中的《大学》《中庸》出自《礼记》。此外，宋明理学中的重要内容——"天理人欲之辨"的"天理""人欲"概念出自《礼记·乐记》。因此，《礼记》与宋明理学思想体系的建构有极为密切的关系。

一、《礼记·大学》与理学思想体系之建构

《大学》是《礼记》的第四十二篇，后来成为《四书》之一。"大学"乃博学之意，孔颖达曰："此《大学》之篇，论学成之事，能治其国，章明其德于天下，却本明德所由，先从诚意为始。"[1]《大学》论述了个人的道德修养、为学次第与治国

---

[1] ［清］阮元校刻：《十三经注疏（附校勘记）》，中华书局，1980，第1673页。

平天下的关系，即所谓的"内圣外王"之道。其主要内容是"三纲领""八条目"。"三纲领"指"明明德""亲民""止于至善"；"八条目"指"格物""致知""诚意""正心""修身""齐家""治国""平天下"。

《大学》提出的"内圣外王"之道，受到宋儒的高度重视。《大学》曰："大学之道，在明明德，在亲民，在止于至善。知止而后有定，定而后能静，静而后能安，安而后能虑，虑而后能得。物有本末，事有始终，知所先后，则近道矣。""明明德"，第一个"明"字是动词，有彰显之义；第二个"明"字是形容词，有光明、完美之义。"明明德"，即将天所赋予的内在完美德性彰显出来。《尚书》《左传》已有"明德"思想，《大学》的"明明德"思想是对儒家明德观念的继承①；《大学》将"明明德"与"亲民""止于至善"联系起来，是对儒家明德观的发展。"亲民"，孔颖达释为"爱民"，"在亲民者，言大学之道在于亲爱于民"②。朱熹释"亲"为"新"，"新者，革其旧之谓也，言既自明其明德，又当推以及人，使之亦有以去其旧染之污也"③。《大学》所言"至善"，包括仁、敬、孝、慈、信等信条，"止于至善"，即"为人君，止于仁；为人臣，止于敬；为人子，止于孝；为人父，止于慈；与国人交，止于信"。只有

---

① 《大学》曰："《康诰》曰：'克明德。'《大甲》曰：'顾諟天之明命。'《帝典》曰：'克明峻德。'皆自明也。"《大学》于此所引《尚书》三篇，其中《康诰》《帝典》（《尧典》）为《今文尚书》中的篇目，《大甲》为《古文尚书》中的篇目。此外，"明德，务崇之谓也"出自《左传·成公二年》。
② ［清］阮元校刻：《十三经注疏（附校勘记）》，中华书局，1980，第1673页。
③ ［宋］朱熹：《大学章句》，《朱子全书》（修订本）第6册，上海古籍出版社、安徽教育出版社，2010，第16页。

按照这些信条去做，才可达到至善境界。

《大学》提出了实现上述"三纲领"的八个步骤，即格物、致知、诚意、正心、修身、齐家、治国、平天下。其曰："古之欲明明德于天下者，先治其国；欲治其国者，先齐其家；欲齐其家者，先修其身；欲修其身者，先正其心；欲正其心者，先致其知；致知在格物。"《大学》言"平天下"的途径："物格而后知至，知至而后意诚，意诚而后心正，心正而后身修，身修而后家齐，家齐而后国治，国治而后天下平。"《大学》认为，通过格物、诚意、正心，从而使个人有良好的修养，再将个人修养推之于家、国，以至于天下。

根据《大学》之表述，可知这些实践方法和步骤有因果关系：从"格物"到"平天下"，是由个人境界向客观世界的转化；从"平天下"到"格物"，是由客观世界向个人境界的转化。由内向外与由外向内，是回环互用的关系。

《大学》所提出的"格物""致知"两个范畴，受到了宋儒的高度重视。《大学》"欲诚其意者，先致其知。致知在格物，物格而后知至，知至而后意诚"，"格物"与"致知"之间存在着因果关系，《大学》将二者联系起来，合成"格物致知"。虽然《大学》将"格物""致知"熔铸在一起，但是于二者的内涵并无阐释，这就给后人留下了很大的发挥余地。

郑玄释《大学》"格物"二字云："格，来也。物，犹事也。其知于善深，则来善物；其知于恶深，则来恶物，言事缘人所好来也，此'致'或为'至'。"[①] 在郑氏看来，"格物"之

---

① [清]阮元校刻：《十三经注疏（附校勘记）》，中华书局，1980，第1673页。

"物"指具体事物,并不抽象。

《大学》认为"格物"是前提,通过考察善恶之事,从而获得正确的认识,进而实现家齐、国治和天下平。从这个角度来看,《大学》所言"格物"有认识论意义。《大学》"格物"之"物"有善恶之别,这是从价值判断的角度所作的界定。"《大学》对'知'及格物致知的论述,虽较为简略,意思不甚明确,但它首次提出格物致知这个认识论命题,兼具伦理学意义,对后世中国哲学认识论的发展,产生了非常重要的影响。"①"格物致知"是理学的重要话题,其在理学中的地位仅次于"心性论"和"知行论"。

中唐韩愈推崇《大学》,并据之兴儒批佛。其看重的是《大学》的"正心诚意"。与韩愈不同,李翱则格外重视《大学》的"格物致知",并有与郑玄不同的解释。李氏曰:"物者,万物也。格者,来也,至也。物至之时,其心昭昭然明辨焉,而不应于物者,是致知也,是知之至也。知至故意诚,意诚故心正,心正故身修,身修而家齐,家齐而后国治,国治而天下平,此所以能参天地者也。"②李翱将《大学》"格物致知"与《中庸》"尽心复性"相结合,以内心所具有的"知"辨万物,从而实现"意诚""心正""身修""家齐""国治"和"天下平"。李翱将认识论与修养之道相结合的思路,对程朱等人颇有启发。不过,李翱还是继承了郑玄、孔颖达对"物"的解释,强调"物"是具体的,而非形上之存在。

---

① 蔡方鹿:《知》,四川人民出版社,2004,第103页。
② [唐]李翱:《李文公集》卷二《复性书》中,文渊阁《四库全书》第1078册,第109页。

第三章 宋元明时期的《礼记》学

入宋以后，学者们对《大学》的"格物致知"格外重视。首先赋予"格物致知"以理学色彩的是二程兄弟。① 二程将"格物"与"穷理"联系起来，如程颐曰："格犹穷也，物犹理也，犹曰穷其理而已也。"② "格，至也。物，事也。事皆有理，至其理，乃格物也。"③ 在程颐看来，"格物"就是"穷理""至理"。有人问："格物是外物，是性分中物？"程颐曰："不拘。凡眼前无非是物，物物皆有理。"④ 此所言"物"，指客观事物。程子将"物"的含义扩展到万事万物，他说："物者，凡遇事皆物也。"⑤

二程所云之"物"有道德意涵。程子云："凡一物上有一理，须是穷致其理。穷理亦多端：或读书，讲明义理；或论古今人物，别其是非；或应接事物而处其当，皆穷理也。"⑥ 此"读书讲明义理""论古今人物，别其是非"皆为"事"之理，

---

① 入宋以后，对《大学》"格物致知"的阐发，并不仅限于理学家。如司马光撰《致知在格物论》一文，专门阐释"格物致知"之义。司马光曰："《大学》曰：'致知在格物。'格，犹扞也，御也。能扞御外物，然后能知有道矣。郑氏以'格'为来，或者犹未尽古人之意乎。"（见司马光著，李文泽等校点：《致知在格物论》，《司马光集》卷七一，四川大学出版社，2010，第1450页。）司马光不同意郑玄将"格"训为"来"，而是认为"格"乃"扞""御"之义。人只有扞御外物之扰，"然后能知至道"。在司马光看来，人的一切不轨行为、罪恶活动，都是由"物诱""物迫"造成的。抵御外物之蔽、之迫，是成"君子"之前提。由此可见，司马光赋予了《大学》"格物致知"以伦理道德之内涵。
② ［宋］程颢、程颐：《河南程氏遗书》卷二五，《二程集》，中华书局，1981年点校本，第316页。
③ ［宋］程颢、程颐：《河南程氏外书》卷二，《二程集》，中华书局，1981年点校本，第365页。
④ ［宋］程颢、程颐：《河南程氏遗书》卷十九，《二程集》，中华书局，1981年点校本，第247页。
⑤ ［宋］程颢、程颐：《河南程氏外书》卷四，《二程集》，中华书局，1981年点校本，第372页。
⑥ ［宋］程颢、程颐：《河南程氏遗书》卷一八，《二程集》，中华书局，1981年点校本，第188页。

而非"物"之理。程子强调"格物"之"物"与人相关,而非事物,他说:"'致知在格物',格物之理,不若察之于身,其得尤切。"① 程子所说"格物"之"物"主要指伦理道德,而非客观事物。"既然所格之'物'主要是道德世界的事理,而不是客观自然世界的物理,那么所致之'知'就不可能是关于外部客观世界的'知识'。如果我们把格物穷理理解为主要是对客观物理的探究,相应地把致知理解为关于客观事物的知识,从而把'格物致知'类比于科学上的认识方法,就明显偏离了程颐'格物致知'的本意。"②

不过,为了防止片面追求主体的事理而忽略客观的事物,程子认为外物亦不可忽略。如程颐云:"求之性情,固是切于身,然一草一木皆有理,须是察。"③ 重视外在物理之目的,是避免其学说流于禅学。明代罗钦顺说:"格物,莫若察之于身,其得之尤切。程子有是言矣。至其答门人之问,则又以为求之性情,固切于身。然一草一木亦皆有理,不可不察。盖方是时禅学盛行,学者往往溺于明心见性之说,其于天地万物之理,不复置思,故常陷于一偏,蔽于一己,而终不可与入尧舜之道。二程切有忧之,于是表章《大学》之书,发明格物之旨,欲令学者物我兼照,内外俱融,彼此交尽。正所以深救其失,而纳之于大中,良工苦心,知之者诚亦鲜矣。"④ 学禅者重视心性修

---

① [宋] 程颢、程颐:《河南程氏遗书》卷一七,《二程集》,中华书局,1981年点校本,第175页。
② 彭耀光:《程颐"格物致知"思想新探》,《中国哲学史》,2008年第1期。
③ [宋] 程颢、程颐:《河南程氏遗书》卷一八,《二程集》,中华书局,1981年点校本,第193页。
④ [明] 罗钦顺:《困知记》卷上,文渊阁《四库全书》第714册,第279页。

养而不知世务，流于空寂而不求实效，这与儒家切人事、讲事功的特点有冰炭之别。程颐曾云："今之学禅者，平居高谈性命之际，至于世事，往往直有都不晓者，此只是实无所得也。"①程子既重视道德之理，又强调事物之理，意在纠禅学之弊，维护儒家伦理。

二程于"格物"的理解与"致知""穷理"密切关联。在二程看来，"致知"并不是一定要到客观世界去寻求，而是可以诉诸内在的道德修养。程颢云："'穷理尽性以至于命'，三事一时并了，元无次序，不可将穷理作知之事。若实穷得理，即性命亦可了。"② 由此可见，程颢所言穷理，并非认识客观事物，而是诉诸"性""命"。程颐也有相似论述，其曰："知者吾之所固有，然不致则不能得之，而致知必有道，故曰'致知在格物'。"③"'致知在格物'，非由外铄我也，我固有之也。因物有迁，迷而不知，则天理灭矣，故圣人欲格之。"④ 程颐认为，格物所得之"知"，乃心所固有。在此基础上，程颐释"格物致知"曰："《大学》曰：'物有本末，事有始终，知所先后，则近道矣。'人之学莫大于知本末始终。致知在格物，则所谓本也，始也；治天下国家，则所谓末也，终也。治天下国家，必本诸身，其身不正而能治天下国家者无之。格犹穷也，物犹理

---

① ［宋］程颢、程颐：《河南程氏遗书》卷一八，《二程集》，中华书局，1981年点校本，第196页。
② ［宋］程颢、程颐：《河南程氏遗书》卷二，《二程集》，中华书局，1981年点校本，第15页。
③ ［宋］程颢、程颐：《河南程氏遗书》卷二五，《二程集》，中华书局，1981年点校本，第316页。
④ ［宋］程颢、程颐：《河南程氏遗书》卷二五，《二程集》，中华书局，1981年点校本，第316页。

也,犹曰穷理而已也。穷其理,然后足以致之,不穷则不能致也。格物者适道之始,欲思格物,则固已近道矣。是何也?以收其心而不放也。"① 又曰:"莫先于正心诚意,诚意在致知,致知在格物。格,至也,如'祖考来格'之格。凡一物上有一理,须是穷致其理。"② 程颐训"格"为"至","格物"为"至物",于物而穷其理。由于"理"与"心"为一,故"格物"是在本心、自身上用力的内省功夫。

程子又释"格物"为"穷理"。如程颐曰:"'致知在格物'。格,至也,穷理而至于物,则物理尽。"③ "凡一物上有一理,须是穷致其理。穷理亦多端:或读书讲明义理,或论古今人物,别其是非;或应接事物而处其当,皆穷理也。"④ 程颐认为,《大学》的基本功夫在于穷理,这样就将天理论与知识论沟通起来了。⑤ 在程子看来,穷理范围很大,读书、讲论古今人物、应接事物皆在此范围内。

如何通过"格物"实现"知至"呢?程颐云:"若只格一物便通众理,虽颜子亦不敢如此道。须是今日格一件,明日又格一件,积习既多,然后脱然自有贯通处。"⑥ "人要明理,若止

---

① [宋] 程颢、程颐:《河南程氏遗书》卷二五,《二程集》,中华书局,1981 年点校本,第 316 页。
② [宋] 程颢、程颐:《河南程氏遗书》卷一八,《二程集》,中华书局,1981 年点校本,第 188 页。
③ [宋] 程颢、程颐:《河南程氏遗书》卷二,《二程集》,中华书局,1981 年点校本,第 21 页。
④ [宋] 程颢、程颐:《河南程氏遗书》卷十八,《二程集》,中华书局,1981 年点校本,第 188 页。
⑤ 陈来:《宋明理学》,生活·读书·新知三联书店,2011,第 123 页。
⑥ [宋] 程颢、程颐:《河南程氏遗书》卷一八,《二程集》,中华书局,1981 年点校本,第 188 页。

一物上明之，亦未济事，须是集众理，然后脱然自有悟处。然于物上理会也得，不理会也得。"① 程颐认为，格一物便知众理是不可能的，格物需要积累，到一定程度时，就会发生质的飞跃，达到豁然贯通的地步，即达到对普遍天理的认识。

朱熹继承了二程的"格物致知"论，并作了新的探索。在《答朱子绎书》中，朱熹云："知读《大学》，甚善。大抵其说虽多，多是为学之题目次第，紧要是'格物'两字，却未曾说着下手处。"② 朱熹重视格物，有出于斥杂学之需要。时人于格物之理解，受佛教影响颇深。在《答汪应辰书》中，朱熹云："物必格而后明，伦必察而后尽。格物只是穷理，格物即是理明。此乃《大学》功夫之始，潜玩积累，各有深浅，非有顿悟险绝处也。近世儒者语此，似亦太高矣。吕舍人书，别纸录呈，彼既自谓廓然而一悟者，其于此犹憒然也，则亦何以悟为哉？"③ 在《杂学辨·吕氏大学解》中，朱熹又云："愚谓致知格物，大学之端，始学之事也。一物格，则一知至，其功有渐，积久贯通，然后胸中判然，不疑所行，而意诚心正矣。然则所致之知固有浅深，岂遽以为与尧舜同者一旦忽然而见之也哉？此殆释氏'一闻千悟''一超直入'之虚谈，非圣门明善诚身之实务也。"④ 朱熹认为，格物是逐步积累的过程，积累既久才能豁然

---

① ［宋］程颢、程颐：《河南程氏遗书》卷一七，《二程集》，中华书局，1981年点校本，第174页。
② ［宋］朱熹：《晦庵先生朱文公文集》卷五四，《朱子全书》（修订本）第23册，上海古籍出版社、安徽教育出版社，2010，第2560页。
③ ［宋］朱熹：《晦庵先生朱文公文集》卷三〇，《朱子全书》（修订本）第21册，上海古籍出版社、安徽教育出版社，2010，第1297—1298页。
④ ［宋］朱熹：《晦庵先生朱文公文集》卷七二，《朱子全书》（修订本）第23册，上海古籍出版社、安徽教育出版社，2010，第3493页。

贯通，这与佛教顿悟的认知方式是截然不同的。

《大学》提出"格物""致知"，却无阐释，这留给宋儒很大的发挥余地。朱熹认为，《大学》唯独"格物致知"条目无传，可知《大学》有脱文，遂凭己意补之。朱熹所补传文为："所谓致知在格物者，言欲致吾之知，在即物而穷其理也。盖人心之灵莫不有知，而天下之物莫不有理，惟于理有未穷，故其知有不尽也。是以《大学》始教，必使学者即凡天下之物，莫不因其已知之理而益穷之，以求至乎其极。至于用力之久，而一旦豁然贯通焉，则众物之表里精粗无不到，而吾心之全体大用无不明矣。此谓物格，此谓知之至也。"① 对于朱熹补传之举，后人褒贬不一。有人认为朱熹凭己意为古籍增字，改变了古籍原貌，不合古籍校勘之原则。有人则认为朱熹补传之举有其合理性。如今人陈来说："朱熹之所以为《大学》的'格物''致知'条目补传，就不仅因为《大学》本身有阙文，更不是着眼于典籍的一般整理，而是适应于进一步阐发理学方法论与修养论的需要，而整个章句也为扩大理学思潮的影响提供了一个更为完善的哲学教本。"②

朱熹释"格物"之"格"曰："格，至也。物，犹事也。穷至事物之理，欲其极处无不到也。"③ "致知之道在乎即事观理以格夫物。格者，极至之谓，如格于文祖之格，言穷而至其极也。"④

---

① ［宋］朱熹：《大学章句》，《朱子全书》（修订本）第6册，上海古籍出版社、安徽教育出版社，2010，第20页。
② 陈来：《朱子哲学研究》，华东师范大学出版社，2000，第283页。
③ ［宋］朱熹：《大学章句》，《朱子全书》（修订本）第6册，上海古籍出版社、安徽教育出版社，2010，第17页。
④ ［宋］朱熹：《大学或问》，《朱子全书》第6册（修订本），上海古籍出版社、安徽教育出版社，2010，第512页。

"格物者，格，尽也，须是穷尽事物之理。若是穷得三两分，便未是格物。须是穷尽得到十分，方是格物。"[1] 在朱熹看来，"格物"之"格"，乃"至""尽"之义，"格物"就是"极至""穷尽"事物之理；若理有十分，穷得三两分还不算格物，只有穷尽到十分才算"极至""穷尽"物理。朱熹认为，"格物"的目标是"极至""穷尽"万事万物之理。

朱熹训"格"为"至"，古今学人皆有异议。如朱熹后学车若水曾说："格物是穷理，不可易也。而以格为至，则有可籌绎者。格于上下，可以训至，格物难以训至。曰致知在至物，非辞也。……《玉篇》云：'格，至也，量也，度也。'《广韵》亦然。彼之字义，多出于古时经注。'格，至也'是《尧典》注，不知'度也''量也'出在何处。以此训格，正与今文合。"[2] 今人陈来曰："以至训格，无论以格物为至物，或以格物为极尽物理，皆似不通。按程朱说，凡物皆有理，理即在物中，故言物不必更言其理，此说虽为牵强，尚可为说。但穷理之'穷'意仍无着落，格、至皆无穷索之意，而极尽云者，只可言穷之达于极尽，毕竟极尽无穷索之意。"[3] 笔者认为，程朱训"格"为"至""尽"，不能仅从文献的角度来评价。朱熹文本诠释的着眼点是理学体系之建构，其训"格"为"至""尽"，与他的"致知""穷理"思想密切相关。

朱熹继承了二程对"格物"之"物"内涵的界定，认为举

---

[1] ［宋］黎靖德辑：《朱子语类》卷一五，《朱子全书》（修订本）第14册，上海古籍出版社、安徽教育出版社，2010，第463页。
[2] ［清］黄宗羲撰、全祖望补：《宋元学案》卷六六，中华书局，1986，第2130页。
[3] 陈来：《朱子哲学研究》，华东师范大学出版社，2000，第286页。

凡天地间，眼前所见事，皆是"物"。他说："圣人只说'格物'二字，便是要人就事物上理会。且自一念之微，以至事事物物，若静若动，凡居处饮食言语，无不是事。"① 在朱熹看来，人的细小念头，万事万物，或动或静，以及关乎人的日常起居、饮食、言语，皆是"物"。也就是说，朱熹所言"格物"之"物"，包括客观的物质世界和人的精神世界，是一个囊括所有现象的总概念。

朱熹释"致知"曰："致，推极也。知，犹识也。推极吾之知识，欲其所知无不尽也。"② "知者，吾自有此知。此心虚明广大，无所不知，要当极其至耳。"③ "致知工夫，亦只是且据所已知者，玩索推广将去。具于心者，本无不足也。"④ "吾之知识""吾自有此知"之"知"，既指知识，还指知觉能力。上文"欲其所知无不尽也""此心虚明广大，无所不知"，"知"字皆有知觉能力之义。从表面上看，朱熹此所云"知"存于本心，"致知"之义，即玩索、推极本心固有的知识，使其无所不知。⑤ 而实际上，朱熹所言"致知"是以"格物"为前提的。"致知"是"格物"扩充的结果，若无"格物"，就不会有知识的扩充。

有人问："致知是欲于事理无所不知，格物是格其所以然之

---

① [宋]黎靖德辑：《朱子语类》卷一五，《朱子全书》（修订本）第14册，上海古籍出版社、安徽教育出版社，2010，第467页。
② [宋]朱熹：《大学章句》，《朱子全书》（修订本）第6册，上海古籍出版社、安徽教育出版社，2010，第17页。
③ [宋]黎靖德辑：《朱子语类》卷一五，《朱子全书》（修订本）第14册，上海古籍出版社、安徽教育出版社，2010，第474页。
④ [宋]黎靖德辑：《朱子语类》卷一五，《朱子全书》（修订本）第14册，上海古籍出版社、安徽教育出版社，2010，第463页。
⑤ 刘桂莉：《格物致知综论》，《中华文化论坛》，2004年第4期。

故,此意通否?"朱熹答曰:"不须如此说。只是推极我所知,须要就那事物上理会。致知,是自我而言;格物是就物而言。若不格物,何缘得知。而今人也有推极其知者,却只泛泛然竭其心思,都不就事物上穷究。如此,则终无所止。"①"格物只是就一物上穷尽一物之理,致知便只是穷得物理尽后,我之知识亦无不尽处,若推此知识而致之也。此其文义只是如此,才认得定,便请依此用功。但能格物,则知自至,不是别一事也。"②朱熹认为,"致知"是就自我而言,是对固有知识的扩充,"格物"是就物而言,是通过穷究事物之理从而有知;若无"格物",就无"致知"。既然"致知"的前提是"格物",那么"知"并非仅是主体知识的简单扩充,而是在穷究万事万物之后获得的知识。朱熹强调通过"格物"而"致知",与陆九渊所倡导的"发明本心"的知识扩充方式是不同的。

在朱熹的思想世界,理是最高范畴,"穷理"是终极目标。朱熹所言之"理",既有超越性,又有临在性;理先万物而存在,又在万物之中。既然万物皆有理,故可"即物穷理"。朱熹曰:"人多把这道理作一个悬空底物。《大学》不说穷理,只说个格物,便是要人就事物上理会。"③"《大学》所以说格物,却不说穷理。盖说穷理则似悬空无捉摸处。只说格物,则只就那形而下之器上,便寻那形而上之道,便见得这个元不相离。"④

---

① [宋]黎靖德辑:《朱子语类》卷一五,《朱子全书》(修订本)第14册,上海古籍出版社、安徽教育出版社,2010,第473页。
② [宋]朱熹:《晦庵先生朱文公文集》卷五一,《朱子全书》(修订本)第22册,上海古籍出版社、安徽教育出版社,2010,第2377—2378页。
③ [宋]黎靖德辑:《朱子语类》卷一五,《朱子全书》(修订本)第14册,上海古籍出版社、安徽教育出版社,2010,第469页。
④ [宋]黎靖德辑:《朱子语类》卷六二,《朱子全书》(修订本)第16册,上海古籍出版社、安徽教育出版社,2010,第2026页。

朱熹认为,《大学》只言格物,而不言穷理,是要人们通过事物之探究从而达到对理之认知。

关于格物、致知、穷理的关系,朱熹说:"物者形也,则者理也,形者所谓形而下者也,理者所谓形而上者也。人之生也固不能无是物矣,而不明其物之理,则无以顺性命之正而处事物之当,故必即是物以求之。知求其理矣,而不至夫物之极,则物之理有未穷,而吾之知亦未尽。故必至其极而后已。此所谓'格物而至于物',则物理尽者也。物理皆尽,则吾之知识廓然贯通,无有蔽碍,而意无不诚,心无不正矣。"① 朱熹认为,物乃形而下者,而理乃形而上者,不知物之理,就不能明性命之正,亦不能处事物之当。理不能脱离物而独立存在,物中有理,故即物才能穷理;知即物穷理而不能至极,似穷极物理,而物理仍未能穷;只有当物理皆尽,穷理者才能达到廓然贯通、无有蔽碍之境地,以至于意无不诚、心无不正。

朱熹对"至夫物之极"之前提作了说明,其曰:"是以《大学》始教,必使学者即凡天下之物,莫不因其已知之理而益穷之,以求至乎其极。至于用力之久,而一旦豁然贯通焉,则众物之表里精粗无不到,而吾心之全体大用无不明矣。此谓格物,此谓知之至也。"② "须是逐一理会,少间多了,渐会贯通,两个合做一个,少间又七八个合做一个,便都一齐通透了。伊川说贯通字最妙。"③ 朱熹强调"用力之久""逐一理会",与程子所

---

① [宋]朱熹:《晦庵先生朱文公文集》卷四四,《朱子全书》(修订本)第23册,上海古籍出版社、安徽教育出版社,2010,第2037—2038页。
② [宋]朱熹:《大学章句》,《朱子全书》(修订本)第6册,上海古籍出版社、安徽教育出版社,2010,第20页。
③ [宋]黎靖德辑:《朱子语类》卷一四,《朱子全书》(修订本)第14册,上海古籍出版社、安徽教育出版社,2010,第448页。

云"今日格一件，明日格一件，积习既多，然后脱然自有贯通处"可谓一脉相承。朱熹强调"贯通"之前，要有积累，通过积累，"理会"之物多了，虽不能穷尽万物，但仍能达到"贯通"的地步。

朱熹对"逐一理会"与"贯通万物"之关系亦作了说明，其曰："今以十事言之，若理会得七八件，则那两三件触类可通。若四旁都理会得，则中间所未通者，其道理亦是如此。"①"欲识其义理之精微，则固当以穷尽天下之理为期。但至于久熟而贯通焉，则不待一一穷之而天下之理固已无一毫之不尽矣。举一而三反，闻一而知十，乃学者用功之深、穷理之熟，然后能融会贯通，以至于此。"②朱熹认为，若要理会十件事，先理会了七八件事，那么剩下的两三件事"触类可通"；若周围的事都理会了，那么中间的事可触类旁通；穷理当以穷尽天下之理为目的，然天下之事不可能件件都理会，通过举一反三、闻一知十，可实现融会贯通。

在程朱的思想世界里，理是最高最根本的存在，超越一切而又统摄一切，"未有天地之先，毕竟也只是理"③。从这个角度来看，万物本一理，这就是朱熹所说的"太极"。不过各类事物有差别，或各自有一理。朱熹认为，万物"本只是一太极，而万物各有禀受，又自各具有一太极尔。如月在天，只一而已；

---

① ［宋］黎靖德辑：《朱子语类》卷一八，《朱子全书》（修订本）第14册，上海古籍出版社、安徽教育出版社，2010，第616—617页。
② ［宋］朱熹：《晦庵先生朱文公文集》卷五二，《朱子全书》（修订本）第22册，上海古籍出版社、安徽教育出版社，2010，第2460页。
③ ［宋］黎靖德辑：《朱子语类》卷一，《朱子全书》（修订本）第14册，上海古籍出版社、安徽教育出版社，2010，第114页。

及散在江湖，则随处可见，不可谓月已分也"①。此即朱熹的"理一分殊"思想。朱熹的格物致知论与他的天理论密切相关。朱熹所说"格物"之"物"，泛指万事万物，万事万物千差万别，各自有理，万物的分理为共同普遍的理所统摄；通过认识分理，才可认识普遍的理；只格一物不能穷理，需要格遍万物，才能豁然贯通。用现代哲学的话语来讲，就是要通过个别上升到一般，从而认识万事万物普遍之理。

二、《礼记·中庸》与理学思想体系之建构

《中庸》是《礼记》的第三十一篇，后来成为《四书》之一，受到理学家的高度重视。《中庸》主要讲"中庸""中和"以及"诚"的思想。

唐代以前，已有人将《中庸》从《礼记》中分离出来加以考察。明人杨慎说："《中庸》之存，赖汉儒集于《礼记》中，至晋戴颙作《中庸传》二卷，梁武帝撰《中庸讲疏》一卷，又作《制旨中庸义》五卷，表而出之，不待宋儒矣。"② 对《中庸》的特别关注，始于中唐的柳宗元、刘禹锡、李翱等人。柳宗元提倡会通儒、佛，推崇中庸之道。他说："吾自得友君子，而后知中庸之门户阶室，渐染砥砺，几乎道真。"③ 又说："洎乎获友君子，乃知适于《中庸》，削去邪杂，显陈直正，而为道不谬。"④

---

① [宋] 黎靖德辑：《朱子语类》卷九四，《朱子全书》（修订本）第17册，上海古籍出版社、安徽教育出版社，2010，第3167—3168页。
② [明] 杨慎：《丹铅总录》卷一二，文渊阁《四库全书》第855册，第466页。
③ [唐] 柳宗元：《柳宗元集》卷四〇《与吕道州温论非国语书》，中华书局，1979年点校本，第822页。
④ [唐] 柳宗元：《柳宗元集》卷四〇《祭吕衡州温文》，中华书局，1979年点校本，第1053页。

在柳宗元看来，《中庸》讲述的是真道，不含邪杂观念，故应予以推崇。

刘禹锡从心性的角度来看《中庸》，他说："曩予习《礼》之《中庸》，至'不勉而中，不思而得'，惧然知圣人之德，学以至于无学。然而斯言也，犹示行者以室庐之奥耳，求其径术而布武，未易得也。晚读佛书，见大雄念物之普，级宝山而梯之。高揭慧火，巧镕恶见；广踈便门，旁束邪径。其所证入，如舟沿川，未始念于前而日远矣，夫何勉而思之邪？是余知突奥于中庸，启键关于内典，会而归之，犹初心也。"① 刘氏认为，佛教讲心性，《中庸》亦讲心性，因此心性论并非佛教所独有。

李翱曾作《复性书》三篇，意在发明《中庸》之本义，彰显圣人性命道德之说。欧阳修云："予始读翱《复性书》三篇，曰此《中庸》之义疏尔。"② 李翱将儒、佛心性论相结合，对宋儒有深远的影响。如朱熹云："至唐李翱，始知尊信其书，为之论说。然其所谓灭情以复性者，又杂乎佛老而言之，则亦异于曾子、子思、孟子之所传矣。"③ 此外，李翱《复性书》对《中庸》的"诚"有较系统的阐释。有人问："人之昏也久矣，将复其性者，必有渐也，敢问其方？"李翱曰："弗虑弗思，情则不生，情既不生，乃为正思，正思者，无虑无思也。……方静之时，知心无思者，是斋戒也。知本无有思，动静皆离，寂然不动者，是至诚也。《中庸》曰'诚则明矣'，《易》曰'天下

---

① ［唐］刘禹锡：《刘禹锡集》卷二九《赠别君素上人》，中华书局，1990，第389页。
② ［宋］欧阳修著，李逸安点校：《欧阳修全集》卷七二《读李翱文》，中华书局，2001，第1049页。
③ ［宋］朱熹：《晦庵先生朱文公文集》卷七五《中庸集解序》，《朱子全书》（修订本）第24册，上海古籍出版社、安徽教育出版社，2010，第3639页。

之动，贞夫一者也'。"① 李翱于此据《中庸》《易》《诗》等儒家经典之记载，提出了修养身心的方法。这种方法提倡无思无虑，摒弃情欲，以臻于"诚"。李翱所言"诚"的境界以及实现的途径，已经超越了《中庸》文本中"诚"的思想内涵。

入宋以后，心性之学兴起，《中庸》受到了学者和统治者的高度重视。范祖禹在《帝学》中云："景德四年……帝宴饯侍讲学士邢昺于龙图阁，上挂《礼记中庸篇图》，昺指'为天下国家有九经'之语，因讲述大义，序修身尊贤之理，皆有伦贯。坐者耸听，帝甚嘉纳之。"② 《玉海》卷三十四《圣文·御书》亦载："天圣五年四月辛卯，赐进士王尧臣等。……又人赐御书《中庸》篇各一轴，自后遂以为常。初上欲赐《中庸》，先命中书录本既上，乃令宰臣张知白进读，至修身治人之道，必使反复陈之，上倾听终篇始罢。……景祐元年四月乙卯，赐新第张唐卿诗及《中庸》。庆历二年四月己亥，又赐杨寘。皇祐元年四月戊子赐冯京御书《诗》及《中庸》。"③ 宋初的统治者将《中庸》作为专经赐予臣下；在经筵讲席中，《中庸》亦备受重视。

（一）《中庸》与理学本体论之建构

在西方思想史上，现象与本体相对应，现象来自本体，但与本体又有根本不同。早在古希腊，柏拉图哲学就有理念世界与现实世界之别。理念世界真实而完满，现实世界虚幻而贫乏；

---

① ［唐］李翱：《李文公集》卷二《复性书》中，文渊阁《四库全书》第 1078 册，第 108 页。
② ［宋］范祖禹：《帝学》卷三，文渊阁《四库全书》第 696 册，第 746 页。
③ ［宋］王应麟：《玉海》卷三四《圣文·御书》，文渊阁《四库全书》第 943 册，第 781 页。

理念世界是本体，现实世界是本体之延展。

在中国传统哲学中，所谓本体也是万事万物的根据和本原。但是就本体与现象的关系而言，两者又是不分不离的，正如蒙培元所说："西方哲学所说的本体，就是实体。这是哲学上的最后承诺。中国哲学所说的本体，也是一种承诺，但它不是实体，而是本源性存在，或潜在性存在，是一种创造与发展的可能性，其实现则靠作用、功能。这就是中国哲学的'体用观'。它讲本体与作用的关系，最终导向本体与功夫的关系。……本体的实现最终靠功夫，作用全在功夫上。换句话说，本体（天道、天德）是要人来实现的。这是一个过程，其存在方式就是境界。"① 蒙先生认为，中国哲学所言本体与现象，本质上是本体与功夫、境界的关系。儒家经典中，《易传》和《中庸》的本体色彩最重，周敦颐、张载、二程等人在建构理学本体论时，多以两书之记载为思想资源。

还需指出的是，中国哲学中的本体论建构与天人合一思想是紧密相关的。经张岱年考证，中国古代的"天人合一"思想始于周代，经过孟子的性天相通说与董仲舒的人副天数说，到宋代张载、二程时臻于成熟。"中国古代哲学中所谓天，在不同的哲学家具有不同的含义。大致说来，所谓天有三种含义：一指最高主宰，二指广大自然，三指最高原理。由于不同的哲学家所谓天的意义不同，他们所讲的天人合一也就具有不同的含义。"②《中庸》云"天命之谓性，率性之谓道，修道之谓教"，

---

① 蒙培元：《心灵超越与境界》，人民出版社，1998，第78—79页。
② 张岱年：《中国哲学中"天人合一"思想的剖析》，《北京大学学报》，1985年第1期。

"天命之谓性",意即人性来源于天命,"率性之谓道",意即通过努力可与天道相合。《中庸》又说"诚者天之道也,诚之者,人之道也",认为只要发扬"诚"的德性,人即可与天合一。《中庸》于此所言"天命""性""道"与"教"的关系,以及"诚"与"人"的关系,皆反映了中国哲学本体论与天人合一论的统一。

1. "诚"

周敦颐历来被学界奉为宋明理学之开山。黄宗羲曰:"孔、孟而后,汉儒止有传经之学,性道微言之绝久矣。元公崛起,二程嗣之,又复横渠诸大儒辈出,圣学大昌。故安定、徂徕卓乎有儒者之矩范,然仅可谓有开之必先。若论阐发心性义理之精微,端数元公之破暗也。"① 在宋明心性义理之学方面,周敦颐有启导之功。

在周敦颐的思想体系中,无极、太极指的是宇宙本体,而诚则是人与宇宙本体之合一。② 在《通书》中,周敦颐对"诚"有系统的论述。

周敦颐首先对诚的本源作了追溯。《通书·诚上第一》曰:"诚者,圣人之本。'大哉乾元,万物资始'。诚之源也。……元、亨,诚之通;利、贞,诚之复。大哉《易》也,性命之源乎!"③

---

① [清]黄宗羲撰,全祖望补:《宋元学案》卷一一《濂溪学案上》,第482页。
② 郑熊在《宋儒〈中庸〉学研究》一书中,对周敦颐《太极图说》与《通书》的关系作了考述,他认为《太极图说》是周敦颐思想未成熟时期的作品,《通书》则是周子思想成熟时期的作品,《通书》是对《太极图说》的发展;周敦颐抛弃了道家的"无极"本体,重新构建了"诚"本体。(参见郑熊:《宋儒〈中庸〉学研究》,陕西人民出版社,2010,第83—93页。)
③ [宋]周敦颐:《通书·诚上第一》,《周敦颐集》卷二,中华书局,2009,第13—14页。

周子于此是以《中庸》之"诚"释《易传》之《乾·彖》。在周敦颐的思想体系中，无极是宇宙本体，太极源于无极，乾元即太极，诚源于乾元，因此诚的终极根源是无极。从天人关系的角度看，仅指出"源"还不够，这不符合中国哲学的性格，本体必须转化为人之性，才有其现实意义。周敦颐以《易传》所云"乾道变化，各正性命，诚斯立焉"为据，认为性命乃诚在现实之具体呈现。

周敦颐还认为诚是各种伦理道德之本源。《通书·诚下第二》云："圣，诚而已矣。诚，五常之本，百行之源也。静无而动有，至正而明达也。五常百行，非诚，非也，邪暗，塞也。故诚则无事矣。"[1] 周子认为，诚为道德之源，亦是道德之依据，即诚是道德之本体。周子又曰："诚，无为；几，善恶。德：爱曰仁，宜曰义，理曰礼，通曰智，守曰信。性焉、安焉之谓圣。复焉、执焉之谓贤。发微不可见，充周不可穷之谓神。"[2] 德由诚出，又分为仁、义、礼、智、信，当然，恪守诚，就能到达圣域。

周敦颐认为，作为本体存在，诚具有"寂然不动"的特性。诚不能脱离主体而存在，"寂然不动"之体存在于"感而遂通"之中。周子认为，诚与私欲邪情相对立。他说："君子乾乾，不息于诚，然必惩忿窒欲、迁善改过而后至。"[3] 周子认为，人要

---

[1] [宋]周敦颐：《通书·诚下第二》，《周敦颐集》卷二，中华书局，2009，第15页。
[2] [宋]周敦颐：《通书·诚几德第三》，《周敦颐集》卷二，中华书局，2009，第16—17页。
[3] [宋]周敦颐：《通书·乾损益动第三十一》，《周敦颐集》卷二，中华书局，2009，第38页。

达到诚之境地，除了心理上惩忿窒欲和行为上迁善改过，还要在思虑上警惕不良倾向，他说："诚心，复其不善之动而已矣。不善之动，妄也；妄复，则无妄矣；无妄，则诚矣。"①

综上所述，周敦颐继承了《中庸》的诚本体论，又将诚本体论与《易传》相结合，增强了诚思辨性，提升了诚的本体地位。周子通过将《中庸》与《易》相结合，完成了"诚之源"到"诚之复"的论述，这种天人合一的思维模式，一直为后世理学家所效法。

张载亦是宋明理学重要的代表人物之一，他对儒学的研究亦是从《中庸》开始的。史载张载年轻时"志气不群"，并"慨然以功名自许"，上书范仲淹，范仲淹一见张载就"知其远器"，"因劝读《中庸》"，"载读其书，犹以为未足，又访诸释、老，累年究极其说，知无所得，反而求之《六经》"②。张载《中庸》研究的最大贡献，是对"诚"作了系统的论述，并得出"性与天道合一存乎诚"之命题。其于"诚"之论述，为后来理学的天人合一论奠定了基础。张载曰："凡物莫不有是性。"③ 其将"性"与"天道"并称，性为人所特有，有别于天道。张载于此所言"天道"，是与"性"相对应的客观法则。在张载看来，只有当主体的性与客体的天道实现合一，才能真正达到诚之境地；诚乃天人合一之范畴，既涵括客体之天道，又统摄主体的性。

---

① ［宋］周敦颐：《通书·乾损益动第三十一》，《周敦颐集》卷二，中华书局，2009，第39页。
② ［元］脱脱：《宋史》卷四二七，中华书局，1977年点校本，第12723页。
③ ［宋］张载：《拾遗·性理拾遗》，《张载集》，中华书局，1978年点校本，第374页。

张载认为诚为本体,与气之本体的太虚相关联。有学者认为:"张载对《中庸》并没有全盘继承,而是摈弃了其以人道擎立起来的'天下之大本'与'天下之达道',将其贯通天人的'诚'根植于太虚与太极相统一的太和之道的基础上,从而使'诚'以'道'的形式充当从天到人的过渡。"[①] 张载比《中庸》更重视本体论,对诚有更细致的论说。张氏曰:"诚则实也,太虚者天之实也。万物取足于太虚,人亦出于太虚,太虚者心之实也。"[②] "天所以长久不已之道,乃所谓诚。"[③] 张载认为"诚则实也",实是诚的根本内涵;而宇宙"至实"者,莫过于"气之本体"的"太虚";"太虚"是不"腐"无"摧"而"长久不已"的"天之实","万物"与"人"之实。因此,诚即太虚便是张载必然推出的结论。这似乎是以太虚来规定诚,其实是以诚所涵至实的客观实在性,来进一步规定太虚,说明天人万物统一的太虚本体,实即名曰诚的客观实有。[④] 值得注意的是,张载所言"心之实"与"天之实"相对应,前者指人,后者指天,显然是天人合一。"心之实"源于"天之实","天之实"不离"心之实"。因此,张载所说的诚实际上是主、客体统一的代名词。

张载认为,并非所有人都能明诚。他发挥《中庸》"致诚明"思想,用"明"的方式实现诚的自觉。"儒者则因明致诚,

---

① 丁为祥:《虚气相即——张载哲学体系及其定位》,人民出版社,2000,第99页。
② [宋] 张载:《张子语录·语录中》,《张载集》,中华书局,1978年点校本,第324页。
③ [宋] 张载:《正蒙·诚明篇第六》,《张载集》,中华书局,1978年点校本,第21页。
④ 陈俊民:《张载哲学思想及关学学派》,人民出版社,1986,第133页。

因诚致明，故天人合一，致学而可以成圣，得天而未始遗人。"①此即张载"由穷理而尽性""由尽性而穷理"的理论根据。张载言诚，并非游离于现实之外，他说："人生固有天道。人之事在行，不行则无诚，不诚则无物，故须行实事。惟圣人践形为实之至，得人之形，可离非道也。"② 张载强调"行实事""践形"，与佛教否定现实人生和现实世界有根本的不同。张载所言"致诚"，是一种在现实中实现超越的途径。

2. "中""中庸"

"中"为中国哲学术语，《周易》中《屯》《师》《讼》各卦的爻辞以及《论语》皆有"中"之概念。对"中"有较多论述的，还有《中庸》。《中庸》曰："子曰：'舜其大知也与！舜好问而察迩言，隐恶而扬善，执其两端，用其中于民，其斯以为舜乎！'"又曰："喜怒哀乐未发谓之中，发而皆中节谓之和。""中"与"和"本来是两个词，《中庸》将二者结合起来加以论述。如《中庸》曰："仲尼曰：君子中庸，小人反中庸。君子之中庸也，君子而时中；小人之中庸也，小人而无忌惮也。"又曰："子曰：中庸其至矣乎！民鲜能久矣。"宋儒对《中庸》的"中""中庸"概念非常重视，论述较多的，是二程及其弟子吕大临。

《中庸》之义得到了二程的提倡，正如胡安国云："夫圣人之道，所以垂训万世，无非中庸，非有甚高难行之说，此诚不可易之至论也。然《中庸》之义，不明久矣。自颐兄弟始发明

---

① [宋] 张载：《正蒙·乾称篇第十七》，《张载集》，中华书局，1978 年点校本，第 65 页。
② [宋] 张载：《张子语录·语录中》，《张载集》，中华书局，1978 年点校本，第 325 页。

之，然后其义可思而得。不然，则或谓高明所以处己，中庸所以接物，本末上下，析为二途，而其义愈不明矣。"① 胡氏认为，二程对《中庸》之阐释，使得《中庸》之义得明，天命论得以建立。

何谓"中"？二程曰："一物不该，非中也；一事不为，非中也；一息不存，非中也。何哉？为其偏而已矣。故曰：'道也者，不可须臾离也，可离非道也。'修此道者，'戒慎乎其所不睹，恐惧乎其所不闻'而已。由是而不息焉，则'上天之载，无声无臭'，可以驯致也。"② 二程将"中"与具体事物联系起来，认为事物应以"中"为准则，否则就有偏颇。二程还将"中"与"道"联系起来，认为"中"就是"道"，人守"中"应该像修"道"一样，须臾不离。二程将"中"与"道"结合起来论述，实际上已经将准则性或观念性的中提升为本体。③ 对于"中"的内涵，二程亦有交代，其曰："杨子拔一毛不为，墨子又摩顶放踵为之，此皆是不得中。至如子莫执中，欲执此二者之中，不知怎么执得？识得则事事物物上皆天然有个中在那上，不待人安排也。安排着，则不中矣。"④ 二程认为，杨子、墨子皆走了极端，违背了"中"的原则。二程认为，要到达中

---

① [宋] 胡安国：《河南程氏遗书》附录，《二程集》，中华书局，1981 年点校本，第 348—349 页。
② [宋] 程颢、程颐：《河南程氏遗书》卷四，《二程集》，中华书局，1981 年点校本，第 75 页。
③ 郑熊曰："二程本体论的建构得力于他们的《中庸》研究，而且他们的本体论同样也是对《中庸》'天命'重构的结果。"（参见郑熊：《宋儒〈中庸〉学研究》，陕西人民出版社，2010，第 108 页。）
④ [宋] 程颢、程颐：《河南程氏遗书》卷一七，《二程集》，中华书局，1981 年点校本，第 181 页。

之境地，首先要认识到万事万物之上有中之存在，中的存在不以人的意志为转移，如果中的存在受人的意志支配，那么中就失去本体意义了。① 二程云："'中者，天下之大本'。天地之间，亭亭当当，直上直下之正理，出则不是，唯敬而无失最尽。"② 二程强调"中"并非仅是法则，而是万事万物之本体。

二程还将"中"与"庸"结合起来，其曰："中之理至矣。独阴不生，独阳不生，偏则为禽兽，为夷狄，中则为人。中则不偏，常则不易，惟中不足以尽之，故曰中庸。"③ "中者，只是不偏，偏则不是中。庸只是常。犹言中者是大中也，庸者是定理也。定理者，天下不易之理也，是经也。"④ "天地之化，虽廓然无穷，然而阴阳之度、日月寒暑昼夜之变，莫不有常，此道之所以为中庸。"⑤ 二程认为，万事万物屈伸往来，皆遵循中的法则与有常的规律就是中庸之道。中庸之本义，是要求万事万物有标准和限度，不要过与不及。然据二程的论述，"中之理至矣""庸者是定理也。定理者，天下不易之理也"，以及"此道之所以为中庸"等，皆是将"中庸"与"道""理"相结合。"天理"是二程思想体系中最核心的概念，二程曰："莫之为而

---

① 郑熊亦对二程此段材料有类似的分析，笔者的论述，受到了郑熊的启发。（参见郑熊：《宋儒〈中庸〉学研究》，陕西人民出版社，2010，第108—109页。）
② ［宋］程颢、程颐：《河南程氏遗书》卷一一，《二程集》，中华书局，1981年点校本，第132页。
③ ［宋］程颢、程颐：《河南程氏遗书》卷一一，《二程集》，中华书局，1981年点校本，第122页。
④ ［宋］程颢、程颐：《河南程氏遗书》卷一五，《二程集》，中华书局，1981年点校本，第160页。
⑤ ［宋］程颢、程颐：《河南程氏遗书》卷一五，《二程集》，中华书局，1981年点校本，第149页。

为，莫之致而致，便是天理。"① 又曰："天理云者，这一个道理，更有甚穷已？不为尧存，不为桀亡。人得之者，故大行不加，穷居不损。这上头来，更怎生说得存亡加减？是佗元无少欠，百理具备。"② 二程认为天理是客观存在的，它不会因人的意志而有所加减。二程认为中庸就是天理，如程颢曰："中庸，天理也。"③ 在二程的思想体系中，"中庸已经不单单指人们应遵守的社会道德规范，而且还成了阴阳化生的自然规律，中庸已经冲破了社会范围，成为上自天、下至人共同享有的定理，中庸已经拥有了本体的功能"④。

综上所述，二程在建构理学思想体系时，明显受到了《中庸》的启发。他们将"中""中庸"与"道""理"等理学核心概念相关联，提升了"中""中庸"的本体地位，丰富了理学本体论。

二程的弟子吕大临在《中庸》研究方面亦比较深入，其在《中庸》诠释时继承了二程将"中"提升为本体的思路，突出了"中"和"中和"等概念的地位。

吕大临说："复于故，则一于理。"⑤ 其认为恢复天理本性，则一于理。吕氏又曰："实有是理，故实有是物；实有是物，故

---

① [宋] 程颢、程颐：《河南程氏遗书》卷一五，《二程集》，中华书局，1981年点校本，第215页。
② [宋] 程颢、程颐：《河南程氏遗书》卷二，《二程集》，中华书局，1981年点校本，第31页。
③ [宋] 程颢、程颐：《河南程氏外书》卷三，《二程集》，中华书局，1981年点校本，第367页。
④ 郑熊：《宋儒〈中庸〉学研究》，陕西人民出版社，2010，第110页。此外，以上所涉及二程言论，郑熊《宋儒〈中庸〉学研究》第110页亦有征引。
⑤ [宋] 程颢、程颐：《河南程氏经说》卷八，《二程集》，中华书局，1981年点校本，第1160页。

实有是用；实有是用，故实有是心；实有是心，故实有是事。"①吕氏继承程颐的理本论，即认为物、心皆是用，只有理才是本体。不过，"天理"论不是吕大临关注的重点，其所关注的是《中庸》"中""中和"之诠释。

《中庸》云："喜怒哀乐之未发谓之中，发而皆中节谓之和。"吕大临释此"中"字曰："所谓中者，性与天道也。"②"大本，天心也，所谓中也。"③吕大临认为，中就是性、天道、天心，天道、性、天心实际上就是"天理"的代名词。吕大临认为"中"与"天道""天心"名异实同，是将"中"提升到了本体地位。这是对程子理本论的继承和发展。

吕大临还将"中"视为道之根源。《中庸》云："天命之谓性，率性之谓道，修道之谓教。"吕大临曰："'天命之谓性'，即所谓中；'修道之谓教'，即所谓庸。中者，道之所自出；庸者，由道而后立。盖中者，天道也、天德也，降而在人，人禀而受之，是之谓性。"④吕氏认为，"中"是"道"的根源，又与"天道""天德"同义；人禀受中，则谓之性。

关于"中"与"道"的关系，吕大临与二程有过辩论。兹录于下：

---

① [宋] 程颢、程颐：《河南程氏经说》卷八，《二程集》，中华书局，1981 年点校本，第 1160 页。
② [宋] 吕大临：《礼记解》，陈俊民辑校：《蓝田吕氏遗著辑校》，中华书局，1993，第 273 页。
③ [宋] 吕大临：《礼记解》，陈俊民辑校：《蓝田吕氏遗著辑校》，中华书局，1993，第 307 页。
④ [宋] 吕大临：《礼记解》，陈俊民辑校：《蓝田吕氏遗著辑校》，中华书局，1993，第 271 页。

大临云：中者道之所由出。

先生曰：中者道之所由出，此语有病。

大临云：谓中者道之所由出，此语有病，已悉所谕。但论其所同，不容更有二名；别而言之，亦不可混为一事。如所谓"天命之谓性，率性之谓道"，又曰"中者天下之大本，和者天下之达道"，则性与道，大本与达道，岂有二乎？

先生曰：中即道也。若谓道出于中，则道在中外，别为一物矣。所谓"论其所同，不容更有二名，别而言之，亦不可混为一事"，此语固无病。若谓性与道，大本与达道，可混而为一，即未安。在天曰命，在人曰性，循性曰道。性也，命也，道也，各有所当。大本言其体，达道言其用，体用自殊，安得不为二乎？①

吕大临认为"道"出自"中"，从逻辑上说，"中"优先于"道"，二者亦不相同。程颐认为"中"与"道"并非有逻辑上的先后，而是名异实同的关系，"中即道也"。吕大临据《中庸》"天命之谓性，率性之谓道""中者天下之大本，和者天下之达道"，认为"性""道""大本""达道"，名虽不同，内涵却一致。言下之意，"中"与"道"名虽不同，内涵却是一致的。吕氏对"中""道"关系的表达有含混之嫌，有试图与二程观点相调和的印记。关于程氏和吕氏的这段对话，今人郑熊

---

① ［宋］程颢、程颐：《河南程氏经说》卷九，《二程集》，中华书局，1981年点校本，第606页。

认为:"可以说,吕大临与程颐在中道关系的辩论上,双方实际上没有出现交锋,只是在不停变换思路的过程中产生了矛盾。当然,这也与二人对'喜怒哀乐未发谓之中'的'中'的界定有关。吕大临把中提为本体,而且他的《中庸》研究就是围绕中本体展开的,所以他把道看成中的产物;程颐虽然也把中看成本体,只不过是把中看成天理本体的代名词,而且就是把中看成本体,也注重的是中的'在中'之义,注重的是中与道的同一性。"① 郑熊将程、吕二人哲学体系中的核心概念作了分辨,并指出正是由于核心概念有异同,所以二人对"中""道"关系之认识有差异。

3. "性"

"性"之论述,可见于先秦之载籍。孔子曰:"性相近也,习相远也。"(《论语·阳货》)此所言"性",指人相似之本性。战国时期,关于"性"的争论渐多,其中最有代表性的是孟子和荀子。孟子言性善,荀子言性恶,孟荀所说之性,也是指人的本性。汉唐时期,董仲舒、扬雄、王充、荀悦、韩愈亦皆言性,他们论人性,亦皆从善恶着眼。

南宋时期,理学形成了以张载为代表的"气"学派,以程朱为代表的"理"学派,以陆九渊为代表的"心"学派,以邵雍为代表的"数"学派。湖湘学派的胡宏则另辟蹊径,以"性"作为其思想体系的最高范畴。胡宏对前人于人性之论述颇有不满,他说:"或问性。曰:'性也者,天地之所以立也。'曰:'然则孟轲氏、荀卿氏、扬雄氏之以善恶言性也,非欤?'曰:

---

① 郑熊:《宋儒〈中庸〉学研究》,陕西人民出版社,2010,第140页。

'性也者，天地鬼神之奥也，善不足以言之，况恶乎？'"① 胡宏认为，性是天地万物存在之依据，是最高的存在，故仅从善恶的角度谈性，是将问题简单化了。在胡宏看来，孟子的性善说，荀子的性恶说，扬雄的性善恶混说，皆不足以明性。

在批判前人性论的基础上，胡宏以《中庸》为思想资源，阐述了自己的性本论。胡宏的性本论主要包括以下两个方面的内容。

第一，胡宏认为性为宇宙万物的根源和存在的依据。《中庸》曰"天命之谓性"，以天命论性，超越了"人性""物性"，性因此而具有了形上特征。胡宏曰："天命之谓性。性，天下之大本也。"② "性也者，天地之所以立也。"③ "万物皆性所有也。"④ "大哉性乎！万理具焉，天地由此而立矣。世儒之言性者，类指一理而言之尔，未有见天命之全体者也。"⑤ 胡宏认为，性乃天下之根本，是天地所以立之依据；世儒仅从具体的人、物论性，没有将性上升到天命的高度。

胡宏并不忽略人、物之性，不过其论人、物之性是以形上之性为前提的。胡氏曰："形而在上者谓之性，形而在下者谓之物。性有大体，人尽之矣。一人之性，万物备之矣。论其体，则浑沦乎天地，博浃于万物，虽圣人，无得而名焉；论其生，则散而万殊，善恶吉凶百行俱载，不可掩遏。论至于是，则知

---

① ［宋］胡宏：《宋朱熹胡子知言疑义》，《胡宏集》附录一，中华书局，1987，第333页。
② ［宋］胡宏：《宋朱熹胡子知言疑义》，《胡宏集》附录一，中华书局，1987，第328页。
③ ［宋］胡宏：《宋朱熹胡子知言疑义》，《胡宏集》附录一，中华书局，1987，第333页。
④ ［宋］胡宏：《知言·一气》，《胡宏集》，中华书局，1987，第28页。
⑤ ［宋］胡宏：《知言·一气》，《胡宏集》，中华书局，1987，第28页。

物有定性，而性无定体矣，乌得以不能自变之色比而同之乎？"①胡宏认为，性是形上之本体，是形下之人性、物性的依据和根本；性乃万物之本体，故有绝对性和完满性，一人之性是绝对完满之性本质的体现；一人之性关乎万物之性，这就是所谓的"物有定性"；不过，绝对完满之性被万物所分有，万物各有特性，此即"性无定体"。胡宏曰："观万物之流形，其性则异；察万物之本性，其源则一。"② 此正是对"物有定性""性无定体"所作之诠释。

第二，胡宏认为性是变化的依据和根源。张载认为，气为宇宙万物的本体，是宇宙万物存在和变化的依据和根源。胡宏在讨论万物存在的状态时，引入了张载的气论。胡宏曰："一气大息，震荡无垠，海宇变动，山勃川湮，人消物尽，旧迹亡灭，是所以为鸿荒之世欤？气复而滋，万物化生，日以益众，不有以道之则乱，不有以齐之则争。"③ 胡宏认为，世界变动不居，是气的变化流行所致。胡宏对气化流行的根源作了追索，其曰："气之流行，性为之主。"④ 又曰："非性无物，非气无形。性，其气之本乎！"⑤ 胡氏认为，因为有性的主导作用，故有气化流行，没有性就没有宇宙万物的存在和变化，性是气之根本。

(二)《中庸》与理学心性论之建构

宋明理学提高了中国哲学的理论思辨水平，而心性论则是

---

① [宋] 胡宏：《释疑孟·辨》，《胡宏集》，中华书局，1987，第319页。
② [宋] 胡宏：《知言·往来》，《胡宏集》，中华书局，1987，第14页。
③ [宋] 胡宏：《知言·一气》，《胡宏集》，中华书局，1987，第27页。
④ [宋] 胡宏：《知言·事物》，《胡宏集》，中华书局，1987，第22页。
⑤ [宋] 胡宏：《知言·事物》，《胡宏集》，中华书局，1987，第22页。

宋明理学中最具思辨性的内容之一。作为理学的重要组成部分，心性论有着重要意义，正如蔡方鹿所云："心性问题是宋明理学讨论的核心问题，理学之所以又被称为心性之学，是因为心性论在宋明理学的范畴和理论体系中占有十分重要的地位，它充分体现了新儒学乃至整个中国哲学的特征。"① 据蔡方鹿研究，宋明理学心性论的思想渊源，主要是以儒家心性伦理为本位，吸取道家、玄学的自然人性论，借鉴佛教心性本体论的思辨哲学形式，并结合时代发展的需要，进行创造性的理论思维活动，从而大大发展了以往传统儒学心性论，道家、玄学的自然人性论以及佛教哲学心性论。② 在传统儒家心性论中，孟子的心性论影响较大，此外，《中庸》的"天命之谓性"，《易传·系辞》的"穷理尽性以至于命"，以及汉代以来儒生提倡的"性三品说""性善恶混论""性情三品说"等，均对宋明理学心性论产生了一定影响。笔者于此要讨论的问题，是宋代理学家如何利用《中庸》的心性资源，从而来构建自己的理学思想体系。

程颐、吕大临对《中庸》"喜怒哀乐之未发谓之中"的命题皆表示赞同，不过二者的理解却有差异。关于《中庸》于此所言之"中"，程颐云："'喜怒哀乐之未发谓之中'，中也者，言寂然不动者也，故曰'天下之大本'。'发而皆中节谓之和'，和也者，言感而遂通者也，故曰'天下之达道'。"③ 程颐认为，中为静，为本，而和为动，是本之表现。程颐又说："赤子之心

---

① 蔡方鹿：《宋明理学心性论》，巴蜀书社，2009，第1页。
② 蔡方鹿：《宋明理学心性论》，巴蜀书社，2009，第2—9页。
③ ［宋］程颢、程颐：《河南程氏经说》卷二五，《二程集》，中华书局，1981年点校本，第319页。

可谓之和，不可谓之中。"① 程颐认为，心为已发之和，而非已发之中。

吕大临也叙述程颐之说，曰："先生谓凡言心者，皆指已发而言。然则未发之前，谓之无心可乎？窃谓未发之前，心体昭昭具在，已发乃心之用也。"② 由此可知，程颐认为未发时的"中"指性，已发时的"中"指心。吕大临则认为心不能只是已发，心在未发之先就已存在，已发不过是心之用而已。鉴于吕大临之说，程颐修正自己的观点，曰："凡言心者，指已发而言，此固未当。心一也，有指体而言者（寂然不动是也），有指用而言者（感而遂通天下之故是也）。"③ 程颐认识到不可将心完全当成已发，遂提出心有体用说，性处于静的状态即心之体，情处于动的状态即心之用。程颐曰："若言存养于喜怒哀乐未发之时，则可；若言求中于喜怒哀乐未发之前，则不可。"④ 又曰："于喜怒哀乐未发之前，更怎生求？只平日涵养便是。涵养久，则喜怒哀乐发自中节。"⑤ 由此可见，程颐关于"中"的探讨，实际上已涉及心性的已发未发和涵养察识。⑥

程颐在未发、已发认识上前后不一，导致以朱熹为代表的

---

① ［宋］程颢、程颐：《河南程氏文集》卷九，《二程集》，中华书局，1981年点校本，第608页。
② ［宋］程颢、程颐：《河南程氏文集》卷九，《二程集》，中华书局，1981年点校本，第608—609页。
③ ［宋］程颢、程颐：《河南程氏文集》卷九，《二程集》，中华书局，1981年点校本，第609页。
④ ［宋］程颢、程颐：《河南程氏遗书》卷一八，《二程集》，中华书局，1981年点校本，第200页。
⑤ ［宋］程颢、程颐：《河南程氏遗书》卷一八，《二程集》，中华书局，1981年点校本，第201页。
⑥ 郑熊：《宋儒〈中庸〉学研究》，陕西人民出版社，2010，第143页。

闽学与以张栻、胡宏为代表的湖湘之学在未发、已发问题的理解上出现了偏差。

朱熹对《中庸》的探讨首先面对的是"中和"问题。近年来，有些学者从历史演变的角度对朱熹的"中和"问题作了考辨，如陈来《朱子哲学研究》第七章"已发未发"对朱熹心性论之发展演变过程有较细致的梳理。陈来将朱熹心性论的演变分为五个阶段，即"道南指诀""丙戌之悟""湖湘之行""己丑之悟""《知言疑义》"。郑熊认为朱熹"中和"论的演变不止五步，还应该加上"《中庸章句》"，《中庸章句》是朱熹对"中和"问题所作的补充。[①] 笔者于此对朱熹"中和"问题的探讨，关注的重点并非其演变过程，而是朱熹利用《中庸》来构建其"中和"论的方法。

朱熹年轻时师从李侗，李侗学出罗从彦，罗从彦学出二程弟子杨时。从杨时到朱熹这一传承体系通常被称为"道南学派"，这一派十分推崇《中庸》的思想。二程有"存养于喜怒哀乐未发之时"的观点，杨时承之并有所发展。杨时曰："道心之微，非精一其孰能执之？惟道心之微，而验之于喜怒哀乐未发之际，则其义自见，非言论所及也。尧咨舜，舜命禹，三圣相授，惟中而已。"[②] 又曰："《中庸》曰：'喜怒哀乐未发谓之中，发而皆中节谓之和。'学者当于喜怒哀乐未发之际以心体之，则中之义自见，执而勿失，无人欲之私焉，发必中节矣。"[③]

---

① 陈来：《朱子哲学研究》，华东师范大学出版社，2000，第157—193页；郑熊：《宋儒〈中庸〉学研究》，陕西人民出版社，2010，第171—180页。
② [宋] 杨时：《龟山集》卷一四《答胡德辉问》，文渊阁《四库全书》第1125册，第255页。
③ [宋] 杨时：《龟山集》卷二一《答学者其一》，文渊阁《四库全书》第1125册，第310页。

杨时将体验未发与"道心"相联系,认为"道心"隐微,存在于人喜怒哀乐未发之际,需要以心体之。杨时认为这种体验"非言论所及",有直觉体悟之倾向。① 体验未发是杨时门下修养实践的重要步骤,罗从彦、李侗等人均于未发处用力,正如朱熹所说:"闻郡人罗仲素先生得河雒之学于龟山杨文靖公之门,遂往学焉。……从之累年,受《春秋》《中庸》《语》《孟》之说,从容潜玩,有会于心,尽得其所传之奥。"②

李侗曾以"体验未发"教导朱熹,"所谓体验未发,是要求体验者超越一切思维和情感,以达到一种特别的心理体验。其基本方法是最大限度地平静思想和情绪,使个体的意识活动转而为一种心理的直觉状态,在这种高度沉静的修养中,把注意力完全集中到内心,成功的体验者常常会突发地获得一种与外部世界融为一体的浑然感受。"③ 朱熹说:"李先生教人,大抵令于静中体认大本未发时气象分明,即处事应物,自然中节。此乃龟山门下相传指诀。然当时亲炙之时贪听讲论,又方窃好章句训诂之习,不得尽心于此,至今若存若亡,无一的实见处,辜负教育之意。每一念此,未尝不愧汗沾衣也。"④ 朱熹认为,李侗向自己传授的是自杨时以来体验未发的涵养方法,然而自己已有的章句之习妨碍了"体验未发",最终未能有成。朱熹于此所言"辜负教育之意""未尝不愧汗沾衣",皆是出于师道尊

---

① 郑熊:《宋儒〈中庸〉学研究》,陕西人民出版社,2010,第160页。
② [宋]朱熹:《延平李先生答问》后录,《朱子全书》(修订本)第13册,上海古籍出版社、安徽教育出版社,2010,第349页。
③ 陈来:《朱子哲学研究》,华东师范大学出版社,2000,第158页。
④ [宋]朱熹:《晦庵先生朱文公文集》卷四十《答何叔京》,《朱子全书》(修订本)第22册,上海古籍出版社、安徽教育出版社,2010,第1802页。

严和自谦。实际上，朱熹未必认可李侗提倡的"体验未发"的涵养方法。

朱熹最终放弃了"体验未发"的涵养方法，对"已发未发"问题作了新的探索。这个过程，又可分为"中和旧说"和"中和新说"两个阶段。① 朱熹在《中和旧说序》中云："余蚤从延平李先生学，受《中庸》之书，求喜怒哀乐未发之旨未达，而先生没。余窃自悼其不敏，若穷人之无归。闻张钦夫得衡山胡氏学，则往从而问焉。钦夫告余以所闻，余亦未之省也。退而沉思，殆忘寝食。一日喟然叹曰：'人自婴貌以至老死，虽语默动静之不同，然其大体莫非已发，特其未发者为未尝发尔。'自此不复有疑，以为《中庸》之旨果不外乎此矣。后得胡氏书，有与曾吉父论未发之旨者，其论又适与余意合，用是益自信。虽程子之言，有不合者，亦直以为少作失传而不之信也。然间以语人，则未见有能深领会者。"② 朱熹于此所言"一日喟然叹曰"，即学人们通常所说的"中和旧说"。前已有述，朱熹以前，杨时强调"体认未发气象"，程颐强调"善观者却于已发之际观之"，杨时强调未发工夫，而程颐强调已发工夫。朱熹对程颐、杨时、李侗等人的观点思索玩味，终于有所得，这就是朱熹"喟然叹曰"之内容。

---

① 学者们对此有不同的意见，如陈来将朱熹独立探讨"已发""未发"问题分为"丙戌之悟""湖湘之行""己丑之悟"和"《知言疑义》"四个阶段；郑熊在陈来的基础上补充了"《中庸章句》"阶段。（参见陈来：《朱子哲学研究》，华东师范大学出版社，2000，第160—193页；郑熊：《宋儒〈中庸〉学研究》，陕西人民出版社，2010，第171页。）

② ［宋］朱熹：《晦庵先生朱文公文集》卷七五《中和旧说序》，《朱子全书》（修订本）第21册，上海古籍出版社、安徽教育出版社，2010，第3634页。

朱熹将自己思索所得通过书信告诉了张栻。在第一、第二书中[①]，朱熹云："圣贤之言，则有所谓未发之中，寂然不动者。夫岂以日用流行者为已发，而指夫暂而休息，不与事接之际为未发时耶？尝试以此求之，则泯然无觉之中，邪暗郁塞，似非虚明应物之体，而几微之际一有觉焉，则又便为已发，而非寂然之谓。盖愈求而愈不可见，于是退而验之于日用之间，则凡感之而通，触之而觉，盖有浑然全体应物而不穷者。是乃天命流行，生生不已之机，虽一日之间万起万灭，而其寂然之本体则未尝不寂然也。所谓未发，如是而已，夫岂别有一物，限于一时，拘于一处，而可以谓之中哉？然则天理本真，随处发见，不少停息者，其体用固如是，而岂物欲之私所能壅遏而梏亡之哉？"[②] 又云："所谓学者于喜、怒、哀、乐未发之际以心验之，则中之体自见，亦未为尽善。大抵此事浑然，无分段时节先后之可言。今着一'时'字一'际'字，便是病痛。……今下一'前'字，亦微有前后隔截气象，如何如何？熟玩《中庸》，只消着一'未'字，便是活处。此岂有一息停住时耶？只是来得无穷，便常有个未发底耳。若无此物，则天命有已时，生物有尽处，气化断绝，有古无今久矣。此所谓天下之大本，若不真的见得，亦无揣摸处也。"[③] 朱熹指出，所谓"未发"，实际上就是"天命流行、生生不已之机，虽一日之间万起万灭"的寂

[①] 郑熊《宋儒〈中庸〉学研究》亦征引了这两则材料，并作了分析。笔者于此所作之分析，亦受到郑熊观点之影响。
[②] [宋] 朱熹：《晦庵先生朱文公文集》卷三〇《与张钦夫》，《朱子全书》（修订本）第21册，上海古籍出版社、安徽教育出版社，2010，第1315页。
[③] [宋] 朱熹：《晦庵先生朱文公文集》卷三〇《与张钦夫》，《朱子全书》（修订本）第21册，上海古籍出版社、安徽教育出版社，2010，第1316—1317页。

然本体。朱熹在第二书中指出"性无时不行乎心之用",心总是处于已发状态,因此未发不是心而是性。朱熹亦不同意杨时将未发工夫归结为某种"体认"的涵养实践。朱熹认为,未发、已发是一体的,二者豁然贯通,不分时段。朱熹在第一书中指出,所谓未发、已发并非指一事物前后有别,未发指性之"体",已发指心之"用",二者通过已发之"用"表现出来。因此,朱熹的观点可以概括为"心为已发""性为未发"。

今人陈来根据现存朱熹与张栻的书信材料,认为张栻当时并没有把胡宏的中和思想完全介绍给朱熹;张栻向朱熹介绍的主要是湖湘学派有特色的"先察识后涵养"学说以及张栻本人对已发未发的若干看法,这在当时对朱熹并没有太大的影响。[①]不过也应该看到,湖湘之学的代表人物之一胡宏讲"心为已发""性为未发",朱熹在第一次中和之悟前对湖湘之学已有所了解,所以当其得"心为已发,性为未发"之认识后,立即写信告诉远在湖南的张栻。此外,湖湘学派倡导的"先察识后涵养"的修养方式对朱熹也有所启发。所谓"先察识后涵养",指在良心已发处用功,在心之已发处省察。朱熹与张栻之书信曰:"其良心萌蘖亦未尝不因事而发见。学者于是致察而操存之,则庶乎可以贯乎大本达道之全体而复其初矣。"[②] 朱熹于此所说的涵养方式与李侗致力于未发有根本之别,与湖湘学派"先察识后涵养"是一致的。

第一次中和之悟后,朱熹于乾道三年(1167)赴湖南拜访

[①] 陈来:《朱子哲学研究》,华东师范大学出版社,2000,第162页。
[②] [宋]朱熹:《晦庵先生朱文公文集》卷三〇《与张钦夫》,《朱子全书》(修订本)第21册,上海古籍出版社、安徽教育出版社,2010,第1315—1316页。

张栻，此即为学人们常说的"湖湘之行"。此次湖湘之行，朱熹与张栻有广泛的交流，其对湖湘学派"先察识后涵养"之说兴趣尤大，也曾表示推崇。不过第二年，朱熹就对"先察识后涵养"提出了异议，他说："熹自去秋之中走长沙，阅月而后至，留两月而后归。……钦夫见处卓然不可及，从游之久，反复开益为多。但其天姿明敏，初从不历阶级而得之，故今日语人亦多失之太高。湘中学子从之游者遂一例学为虚谈，其流弊亦将有害。比来颇觉此病矣，别后当有以救之。"① 在疑张栻观点之基础上，朱熹于乾道五年（1169）对中和有了新的领悟，他说："乾道己丑之春，为友人蔡季通言之，问辨之际，予忽自疑斯理也……而程子之言出其门人高弟之手，亦不应一切谬误，以至于此。然则予之所自信者，其无乃反自误乎？则复取程氏书，虚心平气而徐读之。未及数行，冻解冰释。"② 此年为己丑年，朱熹此次中和之悟，即学人们常说的"己丑之悟"。

朱熹在《答张钦夫》四十九中云："然人之一身，知觉运用莫非心之所为，则心者固所以主于身，而无动静语默之间者也。然方其静也，事物未至，思虑未萌，而一性浑然，道义全具，其所谓中，是乃心之所以为体而寂然不动者也。及其动也，事物交至，思虑萌焉，则七情迭用，各有攸主，其所谓和，是乃心之所以为用，感而遂通者也。然性之静也而不能不动，情之动也而必有节焉，是则心之所以寂然感通、周流贯彻，而体用

---

① ［宋］朱熹：《晦庵先生朱文公文集》卷四二《答石子重》，《朱子全书》（修订本）第21册，上海古籍出版社、安徽教育出版社，2010，第1922—1923页。
② ［宋］朱熹：《晦庵先生朱文公文集》卷七五《中和旧说序》，《朱子全书》（修订本）第24册，上海古籍出版社、安徽教育出版社，2010，第3634—3635页。

未始相离者也。"① 朱熹认为,"性之静"为未发,"情之动"乃已发;"思虑未萌"到"七情迭用",是性发为情,亦是心由寂然到感通的过程,心则贯穿于此过程之始终。

与"中和旧说"最大的区别在于,朱熹"中和新说"以未发为心之体,以已发为心之用。心有已发、未发之别,故有体用之异,这与程子"心一也,有指体而言者,有指用而言者"的观点是一致的。不过朱熹于此所谓的"发",不是经验论的发动之发,而是本体论的发现之发。未发已发是体用性情关系,而不是喜怒哀乐之情是否发动之意。也就是说,未发是指形而上的超越之心,即潜在的本体意识,而不是经验论的实然之心,即一般的心理活动。②

"己丑之悟"的次年(1170),朱熹在《知言疑义》里对胡宏《知言》提出了批评,并提出了"心统性情"和"心主性情"说③,使其心性论更趋成熟。

首先,朱熹在其心性论中给予"情"以地位。胡宏《知言》云:"圣人指明其体曰性,指明其用曰心,性不能不动,动则心矣。"朱熹驳曰:"熹按心性体用之云,恐自上蔡谢子失之。此云性不能不动,动则心矣,语尤未安。凡此'心'字皆欲作'情'字,如何?"④ 朱熹认为胡宏的问题在于没有给"情"以

---

① [宋]朱熹:《晦庵先生朱文公文集》卷三二《答张钦夫》,《朱子全书》(修订本)第21册,上海古籍出版社、安徽教育出版社,2010,第1419页。
② 蒙培元:《理学范畴系统》,人民出版社,1989,第273页。
③ "心统性情"本为张载首先提出,朱熹指出:"伊川'性即理也',横渠'心统性情',二句颠扑不破。惟心无对,'心统性情',二程却无一句似此切。"见[宋]张载:《张子语录·后录下》,《张载集》,第338页。但是从现存的材料来看,关于张载"心统性情"说的记载语焉不详,很难知其思想内涵。
④ [宋]朱熹:《晦庵先生朱文公文集》卷七三《胡子知言疑义》,《朱子全书》(修订本)第24册,上海古籍出版社、安徽教育出版社,2010,第3562页。

地位。朱熹又云:"旧看五峰说,只将心对性说,一个情字都无下落。后来看横渠'心统性情'之说,乃知此话有大功,始寻得个情字着落。"① 朱熹将胡氏此说中的"心"改为"情","性体心用"遂为"性体情用"。

其次,朱熹明确提出"心统性情"说。胡宏《知言》曰:"心也者,知天地,宰万物,以成性者也。"朱熹曰:"'以成性者也',此句可疑,疑作'而统性情也',如何?"张栻则说:"'统'字亦恐未安,欲作'而主性情'如何?"朱熹以张栻此说为是,并补充说:"熹谓所改'主'字极有功。"② 朱熹提出将《知言》"心以成性"改为"心统性情",张栻则主张改"统"为"主"。张栻的这一提议被朱熹接受。③

今人蔡方鹿认为,朱熹的"心统性情"说主要包括两层含义:一是心兼性情,二是心主宰性情。心兼性情就是心兼性的静、体、未发,兼情的动、用、已发,心兼有性情的两个方面,

---

① [宋]黎靖德辑:《朱子语类》卷五,《朱子全书》(修订本)第14册,上海古籍出版社、安徽教育出版社,2010,第226页。
② [宋]朱熹:《晦庵先生朱文公文集》卷七三《胡子知言疑义》,《朱子全书》(修订本)第24册,上海古籍出版社、安徽教育出版社,2010,第3555页。
③ 关于朱熹"心统性情"说的提出,蔡方鹿认为是朱熹对程颐、张载、胡宏思想的继承、改造和发展,亦是同张栻进行学术交流,受张栻启发的结果;而陈来则认为朱熹后来极力推崇张载"心统性情"说,以为二程所道不到,而朱熹在提出"统"时却未提及张载,并立即转为赞同张栻改"统"为"主",这表明朱熹和张栻二人都没有注意到张载本有"心统性情"说。也就是说,在《知言疑义》中,朱熹是通过自己悟出了"心统性情"之说。(见蔡方鹿:《宋明理学心性论》,第149页;陈来:《朱子哲学研究》,第183页。)笔者赞同蔡方鹿的意见,因为朱熹对张载学说非常熟悉,朱子在《知言疑义》中虽然没有明确提及张载,但是这并不能证明朱熹就不知道张载"心统性情"说。相反,朱熹在《近思录》卷一中提到了张载的"心统性情"说,《朱子语类》卷五中也对张载的"心统性情"说推崇有加。因此,说朱熹在提出"心统性情"说时对张载"心统性情"说一无所知,于情于理都是说不通的。

把性情各自的属性都纳入心的兼容之中。心主宰性情也包括两个方面的内容：一是心主宰性，二是心主宰情。即指人的理智之心对于人的本性和人的情感的把握与控制。[1]

"心统性情"说是朱熹心性论的纲领，是其思想体系的重要组成部分。朱熹"心统性情"说既关涉心、性、情，又与已发未发、体用、动静等诸多范畴相联系，共同构成了朱熹心性论的整体系统。笔者认为，朱熹"心统性情"论的提出，意义主要体现在以下两个方面。

第一，朱熹"心统性情"论对于批判佛老心性论具有重要意义，亦使理学更富有思辨性。佛教主张心即性，朱熹驳曰："吾儒以性为实，释氏以性为空。若是指性来做心说，则不可。"[2] 朱熹明确反对佛教以性为心、性心不分。佛教以性为空，朱熹驳曰："惟其无理，是以为空。它之所谓心，所谓性者，只是个空底物事，无理。"[3] 在朱熹看来，性包含儒家伦理。

关于佛教所谓"寂灭""清净"之心，以及庄子的"死灰"之心，朱熹亦有批评。他说："心是个活物，不是帖静死定在这里，常爱动。"[4] 朱熹认为心有动静。关于此，蒙培元释之曰："这不是动静相对之静，其实它就在动之中，并不是已发之外，另有一个静体。已发固然是动，但动之中已有静之理，不是说动而无静。未发之前寂然不动，是说性；已发之后感而遂通，

---

[1] 蔡方鹿：《宋明理学心性论》，巴蜀书社，2009，第144—152页。
[2] [宋] 黎靖德辑：《朱子语类》卷四，《朱子全书》（修订本）第14册，上海古籍出版社、安徽教育出版社，2010，第192页。
[3] [宋] 黎靖德辑：《朱子语类》卷一二六，《朱子全书》（修订本）第18册，上海古籍出版社、安徽教育出版社，2010，第3935页。
[4] [宋] 陈淳：《北溪字义》卷上，文渊阁《四库全书》第709册，第11页。

是说情。这如同理气之有先后,是从逻辑上说,不是从时间上说。"①

朱熹早年曾"泛滥释老",后来才回归《六经》。朱熹对佛老的认识,远比一般的学者深刻。其回应佛老的挑战,首要任务是儒学理论之重构,从而使儒学理论更精微、更富有思辨力。②而朱熹于儒学理论之重构,思辨性最强的就是其天理论和心性说。朱熹的"心统性情"论以其所具有的高度思辨性,对宋明理学以及中国哲学的发展作出了重要贡献。

第二,朱熹"心统性情"说的提出,实际上是其探索完善道德修养,将直觉主义引向理性主义的过程。罗从彦和李侗所倡导的"体验未发"是重视体悟的涵养方式,与佛教禅宗的"悟道"近似。禅宗既不需要日常的思维逻辑,又不需要遵循共同的规范,禅宗的"悟道"经常成为一种完全独特的个体感受和直观体会,亦即个体感性经验的某种神秘飞跃。因之,在任何场合、任何情况、任何条件下,都可以"悟道",它具有极大的随意性和偶然性。③罗氏和李氏所倡导的"体验未发",与禅宗的"悟道"皆是沉静的体验方式。朱熹后来放弃"体验未发"的涵养方式,走上了继续探求的道路,并非其所言"好章句之习"的阻碍。实际上,朱熹体会到李侗所倡导的涵养方式与禅宗相似时,便表示不满。朱熹说:"元来此事与禅学十分相

---

① 蒙培元:《理学范畴系统》,人民出版社,1989,第273页。
② 彭永捷认为,朱熹在回应佛老挑战方面的措施有四:一是在理论上建构儒学;二是在内容上和合三教;三是在学术上拨乱反正;四是在教育上培养人才。(参见彭永捷:《朱陆之辨——朱熹陆九渊哲学比较研究》,人民出版社,2002,第282页。)
③ 李泽厚:《中国古代思想史论》,安徽文艺出版社,1994,第204页。

似，所争毫末耳。然此毫末却甚占地位。"① 在对李侗等人倡导的涵养方式反省之基础上，朱熹有了丙戌、己丑两次中和之悟。朱熹放弃了直觉体验的修养方式，转向了依靠理性和哲学来探寻修养方式的道路。

第一次中和之悟，是朱熹在探索未发已发时的不成熟想法，其"性体心用"说已摆脱了道南一派直觉体悟的涵养方式。第二次中和之悟后，朱熹所提倡的"心统性情"说，以及与之紧密相关的未发已发说成为其为学方法的理论基础。朱熹并非不重视未发，只是其所倡导的未发已经不是罗氏和李氏所倡导的直觉体验。

三、《礼记·乐记》与理学思想体系之建构

《乐记》是《礼记》的第十九篇，主要论述乐的产生、乐与礼的关系、礼乐的作用等。《乐记》的作者和成篇年代，自古以来众说纷纭，莫衷一是。《乐记》对礼乐的来源和功能之论述颇具思辨性。如《乐记》云："天尊地卑，君臣定矣。卑高已陈，贵贱位矣。动静有常，小大殊矣。……如此，则乐者天地之和也。"《乐记》据《易传·系辞》之记载，来阐述礼乐产生之原理。其中的"动静""性命""阴阳"等，是中国古代哲学的重要概念。《乐记》以天人一体、天人合德为理论基础来探寻礼乐之根源，具有深刻的哲学意蕴。《乐记》又云："乐由中出，礼自外作。乐由中出，故静；礼自外作，故文。大乐必易，大

---

① ［宋］朱熹：《晦庵先生朱文公续集》卷五《答罗参议》，《朱子全书》（修订本）第25册，上海古籍出版社、安徽教育出版社，2010，第4748页。

礼必简。乐至则无怨，礼至则不争。揖让而治天下者，礼乐之谓也。"乐是人心之产物，礼则是规范行为的仪节和制度，这是从社会功能的角度对礼乐所作的探讨。《乐记》于此所言"中""外"，为后人从心性角度探讨礼乐的功能提供了可能，如王夫之对"乐由中出""礼自外作"所作之诠释就是着眼于心性。①

宋儒非常重视《乐记》，如程子云："《礼记》除《大学》《中庸》，惟《乐记》为近道，学者深思自得之。"② 由此可见，程子对《乐记》是相当推崇的。《乐记》对宋明理学的最大贡献，是其所提出的"天理人欲之辨"。在探讨《乐记》与理学建构的关系之前，有必要对"天理""人欲"的演变过程略作梳理。

"理"是中国古代哲学中的重要概念，许慎《说文解字》云："理，治玉也，从玉声。""理"的早期含义是指玉石上的条纹。《周易·系辞》云："仰以观于天文，俯以察于地理。"《系辞》于此所言的"理"，是相对于"文"而言的，指天地运行的规律。此"理"已超越其原始意义，成为抽象之存在。在孟子等人那里，"理"已具有伦理内涵。宋明理学所云之"理"既是宇宙本体，又是伦理存在。

---

① 王夫之云："仁义礼智之四德，体用具足，皆人性之固有者也。喜怒哀乐自然之节，父子之亲，长幼之序，爱敬之实，根心生色，发于不容已，经礼三百，仪礼三千，皆由此以生焉。岂文饰外物，拘制筋骸，而后生其恭敬哉！学者反求诸己而自得之，则固知其不妄矣。此章乃云'礼自外作'，是其与告子任人之言旨趣略同，而诬礼甚矣。至于'乐静礼文'之说，拘牵比拟，而无当于至理，盖徒有其言而无其义也。"（参见［清］王夫之：《礼记章句》卷一九，《船山全书》第4册，第903页。）

② ［宋］程颢、程颐：《河南程氏遗书》卷二五，《二程集》，中华书局，1981年点校本，第323页。

据现存文献,"天理"最早见于《庄子·养生主》。其云:"依乎天理,批大郤,道大窾。"庄子所言"天理",乃牛身体构造之分理,没有伦理意义。韩非子则以"天理"与"性情"相对应,其云:"不逆天理,不伤情性。"韩非所言"天理"指规律,亦不含伦理。汉代董仲舒丰富了"天理"的内涵,其云:"人之形体,化天数而成。人之血气,化天志而仁。人之德行,化天理而义。人之好恶,化天之暖清。"[①] 董仲舒认为天是有意志的,为世界万物之主宰,天理是有意志之存在,且有道德内涵。

关于"欲",春秋战国时期就有人探讨,如孔子主张"欲而不贪",欲望要有限度,过度膨胀就是贪欲。此处的"欲",是指人的基本生存需求。在孔子看来,只要需求不过分,欲就是合理的。孔子又云:"富与贵,是人之所欲也。"孔子认为富贵是所有人都想要的。此之"欲",是人生存基础之上较高层次的需求,这种需求亦无可厚非。孟子则认为,追求富贵是人之所欲,然而富贵不能满足人的全部需求,他说:"富有天下,而不足以解忧。"在孟子看来,"养心莫善于寡欲"。荀子认为:"人生而有欲,欲而不得,则不能无求,求而无度量分界,则不能不争。争则乱,乱则穷。先王恶其乱也,故制礼义以分之,以养人之欲,给人之求。"荀子所说的"欲",既有基本生存需求之义,又有更高层次追求之义。由于人的欲望张扬导致战国时期社会失序,所以孟子、荀子强调节欲。先秦诸子论"欲",然尚没有人明确提出"人欲"的概念。

---

① [清] 苏舆著:《春秋繁露义证》,中华书局,1992,第318页。

据现存文献可知，最早明确提出"天理""人欲"概念的是《乐记》。《乐记》云："夫物之感人无穷，而人之好恶无节，则是物至而人化物也。人化物也者，灭天理而穷人欲者也。"《乐记》将"天理""人欲"对举，并对二者的关系作了辨析。郑《注》："言性不见物则无欲。……节，法度也。知，犹欲也。诱，犹道也，引也。躬，犹己也。理，犹性也。穷人欲，言无所不为。"① 孔《疏》："言人初生，未有情欲，是其静禀于自然，是天性也。'感于物而动，性之欲也'者，其心本虽静，感于外物，而心遂动，是性之所贪欲也。自然谓之性，贪欲谓之情，是情、性别矣。……'不能反躬，天理灭矣'者，躬，己也。恣己情欲，不能自反禁止。理，性也，是天之所生本性灭绝矣。"② 郑氏和孔氏认为，《乐记》所言"理"当释为"性"，即人初生时无情欲的本性；"欲"当释为"贪欲"，即心受外物诱惑所生发的贪欲。

《乐记》将"天理""人欲"对举，是对先前各家的"理""天理""欲"等概念所作的整合。《乐记》的"天理""人欲"论，对宋儒构建理学思想体系颇有启发。南宋黄震云："此书（指《乐记》）间多精语，如曰'人生而静，天之性也。感于物而动，性之欲也'，如曰'好恶无节于内，知诱于外，不能反躬，天理灭矣'，皆近世理学所据以为渊源；如曰'天高地下，万物散殊，而礼制行矣。流而不息，合同而化，而乐兴焉'，又晦庵先生所深嘉而屡叹者也。"③ 宋儒在构建理学思想体系时非

---

① ［清］阮元校刻：《十三经注疏（附校勘记）》，中华书局，1980，第1529页。
② ［清］阮元校刻：《十三经注疏（附校勘记）》，中华书局，1980，第1529页。
③ ［宋］黄震：《黄氏日抄》卷二一，文渊阁《四库全书》第707册，第622页。

常重视《乐记》，特别是其关于"天理""人欲"之论述。

(一) 张载的"天理人欲之辨"

张载的"天理人欲之辨"与其人性论密切相关。他说："性于人无不善，系其善反不善反而已。"① 又说："形而后有气质之性，善反之则天地之性存焉。故气质之性，君子有弗性者焉。"② 张载将性分为"天地之性"和"气质之性"，天理即"天地之性"，人欲即"气质之性"。

张载对"天理""人欲"概念作了阐释："所谓天理也者，能悦诸心，能通天下之志之理也。能使天下悦且通，则天下必归焉；不归焉者，所乘所遇之不同，如仲尼与继世之君也。'舜禹有天下而不与焉'者，正谓天理驯致，非气禀当然，非志意所与也；必曰'舜禹'云者，余非乘势则求焉者也。"③ "天下之理无穷，立天理乃各有区处，穷理尽性，言性已是近人言也。既穷物理，又尽人性，然后能至于命，命则又就己而言之也。"④ "'在帝左右'，察天理而左右也，天理者时义而已。君子教人，举天理以示之而已；其行己也，述天理而时措之也。"⑤ 根据以上

---

① [宋]张载：《正蒙·诚明篇第六》，《张载集》，中华书局，1978年点校本，第22页。
② [宋]张载：《正蒙·诚明篇第六》，《张载集》，中华书局，1978年点校本，第23页。
③ [宋]张载：《正蒙·诚明篇第六》，《张载集》，中华书局，1978年点校本，第23页。
④ [宋]张载：《横渠易说·说卦》，《张载集》，中华书局，1978年点校本，第235页。
⑤ [宋]张载：《正蒙·诚明篇第六》，《张载集》，中华书局，1978年点校本，第23—24页。

所列张载言论，可知其"天理"论主要包括以下三个方面的内容。

首先，天理乃天下之公理。此理能悦天下人之心，能通天下人之志，能通天下之理，天下之人必须归服。因此，此天理既是客观事物之理，又是人的共同价值取向。

其次，天下万物之理林林总总，不可胜数，而真正意义上的天理只有一个。天理在不同事物上有不同的表象，即所谓"立天理乃各有区处"。

再次，天理虽不以人的意志为转移，却与时相宜。即便有舜禹之圣，也当顺从天理，由天理驯致而有理想人格，此并不是由舜禹的个人气质禀赋可以改变的。不过，"天理者时义而已"，时过境迁，天理也当有新的内涵。君子教育人，昭示天理即可，若要践行之，就要与时相宜。

从现存文献来看，张载对"人欲"没有明确界定，不过根据其论"气质之性"的文字，可以依稀见其对"人欲"之理解。张载云："口腹于饮食，鼻舌于臭味，皆攻取之性也。"① 此"攻取之性"即"气质之性"，亦即"人欲"。张载认为，只要不过度，"欲"就是合理的。他说："'子之不欲，虽赏之不窃。'欲生于不足则民盗，能使无欲则民不为盗。……故为政者在乎足民，使无所不足，不见可欲而盗可息矣。"② 张载认为，人有基本生存之需，为政者若能使百姓饱足，自然就无盗窃之事。

张载继承了《乐记》"天理""人欲"对举的模式，他说：

---

① ［宋］张载：《正蒙·诚明篇第六》，《张载集》，中华书局，1978年点校本，第22页。
② ［宋］张载：《正蒙·有司篇第十三》，《张载集》，中华书局，1978年点校本，第47页。

"今之人灭天理而穷人欲,今复反归其天理。古之学者便立天理,孔孟而后,其心不传,如荀扬皆不能知。"① 张载将古今学人的天理人欲观作了比较,认为古之学人所立天理,自孔孟以后其心不传,荀子、扬雄等人已不能知;今之学人则灭天理而穷人欲。张载说:"古人耕且学则能之,后人耕且学则为奔迫,反动其心。何者?古人安分,至一箪食,一豆羹,易衣而出,只如此其分也;后人则多欲,故难能。"② 古人且耕且学,故能安心,后人且耕且学,不仅为了生存,还要满足奢求好利之心,遂堕入"穷人欲"之境地。《乐记》云:"人化物也者,灭天理而穷人欲者也。"张载云:"徇物丧心,人化物而灭天理者乎!"③ 若人被物欲左右,就会失去理智,天理因此而不明。

与《乐记》相比,张载的"天理人欲之辨"更具有思辨性,内容也更丰富。

首先,张载是在"天地之性"和"气质之性"的前提下,探讨"天理""人欲"之关系。相对于《乐记》以"天理""人欲"论礼乐之功能,张载所言"天理人欲之辨"的思辨性更强。

其次,与《乐记》相比,张载"天理人欲之辨"的内涵更丰富。"天理"是天下之公理,不以人的意志为转移,且又与时相宜;正常的欲望应该得到满足,过度就是"人欲"。张载认为,《乐记》主张"灭天理而穷人欲",乃人的贪婪之心所致。

---

① [宋] 张载:《经学理窟·义理》,《张载集》,中华书局,1978年点校本,第273页。
② [宋] 张载:《经学理窟·气质》,《张载集》,中华书局,1978年点校本,第266页。
③ [宋] 张载:《正蒙·神化篇第四》,《张载集》,中华书局,1978年点校本,第18页。

理学背景下的"天理人欲之辨",张载是第一人。二程、朱熹、陆九渊等人无不重视"天理人欲之辨",从二程、朱熹等人的论述中,可以看到张载"天理人欲之辨"的影子。

(二)二程、朱熹的"天理人欲之辨"

二程认为,作为世界本原的"理",又可称为"道""天理"。二程认为"天者理也"①,程颢说:"吾学虽有所受,天理二字却是自家体贴出来。"②"天理"二字并非由二程提出,不过在北宋五子中,二程的天理论确实是重建儒家人文信仰最完备的理论形态。③ 程颢所言天理是"自家体贴出来",可能是从这个角度来说的。

二程沿袭《乐记》和张载"天理""人欲"对举的模式,赋予了"天理人欲之辨"更丰富的内涵。二程认为,个体的感官欲求与道德理性是对立的,天理不明,是人的欲望遮蔽使然。二程云:"甚矣欲之害人也。人之为不善,欲诱之也。诱之而弗知,则至于天理灭而不知反。故目则欲色,耳则欲声,以至鼻则欲香,口则欲味,体则欲安,此皆有以使之也。然则何以窒其欲?曰思而已矣。"④ 又云:"昏于天理者,嗜欲乱之耳。"⑤ 很

---

① [宋]程颢、程颐:《河南程氏遗书》卷一一,《二程集》,中华书局,1981年点校本,第132页。
② [宋]程颢、程颐:《河南程氏外书》卷一二,《二程集》,中华书局,1981年点校本,第424页。
③ 朱汉民:《二程天理论的文化意义》,《湖南大学学报》,2001年第4期。
④ [宋]程颢、程颐:《河南程氏遗书》卷二五,《二程集》,中华书局,1981年点校本,第319页。
⑤ [宋]程颢、程颐:《河南程氏粹言》卷一,《二程集》,中华书局,1981年点校本,第1194页。

明显，二程对情欲是持排斥态度的，人受情欲的蒙蔽，天理遂不能明。

需要指出的是，二程并不反对人的正当欲求。如二程曰："天下之害，无不由末之胜也。峻宇雕墙，本于宫室；酒池肉林，本于饮食；淫酷残忍，本于刑罚；穷兵黩武，本于征讨。凡人欲之过者，皆本于奉养，其流之远，则为害矣。先王制其本者，天理也；后人流于末者，人欲也。损之义，损人欲以复天理而已。"① 又曰："所见者色，所闻者声，所食者味。人之有喜怒哀乐者，亦其性之自然，今强曰必尽绝对，为得天真，是所谓丧天真也。"② 二程认为，人正当的欲望，如喜怒哀乐等情欲，饮食宫室等奉养欲，以及国家刑罚征伐之欲，都不违背天理；若取消人的这些需求，才是不明天理；正当欲求是根本，若在本的基础上产生了末，即超越了人的正当欲求而纵欲，则与天理相悖。

表面上看，二程关于理欲关系的论述似乎自相矛盾，其一方面认为天理与人欲对立，视二者如水火，另一方面又认为人欲有与天理相合者，而实际上，二程的理欲论并不矛盾。二程的"天理人欲之辨"涉及的是"公"与"私"的问题。二程认为"理者天下之至公"③，与理一样，人的情欲本来亦是"公"，只是在个体流行中才有了"私"。程颐说："父子之爱本是公，

---

① [宋] 程颐：《周易程氏传》卷三，《二程集》，中华书局，1981年点校本，第907页。
② [宋] 程颢、程颐：《河南程氏遗书》卷二，《二程集》，中华书局，1981年点校本，第24页。
③ [宋] 程颐：《周易程氏传》卷三，《二程集》，中华书局，1981年点校本，第917页。

才着些心做，便是私也。"① 父子之爱本是公欲，可是有意去维持父子之情，公欲就变成了私欲，"人才有意于为公，便是私心"②。二程所说的天理实际上是指公欲，"道心天理，故精微，灭私欲则天理明矣"③；二程所说的人欲，实际上是个体之欲，"夫民，合而听之则圣，散而听之则愚。合而听之，则大同之中，有个秉彝在前，是是非非，无不当理，故圣。散而听之，则各任私意，是非颠倒，故愚。盖公义在，私欲必不能胜也"④。由此可见，二程所说的天理与人欲，既是道德理性与情感欲求的关系，又是"公"与"私"的关系。⑤

二程十分强调"公"与"私"的对立，而这种对立是由道德理性与情感欲求转化而来的。有学者指出，如果在理论上把理欲关系的重点由道德理性与感性欲望转向公私关系，那么理欲之间的互相依存、互相包容就可能转化为相互对立的关系。理欲主要是自身的道德良知与感性欲求之间的关系，是在同一个体中进行的，而公与私则一定是自己与他者、社会之间的关系，只能在异体之间展开。二程正是通过将理欲问题归结为公私问题这一十分重要的思维认识途径，顺理成章地推衍出天理

---

① [宋]程颢、程颐：《河南程氏遗书》卷一八，《二程集》，中华书局，1981年点校本，第234页。
② [宋]程颐：《河南程氏遗书》卷一八，《二程集》，中华书局，1981年点校本，第192页。
③ [宋]程颢、程颐：《河南程氏遗书》卷二四，《二程集》，中华书局，1981年点校本，第312页。
④ [宋]程颢、程颐：《河南程氏遗书》卷二三，《二程集》，中华书局，1981年点校本，第310页。
⑤ 冯友兰即主张从公私关系的角度来认识宋儒的理欲之辨。参见冯友兰：《中国哲学大纲》，中国社会科学出版社，1982，第445—466页。

人欲互不相容、形同水火的对立关系。①

二程从感性欲求与道德理性的关系推衍出"公"与"私"的关系以后,又反过来强调"存天理""灭人欲"。二程云:"'人心',私欲也;'道心',天理也。"② "'人心惟危',人欲也。'道心惟微',天理也。"③ "不是天理,便是私欲。人虽有意于为善,亦是非礼。无人欲即皆天理。"④ 二程明确将"人心""人欲"与"私欲"相提并论,亦将"道心""天理"等同。二程所说的"道心"指人的道德理性,二程所说的"人心"指人的生存需要以及在此基础上的种种欲求。二程认为天理就是道心,人欲就是人心,道心是公心,人心是私心。二程将天理与人欲对立起来,视二者如冰炭,不是天理,便是私欲。

《程氏遗书》记载了一段对话:

问:"或有孤孀贫穷无托者,可再嫁否?"

曰:"只是后世怕寒饿死,故有是说。然饿死事极小,失节事极大。"⑤

程颐所言"饿死事小,失节事大",是明清以来不提倡妇女

---

① 王育济:《论二程的"天理人欲之辨"》,《山东大学学报》,1991年第2期。
② [宋]程颢、程颐:《河南程氏遗书》卷一九,《二程集》,中华书局,1981年点校本,第256页。
③ [宋]程颢、程颐:《河南程氏遗书》卷一一,《二程集》,中华书局,1981年点校本,第126页。
④ [宋]程颢、程颐:《河南程氏遗书》卷一五,《二程集》,中华书局,1981年点校本,第144页。
⑤ [宋]程颢、程颐:《河南程氏遗书》卷二二,《二程集》,中华书局,1981年点校本,第301页。

再嫁的金科玉律。自"五四"以来,程颐的这句名言受到了强有力的批判。直到今天,不少思想史论著还是认为程颐的这番话反映了理学家提倡禁欲主义的残酷本质。

对于程颐的这番话,我们应该将其放到二程的理欲观中进行考察,才能知其真义。程颐认为,人生有比生命和生存更重要的存在,那就是具有普遍道德意义的公欲。程颐的这番话,实际上是孔子"克己复礼"和孟子"舍身取义"的另一种表达。正如贺麟所言:"他(程颐)所提出的'饿死事小,失节事大'这个有普遍性的原则,并不只限于贞操一事,若单就其为伦理原则论,恐怕是四海皆准、百世不惑的原则,我们似乎仍不能根本否认,因为人人都有其立身处世而不可夺的大节,大节一亏,人格扫地。"① 当门人抛出"守节"还是"饿死"的问题时,程颐从舍身取义的公欲角度出发,肯定既有的守节规范。贺麟所言"四海皆准""百世不惑"的原则,就是普遍性的伦理原则。实际上,二程并不反对寡妇再嫁。②

张载的"天理人欲之辨"强调道德理性与感性欲求之对立,二程则通过道德理性与感性欲求之对立,进而引出公私关系。从公私关系的角度来认识天理与人欲,是理学理欲观的重要特点,二程是这种认识方式的首创者,意义之大,不言而喻。

朱熹乃"天理人欲之辨"的集大成者。与张载、二程一样,朱熹首先突出了天理的形上意义,他说:"道者,天理之当然,

---

① 贺麟:《宋儒的新评价》,商务印书馆,1988,第192页。
② 有人问:"古语有之:'出妻令其可嫁,绝友令其可交。'及此意否?"程子云:"是也。"参见[宋]程颢、程颐:《河南程氏遗书》卷一八,《二程集》,中华书局,1981年点校本,第243页。

中而已矣。"① "性者，人所受之天理；天道者，天理自然之本体，其实一理也。"② 朱熹认为，天理是道、中，具有规律性；人之本性亦来自天理，天道是天理之本体，二者实为一理。

与二程一样，朱熹所言天理亦有伦理意义，"所谓天理，复是何物？仁、义、礼、智岂不是天理？君臣、父子、兄弟、夫妇、朋友岂不是天理"③？"浑然天理便是仁，有一毫私欲便不是仁了。"④ "仁义天理之自然也，居仁由义，循天理而不得不然者也。"⑤ "父子兄弟夫妇，皆是天理自然，人皆莫不自知爱敬。君臣虽亦是天理，然是义合。"⑥ 朱熹认为，儒家所倡导的"四德"和"五伦"皆属于天理之内涵。

此外，朱熹所言"天理"还有强调位分（身份）之义。同为饥渴饮食之事，在圣贤处即天理，在小人处即人欲，天理、人欲之分，受制于个人之位分。朱熹主张"安分"，从而使贵贱尊卑的差别得以凸显，他说："'天分'，即天理也。父安其父之分，子安其子之分，君安其君之分，臣安其臣之分，则安得私！"⑦

---

① ［宋］朱熹：《中庸章句》，《朱子全书》（修订本）第6册，上海古籍出版社、安徽教育出版社，2010，第34页。
② ［宋］朱熹：《论语集注》，《朱子全书》（修订本）第6册，上海古籍出版社、安徽教育出版社，2010，第103页。
③ ［宋］朱熹：《晦庵先生朱文公文集》卷五九《答吴斗南》，《朱子全书》（修订本）第23册，上海古籍出版社、安徽教育出版社，2010，第2837页。
④ ［宋］黎靖德辑：《朱子语类》卷二八，《朱子全书》（修订本）第15册，上海古籍出版社、安徽教育出版社，2010，第1029页。
⑤ ［宋］朱熹：《孟子或问》卷一，《朱子全书》（修订本）第6册，上海古籍出版社、安徽教育出版社，2010，第920页。
⑥ ［宋］黎靖德辑：《朱子语类》卷一三，《朱子全书》（修订本）第14册，上海古籍出版社、安徽教育出版社，2010，第399页。
⑦ ［宋］黎靖德辑：《朱子语类》卷九五，《朱子全书》（修订本）第17册，上海古籍出版社、安徽教育出版社，2010，第3219页。

"天分"即"天理",父、子、君、臣各安其分,就是遵循天理。

朱熹认为人欲与天理关系密切,"有个天理,便有个人欲。盖缘这个天理须有个安顿处,才安顿得不恰好,便有人欲出来"①。"天理本多,人欲便也是天理里面做出来。"② "天理人欲,几微之间。"③ 朱熹认为,有天理便有人欲,如果天理之事处理不当,人欲就产生了。朱熹还认为"人欲中自有天理"④,言下之意是天理存于人欲。张岱年将朱熹所言人欲分为"公共之欲"和"私意之欲",朱熹所反对的仅是"私意之欲"⑤。张先生不仅指出了朱熹所云人欲的层次,还指出程朱对于人欲认识上的分歧。二程以公私来界定天理与人欲,天理为公,而人欲为私。朱熹则将人欲分为公私两个层面,从公欲的层面来说,人欲就是天理,是值得提倡的;从私欲的层面来说,人欲是恶,应该遏止。

朱熹所说人欲中的"私意之欲",即二程所说的"人欲",具体地说,就是人对物欲情欲无节制的追求。有人问:"饮食之间,孰为天理,孰为人欲?"朱熹答曰:"饮食者,天理也;要求美味,人欲也。"⑥ 又有人问:"'饥食渴饮','冬裘夏葛',何

---

① [宋]黎靖德辑:《朱子语类》卷一三,《朱子全书》(修订本)第14册,上海古籍出版社、安徽教育出版社,2010,第388页。
② [宋]黎靖德辑:《朱子语类》卷一三,《朱子全书》(修订本)第14册,上海古籍出版社、安徽教育出版社,2010,第388页。
③ [宋]黎靖德辑:《朱子语类》卷一三,《朱子全书》(修订本)第14册,上海古籍出版社、安徽教育出版社,2010,第389页。
④ [宋]黎靖德辑:《朱子语类》卷一三,《朱子全书》(修订本)第14册,上海古籍出版社、安徽教育出版社,2010,第388页。
⑤ 张岱年:《中国哲学大纲》,中国社会科学出版社,1982,第458页。
⑥ [宋]黎靖德辑:《朱子语类》卷一三,《朱子全书》(修订本)第14册,上海古籍出版社、安徽教育出版社,2010,第389页。

以谓之'天职'?"朱熹答曰:"这是天教我如此。饥便食,渴则饮,只得顺他。穷口腹之欲,便不是。盖天只教我饥则食,渴则饮,何曾教我穷口腹之欲。"① 朱熹认为,人饥则食,渴则饮,冬天衣裘,夏天衣葛,这是人的正当欲求,属于"公共之欲",与天理相合;而人无节制地追求美味佳肴,穷口腹之欲,这属于"私意之欲",与天理相对立,应摒弃。朱熹云:"不为物欲所昏,则浑然天理矣。"②"只为嗜欲所迷,利害所逐,一齐昏了。"③ 物欲、嗜欲与天理对立,然而人的耳、目、鼻、口与外界接触,难免会受到外物牵累,"然人有是身,则耳目口体之间,不能无私欲之累"④。朱熹认为人欲当遏制,"人欲者,此心之疾疢,循之则其心私而且邪"⑤。人欲就像热病,若不能遏止,任其滋蔓,心就为私,从而走上邪路。

很多时候,朱熹并不明确区分"公共之欲"与"私意之欲",而是以"人欲"替代"私意之欲"。因此,在朱熹的著作中,"天理"与"人欲"对举之处甚多,二者近似水火不容、此消彼长的关系。朱熹云"天理人欲不容并立"⑥,"天理人欲

---

① [宋]黎靖德辑:《朱子语类》卷九六,《朱子全书》(修订本)第17册,上海古籍出版社、安徽教育出版社,2010,第3250页。
② [宋]黎靖德辑:《朱子语类》卷一三,《朱子全书》(修订本)第14册,上海古籍出版社、安徽教育出版社,2010,第389页。
③ [宋]黎靖德辑:《朱子语类》卷八,《朱子全书》(修订本)第14册,上海古籍出版社、安徽教育出版社,2010,第280页。
④ [宋]朱熹:《论语章句》卷一二,《朱子全书》(修订本)第6册,上海古籍出版社、安徽教育出版社,2010,第798页。
⑤ [宋]朱熹:《晦庵先生朱文公文集》卷一三《延和奏札二》,《朱子全书》(修订本)第20册,上海古籍出版社、安徽教育出版社,2010,第639页。
⑥ [宋]朱熹:《孟子集注》卷五,《朱子全书》(修订本)第6册,上海古籍出版社、安徽教育出版社,2010,第310页。

之间每相反而已矣"①,"天理人欲常相对"②,此所言"人欲",皆指人欲中的"私意之欲"。

朱熹认为人欲中的"私意之欲"与天理不仅是对立的,而且是此消彼长的。他说:"天理、人欲相为消长分数。'其为人也寡欲',则人欲分数少,故'虽有不存焉者寡矣',不存寡焉,则天理分数多也。"③"人只有个天理人欲,此胜则彼退,彼胜则此退,无中立进退之理。凡人不进便退也。"④"天理人欲相胜之地。自家这里胜得一分,他那个便退一分;自家这里退一分,他那个便进一分。"⑤"克得那一分人欲去,便复得这一分天理来;克得那二分己去,便复得这二分礼来。"⑥ 在朱熹看来,天理、人欲是一方战胜另一方的关系,人若寡欲,那么天理多而人欲少,反之就是天理少而人欲多。

朱熹从公欲、私欲的角度来界定人欲,其所言天理并非仅限于"四德""五伦",其所言私欲亦并非全是感性欲求。朱熹认为人为"气禀所拘","人欲所蔽",就会智昏,人需要加强修养,由"明明德","亲民","皆当止于至善之地而不迁,盖

---

① [宋] 朱熹:《论语集注》卷七,《朱子全书》(修订本) 第6册,上海古籍出版社、安徽教育出版社,2010,第186页。
② [宋] 黎靖德辑:《朱子语类》卷一三,《朱子全书》(修订本) 第14册,上海古籍出版社、安徽教育出版社,2010,第389页。
③ [宋] 黎靖德辑:《朱子语类》卷六一,《朱子全书》(修订本) 第16册,上海古籍出版社、安徽教育出版社,2010,第1996页。
④ [宋] 黎靖德辑:《朱子语类》卷一三,《朱子全书》(修订本) 第14册,上海古籍出版社、安徽教育出版社,2010,第389页。
⑤ [宋] 黎靖德辑:《朱子语类》卷五九,《朱子全书》(修本订) 第16册,上海古籍出版社、安徽教育出版社,2010,第1924页。
⑥ [宋] 黎靖德辑:《朱子语类》卷四一,《朱子全书》(修订本) 第15册,上海古籍出版社、安徽教育出版社,2010,第1454页。

必其有以尽夫天理之极，而无一毫人欲之私也"。① 由此可见，朱熹的"天理人欲之辨"还有对理想人生和理想社会的诉求和憧憬。

综上所述，朱熹在继承二程学说的基础上，对"天理""人欲"概念作了新的诠释。其所说的天理包括道德理性和对等级秩序的设定，其所云人欲既涵盖了二程所说的私欲，还包括"公共之欲"。在天理与人欲的关系上，朱熹认为人欲中的"公共之欲"与天理紧密相关，二者本为一体，又认为"私意之欲"与天理相对立，二者此消彼长。在前人之基础上，朱熹赋予了《乐记》"天理""人欲"以新的内容和深刻的内涵，从而成为宋代"天理人欲之辨"的集大成者。

---

① ［宋］朱熹：《大学章句》，《朱子全书》（修订本）第6册，上海古籍出版社、安徽教育出版社，2010，第16页。

《礼记》学术史

《礼记》与心学思想体系之建构

在中国思想史上，南宋时期的陆九渊无疑是一个十分重要的人物。他所创立的心学在宋代与程朱理学并驾齐驱，后来通过王阳明的发展，成为中国古代思想文化史上一朵灿烂的奇葩。笔者于此所探讨的问题，是宋代陆九渊、杨简等人如何利用《大学》《中庸》从事心学本体论之建构。

一、《礼记·大学》与心学思想体系之建构

南宋的陆九渊是心学的创始人，其哲学以心为本体。陆九渊认为，本心为人之所固有，"本心非外铄，当时岂不和平安泰，更无艰难"①。"此心之灵，此理之明，岂外铄哉？明其本末，知所先后，虽由其学。及其明也，乃理之固有，何加损于其间哉？"② 其还以心为道德之源，"四端者，即此心也；天之所以与我者，即此心也。人皆有是心，心皆具是理，心即理也，故曰'理义之悦我心，犹刍豢之悦我口'"③。此"四端"，即孟

---

① [宋] 陆九渊：《陆九渊集》卷四《与诸葛诚之》，中华书局，1980，第51页。
② [宋] 陆九渊：《陆九渊集》卷七《与詹子南》，中华书局，1980，第96页。
③ [宋] 陆九渊：《陆九渊集》卷一一《与李宰》，中华书局，1980，第149页。

子所说的"恻隐之心""羞恶之心""恭敬之心"和"是非之心"。陆九渊受孟子的启发,把"四端"看作所有人的"同心"①。在心本体下,陆九渊对《大学》"格物致知"作了新的诠释。

《大学》"格物"之"格",二程训为"至""穷",朱熹训为"至""尽"。程朱认为,格物意在穷至本体的理。陆九渊云:"格,至也,与穷字、究字同义,皆磨研考索,以求其至耳。学者孰不曰'我将求至理',顾未知其所知果至与否耳。所当辨、所当察者,此也。"② 其训"格"为"至""穷""究",表面上看似与程朱之说无异,实质上有冰炭之别。陆九渊曾与他的学生有一段对话:

> 伯敏云:"无个下手处。"
>
> 先生云:"古之欲明明德于天下者,先治其国;欲治其国者,先齐其家;欲齐其家者,先修其身;欲修其身者,先正其心;欲正其心者,先诚其意;欲诚其意者,先致其知;致知在格物。格物是下手处。"
>
> 伯敏云:"如何样格物?"
>
> 先生云:"研究物理。"
>
> 伯敏云:"天下万物不胜其繁,如何尽研究得?"
>
> 先生云:"万物皆备于我,只要明理。然理不解自明,须是隆师亲友。"③

---

① 彭永捷:《朱陆之辨——朱熹陆九渊哲学比较研究》,人民出版社,2002,第96—97页。
② [宋]陆九渊:《陆九渊集》卷二〇《格矫斋说》,中华书局,1980,第253页。
③ [宋]陆九渊:《陆九渊集》卷三五《语录下》,中华书局,1980,第440页。

陆氏认为，修、齐、治、平的"下手处"是格物，"格物"之"格"是"研究"，"格物"之"物"是"物理"，所谓"格物"就是"研究物理"。就此而论，陆氏与程朱所言"格物"之义颇为接近。不过，当学生追问如何"研究物理"时，陆九渊说"万物皆备于我"，此"物理"在"我"，"明理"在于明"我"之理，这与程朱以理为客观存在的观点大相径庭。

关于"格物"的方法，陆九渊亦有说明。他将《中庸》所言博学、审问、慎思、明辨当作"格物之方"①，也是为学之道。陆九渊重视为学，他说："圣哲之言，布在方册，何所不备。"②"人之不可以不学，犹鱼之不可以无水，而世至视若赘疣，岂不甚可叹哉？"③圣哲之言见于载籍，后人通过学习，圣哲之意便可了然于胸；人需要学习，就像鱼不能离开水一样，求学中自然就有审问、慎思和明辨。

与程朱一样，陆九渊重视为学，不过其与程朱所倡导的为学之道在本质上是不同的。陆氏说："此理本天所以与我，非由外铄。明得此理，即是主宰。真能为主，则外物不能移，邪说不能惑。所病于吾友者，正谓此理不明，内无所主；一向萦绊于浮论虚说，终日只依藉外说以为主，天之所与我者反为客。主客倒置，迷而不反，惑而不解。坦然明白之理可使妇人童子听之而喻；勤学之士反为之迷惑，自为支离之说以自萦缠，穷

---

① ［宋］陆九渊：《陆九渊集》卷三五《语录上》，中华书局，1980，第411页。
② ［宋］陆九渊：《陆九渊集》卷七《语颜子坚》，中华书局，1980，第92页。
③ ［宋］陆九渊：《陆九渊集》卷一二《与黄循中》，中华书局，1980，第170页。

年卒岁，靡所底丽，岂不重可怜哉？"① 陆氏认为，心即理，理本在我，而非外来。明此理，本心就不会受到外在事物和邪说的迷惑；不明此理，内无所主，虚浮之说成了身之主宰，本心反倒成为附属物。因此，陆九渊反对"支离"，提倡"贯通"之学。

朱熹强调"格物"时要循序渐进，一物一物地格，他说："愚按伊川先生尝言……'大而天地之所以高厚，小而一物之所以然，学者皆当理会。'……程子之为是言也，特以明夫理之所在无间于大小精粗而已。若夫学者之所以用功，则必有先后缓急之序，区别体验之方，然后积习贯通，驯致其极。"② 朱熹认为，格物需要逐渐积累而至豁然贯通。③ 陆九渊认为朱熹所言格物为"支离"之学，他说："今时学者，悠悠不进，号为知学耳，实未必知学；号为有志耳，实未必有志。若果知学有志，何更悠悠不进。事业固无穷尽，然古先圣贤未尝艰难其途径，支离其门户。夫子曰：'吾道一以贯之。'孟子曰：'夫道一而已矣。'……今曰向学，而又艰难支离，迟回不进，则是未知其心，未知其戕贼放失，未知所以保养灌溉。此乃为学之门，进德之地。"④ 陆氏认为，有支离之弊者，号称知道如何学，号称有志向，而实际上并非如此；古人教人意在使人存心、养心和求放心，因此学贵贯通而非支离。

关于"格物""致知"之关系，陆九渊亦作了辨析。他说：

---

① ［宋］陆九渊：《陆九渊集》卷一《与曾宅之》，中华书局，1980，第4页。
② ［宋］朱熹：《晦庵先生朱文公文集》卷七二《吕氏大学解》，《朱子全书》（修订本）第24册，上海古籍出版社、安徽教育出版社，2010，第3493页。
③ 张立文：《朱熹思想研究》，中国社会科学出版社，1981，第406页。
④ ［宋］陆九渊：《陆九渊集》卷五《语舒西美》，中华书局，1980，第63—64页。

"《大学》言：'物格而后知至，知至而后意诚，意诚而后心正，心正而后身修。'《孟子》言：'始条理者，智之事也，终条理者，圣之事也。'皆是圣贤教人，使之知有讲学，岂有一句不实头。"① "盖学之不讲，物未格，知未至，则其于圣贤之言必未能昭晰如辨苍素、数奇耦之审也。"② 陆九渊认为，圣贤使人知，获得真知有先后；格物为致知之基础，物未格，知不能至，格物在先，致知在后。

程朱认为"格物致知"的过程就是"穷理"，陆九渊则以"格物致知"为"尽心知性"。所谓"格此物""致此知"，皆指"心"而言；"穷理""尽心"，亦皆指心而言。陆氏所谓学者"知所先后"，即通过"穷理""尽心"，从而达到"尽性知命""知性知天"③。正如张立文所云："陆九渊'格物'的宗旨是与程、朱有异的。如果程、朱'格物'是'穷理'，则陆九渊为'至心''正心'。"④

综上所述，陆九渊对《大学》"格物致知"的诠释与其心学本体论是密切相关的。在陆九渊的思想体系中，心具有本体意义，格物致知则偏重认识论，格物致知之目的不是对天理的体认，而是"存心""求放心"。陆九渊所言"存心""求放心"与胡安国、胡宏的"求放心"、张栻的"格心"如出一辙。通过对各派"格物致知"论的辨析，我们可以依稀看到宋代理学演变的轨迹。

---

① ［宋］陆九渊：《陆九渊集》卷七《与彭子寿》，中华书局，1980，第91页。
② ［宋］陆九渊：《陆九渊集》卷七《与彭子寿》，中华书局，1980，第91页。
③ ［宋］陆九渊：《陆九渊集》卷一九《武陵县学记》，中华书局，1980，第238—239页。
④ 张立文：《走向心学之路——陆象山思想的足迹》，中华书局，1992，第166页。

二、《礼记·中庸》与心学思想体系之建构

陆九渊对《中庸》颇为重视，他说："学者之不能知至久矣！非其志其识能度越千有五百余年间名世之士，则《诗》《书》《易》《春秋》《论语》《孟子》《中庸》《大学》之篇正为陆沉，真柳子厚所谓独遗好事者藻绘，以矜世取誉而已。尧舜禹汤文武周公孔子孟子之心，将谁使属之。"[①] 陆氏将《中庸》与《易》等儒家经典并举，认为《中庸》与其他经典一样是载道之体。[②]

在陆九渊的思想体系中，心是最高范畴和本体，他说："四方上下曰宇，往古来今曰宙。宇宙便是吾心，吾心即是宇宙。"[③] 以心为宇宙，即以心为万物之本。陆氏认为，本心是天所赋予，人天生就有，而非后天学习所获得。陆氏说："此天之所以予我者，非由外铄我也。思则得之，得此者也；先立乎其大者，立此者也；积善者，积此者也；集义者，集此者也；知德者，知此者也；进德者，进此者也。……然由萌蘖之生而至于枝叶扶疏，由源泉混混而至于放乎四海，岂二物哉？《中庸》曰：'诚者，物之始终，不诚无物。'又曰：'其为物不贰。'此之谓也。"[④] 本心是万物产生之根据，人的思、立、积善、知等行为皆是本心推衍之结果。[⑤]

---

① ［宋］陆九渊：《陆九渊集》卷一四《与侄孙濬》，中华书局，1980，第190页。
② 从现存文献来看，陆九渊于《中庸》没有专著，其《中庸》学思想散见于其文集中。
③ ［宋］陆九渊：《陆九渊集》卷二二《杂说》，中华书局，1980，第273页。
④ ［宋］陆九渊：《陆九渊集》卷一《与邵叔谊》，中华书局，1980，第1页。
⑤ 郑熊：《宋儒〈中庸〉学研究》，陕西人民出版社，2010，第226页。

陆九渊所说的心,还有道德本体之义。其曰:"仁义者,人之本心也。"①"仁,人心也,心之在人,是人之所以为人,而与禽兽草木异焉者也,可放而不求哉?"② 陆氏认为,人有仁心,天所赋予人心的伦理道德使人与万物相区别。

陆九渊还提出"心即理"的命题,其所谓"理",乃自然和社会之秩序。陆氏说:"天覆地载,春生夏长,秋敛冬肃,俱此理。"③"典礼爵刑,莫非天理……古所谓宪章、法度、典则者,皆此理也。"④ 陆氏强调心、理冥合,不容有二,"盖心,一心也,理,一理也,至当归一,精义无二,此心此理,实不容有二。故夫子曰:'吾道一以贯之。'孟子曰:'夫道一而已矣。'又曰:'道二,仁与不仁而已矣。'如是则为仁,反是则为不仁。仁即此心也,此理也"⑤。心、理归一,前提是理的主观化与心的客观化。在此基础上,陆九渊确立了道德主体与宇宙本体合一的心本体论。

南宋杨简是明州慈溪县(今属浙江省宁波市)人,世称慈湖先生。陆九渊仅长他二岁,他仍向陆执师生礼。杨简继承并发扬了陆九渊的心学,经明代王守仁接续,心学成为影响深远的学术思潮。

与陆九渊一样,杨简认为儒家伦理道德为心所本有,比如

---

① [宋]陆九渊:《陆九渊集》卷一《与赵监》,中华书局,1980,第9页。
② [宋]陆九渊:《陆九渊集》卷三二《学问求放心》,中华书局,1980,第373页。
③ [宋]陆九渊:《陆九渊集》卷三五《语录下》,中华书局,1980,第450页。
④ [宋]陆九渊:《陆九渊集》卷一九《荆国王文公祠堂记》,中华书局,1980,第233页。
⑤ [宋]陆九渊:《陆九渊集》卷一《与曾宅之》,中华书局,1980,第4—5页。

所谓"经礼""曲礼"皆人心自有，非从外来。① 陆氏说："经礼三百，曲礼三千，皆吾心所自有。于父母自然孝，于兄弟自然友恭，于夫妇自亲敬，于朋友自信，出而事君自竭忠，与宾客交际自然敬，其在乡党自谦恭，其在宗庙、朝廷自敬。复者，复吾所自有之礼，非外取也。"② 对于《中庸》所言"道之不行也，我知之矣，智者过之，愚者不及也；道之不明也，我知之矣"，杨简释曰："夫人心即道，本不假求，学者自昏，误求之外。愚不肖罔然不自知，固为不及；贤智又加之意，故又过之。圣人历观天下，自古人心不失之，不及即失之过，故为之屡言再叹而深念之也。"③ 杨简认为，人心即道，此所谓道，是涵摄伦理的存在，为人心所自有，不假外求，学者只需"明"之而已；愚者不知本心有道，而假求于外，遂致自昏。

陆九渊认为心与理（道）"归一"，然而心与道各有其指向：道倾向于客体，而心倾向于主体。杨简则认为，"人心即道"，道与主体之心是合一的，不仅如此，道还具有本体的特质。杨简藉《孔丛子》说："子思问于夫子曰：'物有形类，事有真伪，必审之，奚由？'子曰：'由乎心，心之精神是谓圣，推数究理，不以物疑，周其所察，圣人难诸。'孔子斯言见之子思子之书，世又谓之《孔丛子》，世罕诵习。乌呼！圣人有如此切至之诲，而不载之《论语》，致学者求道于心外，岂不大害？某谨取而为《集语》，觊与我同志者或未观《孔丛子》而偶见

---

① 郑熊：《宋儒〈中庸〉学研究》，陕西人民出版社，2010，第 228 页。
② ［宋］杨简：《慈湖遗书》卷二《复礼斋记》，《四明丛书》第四集（一），新文丰出版公司，1988，第 207 页。
③ ［宋］杨简：《慈湖遗书》卷一三《论中庸》，《四明丛书》第四集（一），新文丰出版公司，1988，第 380—381 页。

此书，庶早悟此心之即道而不他求也。"① 杨简强调抑制"学者求道于心外"，使之"早悟此心之即道而不他求也"。其于此所言的"道"显然具有本体的性质，与主体的心是合一的。

杨简的心学完全消弭了主客对立，以"心"一以贯之。他说："某方反观，忽觉空洞无内外，无际畔，三才、万物、万化、万事、幽明、有无通为一体，略无缝罅。畴昔意谓万象森罗、一理贯通而已，有象与理之分，有一与万之异。及反观后所见，元来某心体如此广大，天地有象、有形、有际畔，乃在某无际畔之中。"② 万物一体，"象"与"理"、"一"与"万"、"主"与"客"皆无对立和区别，这与陆九渊"宇宙内事乃己分内事""己分内事乃宇宙内事"的观念如出一辙。

杨简以心一以贯之、消弭主客的观念亦在其《中庸》诠释上有所体现。《中庸》将"中"分为"未发""已发"以及"大本""达道"，杨简则认为，"孔子未尝如此分裂，子思何为如此分裂，此乃学者自起如此意见，吾本心未尝有此意见。方喜怒哀乐之未发也，岂曰'此吾之中也'，谓此为中，则已发之于意矣，非未发也。及喜怒哀乐之发也，岂曰'吾今发而中节也'，发则即发，中则即中，皆不容私。大本达道，亦皆学者徐立此名，吾心本无此名。学者放逸驰骛于心外，自起藩篱，自起限域。孔门惟曰'吾道一以贯之'，未尝分裂也"③。杨简据

---

① ［宋］杨简：《慈湖遗书》卷一五《泛论学》，《四明丛书》第四集（一），新文丰出版公司，1988，第397页。
② ［宋］杨简：《慈湖遗书续集》卷一《炳讲师求训》，《四明丛书》第四集（一），新文丰出版公司，1988，第457页。
③ ［宋］杨简：《慈湖遗书》卷一三《论中庸》，《四明丛书》第四集（一），新文丰出版公司，1988，第379页。

孔子所言"吾道一以贯之",认为《中庸》"未发""已发"以及"大本""达道"之分别皆非孔子所为,而是后人强加的。在杨简看来,本心浑然一体,无所谓本末;所谓"未发",本心并不知其未发,所谓"既发",本心亦不知其既发,"未发""已发"在本心的统摄下合而为一。[①]

[①] 郑熊《宋儒〈中庸〉学研究》亦征引了此段材料,并有分析。笔者于此所作之分析深受郑熊观点的启发。

《礼记》与经世致用

北宋庆历以后,土地兼并日益严重,官僚和地主占有大片土地,而贫者无地可耕作。此外,冗员、冗兵也给政府带来很大的财政压力。鉴于当时社会存在的各种问题,不少士人希望通过改革从而缓解社会矛盾。在中国古代,社会改革的前提无疑是要得到统治者的支持。这种支持的获得,除了改革的主张要符合社会实际以外,还要有经典依据。在中国古人的意识中,经典具有神圣意义,经典之记载是治国理政措施合理性与合法性最基本的依据。为了获得宋代统治者的支持,不少士人积极著书立说,从古老的经典中寻找理论依据和制度资源,从而议政论政。[①] 如李觏以《周礼》为主,兼取《礼记》等儒家经典,从而阐发致太平思想。熙宁变法期间,王安石从《周礼》《礼

[①] 在中国,利用经典议政论政是古老的传统,中国古人"以《禹贡》治河,以《洪范》察变,以《春秋》决狱,以《三百五篇》当谏书,治一经得一经之益"([清]皮锡瑞:《经学历史》,中华书局,2012,第56页)。由于"三礼"所记载的礼仪制度和蕴含的礼学思想对于人的道德提升以及社会秩序整合有积极意义,所以受到历代统治者的高度重视。如王莽效法《周礼》推行改制,北周宇文泰命苏绰、卢辩仿《周礼》置六卿官。虽然王莽、宇文泰据《周礼》从事社会改革都走向失败,但是这并没有影响宋人采用《周礼》从事政治经济制度改革的热情。

记》等经典中寻找制度和思想资源，为变法的合理性和合法性提供依据。此外，不少士人还通过对《礼记》之诠释，从而描绘其心目中的理想个人，阐发社会理想，规劝当政者。

一、以《礼记》为据描绘"内圣外王"的理想人格

宋儒对天人关系的论述，对伦理道德的设定，落脚点皆在理想人格之塑造上。所谓理想人格，是指"一个社会、一个民族文化中人们最推崇的人格范型，这种人格范型最典型地体现了该社会文化的基本特征和价值标准"[①]。笼统地说，儒家的理想人格就是"内圣外王"。内圣是指人通过心性修养，从而达到高尚的境界；外王是指高尚的境界在现实社会的外化和彰显。这种理想人格，集中地反映在《礼记·大学》"修齐治平"的论述上。

宋儒重视《大学》所倡导的"内圣外王"之道，并作了新的诠释。如司马光据《大学》"大学之道，在明明德，在亲民，在止于至善"，认为君子应具备"修身"和"治天下"之志，才能至于"尽善"。他说："明明德所以修身也，亲民所以治天下国家也。君子学斯二者，必至于尽善然后止，不然不足谓之大学也。定者能固执于至善也，静者不为纷华盛丽之所移夺也，安者悦而时习之也，虑者专精致思以求之也，得者入于圣人之道也。"[②] 司马光认为君子应"修身""治天下"兼备，实际上是"内圣外王"的另一种说法。宋人邵甲也说："夫始于明明

---

① 朱义禄：《儒家理想人格与中国文化》，辽宁教育出版社，1991，第7页。
② ［宋］卫湜：《礼记集说》卷一四九，文渊阁《四库全书》第120册，第575页。

德,已而新其民,复继之曰在止于至善,何也?盖至善即明德新民极致之地,明德而未极于至善,则其明为未周,新民而未极于至善,则其化为尚浅。"① 邵氏认为,"明明德"乃自身道德修养之事,德为本心所有,非外在所能增益,自己需要做的是将此德外化为行动;"新民"就是成就他物,具体地说,就是以方导民、以渐化民;"明德""新民"有程度深浅之不同,只有当"明德""新民"达到极致,方可称为至善。

《礼记·大学》又言"自天子以至于庶人,壹是皆以修身为本"。叶适认为,《大学》此章极体用而言之。他说:"天下之人悦其外而忘其内,安其末而不思其本,莫知其所以致知者,何也?故敛其用以反其本,收其远而归于近,则明明德于天下者,必先治其国,治其国者,必先齐其家,以至于正心诚意,敛之无余力,用之无余功。"② 在叶适看来,人应该从"格物致知"开始,以见大道之本,再到"齐家""治国",以至于"明明德于天下"。张载也说:"一国一家一身皆在处其身,能处一身则能处一家,能处一家则能处一国,能处一国则能处天下。心为身本,家为国本,国为天下本。心能运身,心所不欲,身能行乎?"③ 在张载看来,"处其身"是齐家、治国的前提,能处一身则能齐家,能齐家则可治国、平天下。

《大学》"三纲领""八条目"所蕴含的"内圣外王"之道,实际上有本末先后的关系,修身为本,齐家、治国、平天下为

---

① [宋]卫湜:《礼记集说》卷一四九,文渊阁《四库全书》第120册,第579页。
② [宋]卫湜:《礼记集说》卷一五〇,文渊阁《四库全书》第120册,第596—597页。
③ [宋]卫湜:《礼记集说》卷一四九,文渊阁《四库全书》第120册,第582页。

末。司马光、邵甲、叶适、张载等人从事《大学》诠释时强调内圣，认为外王只不过是内圣的自然外化，这与儒家传统的人格理想是一致的。

至于儒家理想人格之要素，《礼记》亦有记载，"义""敬""中庸"等皆此类也。宋儒以《礼记》为据，对理想人格的构成要素作了阐释。如宋儒讲礼、崇礼，认为礼是圣贤必备的要素。《礼记·曲礼》言"礼不踰节，不侵侮，不好狎"，宋人周行己据此认为："礼者，分而已矣。居下而犯上，则踰上之节，不知下之分也。居上而偪下，则踰下之节，不知上之分也。侵侮者失人，不知人之分也。好狎者失己，不知己之分也。君子明礼而知分，故居上不骄，为下不乱，与人不争，处己必敬。此所以作事可法，容止可观，而为万夫之望者也。"① 周氏认为《曲礼》"不踰节""不侵侮""不好狎"，意在使人明上下之分、与人不争、处己必敬。又如《礼运》言"礼，先王以承天之道，以治人之情，故失之者死，得之者生"，宋人刘执中据此曰："先王正心诚意，动必如礼者，欲盛厥德，以配天地也，不曰承天之道乎？"② 刘氏认为"失之者死"即失礼则悖于中道，灾祸及身；"得之者生"即有礼则行动协调，合符中道；"天下国家可得而正"即天地得礼则阴阳和顺，鬼神得礼则生以时，诸仪得礼则君臣、父子、兄弟、夫妇、朋友各有职分而不及乱。

宋儒重视义利之辨，义是宋儒理想人格的要素。如《大学》主张"国不以利为利，以义为利也"，宋人叶梦得释之曰："聚

---

① ［宋］周行己：《经解》，《全宋文》第137册，上海辞书出版社、安徽教育出版社，2006，第123页。
② ［宋］卫湜：《礼记集说》卷五四，文渊阁《四库全书》第118册，第127页。

人者财，理财者义。务财用，求所以聚人也；不务财用，求所以为义也。小人不知所以聚人，而务在于聚财，此灾害所以并至也。"①叶氏认为，聚敛财富之根本目的是聚人，不聚敛财富之目的是求义；小人专事聚财而不知求义，遂招致灾害；专事聚敛财富者不义，是小人之事；以义为目标，不专事聚敛财富者则是君子之事。朱熹引陆贽和吕希哲之语，亦认为聚敛财富乃小人之事，伤民心，伤国本；人主敛财，令智昏而不知害。朱熹曰："怨已结于民心，则非一朝一夕之可解矣。圣贤深探其实，而极言之，欲人有以审于未然，而不为无及于事之悔也。以此为防，人犹有用桑弘羊、孔仅、宇文融、杨慎矜、陈京、裴延龄之徒，以败其国者。"②朱熹认为君子不应以聚财为务，如此方能利国利民。

二、以《礼记》阐发教化思想

《礼记》是中国礼教的重要思想资源，历代学人通过对《礼记》的诠释，从而阐发教化思想，以有益于当下。宋元明以来，李觏、黄道周等人根据《礼记》的内容，从而阐发他们的教化思想。

在李觏的思想体系中，礼学思想占有十分重要的地位。李觏一生"学通《五经》，尤长于礼"③，"礼"在李觏的思想体系中居于核心的地位，贯穿着李觏学说的各个方面。李觏认为，

---

① ［宋］卫湜：《礼记集说》卷一五三，文渊阁《四库全书》第120册，第668页。
② ［宋］卫湜：《礼记集说》卷一五三，文渊阁《四库全书》第120册，第668—669页。
③ ［宋］罗伦：《建昌府重修李泰伯先生墓记》，《李觏外集》卷三，中华书局，2011，第517页。

礼乃仁、义、智、信之本，如果只知仁、义、智、信，而不知求之于礼，那只是"率私意，附邪说，荡然而不反，此失其本者也"①。因此，对李觏礼学之探讨是把握其思想的关键。

李觏重视《周礼》，因为《周礼》可以作为阐发经世致用思想的资源。李觏重视《礼记》，是因为《礼记》义理性强，可满足构建礼学思想体系的需要。一些学者将李觏与荀子的《礼论》加以比较，认为李觏继承和发展了荀子的礼学思想。②然而通过考察，我们认为李觏《礼论》更多的是继承和发展了《礼记》的礼学思想。

在《礼论》七篇中，李觏多次引用《王制》《中庸》《乐记》《郊特牲》《月令》《曲礼》《丧服四制》《礼运》中的内容，并加以解说和议论，而对《荀子》的篇目不曾提及。此外，李觏在对礼之起源的论述上，也是以《礼记》为思想基础。从下面两段文字的比较可以清楚地看到这一点。《礼运》云："夫礼之初，始诸饮食……以养生送死，以事鬼神上帝。皆从其朔。"李觏云："夫礼之初，顺人之性欲而为之节文者也。人之始生，饥渴存乎内，寒暑交乎外。饥渴寒暑，生民之大患也。食草木之实、鸟兽之肉，茹其毛而饮其血，不足以养口腹也。被发衣皮，不足以称肌体也。圣王有作，于是因土地之宜，以殖百谷；因水火之利，以为炮燔烹炙。治其犬豕牛羊及酱酒醴酏，以为饮食，艺麻为布，缫丝为帛，以为衣服。夏居橧巢，

---

① ［宋］李觏：《礼论第五》，《李觏集》卷二，中华书局，2011年点校本，第12页。
② 姜国柱《李觏的"礼论"思想》(《江汉论坛》，1983年第6期)、赖井洋《略论李觏对荀子〈礼论〉的继承和发展》(《韶关大学学报》，1999年第6期)亦持此论。

则有颠坠之忧；冬入营窟，则有阴寒重腿之疾，于是为之栋宇。取材于山，取土于地，以为宫室。手足不能以独成事也，饮食不可以措诸地也，于是范金斲木，或为陶瓦，脂胶丹漆，以为器皿。"① 李觏认为，"礼"乃顺应先民的物质欲望、解决人们衣食住行等需要而产生的"节文"者。先民初生，饥欲食、渴欲饮、寒欲暖等生活方面的需求便应运而生，为了满足并节制人们的欲望，圣王才制定了礼。将《礼运》与李觏《礼论》中的这两段文字加以比较，可知二者在用词、行文及思想上都具有一致性。后者直接取材于前者没有疑义。②

在关于礼之范围的认识上，李觏不同意前人将礼与乐、刑、政、仁、义、智、信并列的传统提法，而是以为其他各条目均"一本于礼"。李觏说："曰乐，曰政，曰刑，礼之支也。而刑者，又政之属矣。曰仁，曰义，曰智，曰信，礼之别名也。是七者，盖皆礼矣。"③ 有人发问："吾子之论乐、刑、政、仁、义、智、信咸统于礼也。其始得之于心与？抑尝闻圣人之言及此者与？"李觏曰："予闻诸圣人矣。《礼运》记孔子之言曰：'禹、汤、文、武、成王、周公，此六君子者，未有不谨于礼者也。以著

---

① [宋]李觏：《礼论第一》，《李觏集》卷二，中华书局，2011年点校本，第6页。
② 《荀子·礼论》云："礼起于何也？曰：人生而有欲，欲而不得，则不能无求，求而无度量分界，则不能不争。争则乱，乱则穷。先王恶其乱也，故制礼义以分之，以养人之欲，给人之求。使欲必不穷乎物，物必不屈于欲，两者相持而长，是礼之所起也。"有学者认为，李觏继承和发展了荀子关于礼之起源的思想。笔者认为，李觏与《礼运》不仅在关于礼的起源的思想上一致，而且在表述上也大体相同，因此，李觏关于礼的起源的思想直接源于《礼运》，而非源于《荀子·礼论》。
③ [宋]李觏：《礼论第一》，《李觏集》卷二，中华书局，2011年点校本，第5—6页。

其义，以考其信，著有过，刑仁讲让，示民有常。'其下文曰'礼者，君之大柄也。所以别嫌明微，傧鬼神，考制度，别仁义，所以治政安君也'。周公作六官之典，曰治典，曰教典，曰礼典，曰政典，曰刑典，曰事典，而并谓之《周礼》。今之《礼记》其创意命篇有不为威仪制度者，《中庸》《缁衣》《儒行》《大学》之类是也。及其成书，总而谓之《礼记》。是其本传之者，亦知礼矣。"① 李觏认为，他所说的礼统乐、刑、政、仁、义、智、信并非出于己意，而是得之于圣人。他引用《礼运》中的内容，认为《礼运》记孔子所言六君子均是谨于礼之人，礼乃国君手中之权柄，国君以礼别嫌疑，明隐微，敬鬼神，立制度，别仁义。礼是用来治国理政、保君安位的。李觏还认为，除《中庸》《缁衣》《儒行》《大学》以外，《礼记》其他篇目均有关于礼仪制度之记载。据李觏之意，正是由于圣人有所言，书中有所记，所以礼乃乐、刑、政、仁、义、智、信之本，其他各条目均是礼之别名。

　　《礼运》是《礼记》的第九篇，主要论述了礼的起源、发展、演变及作用，也探讨了圣王制礼的依据、原则，还探讨了礼与仁、义、乐的关系，特别强调了礼对于社会治理的意义。据《礼运》可知，礼的范围很广泛，礼的功能也很全面，仁、义等条目均含纳于礼。李觏认为礼与仁、义、乐是包含与被包含的关系，其文献依据仅限于此。李觏以《礼运》外的其他《礼记》篇目来论证礼的范围则失之偏颇。除《礼运》外，《礼

---

① [宋]李觏：《礼论第六》，《李觏集》卷二，中华书局，2011年点校本，第19—20页。

记》所记礼与乐并无包含与被包含的关系。如《乐记》:"乐者,天地之和也。礼者,天地之序也。和,故百物皆化;序,故群物皆别。""乐也者,情之不可变者也,礼也者,理之不可易者也。乐统同,礼辨异。""乐者敦和,率神而从天;礼者别宜,居鬼而从地。故圣人作乐以应天,制礼以配地。礼乐明备,天地官矣。"《郊特牲》:"乐由阳来者也,礼由阴作者也,阴阳和而万物得。"《乐记》《郊特牲》以礼和乐来概括事物之间互相依存的状态,礼与乐既相互对立,又相互统一,并非本与末的关系。

礼统仁、义、智、信是李觏礼学思想的重要内容。在《礼论》七篇中,李觏多处征引《礼记》中的内容,或遵从,或反驳,其取舍的标准皆以是否有利于建构礼统仁、义、智、信的礼学思想体系。当《礼记》中的内容与自己的礼学思想一致时,李觏便予以征引。有人问:"仁义智信,疑若根诸性者也。以吾子之言,必学礼而后能乎?"李觏回答说:"圣人率其仁、义、智、信之性,会而为礼,礼成而后仁、义、智、信可见矣。……圣与贤,其终一也。始之所以异者,性与学之谓也。《中庸》曰:'自诚明,谓之性;自明诚,谓之教。诚则明矣,明则诚矣。'自诚明者,圣人也;自明诚者,贤人也。"[1] 《中庸》于此将圣人与贤人做了区分。李觏据此认为,"性"与圣人相关,"学"则与贤人相关,"性"与"学"相当于礼与仁、义、智、信的关系。《中庸》区分圣人、贤人的观点有利于阐发礼统诸端的礼学思想,故得到李觏的赞同。不过,李觏以区分

---

[1] [宋]李觏:《礼论第四》,《李觏集》卷二,中华书局,2011年点校本,第11—12页。

圣贤引申出礼与诸端之关系，并非《中庸》文本原义。

当《礼记》经文及郑《注》不利于构建自己的礼学思想体系时，李觏便予以批评。有人问："《月令》之推五性亦然矣，如何？"李觏曰："《月令》之书，盖本于战国之时吕氏门人所作，至唐增修之，未足以观圣人之旨也。后之人见仁、义、礼、智、信列名而齐齿，谓五者之用，各有分区。故为仁、义、智、信则不取于礼，而任其私心为礼，则不能辨仁、义、智、信。但以器服物色，升降辞语为玩，以为圣人作礼之方，止于穷奢极富，炫人听览而已矣。"[1]《月令》将礼与仁、义、智、信相提并论，与李觏礼统诸端的观点不同，遂招致李觏的批评。

又如在《礼论第五》中，李觏曰："郑氏注《中庸》性命之说，谓'木神则仁，金神则义，火神则礼，水神则信，土神则智'，疑若五者并生于圣人之性，然后会而为法制。法制既成，则礼为主，而仁、义、智、信统乎其间，若君臣之类焉。"[2] 又云："郑氏之学，其实不能该礼之本，但随章句而解之。句东则东，句西则西，百端千绪，莫有统率。故至乎性命之说，而广求人事以配五行，不究其端，不揣其末，是岂知礼也哉？"[3]《中庸》郑《注》将仁、义、礼、智、信相提并论，与李觏礼统诸端的思想不合，李觏遂驳郑《注》，为自己的礼学思想辩护。

在批评《礼记·乐记》的基础上，李觏对礼乐的功能做了讨论。有人问："《乐记》曰'圣人作乐以应天，制礼以配地，

---

[1] [宋] 李觏：《礼论第五》，《李觏集》卷二，中华书局，2011年点校本，第15页。
[2] [宋] 李觏：《礼论第五》，《李觏集》卷二，中华书局，2011年点校本，第14—15页。
[3] [宋] 李觏：《礼论第五》，《李觏集》卷二，中华书局，2011年点校本，第15页。

礼乐明备,天地官矣'。又以天地卑高,动静方物,在天成象,在地成形,以为礼者,天地之别也。地气上齐,天气下降,阴阳相摩,天地相荡,雷霆风雨,四时日月,百化之兴,以为乐者,天地之和也。由此观之,则礼乐之比隆竞大,盖已著矣。而吾子统之于礼,益有疑焉?"李觏回答:"彼以礼为辨异,乐为统同,推其象类,以极于天地之间,非能本礼乐之所出者也。礼也者,岂止于辨异而已哉?乐也者,岂止于统同而已哉?是皆见其一而忘其二者也。"① 李觏认为,《乐记》所言"礼辨异""乐统同"并非礼乐的全部功能。李觏又曰:"乐、刑、政各有其物,与礼本分局而治。……夫仁、义、智、信岂有其物哉?总乎礼、乐、刑、政而命之,则是仁、义、智、信矣,故止谓之别名也。"② 在李觏看来,乐、刑、政为礼之支,仁、义、智、信为礼之别名。从李氏所列乐、刑、政、仁、义、智、信的丰富内容来看,礼乐的功能远不止"辨异"和"统同"。

李觏重视教化,其通过征引《礼记》等文献,成《教道》九篇。李觏征引《礼记·经解》来强调教化的重要性,他说:"善观民者,见刑之不胜恶也,则反之曰是教之罪也。焉可以刑不胜恶而谓教益不可用也?譬诸人身,导养得理则无疾,疾作而后用药,药所以不胜病也。善观身者,见药之不胜病也,则反之曰是导养之失也。焉可以药不胜病而谓导养益不可用也?《记》曰:'昏姻之礼废,则夫妇之道苦,而淫辟之罪多矣。乡饮酒之礼废,则长幼之序失,而争斗之狱繁矣。丧祭之礼废,

---

① [宋]李觏:《礼论第六》,《李觏集》卷二,中华书局,2011年点校本,第18页。
② [宋]李觏:《礼论第五》,《李觏集》卷二,中华书局,2011年点校本,第17页。

则臣子之恩薄,而倍死忘生者众矣。聘觐之礼废,则君臣之位失,诸侯之行恶,而倍畔侵陵之败起矣。故礼之教化也微,其止邪也于未形,使人日徙善远罪而不自知也。是以先王隆之也。'"① 李觏援引《经解》,以婚礼、乡饮酒礼、丧祭之礼、聘觐之礼的丧失,从反面来说明古礼对于教化民众、安定百姓所具有的重要意义。

在《教道第二》中,李觏论述了养老之礼对于教化之意义。他说:"夫养老之礼,自古帝王未始不隆之也。《王制》曰:'凡养老,有虞氏以燕礼,夏后氏以飨礼,殷人以食礼,周人修而兼用之。五十养于乡,六十养于国,七十养于学,达于诸侯。''有虞氏养国老于上庠,养庶老于下庠。夏后氏养国老于东序,养庶老于西序。商人养国老于右学,养庶老于左学。周人养国老于东郊,养庶老于虞庠。虞庠在国之西郊。有虞氏皇而祭,深衣而养老。夏后氏收而祭,燕衣而养老。商人冔而祭,缟衣而养老。周人冕而祭,玄衣而养老。'凡四代之制虽时有改,然其道则莫之变也。"② 李觏援引《礼记·王制》对虞、夏、商、周养老礼之记载,意在说明养老礼于四代虽有变更,孝悌之道却始终如一。

在《教道第三》中,李觏论述了乡饮酒礼对于教化的作用,其佐证材料主要来自《礼记·乡饮酒义》和《礼记·经解》。李觏曰:"《乡饮酒义》曰:'六十者坐,五十者立侍,以听政

---

① [宋]李觏:《安民策第一》,《李觏集》卷一八,中华书局,2011年点校本,第174—175页。
② [宋]李觏:《教道第二》,《李觏集》卷一三,中华书局,2011年点校本,第117—118页。

役,所以明尊长也。六十者三豆,七十者四豆,八十者五豆,九十者六豆,所以明养老也。民知尊长养老而后乃能入孝弟。民人孝弟,出尊长养老,而后成教,成教而后国可安也。'《经解》曰:'乡饮酒之礼废,则长幼之序失,而争斗之狱繁矣。'夫二人同居,亦一长一幼,如使幼皆顺长,则争何由兴?推此以及千万人,宜乎其狱讼之寡也。而况尊人之长,以及吾长,养人之老,以及吾老,则轻重可知矣。轻重可知,而不孝不弟者,其唯禽兽之心乎?若是,则教焉得不成,国焉得不安也哉!"[1]李觏引《乡饮酒义》所记不同年龄的老人所受的礼遇,说明此礼的意义在于使民知孝悌,教化才能成,国才能安。李觏又引《经解》所记载的不行乡饮酒礼可能产生的后果,从反面说明乡饮酒礼的重要性。即若不行乡饮酒礼,民众则不孝不悌,与禽兽无异,教化不成,国不得安。

李觏通过征引《礼记》中《王制》《经解》《乡饮酒义》等篇目中的内容,从而说明教化的重要性,并指出实现教化的途径。李觏征引《礼记》所记古昔圣贤之说,并非发掘经典之原义,而是将圣贤之说作为自己思想的注脚。

郑玄《礼记注》重视文字训诂和礼制考证。汉唐以后,治《礼记》者无不受郑玄的影响。李觏的《礼记》诠释摆落汉唐,自出新义,其特点主要体现在以下三个方面。

第一,李觏很少从文献的角度从事《礼记》经文诠释。李觏所关注的,并不是《礼记》的文字训诂,而是礼之意义的阐

---

[1] [宋]李觏:《教道第三》,《李觏集》卷一三,中华书局,2011年点校本,第119页。

发。《礼记》义理性较强，迎合了李觏构建礼学体系的需要。如果说刘敞的《礼记》诠释还具有汉学特征的话，李觏的《礼记》诠释则是完全脱离汉学，走上了宋学义理解经之路。

第二，李觏对《礼记》经文多有新解。虽然李觏并未明言自己是在否定《礼记》旧注，但是其解义已经在事实上否定了旧注。作为一个擅长以义理解经的学者，李觏的《礼记》诠释有独特的视角，其于《礼记》之解义，在文献学上价值不大，但是从学术思想史的角度来看还是有其时代的合理性。

第三，李觏是政论家，其著述仅仅是手段，最终的目的是经世致用。汉唐学人重视《礼记》经文之训诂、名物制度之考证；宋代理学家则以《礼记》为资源来建立理学体系，阐发天道性命之说。李觏的《礼记》诠释，既无汉学家们的详密考证，又无哲学体系之建构，他所在意的，是利用《礼记》来阐发礼学、政治、经济及教化思想。

在宋元明《礼记》学史上，明人黄道周所撰《月令明义》《表记集传》《坊记集传》《缁衣集传》《儒行集传》具有明显的经世致用色彩。在这些著作中，黄道周集中阐发了他的教化思想。

黄道周以《春秋》与《表记》互证。他说："夫子以《春秋》之意酌为礼本，以大民坊，又以《诗》《书》《礼》《乐》之意表其行事，而洗心于《易》，致用于《春秋》，是《表记》之所为作也。"[1] 黄氏认为，《表记》与《春秋》相通，故可以《春秋》与《表记》互证。

---

[1] ［明］黄道周：《表记集传》卷一，文渊阁《四库全书》第122册，第838—839页。

黄氏先逐句列《表记》原文，后则以《春秋》证之。比如其引《春秋》隐公元年之事以释《表记》所言君子"坊德""坊淫""坊欲"。黄道周以《春秋》与《礼记》中的篇目互证，重视阐发微言大义，而不事考据，故其经学偏向于今文学。众所周知，自汉代以来，《春秋》是今文经学最重要的经典。黄道周以《春秋》与《表记》《坊记》等互证，体现了今文经学经世致用的价值取向。清人评价曰："至《表记》篇则多言君子恭敬仁义之德，而必以《春秋》证之，于经之本义反荒矣。又引韦鼎见王通之事，则误信伪书，于考据亦疏，而其说《春秋》互证旁通颇有发明，犹之胡安国《春秋传》，虽未必尽得经意，特以议论正大，因事纳规，甚有关于世教，遂亦不可废云。"[1]

黄道周治经，不看重考据，强调经世致用。如其根据《缁衣》阐发人主所行之道，藉《坊记》释圣人立礼、立刑、立命以正父子君臣夫妇之位。黄氏于《礼记》专事大义之发挥，而不重视考据，后人对此有同情之理解。如关于《缁衣》，四库馆臣说："其于经济庶务条目之间，虽有未悉，而于君心好恶纲领之原，以至三代而下，治乱盛衰之故，亦略云赅备。且是编本以《缁衣》为目，而郑《注》以好贤为解，道周此书，虽泛引史事，要其指归，固亦不乖于古训矣。"[2] 黄氏之书以经世致用为出发点，其所引古史事，皆意在提升从政者之道德素养。

三、以《礼记》阐发社会理想和变法思想

中国古代的"理想国"思想，集中地体现于《礼记·礼

---

[1] [清] 永瑢等:《四库全书总目》卷二一，中华书局，1965年影印本，第171页。
[2] [清] 永瑢等:《四库全书总目》卷二一，中华书局，1965年影印本，第171页。

运》。《礼运》认为，大同社会尽善尽美，天下为全体人民所公有，选举有贤德有才能的人来管理；讲求诚信，致力友爱；人们不只是爱自己的双亲，不只是疼爱自己的子女，而是能博爱世人。宋儒在从事《礼运》诠释时，将他们的社会理想表达了出来。如宋人刘执中认为，五帝时代世风质朴、人民纯洁，"是以选贤与能，讲信修睦，不必自于朝廷，而族党人人公共推让，不敢以为己私也。虽以天下让于人，而人不以为德；虽以天下外于子，而人不以为疏。故不谨于礼而人无作伪以逾于中，不由于乐而人无纵情以失其和"[1]。宋人陈祥道认为，尧、舜之世为大同，而禹、汤、文、武、成王、周公之世为小康，"大道之行为大同，大道之隐为小康，以道之污隆升降系乎时之不同而已。盖大道者，礼义之本，礼义者，大道之末。……此尧舜所以为大同，而禹、汤、文、武、成王、周公所以为小康也"[2]。

此外，《礼记·王制》有不少理想化的政治制度之记述。有些宋儒对《王制》所记政治制度的评价甚高，如永嘉徐自明认为"《王制》一书，叙次三王四代之制度，盖圣王所以经纶天下之大经，而为万世法程者也"[3]，高文虎认为"《王制》一篇皆先王治天下之规模，而本末先后未尝无定序也"[4]。不少宋儒还据《王制》所记之政治制度，从而阐发自己的社会政治理想。如徐自明曰："《王制》……推明班爵制禄之法、祭祀养老之义，其立国之纪纲制度，讲若画一而不相逾越。三代所以享国长久，

---

[1] [宋]卫湜：《礼记集说》卷五四，文渊阁《四库全书》第118册，第119页。
[2] [宋]卫湜：《礼记集说》卷五四，文渊阁《四库全书》第118册，第119页。
[3] [宋]卫湜：《礼记集说》卷二四，文渊阁《四库全书》第117册，第479页。
[4] [宋]卫湜：《礼记集说》卷二四，文渊阁《四库全书》第117册，第476页。

虽有辟王而维持者不乱，盖得其道矣。周衰，上无道揆，下无法守，诸侯坏乱法纪，以隳先王之制多矣。"[1] 在徐氏看来，三代能行《王制》所记先王之道，故能享国长久；周代以来，由于上无道为准，下无成法可守，先王制度坏乱，诸侯恣意妄为，周朝走向衰微。又如高文虎认为，王者之制，莫重于设官分职、班爵制禄、分地建国，因为这些制度"为斯民之极，故必使内外相维，上下相制，井然有不可逾越之法，是诚立国之本也。……虽然欲使人君尽行古制，天下尽从王者之制，其本又在于人伦天理之不失，此所以终之以六礼七教八政欤"[2]。

宋儒通过对《礼运》和《王制》的诠释，从而描绘了自己心中的理想社会。宋儒心中的理想社会是"三代"盛世，最好的社会治理途径是"法先王"。这些理想体现了宋儒企图改变积弊颇深的社会现实的强烈愿望，是理想主义与现实批判相结合的政治学说。

宋代还有一些人通过经典诠释，从而为社会变革运动提供理论依据。这方面最典型的人物莫过于王安石。王安石有古典理想主义的特质，他藉《礼记》之诠释，阐发崇圣复古思想。其在训释《礼记》时多使用"先王"一词，体现的正是他的这一思想倾向。如《檀弓下》"战于郎，公叔禺人遇负杖入保者息"一段，王安石说："以此知先王制礼，大为之防，而事有常变，不可以常礼制之者，可变而从宜也，小德出入可也。"[3] 王安石认为，先王制礼，意在为人行事立定规则。又如《礼运》

---

[1] [宋] 卫湜：《礼记集说》卷二四，文渊阁《四库全书》第117册，第479页。
[2] [宋] 卫湜：《礼记集说》卷二四，文渊阁《四库全书》第117册，第476页。
[3] [宋] 卫湜：《礼记集说》卷二二，文渊阁《四库全书》第117册，第445页。

"后圣有作，然后修火之利……以事鬼神上帝，皆从其朔"一段，王安石说："皆从其初，皆从其朔，或言初，或言朔，何也？初者，一始而不可变；朔则终而复始。故于始诸饮食则言初，于后圣有作则言朔，盖先王为后世所因，乃其所以为朔也。"① 王安石认为先王当为后世所效法。

王安石虽然主张"法先王"，但绝非亦步亦趋地效法和模仿，而是当法其意。王安石说："夫二帝三王，相去盖千有余载，一治一乱，其盛衰之时具矣。其所遭之变，所遇之势，亦各不同，其施设之方亦皆殊，而其为天下国家之意，本末先后，未尝不同也。臣故曰：当法其意而已。法其意，则吾所改易更革，不至乎倾骇天下之耳目，嚣天下之口，而固已合乎先王之政矣。"② "当法其意"，即效法先王为天下国家之意，唯有如此，才符合先王本意。

王安石对《礼记》之诠释，尊崇周公和周礼的倾向颇为明显。如《礼运》："孔子曰：'……鲁之郊禘，非礼也，周公其衰矣。'"王安石说："鲁有周公之功而用郊，不亦可乎？鲁之郊也，可乎？曰：有伊尹之心，则放其君可也，有汤武之仁，则绌其君可也，有周公之功，用郊不亦宜乎？"③ 郊礼祭天，被历代统治者所看重。王安石认为，鲁国若有周公之功，就可行郊祭。由此可见王安石对周公之尊崇及其变通意识。又如《檀弓》："悬子琐曰：'吾闻之，古者不降，上下各以其亲。滕伯文

---

① ［宋］卫湜：《礼记集说》卷五四，文渊阁《四库全书》第118册，第139页。
② ［宋］王安石：《王安石全集》卷一《上皇帝万言书》，上海古籍出版社，1999，第1页。
③ ［宋］卫湜：《礼记集说》卷五五，文渊阁《四库全书》第118册，第150页。

为孟虎齐衰,其叔父也;为孟皮齐衰,其叔父也。'"郑《注》:"古谓殷时也,上不降远,下不降卑。"① 王安石云:"亲亲之敝,君不尊则命不一,而争夺之祸繁矣,故继之以尊尊。尊尊,周道也,亲亲,殷道也。"② 王安石认为,不降上下为殷礼,属于"亲亲"的范畴;"亲亲"之弊是"君不尊则命不一,而争夺之祸繁";仅有亲亲,君上的地位难以彰显,政令不能统一,争夺之祸就会发生;周礼讲"尊尊",君尊臣卑,上下有等,"亲亲"之弊则可避免。王安石贬抑"亲亲",而推崇"尊尊",出于他对周礼的尊崇态度。王安石在《礼记》诠释时表现出崇圣复古意识,并非真的要回复到圣贤所在的"古代",而是通过具有"复古"色彩的经典诠释行为,从而为自己的变法寻求合法性;此外,通过对《礼记》等经典"为我所用"的解释,从而为变法提供理论依据。

四、据《礼记》议政论政

宋儒在议政论政时常常引经据典,从而使自己的观点具有合法性。在儒家经典中,《礼记》以其丰富的社会治理思想,成为宋儒议政论政时重要的思想资源。如《礼运》云"治国不以礼,犹无耜而耕也",宋人蒋渊据此认为,圣人制礼以教天下,繁文缛节,意义详备,功用周遍,就如人进太仓,饮食随取,从而"使人相安相养于其中,而不知若服田足食之喻,其亦本于养人之意与"③。宋人叶氏据《礼运》此语,认为圣人于人情

---

① [清]阮元校刻:《十三经注疏(附校勘记)》,中华书局,1980,第1291页。
② [宋]卫湜:《礼记集说》卷一八,文渊阁《四库全书》第117册,第384页。
③ [宋]卫湜:《礼记集说》卷五八,文渊阁《四库全书》第118册,第231—232页。

深有体察，故有以礼治国之主张；受人情之影响，性之本善可变为恶，以礼治国可防人情对人性的负面影响，以臻"人情治，人性明，而人道立矣"①。

又如有人据《礼记》，力主官员七十而致仕。《礼记·曲礼》云"大夫七十而致事"，然而北宋时期，年满七十仍在位的官员不在少数。曹修古于天圣四年（1026）上奏，力主七十当致仕。在此奏中，曹氏据《礼记》以论七十致仕之必要性。其理有三，一是"七十致仕载在礼经"②，二是年老者体力、心力渐衰，不能胜任职务，三是年老者多作身后之计，易导致腐败。包拯于皇祐三年（1051）上奏，亦认为"七十致仕著在礼经，卓为明训"③，年老而不致仕，既不符合朝廷待士大夫之本意，亦不符合士大夫之礼。在曹修古等人的努力下，仁宗年间，七十而致仕者较前代稍多。

宋儒还据《礼记》之记载规劝当政者要勤于朝政、懂得节俭、重视礼教。如宋真宗信"天书封禅"，大兴土木，建玉清昭应宫以供奉"天书"。对于真宗此举，群臣无人敢言，只有王曾上《乞罢营玉清昭应宫疏》，极力劝说真宗以邦国大计为重，不要大兴土木、伤劳民力。王曾曰："臣谨按：《月令》：'孟夏无发大众，无起土工，无伐大木。'今肇基卜筑，冲冒郁蒸，傲扰厚坤，乖违前训。矧复旱暵卒痒，雷电迅风，拔木飘瓦，温沴

---

① ［宋］卫湜：《礼记集说》卷五八，文渊阁《四库全书》第118册，第232页。
② ［宋］曹修古：《内外官七十并令致仕奏》，《全宋文》第16册，上海辞书出版社、安徽教育出版社，2006，第192页。
③ ［宋］包拯：《论百官致仕奏》，《全宋文》第25册，上海辞书出版社、安徽教育出版社，2006，第321页。

之气,比屋罹灾,得非似未承天地之明効欤?"① 王曾据《礼记·月令》,认为建玉清昭应宫是不遵时令、失于物宜之举。

又如宋英宗时,禁中遣使泛至诸臣之家为颍王择妃。韩维据《礼记·坊记》"诸侯不下渔色,故君子远色以为民纪",认为颍王家室之择取,首先"宜历选勋望之家","不宜苟取华色而已"②,其次应注意"矫世励俗"之效应,因为"近世简弃礼教,不以为务。婚娶之法,自朝廷以达民庶,荡然无制,故风俗流靡,犯礼者众",所以英宗应"考古纳采问名之义,以礼成之"③。韩维认为英宗应据古代纳采、问名之仪式,遵从婚礼之程序,从而劝民向善、有益风化。

宋元明诸儒据《礼记》议政论政,具有现实主义与理想主义的双重特质。对于曹修古、包拯等统治阶层的实权派来说,据《礼记》议政论政的现实主义成分要多些,而对于李觏、张载等士人来说,理想主义的成分则更明显。李觏、张载等人藉经典提出的改革主张没有得到当权者的重视。从文化价值角度来看,尽管李觏、张载等人所提出的带有复古色彩的改革主张往往与社会现实有一定的张力,甚至是难以实现的梦想,但是他们的出发点是善意的,他们的用心是良苦的。

---

① [宋]王曾:《乞罢营玉清昭应宫疏》,《全宋文》第15册,上海辞书出版社、安徽教育出版社,2006,第382—383页。
② [宋]韩维:《上英宗乞不泛于诸臣家为颍王择妃》,《全宋文》第49册,上海辞书出版社、安徽教育出版社,2006,第137页。
③ [宋]韩维:《上英宗乞不泛于诸臣家为颍王择妃》,《全宋文》第49册,上海辞书出版社、安徽教育出版社,2006,第137页。

第四章
清代的《礼记》学

清代是中国古典学术万流归宗的时代，古、今、中、西之学在这个时代交汇、激荡、融合，呈现出新的学术形态。清代也是经学的全盛时代，从阮元所编《清经解》、王先谦所编《清经解续编》、刘晓东等人所编《清经解三编》，便可知清代经学规模之宏大。在经学大盛的背景下，清代涌现出了张尔岐、万斯大、姚际恒、毛奇龄、李光坡、盛世佐、徐乾学、秦蕙田、惠栋、江永、方苞、吴廷华、杭世骏、凌廷堪、胡培翚、孙希旦、朱彬、黄以周、林昌彝、孙诒让等一大批在礼学方面有精深造诣的经学家。在新的历史条件和思想文化背景下，清代的《礼记》学焕发出新的生机，出现了王夫之《礼记章句》、万斯大《礼记偶笺》、李光坡《礼记述注》、敕编《日讲礼记解义》、方苞《礼记析疑》、御定《礼记义疏》、杭世骏《续礼记集说》、孙希旦《礼记集解》、朱彬《礼记训纂序》、郭嵩焘《礼记质疑》、廖平《礼记识》、康有为《礼运注》《中庸注》等一大批《礼记》学著作。

清代《礼记》学概论

与宋元明时期相比,清代的《礼记》学文献数量较大。清代的《礼记》诠释既有清代经典诠释的共性,也有自己的个性。本节将从宏观的角度对清代《礼记》学文献的基本情况加以介绍,并对清代《礼记》诠释价值取向和特色进行说明。

一、清代《礼记》学文献概览

清代是"三礼"学大盛的时代,相对于《周礼》学和《仪礼》学,清代的《礼记》学稍显逊色,不过还是出现了一批考据精深、义理精微的著作。王锷的《三礼研究论著提要》著录已知的清代《礼记》学文献约为 250 种。我们结合地方志和相关藏书目录,在《三礼研究论著提要》的基础上又增补了 80 余种。[①] 综合各家的统计数据可知,从汉代到清代的《礼记》学文献约为 800 种,流传至今的不到 200 种。清代的《礼记》学文献流传至今的数量之多,为历代之最。

清代的《礼记》学文献可分为"传说类""单篇类""专题

[①] 舒大刚主编:《儒学文献通论》中册,福建人民出版社,2012,第 898 页。

类""文字音义类"等。

"传说类"是清代《礼记》学文献的主体,这方面又可分为集解类、考辨类等。所谓"集解类",就是集众说为《礼记》作解。清代集解类《礼记》学文献众多,比如《钦定礼记义疏》、杭世骏的《续礼记集说》、孙希旦的《礼记集解》、朱彬的《礼记训纂》等皆是此类文献。其中杭世骏的《续礼记集说》颇有代表性。该书沿袭卫氏《礼记集说》之集解体,采择汉代郑玄至宋人魏了翁之解义凡四十一家,皆卫氏《礼记集说》已列而采之未备者;采择汉代司马迁至宋黄仲炎凡四十五家,皆在卫氏以前而《礼记集说》未采者;采择宋张虙至明冯氏凡五十五家,皆在卫氏以后;采择清人解义四十六家。此外,孙希旦的《礼记集解》也可谓清代集解类《礼记》学的代表作。该书取材不别汉宋,比如《曲礼上》,孙氏征引汉唐十家,宋代十七家,元代二家,清代二家;于《檀弓上》部分,征引汉唐七家,宋代十家,元代三家,清代一家;于《王制》部分,征引汉唐九家,宋代十六家,元代二家,明代一家,清代三家。孙氏所征引者,宋代最多,汉唐次之,元明清又次之。孙氏征引汉唐时期最多者是郑玄,其次是孔颖达和陆德明;征引宋代最多者是朱熹,其次是吕大临。此外,孙氏对宋人王安石、方慤、马希孟,元人陈澔、吴澄的解义皆颇为重视。由于清人可以遍观历代的《礼记》解义,因此他们在从事《礼记》诠释时有更多的参考文献。

所谓"考辨类",是以考论辨正前人《礼记》说解中所存在的疑难失误为主要任务。清代这方面的《礼记》学文献主要有臧琳的《经义杂记》、惠栋的《九经古义》、王引之的《经义述闻》的《礼记》部分。王引之的《经义述闻》对《礼记》中的不少名物礼制作了考证，并纠正了前人的不少错误。比如《礼记》所记"五官""父师""固封疆"，以及"天子之豆二十有六""公素服不举""命祝史告于社稷宗庙山川"，王引之皆作了细致的考辨。此外，郭嵩焘《礼记质疑》也属于考辨类文献。《礼记质疑》择《礼记》四十九篇之有疑义者分条释之。从郭氏所作笺释之内容来看，其所关注的或为前人争论不休者，或为前人不曾关注者。相对于臧琳的《经义杂记》和王引之的《经义述闻》，郭氏于《礼记》旧注所提出的异议要多得多，学人们凭借郭氏此书，可对《礼记》的学术公案有全面的了解。

《礼记》四十九篇，除了《曲礼》《檀弓》《杂记》分上下篇之外，其他各篇都是相对独立的。清代有些学者对《礼记》中的某篇或几篇作了研究。比如在晚清今文经学兴起的时代学术背景下，今古文经学家将注意力投向《礼记》中的《王制》，通过对《王制》的诠释从而分别今古文学。如廖平的《王制集说》和《王制订》，皮锡瑞的《王制笺》皆以《王制》为今文学的经中之经，以与古文学的《周礼》相对应。在晚清的时局下，有些人还通过对《礼记》的单篇进行注释，从而阐发自己的政治理想。这方面最具有代表性的就是康有为所撰的《礼运注》和《中庸注》。康有为作《礼运注》，谈"大同"，从而为维新变法制造理论依据。其《中庸注》除了表白自己的心境外，还对他的社会理想作了阐发。当然，清代单篇的《礼记》学文献远不止以上所言的晚清这几家之作，孙濩孙的《檀弓论文》、邵泰衢的《檀弓疑问》等，也是《礼记》学的单篇之作。

有些清人对《礼记》学的某些专门问题作了研究，他们的作品就属于清代"专题类"《礼记》学文献。清代孔广牧的《礼记天算释》、谈泰的《礼记义疏算法解》和《王制里亩算法解》、王廷鼎的《月令动植小笺》等就属于此类文献。《礼记天算释》专门解释《礼记》中有关天文历算者，比较精核。《礼记义疏算法解》是研究算法者的指示门径，也是研究算法和经学的杰作。

还有一些清人对《礼记》中的字音、句读等作了研究，这类文献属于"文字音义类"。清代杨国桢的《礼记音训》、陈寿祺的《礼记郑读考》、俞樾的《礼记异文笺》、丁显的《礼记诸家引经异字同声考》等皆属于此类文献。这类文献以陈寿祺的《礼记郑读考》最具有代表性。陈氏参考《说文》《广雅》等书，融会贯通，使《礼记》经文畅通无滞，读者易于领会，不致疑难。

以上是对清代的《礼记》学文献所作的大体分类。实际上，还有些清代的《礼记》学文献并非《礼记》学的专书，比如徐乾学的《读礼通考》、秦蕙田的《五礼通考》、江永的《礼书纲目》、林昌彝的《三礼通释》、黄以周的《礼书通故》等皆有关于《礼记》的内容，从广义上来说，也属于清代《礼记》学文献的范畴。

二、清代《礼记》学的特色

清代《礼记》学是清代经典诠释学的重要组成部分，其有清代经典诠释的共性，也具有自己的特色。

第一，清人在从事《礼记》诠释时有通经致用的价值取向。

自古以来，中国的经典诠释学就不限于纯学理的探讨，而是与社会秩序的建构和人生理想密切关联。历代的经典诠释者，除了从事文字训诂外，还将经典所强调的道德风范与社会需要结合起来。比如汉代礼学大家郑玄撰《三礼注》，"非是注解，且可为朝廷定制也"①。刘歆、王安石等人从事《周礼》诠释，根本目的是为社会变革提供思想资源。经世致用是历代经典诠释者的根本动机，也是他们的价值取向。

清代学人也不例外，他们的经典诠释往往与世运和学风有极密切的关系。明清之际，王学末流空疏，人心不古，世风浇薄，一些学者遂通过对经典的诠释寻求经世致用的良方，而与社会秩序建构颇有关联的"三礼"遂进入清人的诠释视域。当时以治《仪礼》而闻名天下的张尔岐说："方愚之初读之（指《仪礼》）也，遥望光气，以为非周、孔莫能为已耳，莫测其所言者何等也。及其矻矻乎读之，读已又默存而心历之，而后其俯仰揖逊之容如可睹也，忠厚蔼恻之情如将遇也。周文郁郁，其斯为郁郁矣，君子彬彬，其斯为彬彬矣。虽不可施之行事，时一神往焉，彷佛戴弁垂绅，从事乎其间，忘其身之乔野鄙儴，无所肖似也。"②张尔岐的《仪礼》诠释表面上关注的是经文句读，然其撰作的深层动机却是寻求周、孔之意，从而矫正学风、经世济民。

在《礼记》的诠释方面，不管是清初的王夫之，还是晚清的康有为，他们都试图在《礼记》中寻求微言大义，从而有益于世道人心。与张尔岐同时代的大儒王夫之希望藉《礼记》之

---

① ［清］陈澧：《东塾读书记》卷四，《陈澧集》第2册，上海古籍出版社，2008，第265页。
② ［清］张尔岐：《仪礼郑注句读》，文渊阁《四库全书》第108册，第3—4页。

诠释以明"中国之所以为中国,君子之所以为君子"①,他撰《礼记章句》一书七十余万言,集中抒发了其对教化陵夷、世风败坏的深层忧虑。王夫之在《礼记章句》序中说:"夫之生际晦冥,遘闵幽怨,悼大礼之已斩,惧人道之不立,欲乘未死之暇,上溯'三礼',下迄汉、晋、五季、唐、宋以及昭代之典礼,折衷得失,立之定断,以存先王之精意,征诸实用,远俟后哲。"②王氏对于江山易主、山河破碎、礼乐不彰的社会现实颇感忧虑,《礼记章句》中处处可见他对王学的批判,也可见他对制度文化的重视。在与王夫之同时代不少学人那里,江山易主的现实令他们沉痛和心碎,然而他们找到了一个使他们还可以存续和努力的方向,那就是只要华夏的思想和制度不灭,那么江山其实并非真正地失去。因此,像《礼记》这样记载礼仪制度和礼乐精神的经典资源正好迎合了清朝初年部分学人的需要。

清代中前期学者的通经致用思想大多隐而不显,需要我们从他们的经典注释和考证中探赜索隐。晚清则不然,不少学人在危难的时局下心忧天下,他们将经典诠释与其社会理想直接联系起来,即便是以考据之学见长的孙诒让,在为《周礼》作新疏时仍不忘以《周礼》阐发他对古今中西之学的认识。晚清康有为特别重视《礼记》,其所撰《中庸注》《礼运注》是通过对《礼记》的单篇加以诠释,从而阐发社会人生理想。

第二,清人的《礼记》学体现了清代学术界所崇尚的征实

---

① [清]王夫之:《礼记章句》,《船山全书》第4册,岳麓书社,2011年点校本,第9页。
② [清]王夫之:《礼记章句》,《船山全书》第4册,岳麓书社,2011年点校本,第10页。

考据之风。

从全局的角度来看，中国学术史的每一个阶段都有代表性的思想文化流派，比如先秦子学、汉代经学、魏晋玄学、隋唐佛学、宋明理学、清代朴学。当然，这只是从广泛意义上来说的，并不是说每一个时代只有这门学问而不及其他。之所以作如此归纳，是因为每个时代都有其代表性的学术文化流派，既是这个时代思想文化的潮流和表征，也是这个时代学术思想之灵魂。要理解一个时代所有思想文化现象和流派，就不能脱离那个时代主流的学术思想流派。而在中国学术思想史上，清代学术的标签是"朴学"，即所谓的考据学。要理解清代的学派和思潮，如果不将其与考据学关联起来考察，则难免失之偏颇。清代的《礼记》学与清代的考据学之间有密切的关系，或者说，清人在从事《礼记》诠释时所采取的诠释体例以及对文字音义的重视，本身就是清代考据学的一部分。

清人的《礼记》诠释没有明显的汉宋门户意识，而以"求实"为旨归。清末皮锡瑞曾说："国初汉学方萌芽，皆以宋学为根柢，不分门户，各取所长。是为汉宋兼采之学。"[1] 不过皮氏又认为，清初的"汉宋兼采"是"后人论之"，"而在诸公当日，不过实事求是，非必欲自成一家也"[2]。因此，说清初学人王夫之、李光坡、方苞等人治《礼记》是汉宋兼采，倒不如说无汉宋门户之见。即便是到了汉学如日中天的乾嘉时期，杭世骏、

---

[1] ［清］皮锡瑞：《经学历史》，《皮锡瑞全集》第6册，中华书局，2015年点校本，第93页。
[2] ［清］皮锡瑞：《经学历史》，《皮锡瑞全集》第6册，中华书局，2015年点校本，第90页。

吴廷华、孙希旦、朱彬等人在从事《礼记》诠释时仍不分门户，这在清代诸经诠释中是比较特殊的。由此可见，清代学人治《礼记》追求的是一个"实"字。此所谓"实"，就是通过对历代《礼记》解义予以重新审视，从而实现回归孔孟之"真义"。至于清人多大程度上回归了孔孟之"真义"，那是另外层面的问题。清代的《易》《春秋》之学，汉宋门户之见显然。然而清人在《礼记》诠释中无所谓汉宋，这与《礼记》学固有的诠释传统有关。自古以来，礼学号称"实学"，文字训诂、名物制度考证是这门学问最重要的内容，脱离于此，礼学便失去了本色。因此，汉唐与宋元明以来的"三礼"诠释皆以文字训诂和名物制度考证为其基本内容，求"实"便成了这门学问的价值取向，汉宋门户因此而淡化，清代《礼记》学亦不例外。

第三，与清代的《周礼》学和《仪礼》学相比较，清代的《礼记》学稍显逊色，不过也有一些考据精深、义理精微之作。

在清代经典诠释史上，新疏层出不穷，这是清人对前人经典注疏不满的体现。清人不断撰新疏，希望以新疏取代旧疏。"三礼"之新疏，《仪礼》有胡培翚的《仪礼正义》，《周礼》有孙诒让的《周礼正义》，《礼记》却没有新疏。梁启超说："清代礼学之成绩，就专经解释的著作论，《仪礼》算是最大的成功。凌、张、胡、邵四部大著，各走各的路，各做到登峰造极，合起来又能互相为用，这部经总算被他们把所有的工作都做尽了。《周礼》一向很寂寞，最后有孙仲容一部名著，忽然万丈光芒。剩下的就是《礼记》，我们很不满意。"[1]《礼记》在清代无

---

[1] ［清］梁启超：《中国近三百年学术史》，上海三联书店，2006，第176页。

新疏，很可能是因为孔颖达的《礼记正义》采择资料宏富、释义详备，清人认为已难有超越。

不过清代还是出现了一些颇有影响的《礼记》学著作。如王夫之的《礼记章句》、杭世骏的《续礼记集说》、朱彬的《礼记训纂》、孙希旦的《礼记集解》①，皆是清代经学史上的重要文献。王夫之的《礼记章句》无门户之见，其采历代解义而出己见，是清初《礼记》学的名著。杭世骏的《续礼记集说》承卫湜《礼记集说》之体例，博采汉唐至清初的《礼记》解义，是清代中前期《礼记》学之名著，然其重在材料之汇集，而鲜个人之识断。孙希旦的《礼记集解》有经学宗旨而无门户之见，重视材料而有识断，发明经义而不事虚玄，重视名物制度考证而不陷于饾饤之学，是清代《礼记》学史上最有学术价值的著作。今人将孙氏的《礼记集解》纳入"十三经清人注疏"，正是对孙氏此书学术价值之肯定。

---

① 梁启超认为，清代有成就和影响的《礼记》学著作，一是杭世骏的《续礼记集说》，二是姚际恒的《礼记通论》，三是郭嵩焘的《礼记质疑》。梁氏对孙希旦的《礼记集解》、王夫之的《礼记章句》皆不曾言及。梁氏虽言及朱彬的《礼记训纂》，然其未见该书，故"不敢批评"。见［清］梁启超：《中国近三百年学术史》，上海三联书店，2006，第174页。

第四章　清代的《礼记》学

清初《礼记》学与辨疑思潮的兴起

明代中后期以来，受阳明心学之影响，不少人束书不观而空言心性，流于狂禅而不自知，经学之荒陋，臻于极致。清末学人皮锡瑞认为"经学至明为极衰时代"[①]，非虚言也。明代中叶，已有学人意识到王学末流之弊，逐渐悟到汉学的重要性，如明人王鏊曰："郑玄之徒，笺注训释，不遗余力，虽未尽得圣经微旨，而其功不可诬也。"[②] 杨慎云："《六经》作于孔门，汉世去孔子未远，传之人虽劣，其说宜得其真。"[③] 王鏊认为郑玄经注"功不可没"，杨慎认为汉人注经"得其真"，可知学界于宋学之反动已显端倪。梁启超将清代学术史划分为四个时期，即启蒙期、全盛期、蜕分期和衰落期。其在论"启蒙期"时说："其启蒙运动之代表人物，则顾炎武、胡渭、阎若璩也。其时正值晚明王学极盛而敝之后，学者习于'束书不观，游谈无根'，理学家不能复系社会之信仰。炎武等乃起而矫之，大倡'舍经

[①] [清] 皮锡瑞：《经学历史》，《皮锡瑞全集》第6册，中华书局，2015年点校本，第86页。
[②] [清] 王鏊：《震泽长语》卷上，文渊阁《四库全书》第867册，第191页。
[③] [明] 杨慎：《升庵集》卷四二，文渊阁《四库全书》第1270册，第290页。

229

学无理学'之说,教学者脱宋儒羁勒,直接反求之于古经;而若璩辨伪经,唤起'求真'观念;渭攻'河洛',扫架空说之根据;于是清学之规模立焉。……其犹为旧学(理学)坚守残壁、效死勿去者,则有孙奇逢、李中孚、陆世仪等,而其学风已由明而渐返又宋。即诸新学家,其思想中,留宋人之痕迹犹不少。故此期之复古,可谓由明以复于宋,且渐复于汉、唐。"①梁氏认为,明清之际学风的转变是基于对阳明心学的反动,而在此过程中,程朱理学、考据学也逐渐复兴。

清初学人提倡考据学,乃是从群经辨伪入手。与宋儒的群经辨伪有相似之处,清初学人亦强调疑经惑传、直击原典,一切以孔门之是非为判断标准。比如清初陈确说:"凡儒先之言,一以孔、孟之学正之。"② 以孔、孟之说为断的前提,就是回归原典,在经书中寻得孔、孟之真义。在此问题意识下,检讨经书文本的真实性和可靠性问题又一次被提出来。明末清初辨伪学风由此兴起,阎若璩、胡渭、毛奇龄、朱彝尊、姚际恒等一大批学人起来,对包括《易》《书》《诗》《礼》在内的经书做了正本清源的工作。而在《礼记》方面,王夫之的《礼记章句》、万斯大的《礼记偶笺》、姚际恒的《礼记通论》等皆是明清之际疑经辨伪思潮中的重要著作。而他们对《礼记》作者、成书及内容的辨伪,成为明清之际辨伪思潮的重要组成部分,也推动了明清之际学风的转变。

---

① 梁启超:《清代学术概论》,人民出版社,2008,第3—4页。
② [清]陈确:《复张考夫书》,《陈确集》卷三,中华书局,1979年点校本,第132页。

一、《礼记》成书问题之辨疑

《礼记》四十九篇，各篇的作者，以及整本书的纂辑过程，学术界历来都存在争议。清儒在前人研究之基础上，对《礼记》中的《王制》《月令》《礼运》《儒行》等篇的作者以及《礼记》的纂辑成书过程皆提出了看法。

（一）对《礼记》纂辑成书的认识

关于《礼记》之纂辑，清代学者的观点较为笼统。如王夫之认为《周礼》《仪礼》是经，而《礼记》是发明礼经之意义的"记"，由戴圣纂辑而成，"七十子之徒，传者异闻而皆有所折衷，以至周末洎汉之儒者，习先师之训，皆有纪述。小戴承众论之后，为纂叙而会归之，以为此书，显微同异之辞虽若不一，而于以体先圣复性以立人极之意，其不合者鲜矣"①。戴圣所纂辑的是先秦至汉代的学人关于礼的相关论说，其中包括七十子后学。清人认为《礼记》出自七十子后学者不在少数，如《日讲礼记解义》曰："《礼记》出自汉儒，然多本于七十子之所传习。"②

对于一些传统的观点，比如在《礼记》成书过程中，陈邵提出的"小戴删大戴"，以及《隋书·经籍志》所说的"马融足三篇"等观点，清人也有反思。《日讲礼记解义》认为《礼

---

① [清]王夫之：《礼记章句》卷一，《船山全书》第4册，岳麓书社，2011年点校本，第11页。
② [清]高宗：《御制日讲礼记解义序》，《日讲礼记解义》卷首，文渊阁《四库全书》第123册，第1页。

记》是孔门之徒录"旧礼之义""变礼所由",以为之记;秦始皇焚书坑儒之后,"二戴因习《仪礼》,而录《礼记》;大戴氏以所得先儒所记礼书百余篇,删存八十五;小戴氏又增损为四十三,以《曲礼》《檀弓》《杂记》分上、下;后马融传小戴之学,增以《月令》《明堂位》《乐记》,总四十九篇,则今之《礼记》是也"。①

清代学人对《礼记》成书问题的认识虽然比较笼统,但是没有破绽。相对于《礼记》成书问题的认识来说,清人更关注的是《礼记》中部分单篇的成篇问题。

(二)对《礼记》部分单篇作者及成篇的认识

1. 《礼记·王制》的作者及成篇

司马迁和卢植认为《王制》为汉文帝时博士所作。清代部分学人也持这种观点,比如清初姚际恒说:"说者多以《周礼》《王制》《孟子》三书并言,为之较量异同,此无识之士也。……《王制》非《周礼》可比,《孟子》又非《王制》可比,出于王莽、刘歆之书,宁足敌汉文令博士所集之书,汉文令博士所集之书,又宁足敌孟子之书耶?"② 清初王夫之认为,《王制》是"文帝闵古王者经世之典湮没无考,故令博士诸生以所忆习辑而成篇,其于虞、夏、商、周宰制天下之大法,亦略具矣"③。王氏还列

---

① [清]康熙年间敕编:《日讲礼记解义》卷一,文渊阁《四库全书》第123册,第10—11页。
② [清]杭世骏:《续礼记集说》卷一九,《续修四库全书》第101册,第273—274页。
③ [清]王夫之:《礼记章句》卷五,《船山全书》第4册,岳麓书社,2011年点校本,第299页。

《王制》所记官名和制度以证此篇出自汉初；《王制》所记内容"参差不齐""异同互出"，是因为文帝时博士辑而成篇时"不纯乎一代之制""不专乎一家之言"所致。

2. 《礼记·月令》的作者及成篇

清代王夫之等人根据文字异同推断《月令》出自《吕氏春秋·十二月纪》。如王夫之说："今《吕氏春秋》十二纪之首具有此文，而《管子》《淮南子》亦皆有之，特其文小异，唯《吕氏春秋》与此异者不过数字，是以知其所传自吕氏出也。"① 王夫之认为，《月令》与《管子》《淮南子》《吕氏春秋》十二纪的文字多有雷同之处，其中与《吕氏春秋》十二纪雷同度尤高。由此，王氏推断《月令》出自《吕氏春秋》。不过王夫之认为，由于《吕氏春秋》并非吕不韦亲撰，因此《月令》非吕不韦一家之言，而是吕氏集"九家之儒""杂流之士"之说而成；戴圣纂辑《礼记》时已知《月令》并不是吕不韦独造之书，其之所以采而纳之，意在"备三代之遗法"。

清代有人认为《月令》所记制度出自秦人。如《月令》："天子乃祈来年于天宗。大割，祠于公社及门闾。"万斯大说："此秦国所行之礼，不韦即著之以为天子之礼耳。"② 《月令》："以太牢祠于高禖，天子亲往。"方苞说："此秦人妄举之慝礼，或吕不韦欲立而未立之祀也。"③ 《月令》："命农计耦耕事。"方苞说："此秦所未尽变之周制也。《周官》里宰以岁时合耦于锄，

---

① ［清］王夫之：《礼记章句》卷六，《船山全书》第4册，岳麓书社，2011年点校本，第371页。
② ［清］万斯大：《礼记偶笺》卷二，《续修四库全书》第98册，第623页。
③ ［清］万斯大：《礼记偶笺》卷二，《续修四库全书》第98册，第621页。

盖以共井之家或有疾病死亡,耦非更合力,不可齐,故岁合之,又以时合之。秦法惟于岁终一命农民,而无官司以董之,则是时乡遂之法已久变矣。"① 万氏、方氏根据《月令》所记之制度,从而推测《月令》出自秦人。

方苞、万斯大还据《月令》所记载的名物,从而推断其出自秦国。比如方苞说:"六国僭王,秦欲称帝,而众不从。至不韦时,并兼之势已成,故篇中皆称天子,而王后亦称后妃,盖以称王及王后则侪于六国也。"② 方氏认为《月令》中所言"天子""后妃"出自兼并之势已成的秦国。又如《月令》:"春居青阳,夏居明堂,中央居太庙太室,秋居总章,冬居玄堂。"万斯大说:"此等名号,唯明堂自古有之,其余不见于他经,必吕不韦以意定之,欲施之平一天下之后者也。"③ 万氏认为《月令》所称"青阳""太庙""玄堂"出自秦人吕不韦。

有人认为《月令》是孔子定礼时所编之书。比如张沐认为《月令》旧已有之,他说:"旧说吕不韦集诸儒著《十二月纪》,名曰《吕氏春秋》。篇首皆有《月令》,言十二月政令所行也。月用夏正,令则杂举三代及秦事。今按先王旧有《月令》之书,吕氏祖之,而为是编。然何以附之《礼记》?亦必孔子定礼,取行夏之时,原有此篇目,故汉儒采而附之。"④ 张沐认为,《月令》为孔子定礼时所编之书,而非吕不韦召集诸儒所撰;吕不韦将《月令》纳入《吕氏春秋》,汉儒将《月令》纳入《礼

---

① [清]方苞:《礼记析疑》卷六,文渊阁《四库全书》第128册,第66页。
② [清]方苞:《礼记析疑》卷六,文渊阁《四库全书》第128册,第56页。
③ [清]万斯大:《礼记偶笺》卷二,《续修四库全书》第98册,第621页。
④ [清]张沐:《礼记疏略》卷四,《四库全书存目丛书》第95册,第568页。

记》,因此《月令》与《吕氏春秋·十二月纪》的文字相近。

3.《礼记·礼运》的作者及成篇

《礼运》是《礼记》的第九篇,记载了子游问孔子礼的运转之事。朱熹认为《礼运》出自子游,而黄震认为《礼运》之义与道家近似。①

清代王夫之认为《礼运》所记内容出自孔子,他说:"第一章皆夫子之言。第二章记者引夫子之言而推论之。……至于石梁王氏疑篇内'大同''大一'之说,与老庄之言相似,则抑不知其词同而理异,而其言礼也亦褊矣。"② 在王夫之看来,《礼运》中的"大同""大一"虽与老庄之词近似,但其义理是儒家而非道家。康有为对《礼运》大加褒奖,并将《礼运》的思想归于孔子。康氏曰:"读至《礼运》,乃浩然而叹曰:孔子三世之变,大道之真,在是矣。……二千五百年至予小子而鸿宝发见,辟新地以殖人民,揭明月以照修夜,以仁济天下,将纳大地生人于大同之域,令孔子之道大放光明,岂不异哉!"③ 康氏以《礼运》为孔子的微言真传、万国无上宝典,正是今文经学家崇经尊孔立场的体现。

---

① 《朱子语类》记载:"'《礼运》言,三王不及上古事。人皆谓其说似庄老。'先生曰:'《礼运》之说有理,三王自是不及上古。胡明仲言,恐是子游撰。'"([宋]黎靖德辑:《朱子语类》卷八十七,《朱子全书》(修订本)第17册,第2958页。)黄震曰:"《礼运》记五帝三王相变易阴阳转移之道,故以'运'名。虽思太古而悲后世,其主意微近于老子,而终篇混混为一,极多精语。"([宋]黄震:《黄氏日抄》卷一八,文渊阁《四库全书》第707册,第512页。)
② [清]王夫之:《礼记章句》卷九,《船山全书》第4册,岳麓书社,2011年点校本,第535页。
③ [清]康有为:《礼运注》,《康有为全集》第5集,中国人民大学出版社,2007年点校本,第553页。

清代孙希旦认为《礼运》出自子游的门人。孙氏说："周衰礼坏，孔子感之而叹，因子游之问，而为极言礼之运行，圣人所恃以治天下国家者以告之。"① 孙氏认为《礼运》所记内容是子游与孔子的真实对话。至于该篇的作者和成篇年代，孙氏并不直言。不过通过孙氏征引陈澔所云"疑子游门人所记"，可知孙氏对陈澔之说持肯定态度。

清代不少学人受宋人影响，认为《礼运》蕴含道家之意。如姚际恒说："此周秦间子书，老庄之徒所撰，《礼运》乃其书中之篇名也。后儒寡识，第以篇名言礼，故采之。后来二氏多窃其旨，而号为吾儒者亦与焉，诚恐惑世乱道之书也。"②《钦定礼记义疏》说："通篇极言礼之重，独篇首小康之说乃老氏'礼起于忠信之衰、道德之薄'之意，与通篇殊不相应。考之《家语》，皆无之，惟有'礼之所生与天地并''不由礼而在位则以为殃'句，与下言偃'如此乎礼之急'紧相接。则此为小戴所搀入、窃老庄之说以为高，而不知其缪也。辨此一节之缪，则通篇粹然无疵。"③ 汪绂说："其中固多粹语，而每杂以老氏之谈，大约汉初儒者所述也。"④ 陆奎勋说："旧谓子游之徒记录孔子语。余观首章以五帝为大同，三王为小康，盖缘汉初崇尚黄老故。戴氏撮五子之大旨，而附会为圣言，不可信也。"⑤ 各家

---

① ［清］孙希旦：《礼记集解》卷二一，中华书局，1989 年点校本，第 581 页。
② ［清］杭世骏：《续礼记集说》卷三九，《续修四库全书》第 101 册，第 614 页。
③ ［清］乾隆十三年敕撰：《钦定礼记义疏》卷三〇，文渊阁《四库全书》第 125 册，第 47 页。
④ ［清］汪绂：《礼记章句》卷四，《续修四库全书》第 100 册，第 446 页。
⑤ ［清］杭世骏：《续礼记集说》卷三九，《续修四库全书》第 101 册，第 614—615 页。

皆以《礼运》蕴含道家之说，只不过有人认为《礼运》出自周秦老庄之徒，有人认为《礼运》出自受黄老之学影响的汉儒。

清人纳兰性德对《礼运》出自道家的观点提出异议，他说："愚谓风会迁流，江河日下，五帝之世，有异三皇，三王之世，不同五帝，五伯之世，更不及三王，世变使然。圣人制礼，不过因势会所趋，而为之沿革耳，程子所谓'不先天以开人，每因时而立政'是也。古时治多乱少，后世治少乱多，故有大同、小康之别，赖禹、汤、文、武、成王、周公六君子，居小康之时，成郅隆之治，当大道之隐，俾大道之行，则是帝王异世而同道也。故夫子于大道之行，及三代之英，皆云有志未逮，何尝薄视三五以下乎？石梁王氏以为有老氏意，非儒者语，黄氏遂欲削去记文，过矣。"[1] 纳兰性德从历史的角度对《礼运》"大同""小康"之说作了辨析，认为《礼运》并非出自道家，而是出自儒家。

4.《礼记·儒行》的作者及成篇

《儒行》是《礼记》的第四十一篇。在此篇中，鲁哀公问孔子儒者应该具有哪些德行，孔子一一作答，并阐述了儒者所应具有的十六种德行。郑玄认为《儒行》是孔子的著作，他说："《儒行》之作，盖孔子自卫初反鲁时也。孔子归至其舍，哀公就而礼馆之，问儒服而遂问儒行，乃始觉焉。言'没世不敢以儒为戏'，当时服。"[2] 宋人李觏、吕大临、朱熹等普遍怀疑《儒行》，认为其非孔子所作。

---

[1] [清]纳兰性德：《陈氏礼记集说补正》卷一三，文渊阁《四库全书》第127册，第116页。
[2] [清]阮元校刻：《十三经注疏（附校勘记）》，中华书局，1980，第1671页。

清代学人对《儒行》篇作者之认识，有推崇郑玄之说者。如张沐曰："此篇乃孔子自卫反鲁初与哀公问答之言。宋儒多疑此篇有矜大胜人之气，孔子不为。又谓称说多过，非孔子之言。……宋儒未免过求圣人也。观首言'丘闻之君子'云云领下，何尝自矜？"① 张氏认为，《儒行》是哀公与孔子问答之言，并无宋人所言"矜大胜人之气"。陆奎勋亦驳吕氏而申郑氏："吕氏、李氏皆谓非孔子言。细按之，亦无疵语。惟'大让如慢、小让如伪'，'其过失可微辨而不可面数'，'宽裕者仁之作，孙接者仁之能'，不似圣言之浑成曲当。然戴《记》中《表记》《缁衣》之属，孰非汉儒所推衍者，何独于《儒行》而疑之？"② 陆氏认为《儒行》无疵语。

清代姚际恒、王夫之等人对《儒行》提出了质疑。如姚氏说："战国之时，墨子常非儒，故后之儒士作为此篇以尊儒，而名《儒行》。然依仿《庄子·田子方》篇鲁哀公与庄子论儒服之说为发端，实原本于老庄之意。宜其篇中所言轻世肆志迂阔陂僻，鲜有合于圣人之道也。夫庄子非哀公之世所言寓言十九，此亦甚明，安可本之为说？"③ 姚氏认为《儒行》是战国儒士仿《庄子·田子方》而成，故篇中有老庄之意。王夫之认为："《儒行》一篇，词旨夸诞，略与东方朔、扬雄俳谐之言相似。"④ 对于吕大临等人以《儒行》"言儒者之行不合于义理者

---

① [清]张沐：《礼记疏略》卷二八，《四库全书存目丛书》经部第95册，第756页。
② [清]杭世骏：《续礼记集说》卷九六，《续修四库全书》第102册，第690页。
③ [清]杭世骏：《续礼记集说》卷九六，《续修四库全书》第102册，第690页。
④ [清]王夫之：《礼记章句》卷四一，《船山全书》第4册，岳麓书社，2011年点校本，第1457页。

殊寡"，王夫之驳曰："不知其博而寡要，有枝叶而不知根本，使循是以为之而求其合，亦必不可得之道也。且其文句复乱险涩，似多脱误，有不可得而通者，益以知言由德立，非知德者，则欲其词之安定必不可得，而况其深焉者乎？盖于戴《记》四十九篇之中独为疵戾，而不足与五经之教相为并列。"① 王夫之认为，从《儒行》的内容到文句来看，其难与五经相提并论。

二、《礼记》经文和旧注之辨疑

在清初辨疑学术风气之下，不少学人对《礼记》的经文及所记的名物制度进行辨伪。今以万斯大的《礼记偶笺》、康熙时期的《日讲礼记解义》和方苞的《礼记析疑》为例，以见清人在《礼记》经文和旧注辨疑方面所做的贡献。

万斯大的《礼记偶笺》就《礼记》诸篇，节其句为条，共一百五十三。万氏治经务在自出新义，其治《礼记》亦如此。万氏认为《礼记》经文有不可信者。如《礼记·檀弓下》："季武子寝疾……及其丧也，曾点倚其门而歌。"万氏说："按《春秋》书季武子之卒在鲁昭公七年，孔子生于襄公二十二年，至此方十七岁。曾点之年，《史记》不著，《论语》四子侍坐，以齿为序，点居子路下，子路少孔子九岁，时方八岁，点当益幼矣。倚门而歌，必无此事。即有之，亦是儿戏。乃欲据以言狂，何邪？"② 万氏据《春秋》《论语》，认为季武子卒年，曾点尚幼，不可倚门而歌，即便有此事，亦是儿戏。又如《礼记·王

---

① ［清］王夫之：《礼记章句》卷四一，《船山全书》第4册，岳麓书社，2011年点校本，第1457页。
② ［清］万斯大：《礼记偶笺》卷一，《续修四库全书》第98册，第613页。

制》："道路，男子由右，妇人由左，车从中央。"万斯大曰："《注》云'道中三途'，是已。然必左右皆一定往来，悉由之，男女方不杂。窃意途之从者，以西为右，以东为左；途之横者，以南为右，以北为左。如旧说，则往之男与来之妇遇，来之男与往之妇遇，不病杂乎？"① 据《王制》，男子靠道路之右行，妇人靠道路之左行，此有男女分别之义。万斯大则认为，道路有东西，亦有南北，南北与东西相会，则有男女相杂，男女分别并无体现。言下之意，《王制》此说并不合理。

万斯大认为《礼记》经文有脱误。如《礼记·檀弓下》："人喜则斯陶，陶斯咏，咏斯犹，犹斯舞，舞斯愠，愠斯戚，戚斯叹，叹斯辟，辟斯踊矣。"万斯大曰："据本文，是哀乐相生之序，但此章是论丧礼之踊。上文云'辟踊，哀之至也'，哀亲之死，岂因乐极而生乎？诸家纷纷，其说未悟斯旨。孔《疏》云郑康成诸本亦有无'舞斯愠'一句者，而刘氏欲于'犹斯舞'之下增'矣'字，而删'舞斯愠'三字，即孔《疏》意，此为可从。盖上文固言愠、哀之变也，此言辟、踊始于愠，方与哀死意合。"② 刘敞曰："人舞宜乐，不宜更愠，又不当渐至辟踊，此中间有遗文矣。盖本曰：'人喜则斯陶，陶斯咏，咏斯犹，犹斯舞，舞斯蹈矣；人悲则斯愠，愠斯戚，戚斯叹，叹斯辟，辟斯踊矣。'自喜而下，五变而至蹈；自悲而下，亦五变而至踊。"③ 刘敞认为，"舞斯"与"愠"之间脱"蹈矣人悲则斯"六字。万斯大认为，刘敞增字，使辟踊始于愠之义得以呈现。

---

① ［清］万斯大：《礼记偶笺》卷二，《续修四库全书》第98册，第619—620页。
② ［清］万斯大：《礼记偶笺》卷一，《续修四库全书》第98册，第616页。
③ ［宋］刘敞：《七经小传》卷中，文渊阁《四库全书》第183册，第26页。

万斯大认为《礼记·月令》乃吕不韦所作。在此观念之下，万斯大对《月令》所记名物制度作了辨析。如《月令》："春居青阳，夏居明堂，中央居太庙太室，秋居总章，冬居玄堂。"万斯大曰："此等名号，唯明堂自古有之，其余不见于他经，必吕不韦以意定之，欲施之乎一天下之后者也。然自古唯天子之始祖庙得称太庙，今以生人所居于其中堂俱称太庙，此何义乎？不韦自成不韦之书，吾还其为不韦之制而已，必欲多为之说，奚为乎？"① 万斯大认为，太庙仅用于始祖庙，不得称生人所居者为太庙；《王制》以生人所居者为太庙，乃吕不韦自创之说，与古制不合。

《礼记·月令》："仲春，命乐正习舞释菜。"万斯大曰："《吕氏春秋》作'入舞，舍菜'，《注》云：'入学宫也。舍，置也，置采帛于先师之前，以赞神也。'按《夏小正》云：'二月，万用入学。丁亥者，吉日也。万也者，干戚之舞也。入学也者，太学也。谓今时大舍采也。'据此相参，益知当从吕《纪》原文。"② 万斯大据《吕氏春秋》，认为《王制》此文是据《吕氏春秋·十二纪》改编而来。

《礼记·月令》："天子乃祈来年于天宗，大割祠于公社，及门闾。"万斯大曰："此秦国所行之礼，不韦即着之以为天子之礼耳。孔《疏》谓天宗、公社、门闾谓之蜡。按《郊特牲》言天子大蜡八，不及此数者，岂数者之祀反小而不得谓之大蜡乎？必不然也。所以于此月祈来年者，秦初奉周正朔，此月之次月

---

① ［清］万斯大：《礼记偶笺》卷二，《续修四库全书》第98册，第621页。
② ［清］万斯大：《礼记偶笺》卷二，《续修四库全书》第98册，第622页。

即是来年，故祈于此月。此改建寅尚因之而未变耳。"① 万斯大据《礼记·郊特牲》，认为孔《疏》以天宗、公社、门闾谓之蜡之说不能成立；此外，于此月祈来年者，为秦初所行之礼，吕不韦着之，以之为天子之礼。

在《礼记偶笺》一书中，万斯大对郑《注》、贾《疏》等皆有辨析。其所论者，多是前人解义之"非"。此所谓"非"，乃万氏自己之判断，兹举数例以见之。

《礼记·檀弓上》："宋襄公葬其夫人，醯醢百瓮。曾子曰：'既曰明器，而又实之。'"郑《注》："言之为明器，而与祭器皆实之，是乱鬼器与人器。"万斯大曰："夏侯氏用明器，殷人用祭器。明器，鬼器也，当虚。祭器，人器也，当实。宋殷之后，当用祭器。此醯醢百瓮，曾子谓为明器，要知宋襄公非不用祭器，必其侈张过制于祭器常数之外，又用明器，而实以醯醢，是不知明器、祭器之有别也。故曾子讥之，其侈不合礼，即此可见。"② 郑玄认为，此是曾子讥宋襄公失礼之事；曾子不是讥器多，而是讥明器实以醯醢。万斯大认为，宋襄公并非不用祭器，而是在祭器外还用明器，并将明器实以醯醢；明器实以醯醢为非，故曾子讥之。

《礼记·冠义》："见于母，母拜之。"孔《疏》："庙中冠子，以酒脯奠庙讫，子持所奠酒脯以见于母，母拜其酒脯，重从尊者处来，故拜之，非拜子也。"万斯大曰："考《礼》，妇人之拜有二：一肃拜，一手拜。肃拜者，端肃，立微，俯躬，

---

① ［清］万斯大：《礼记偶笺》卷二，《续修四库全书》第98册，第623页。
② ［清］万斯大：《礼记偶笺》卷一，《续修四库全书》第98册，第612页。

非跪拜也。手拜者，手至地，首至于手，跪拜也。《少仪》云：'妇人吉事，虽有君赐，肃拜。'则此之拜受，肃拜也。母拜子，亦何嫌？"① 《冠义》于此所云母拜子之原因，前人意见纷纭。孔颖达认为，子所持酒脯来自庙中，即从尊者处来，故母须拜之；吕大临认为，母虽尊，然有从子之道，加冠以后，子已成人，故母须以成人之礼拜之。万斯大认为，妇人之拜分肃拜和手拜两类，妇人拜子是肃拜，即仅弯腰而不跪地。

万斯大《礼记偶笺》全书皆欲独出新义，或辨经文有讹，或以前人解义为非。所论辩者不乏真知灼见，受到后世治《礼记》者之重视。孙希旦等人对《礼记偶笺》部分内容的征引，即可见一斑。然该书亦有疑经传之不当者。四库馆臣早已指出："是书与所为《学礼质疑》相表里，皆独欲出新义，而多不能自通。如谓《士丧礼》所云乘车、道车、藁车即是遣车，则士亦有遣车，郑《注》谓士无遣车，误。……至谓祭天之圜丘即觐礼之方明坛，则尤骇见闻，不足深诘已。"② 馆臣的严厉批评，足见万氏疑经传过勇之甚也。

《日讲礼记解义》对于前人之解义并不迷信，而是多有驳议，兹举两例以明之。

《礼记·礼运》："昔者仲尼与于蜡宾，事毕，出游于观之上，喟然而叹。仲尼之叹，盖叹鲁也。言偃在侧，曰：'君子何叹？'孔子曰：'大道之行也，与三代之英，丘未之逮也，而有志焉。'"郑《注》："志，谓识古文。"孔《疏》："孔子自序，

---

① ［清］万斯大：《礼记偶笺》卷三，《续修四库全书》第98册，第638—639页。
② ［清］永瑢等：《四库全书总目》卷二四，中华书局，1965年影印本，第196—197页。

虽不及见前代而有记志之书,披览可知。"《解义》:"案:有志,如云'吾其为东周乎'。郑氏谓识古文,未是。"《解义》驳郑《注》、孔《疏》,认为此"志"并非"识古文",而是心之所向之义。《钦定礼记义疏》袭此说,曰:"案:志者,心之所之有志,乃吾其为东周之意。郑谓识古文,孔谓记志之书,非也。"①

《礼记·檀弓上》:"叔孙武叔之母死,既小敛,举者出户,出户袒,且投其冠,括发。"陈澔《礼记集说》于此改前一"户"字为"尸"字。《解义》曰:"上出户谓举尸者,下出户谓武叔也。陈氏澔改上'户'字为'尸',非是。"②《钦定礼记义疏》云:"案:上出户谓举尸者,下出户谓武叔。"③孙希旦《礼记集解》亦云:"愚谓上云'出户'者,举尸者出户也;下云'出户'者,武叔出户也。"④通过比较可知,《礼记义疏》、孙氏袭《解义》之说也。

《礼记·檀弓上》:"曾子之丧,浴于爨室。"郑《注》:"见曾元之辞易箦,矫之以谦俭也。礼,死浴于适室。"陈澔驳郑氏云:"《士丧礼》浴于适室,无浴爨室之文,旧说曾子以曾元辞易箦,矫之以谦俭,然反席未安而没,未必有言及此。使果曾子之命为人子者,亦岂忍从非礼而贱其亲乎?"⑤《解义》曰:"此言曾子初丧之事也。《士丧礼》'甸人掘坎于阶间,为垼于

---

① [清]乾隆十三年敕撰:《钦定礼记义疏》卷三〇,文渊阁《四库全书》第125册,第48页。
② [清]康熙年间敕编:《日讲礼记解义》卷八,文渊阁《四库全书》第123册,第99页。
③ [清]乾隆十三年敕撰:《钦定礼记义疏》卷一〇,文渊阁《四库全书》第124册,第319页。
④ [清]孙希旦:《礼记集解》卷八,中华书局,1989年点校本,第210页。
⑤ [元]陈澔:《礼记集说》卷二,文渊阁《四库全书》第121册,第713页。

西墙下，新盆盘瓶造于西阶下'，乃浴于适室。曾子之丧，浴于爨室，是礼之变也。或曰此盖不为垫，故浴水自爨来耳。若迁尸于爨室而浴之，恐无此理。郑《注》谓曾子见曾元之辞易箦，矫之以谦俭，殆非也。"①《解义》认为曾子浴于爨室之说不可信，是申陈澔之说而驳郑《注》。

在清代《礼记》学史上，方苞的《礼记析疑》也颇有辨疑精神。方苞认为，汉唐宋元诸儒于《礼记》所倾心力颇多，功不可没，不过前人解义之未备或有错误者也不少。在此观念下，方苞对前人解义多有辨正。

方苞对郑玄、孔颖达的《礼记》解义有疑义，兹举数例如下。

《礼记·曲礼上》："烛不见跋。"郑《注》："跋，本也。烛尽则去之，嫌若烬多有厌倦。"孔《疏》："'烛不见跋'者，《小尔雅》云：'跋，本也。'本，把处也。……火炬照夜易尽，尽则藏所然残本。所以尔者，若积聚残本，客见之，则知夜深，虑主人厌倦，或欲辞退也。故不见残本，恒如然未尽也。"方苞说："旧说炬将尽则藏，其余恐客见以夜久辞，非也。易炬不愈见夜久而速客之退乎？此承上'烛至起'而言，即主人固留亦不见跋而必退也。《诗》曰'厌厌夜饮'，燕礼无算乐后，有'执烛为烛'之文，故以不见跋为之节。"② 郑氏、孔氏认为，"烛不见跋"，意为不等烛火烧到烛根部就要易烛，以免客人担心主人厌倦而有辞退之心。方苞则认为，"烛不见跋"，意为客

---

① [清]康熙年间敕编：《日讲礼记解义》卷七，文渊阁《四库全书》第123册，第84页。
② [清]方苞：《礼记析疑》卷一，文渊阁《四库全书》第128册，第8页。

人不等烛火烧到根部就该起身告辞。联系上下文，可知方苞此说较合经义。

《礼记·杂记下》："在垩室之中，非时见乎母也不入门。"郑《注》："在垩室之中，以时事见乎母，乃入门，则居庐时不入门。"方苞云："《注》谓居庐不入门，非也。设父母有疾，可不入视乎？母有父母之丧，能不从母而往哭乎？"① 郑氏认为，孝子在服丧期间，居守丧的倚庐中，不入内宅。方苞则认为，若父母有疾病，孝子不可能不入内宅看望；若母有父母之丧，孝子不可能不随母前往哭吊。

《礼记·王制》："天子之县内诸侯，禄也；外诸侯，嗣也。"孔《疏》："此言县内，则夏法也。"方苞曰："《注》《疏》以称县内，决此为夏制，非也。县之名肇自《周官》六遂中，大邑也，畿内与侯国皆有之。吕不韦作《月令》始云'合诸侯、制百县'，以百县与诸侯相对，则秦以百县为畿内，明矣。"② 孔《疏》认为此言"县内"乃夏法。方苞则认为县名出自《周礼》，而非出自夏代。

方苞对陈澔《礼记》解义有疑义，兹举数例如下。

宋末元初著名理学家陈澔的《礼记集说》，解义简易，适合初学者。又因陈澔标榜自己为朱子学统，所以该书在明初被列为学官。方苞认为，虽然陈澔的《礼记集说》列于学官，然而"学者弗心餍也"；当方氏切究其义时，发现该书"多未审者"③，遂

---

① ［清］方苞：《礼记析疑》卷二二，文渊阁《四库全书》第128册，第180页。
② ［清］方苞：《礼记析疑》卷五，文渊阁《四库全书》第128册，第41—42页。
③ ［清］方苞：《礼记析疑》原序，《礼记析疑》卷首，文渊阁《四库全书》第128册，第3页。

就所疑而辨析。

如《礼记·王制》:"天子诸侯无事,则岁三田:一为干豆,二为宾客,三为充君之庖。"陈澔《礼记集说》曰:"岁三田者,谓每岁田猎皆是为此三者之用也。"① 方苞云:"《周官》四时皆田,此或夏殷之制。陈氏《集说》似指下干豆、宾客、君庖为三田,于辞事皆不可通。《注》《疏》夏不田,亦无以见其然。"② 方苞认为,此所谓"岁三田",并非干豆、宾客和君庖。孙希旦云:"愚谓《周礼·大司马》及《左传》臧僖伯谏隐公,皆言'春蒐,夏苗,秋狝,冬狩',是天子诸侯皆岁四田。……此言天子诸侯岁三田,与《周礼》《左传》不合,惟《公羊传》云:'春曰苗,秋曰蒐,冬曰狩。''诸侯曷为必狩?一曰干豆,二曰宾客,三曰充君之庖。'则此记之言之所自出也。盖汉初《周礼》未出,而《左传》者尚少,作是篇者本为《公羊》之学,故其为说如此。"③ 孙氏认为经文对"三田"之记载不合《周礼》《左传》。此可以看作对方氏之说的深化。

《礼记·王制》:"司会以岁之成质于天子,冢宰斋戒受质。"陈澔云:"司会,冢宰之属。……岁之将终也,质平其一岁之计,要于天子,而先之冢宰,冢宰重其事,而斋戒以受其质。"④ 方苞曰:"陈氏《集说》司会质一岁之计要于天子,而先之冢宰。非也。观下文司徒、司马、司空以百官之成质于天子,则司会所质,乃径达于天子明矣。冢宰斋戒受质者,天子

---

① [元] 陈澔:《礼记集说》卷三,文渊阁《四库全书》第121册,第750页。
② [清] 方苞:《礼记析疑》卷五,文渊阁《四库全书》第128册,第44页。
③ [清] 孙希旦:《礼记集解》卷一二,中华书局,1989年点校本,第334页。
④ [元] 陈澔:《礼记集说》卷三,文渊阁《四库全书》第121册,第757页。

省之，而复下于冢宰，使听决也。三官以其成从质于天子者，继司会而质，非因司会而达也。"① 陈澔认为司会先之冢宰，再质一岁之计要于天子。方苞则认为司会所质乃是直接达于天子。

方苞对《礼记》经文和前人解义之辨析，可谓得失兼有。四库馆臣曰："如《文王世子》以大司成即大司乐，辨《注》《疏》以《周官》大乐正为大司乐，师氏为大司成之非。于《郊特牲》'郊血大飨腥，序荐璧用，乐荐血实柴之次'一条，谓凡经传中言郊礼而有献荐者皆为荐稷之事，其论至为明晰。于'飨禘有乐而食尝无乐'一条，取荆南冯氏之言，引《楚茨》之诗，以为尝当有乐。于《内则》'天子之阁'一条，谓《疏》以阁为庖厨非是，盖阁所以置果蔬饴饵也。……皆具有所见，足备礼家之一解。"② 四库馆臣又曰："谓执雁奠雁皆为舒雁，而非雁鸿之雁，不知礼用雁贽，取其不失时、能守节也。若舒雁，则何守节之有？又谓深衣纯袂缘、纯边，纯即缘也，缘字疑衍，其意盖谓当作纯袂、纯边。按郑《注》曰'缘，緆也'，孔《疏》云：'《既夕礼》，郑《注》在幅曰緆、在下曰緆。方氏悫曰袤口谓之袂、裳下谓之缘，衣侧谓之边，其纯皆半寸。缘字自有典，则非衍字也。凡斯之类，未免武断。"③ 四库馆臣所言，的确是方氏考证不精者。

---

① ［清］方苞:《礼记析疑》卷五，文渊阁《四库全书》第128册，第51页。
② ［清］永瑢等:《四库全书总目》卷二一，中华书局，1965年影印本，第173页。
③ ［清］永瑢等:《四库全书总目》卷二一，中华书局，1965年影印本，第173—174页。

第四章 清代的《礼记》学

清中期《礼记》学与考据学的隆盛

清代中前期，考据之风渐盛。到了乾嘉时期，文字、音韵、训诂、典章、制度、校勘、辑佚之学蔚然成风。在这样的学术背景下，《礼记》学也呈现出与清初不同的学术旨趣，主要表现在以下几个方面。

一、《礼记》汇纂体和集解体的盛行

（一）《礼记》汇纂体

所谓"汇纂体"，即在从事经典诠释时重视材料之征引，而少个人之见解。编纂者通过文献汇编，从而为进一步研究提供条件。清代中期，《礼记》汇纂体的代表作是杭世骏的《续礼记集说》。由于我们在本章的文献举要部分已对杭氏此书的大体情况做了介绍，因此这里主要对其诠释体式进行考察。

杭世骏的《续礼记集说》受卫湜的《礼记集说》影响甚大。杭氏认为，卫氏的《礼记集说》采择前人解义虽繁富，然所采解义多是一脉相传者。杭氏在卫湜的基础上扩大收集《礼记》解义的范围，做到能收尽收。杭氏此书对卫氏的《礼记集说》体例之继承和发展，可从以下三个方面来论述。

第一，卷帙编排灵活。

卫氏的《礼记集说》在卷帙编排上，有经文一篇而《集说》分为数卷者，有经文数篇而《集说》合为一卷者。杭氏的《续礼记集说》共一百卷，卷帙分合亦很灵活。《曲礼》《檀弓》以解说文繁，竟至十卷、九卷，《王制》《月令》亦至六卷。一篇为五卷者，则《曾子问》《杂记》；为四卷者，则《礼运》《郊特牲》《杂记》《中庸》《内则》《玉藻》；为三卷者，则《文王世子》《礼器》《丧服小记》《丧大祭》等。此外还有多篇合为一卷者，如卷九十六合《深衣》《投壶》为一卷，卷一百则合《燕义》等三篇为一卷。

第二，采用纂集体的诠释体式，广征博引。

卫湜的《礼记集说》采用纂集体的诠释体式，博采汉唐经学家解义达一百四十四家。该书罗列《礼记》经文之后，另起一行征引诸家解义。每段经文下所列解义至少有两家，最多达二十家。卫氏不附案语，他说："他人著书惟恐不出于己，予之此编惟恐不出于人。因不敢谓此编能尽经旨，后有达者，何嫌论著，谨无袭此编所已言，没前人之善可也。"[1]

杭世骏的《续礼记集说》沿袭卫氏的《礼记集说》的纂集体式，采择汉代至宋人解义凡四十一家，皆卫氏的《礼记集说》已列而采之未备者。其中汉代有郑玄，魏有王肃，晋有贺循，梁有崔灵恩、皇侃，北齐有熊安生，唐代有陆德明、孔颖达、贾公彦、张守节、赵匡、成伯玙，宋代有刘敞、司马光、何胤、

---

[1] ［清］朱彝尊：《经义考》卷一四二，中华书局，1998年影印本，第749页。

第四章 清代的《礼记》学

方悫、马希孟、刘彝、陆佃、程颐、张载、周谞、吕大临、周行己、李觏、陈祥道、陈旸、胡安国、叶梦得、应镛、程迥、林光朝、吕祖谦、朱熹、项安世、辅广、杨复、游桂、顾元常、沈焕、魏了翁等。杭氏曰："以上诸儒，卫氏已列其名氏，而其说有采之未备者。今取其有与后儒之说互相发明，重加辑录，间多节取，以广卫氏所遗。"①

杭氏的《续礼记集说》采择汉代司马迁至宋黄仲炎凡四十五家，皆在卫氏以前而《礼记集说》未采者，包括汉代司马迁、孔安国、戴德、班固、郑众、马融、许慎、卢植、何休、赵岐、蔡邕、高诱、李巡、孙炎、谯周、韦昭，晋代杜预、傅咸、徐邈、刘智，南朝梁贺玚、何子季，北魏李谧、袁翻，唐代韩愈、柳宗元，宋代聂崇义、孙奭、欧阳修、苏轼、顾临、刘恕、吕希哲、彭汝砺、程大昌、郑樵、林之奇、王炎、郑锷、蔡沈、叶时、祝穆、真德秀、严粲、黄仲炎等。杭氏曰："以上诸儒，并在卫氏以前，而《集说》俱未经采及。盖缘其说多散见他书，本非言礼专家。今取其与礼经发明者，间为节录，以广卫氏所未备。此后诸儒皆卫氏所不及见，悉采而录之，所以续卫书也。"②

杭氏的《续礼记集说》采择宋张虑至明冯氏凡五十五家，皆在卫氏以后，包括宋代张虑、陈埴、饶鲁、王应麟、朱申、黄震、谢枋德，元代马端临、敖继公、吴澄、金履祥、熊朋

---

① ［清］杭世骏：《续礼记集说》卷首《姓氏》，《续修四库全书》第101册，第3页。
② ［清］杭世骏：《续礼记集说》卷首《姓氏》，《续修四库全书》第101册，第4页。

来、陈澔、陈栎、戴侗、彭廉夫、李廉、彭丝，明代刘基、汪克宽、方孝孺、邱浚、何孟春、姚舜牧、徐师曾、邓元锡、郝敬、余心纯、王圻、黄干行、张怡、杨鼎熙、芮城、秦继宗、何兆清、汤三才、卢翰、王石渠、张燧、史駉孙、胡迥、王子墨、董玮、王乔桂、董师让、董应旸、张鹤门、杨秀、汤道衡、徐氏、张氏、彭氏、王氏、许氏、冯氏等。杭氏曰："元儒吴氏（澄）、陈氏（澔）言礼有专书，家弦户诵，其他诸儒之说或散见别部，或为诸书所引用，或有专书而未盛行于世，仅可得之掇拾者，删其重复，节其冗蔓，务取其说，不袭卫氏陈言，而别具新义者，辑录于编。故征引虽五十余家，而着录者无多焉。"①

杭氏的《续礼记集说》采择清人解义四十六家，包括万斯大、万斯同、顾炎武、毛奇龄、来燕雯、徐束、章大来、盛唐、李日焜、毛文晖、毛远宗、钱彦隽、王锡、朱襄、胡绍安、胡绍简、何瑾栗、陈佑、李庚星、汪熷、柴世堂、凌绍颐、罗肇桢、姚炳、张于康、洪潮、王洪、陆邦烈、邵国麟、姚之駰、冯氏、姚际恒、陆陇其、汪琬、李光坡、徐乾学、朱轼、陆奎勋、张永祚、姜兆锡、周发、方苞、全祖望、任启运、齐召南、吴颖芳等。杭氏曰："以上诸家，有全书备录者，犹卫氏之于严陵方氏、庐陵胡氏之例也。其余多从节取，有与先儒复者，概从删削，有别出新义者，虽稍未醇，亦存备一解。又尝备员词馆与修三礼，日与同馆诸公往复商榷，存其说于箧。衍及主讲

---

① ［清］杭世骏：《续礼记集说》卷首《姓氏》，《续修四库全书》第101册，第6页。

粤秀诸生，亦有执经问难者，录为质疑一编，不忍弃置，悉附于各条之末。"①

(二)《礼记》集解体

清中期，一些学人采用集解体从事《礼记》之诠释，其中影响较大的有《钦定礼记义疏》、孙希旦的《礼记集解》和朱彬的《礼记训纂》。这些文献皆是在广泛征引前人解义的基础上，对《礼记》进行诠释。下面将通过对这些文献征引文献的情况加以考察，以见其与清代中期考据学兴起之间的关系。

孔颖达的《礼记正义》全录郑玄的《礼记注》，并博采汉唐以来如皇侃、熊安生等《礼记》解义数十家，是汉唐《礼记》学集大成之作。卫湜的《礼记集说》取郑玄的《礼记注》和孔颖达的《礼记正义》，还博采除郑玄、孔颖达之外的《礼记》解义一百四十二家，成为汉唐到宋代《礼记》学集大成之作。

乾隆年间敕撰《礼记义疏》亦采用集解体以从事《礼记》之诠释。《义疏凡例》云："'三礼'同为圣典，而戴《记》旨非一端，必博征群籍以求精解确证，故自竹书、汲冢、周秦诸子、《帝王世纪》及《史》《汉》等，皆在采录。其诸儒由郑氏而下至本朝儒家专训戴经外，或注他经，或在别说，义有当引，咸采择以入案中，不另标姓氏，其宋元以来，或传说雷同，芜蔓冗陋，无足发明者，皆屏汰不录。"② 《礼记义疏》所征引者

---

① [清]杭世骏：《续礼记集说》卷首《姓氏》，《续修四库全书》第101册，第8页。
② [清]乾隆十三年敕撰：《礼记义疏》卷首《凡例》，文渊阁《四库全书》第124册，第3页。

共计二百三十六家——

汉代以前一家，即荀况。

汉代三十一家，分别是董仲舒、毛苌、司马迁、孔安国、戴德、刘向、刘歆、杜子春、班固、贾逵、仲长统、郑兴、郑众、马融、许慎、服虔、卢植、何休、郑玄、赵岐、高诱、应劭、刘熙、李巡、田琼、王肃、孔炎、苏林、谯周、韦昭、谢慈。

三国到晋代九家，分别是杜预、孙毓、郭璞、范宁、傅咸、贺循、徐邈、刘智、何晏。

南朝宋二家，分别是虞蔚之、范晔。

南朝梁四家，分别是贺玚、崔灵恩、何胤、皇侃。

北魏三家，分别是徐遵明、李谧、袁翻。

北齐一家，即熊安生。

隋代一家，即王通。

唐代十二家，分别是陆元朗、魏徵、孔颖达、贾公彦、颜师古、张守节、杜佑、赵匡、邱光庭、韩愈、柳宗元、成伯玙。

宋代一百十一家，分别是聂崇义、孙奭、邢昺、欧阳修、曾巩、刘敞、司马光、王安石、何洵直、王昭禹、方悫、马希孟、刘彝、李格非、陆佃、刘安世、周敦颐、程颢、程颐、张载、范祖禹、苏轼、顾临、刘恕、黄敏求、黄裳、周谞、吕大临、周行己、吕希哲、彭汝砺、李觏、晁说之、沈括、杨时、陈祥道、陈旸、胡安国、范成大、叶梦得、慕容彦逢、胡铨、应镛、高阅、程迥、程大昌、郑樵、洪适、王萃、林之奇、高文彪、胡寅、胡宏、林光朝、张栻、吕祖谦、朱熹、薛季宣、史浩、陆九渊、陈傅良、王炎、唐仲友、叶适、项安世、黄度、郑锷、李舜臣、黄榦、辅广、蔡沈、杨复、杨简、沈清臣、游桂、陈襈、易祓、叶时、顾元常、陈淳、林椅、沈焕、邵囦、徐自明、戴溪、祝穆、潘植、张逸、庄夏、晁公武、赵汝腾、真德秀、魏了翁、王与之、范钟、严粲、黄仲炎、李冶、卫湜、张虑、陈埴、刘孟冶、饶鲁、王应麟、熊禾、马廷鸾、朱申、黄震、林希逸、陈振孙、家铉翁。

元代十四家，分别是马端临、敖继公、吴澄、金履祥、熊朋来、陈澔、程复心、陈栎、彭应龙、戴侗、彭廉夫、虞集、李廉、彭丝。

明代五十一家，分别是刘基、王袆、汪克宽、方孝孺、贺宝、邱浚、罗钦顺、吕柟、何孟春、魏校、姚舜牧、徐师曾、季本、王应电、邓元锡、郝敬、吕坤、余心纯、王圻、黄榦行、张怡、杨鼎熙、芮城、秦继宗、何兆清、汤三才、卢翰、孙佖、晏光、李开、王石梁、吴华、张燧、史馹孙、毛信卿、蒋君实、胡迥、王子墨、董玮、王乔桂、董师让、詹道传、董应旸、孙景南、徐氏、李氏、虞氏、张氏、彭氏、王氏、许氏。

据以上统计可知，《礼记义疏》对汉宋以来学人之解义皆有征引。从汉宋之学的角度来看，《礼记义疏》可谓汉宋兼采。若抛开汉宋之学来看，《礼记义疏》是以"求是"为其治经原则。《义疏凡例》云："说礼诸家或专尚郑、孔，或喜自立说，而好排注疏，纷纷聚讼，兹各虚心体究，无所专适，惟说之是者从之。"① 由此可见，《礼记义疏》征引前人解义"惟说之是者从

---

① ［清］乾隆十三年敕撰：《礼记义疏》卷首《凡例》，文渊阁《四库全书》第124册，第3页。

之",也就是说,不管是汉唐还是宋人解义,只要有益于理解经文者则采之,无益于理解经文者则弃之。在求实的思想指导下,《礼记义疏》能广泛采纳历代经学家之解义,并对各家解义作较公允的评论。

第二,《礼记义疏》将前人之经义分为"正义""通论""余论""存疑""存异""辨正""总论"七类。

《义疏凡例》云:"每经文下,释诂辨析,互引旁连,说或兼存,义有总括,先正义,次通论、余论,次存疑、存异,次辨正,次案,次总论。如案系辨正,则列在存疑、存异后,若但发明经义,则列在存疑、存异前。七十七卷,统归画一。"[①]《礼记义疏》于前人经义之分类,皆出自编纂者的主观判断。对前人解义所作之分别,是《礼记义疏》对前人解义可信度之评判。

如《礼记·曲礼上》:"曲礼曰:毋不敬,俨若思,安定辞,安民哉!"《礼记义疏》对诸家解义之分别和辨析情况如下。

"正义"部分征引了郑玄、孔颖达、二程、真德秀、朱熹、徐师曾的解义。各家解义的侧重点不同,如郑玄主要是释"毋不敬""俨若思""安定辞""安民哉"的词义。其认为"毋不敬"是因为礼主于敬,"俨若思"指人的外貌而言;"安定辞"指人的言辞而言;"安民哉"是就前三句的意义和作用而言。孔颖达通过征引《孝经》等记载,对郑玄解义作了阐释。二程则重在释敬在于主一。真德秀重在释"俨若思"的具体表现。朱

[①] [清]乾隆十三年敕撰:《礼记义疏》卷首《凡例》,文渊阁《四库全书》第124册,第4页。

熹重在释四者之间的关系，即"毋不敬"乃主宰处，"俨若思"乃敬之貌，"安定辞"乃敬者之言，"安民哉"乃敬者之效。徐师曾主要是讨论"毋不敬"与下文的关系，认为"毋不敬"无所不该，而又以下所言貌者尤为关切。

"通论"部分征引了范祖禹的解义。范氏从宏观上论述了"毋不敬"之义。

"存疑"部分征引了孔颖达、二程和吕大临的解义。孔颖达认为此段经文是明人君立治之本。二程认为此乃言君德。刘彝认为此乃修身为政之要。吕大临则以正心修身以释"毋不敬""俨若思"。

《礼记义疏》附案语曰："案：敬字是彻上彻下之道，帝王然，士君子亦然。首句本包得下二句，又必著下二句者，以入德言，则存养浑沦，难于著手。且于貌言，上用力所谓制于外，所以养其中也。以成德言，则至德渊涵，无可形容，于貌言，上流露处易见，所谓有诸中，自然形诸外也。"[1]《礼记义疏》认为，敬乃上下皆有之道，帝王、士君子皆然。此实际上是对孔颖达、二程和刘彝之说的辨正；经文首句"毋不敬"包括"俨若思""安定辞"之义，然为了避免入德"存养浑沦"，以及"至德渊涵，无可形容"，遂于貌有专门的说明。

据以上所举例可知，《礼记义疏》对于前人解义皆有分类，且有细致的辨析。其中"正义"部分所征引的是《礼记义疏》所认为的可信解义。"存疑"部分所征引的是《礼记义疏》所

---

[1] ［清］乾隆十三年敕撰：《礼记义疏》卷一，文渊阁《四库全书》第124册，第45页。

认为的偏颇解义。至于这些内容是确论还是偏颇之见，其实还是值得商榷，因为《礼记义疏》所作之评判难免受主观因素之影响。

清中期孙希旦的《礼记集解》也可谓集解体《礼记》学的代表作。兹以孙氏的《礼记集解》于《曲礼上》《檀弓上》《王制》征引历代解义之情况为例，以窥清中期学人解经之方式。

《礼记·曲礼上》征引解义统计表

被征引者姓名	被征引者时代	征引次数
扬 雄	西汉	1
郑 玄	东汉	221
许 慎	东汉	1
王 肃	（三国）魏	2
杜 预	西晋	2
臣 瓒	西晋	1
陆德明	唐	113
孔颖达	唐	160
贾公彦	唐	4
颜师古	唐	2
陈祥道	北宋	2
范祖禹	北宋	1
黄 炎	北宋	1
刘 彝	北宋	2

（续表）

被征引者姓名	被征引者时代	征引次数
张 载	北宋	3
吕大临	北宋	20
二 程	北宋	2
王安石	北宋	2
陆 佃	北宋	3
方 悫	北宋	7
马希孟	北宋	2
刘 敞	北宋	1
戴 溪	南宋	2
朱 熹	南宋	24
吕祖谦	南宋	1
胡 铨	南宋	3
黄 干	南宋	2
陈 澔	元	6
吴 澄	元	6
顾炎武	清	2
戴 震	清	1

《礼记·檀弓上》征引解义统计表

被征引者姓名	被征引者时代	征引次数
郑 玄	东汉	105
王 肃	（三国）魏	1
杜 预	西晋	1
皇 侃	南朝	2
陆德明	唐	94
孔颖达	唐	67
贾公彦	唐	4
陈祥道	北宋	2
刘 彝	北宋	1
张 载	北宋	3
二 程	北宋	1
王安石	北宋	1
方 悫	北宋	1
朱 熹	南宋	7
辅 广	南宋	1
应 镛	南宋	2
谢枋得	南宋	1
陈 澔	元	12
吴 澄	元	3
敖继公	元	4

《礼记·王制》征引解义统计表

被征引者姓名	被征引者时代	征引次数
顾炎武	清	2
刘　歆	西汉	1
郑　玄	东汉	91
许　慎	东汉	1
卢　植	东汉	1
赵　岐	东汉	1
班　固	东汉	1
陆德明	唐	65
孔颖达	唐	55
贾公彦	唐	2
陈祥道	北宋	5
吕大临	北宋	1
王安石	北宋	2
陆　佃	北宋	1
方　悫	北宋	3
马希孟	北宋	2
刘　敞	北宋	1
叶梦得	北宋	1
李格非	北宋	1
周　谞	北宋	2

（续表）

被征引者姓名	被征引者时代	征引次数
项安世	南宋	1
朱　熹	南宋	3
杨　复	南宋	1
吕祖谦	南宋	1
应　镛	南宋	2
林之奇	南宋	1
陈　澔	元	3
吴　澄	元	1
徐师曾	明	2
万斯大	清	1
胡　渭	清	2
顾炎武	清	1

　　据以上统计可知，孙希旦于《曲礼上》征引之解义，其中汉唐10家，宋代17家，元代2家，清代2家；于《檀弓上》征引之解义，其中汉唐7家，宋代10家，元代3家，清代1家；于《王制》征引之解义，其中汉唐9家，宋代16家，元代2家，明代1家，清代3家。孙希旦所征引者，汉唐少于宋代，而元、明、清又次之。孙氏的《礼记集解》征引汉唐最多者为郑玄，其次为孔颖达和陆德明；征引宋代最多者为朱熹，其次为吕大临。此外，孙氏对宋人王安石、方悫、马希孟，元人陈澔、吴澄之解义亦颇为重视。由此可见，孙希旦解经，对前人

之解义皆是择善而从，而无汉学、宋学门户之见。

在清代经典诠释史上，新疏层出不穷，体现了清人对前人经典注疏之不满，遂希望以新疏代旧疏。"三礼"之新疏，《仪礼》有胡培翚的《仪礼正义》，《周礼》有孙诒让的《周礼正义》，《礼记》却没有新疏。梁启超曰："清代礼学之成绩，就专经解释的著作论，《仪礼》算是最大的成功。凌、张、胡、邵四部大著，各走各的路，各做到登峰造极，合起来又能互相为用，这部经总算被他们把所有的工作都做尽了。《周礼》一向很寂寞，最后有孙仲容一部名著，忽然万丈光芒。剩下的就是《礼记》，我们很不满意。"①《礼记》无新疏，可能是由于孔颖达《礼记正义》采择资料宏富、释义详备，清人认为已难有超越。不过，清代还是有一些颇有影响的《礼记》学著作。如王夫之的《礼记章句》、杭世骏的《续礼记集说》、朱彬的《礼记训纂》、孙希旦的《礼记集解》②。王夫之的《礼记章句》无门户之见，其采择历代解义而出己见，乃清初《礼记》学之名著。然王氏以哲理释经，已游离于礼学征实特点之外。杭世骏承卫氏的《礼记集说》之体例，所撰《续礼记集说》博采汉唐至清初之解义，乃清代中前期《礼记》学名著。然其重在材料之汇集，而鲜个人之识断。朱彬的《礼记训纂》重在征引而少经义阐发，且所征引者主要是郑玄和孔颖达，故其学术价值不高。

---

① ［清］梁启超：《中国近三百年学术史》，上海三联书店，2006，第176页。
② 梁启超认为，清代有成就和影响的《礼记》学著作，一是杭世骏的《续礼记集说》，二是姚际恒的《礼记通论》，三是郭嵩焘的《礼记质疑》。梁氏于孙希旦的《礼记集解》、王夫之的《礼记章句》皆不曾言及。梁氏虽言及朱彬《礼记训纂》，然其未见该书，故"不敢批评"。见［清］梁启超：《中国近三百年学术史》，上海三联书店，2006，第174页。

诸家之中，孙希旦的《礼记集解》最好地克服了诸家之弊，其有经学宗旨而无门户之见，重视材料而有识断，发明经义而不事虚玄，重视名物制度考证而不陷于饾饤之学，故学术价值最高，是清代《礼记》学史上最有学术价值的著作。今人将孙氏的《礼记集解》纳入"十三经清人注疏"，正是对孙氏此书学术价值之肯定。

除了孙希旦的《礼记集解》，朱彬的《礼记训纂》也征引汉唐至清代百余家《礼记》解义。兹以朱彬于《礼记》中的《曲礼上》《檀弓上》《王制》征引诸家解义情况为据，对其经学观念和治学方法加以探讨。

《曲礼上》征引诸家解义表

被征引者姓名	被征引者时代	征引次数
《尔雅》	战国至西汉	2
刘　向	西汉	1
扬　雄	西汉	1
班　固	东汉	1
许　慎	东汉	24
郑　玄	东汉	297
何　休	东汉	1
卢　植	东汉	2
刘　熙	东汉	1
张　揖	（三国）魏	2
王　肃	（三国）魏	1
郭　璞	东晋	1

(续表)

被征引者姓名	被征引者时代	征引次数
何 胤	(南朝)梁	2
顾野王	(南朝)梁	1
卢 辩	北周	1
陆德明	唐	31
孔颖达	唐	208
刘 敞	北宋	1
王安石	北宋	2
吕大临	北宋	7
陈祥道	北宋	1
方 悫	北宋	2
马希孟	北宋	2
胡 铨	南宋	1
朱 熹	南宋	6
戴 溪	南宋	1
应 镛	南宋	1
吴 澄	元	1
陈 澔	元	2
郝 敬	明	1
顾炎武	清	1
臧 琳	清	1

(续表)

被征引者姓名	被征引者时代	征引次数
朱 轼	清	3
王懋竑	清	2
江 永	清	17
惠 栋	清	1
程瑶田	清	1
钱大昕	清	1
段玉裁	清	4
金 榜	清	1
邵晋涵	清	2
王念孙	清	7
刘台拱	清	8
王引之	清	4

《檀弓上》征引诸家解义表

被征引者姓名	被征引者时代	征引次数
《尔雅》	战国至西汉	6
司马迁	西汉	1
扬 雄	西汉	1
班 固	东汉	1
许 慎	东汉	11

（续表）

被征引者姓名	被征引者时代	征引次数
郑玄	东汉	325
卢植	东汉	4
射慈	（三国）吴	1
贺循	（三国）吴	1
刘昌宗	东晋	1
崔灵恩	（南朝）梁	1
陆德明	唐	22
孔颖达	唐	110
贾公彦	唐	1
刘敞	北宋	1
张载	北宋	1
陈祥道	北宋	2
陆佃	北宋	1
方悫	北宋	1
马希孟	北宋	1
胡铨	南宋	1
吕祖谦	南宋	1
应镛	南宋	1
吴澄	元	6
陈澔	元	5

(续表)

被征引者姓名	被征引者时代	征引次数
顾炎武	清	1
臧琳	清	1
朱轼	清	4
王懋竑	清	3
江永	清	10
段玉裁	清	2
王念孙	清	5
刘台拱	清	2
王引之	清	5
李惇	清	1
刘沅	清	1

《王制》征引诸家解义表

被征引者姓名	被征引者时代	征引次数
《尔雅》	战国至西汉	2
司马迁	西汉	1
刘向	西汉	2
班固	东汉	4
许慎	东汉	11
郑玄	东汉	194

（续表）

被征引者姓名	被征引者时代	征引次数
何　休	东汉	1
卢　植	东汉	1
应　劭	东汉	1
张　揖	（三国）魏	1
范　宁	东晋	1
崔灵恩	（南朝）梁	1
陆德明	唐	3
孔颖达	唐	102
贾公彦	唐	2
杨　倞	唐	1
刘　彝	北宋	1
张　载	北宋	1
陈祥道	北宋	7
方　悫	北宋	8
马希孟	北宋	3
陆　佃	北宋	1
叶梦得	北宋	1
胡　铨	南宋	2
朱　熹	南宋	1
黄　震	南宋	1

（续表）

被征引者姓名	被征引者时代	征引次数
吴　澄	元	1
徐师曾	明	1
王懋竑	清	2
金　榜	清	2
孙志祖	清	1
王念孙	清	3
王引之	清	4

朱彬于《曲礼上》征引之解义，其中汉唐17家，宋代10家，元代2家，明代1家，清代14家；于《檀弓上》征引之解义，其中汉唐14家，宋代9家，元代2家，清代11家；于《王制》征引之解义，其中汉唐16家，宋代10家，元代1家，明代1家，清代5家。朱彬的《礼记训纂》征引汉唐解义最多者为郑玄，其次为孔颖达，再次是许慎和陆德明。此外，汉代的扬雄、刘向、班固、卢植、应劭；三国时期的王肃、张揖、射慈、贺循；晋代的范宁、刘昌宗、郭璞，南北朝时期的崔灵恩、何胤、庾蔚之、贺场、皇侃、熊安生；唐代的贾公彦；宋代的张载、陈祥道、陆佃、方悫、马希孟、吕祖谦、朱熹；元代的陈澔、吴澄；明代的徐师曾、郝敬，清代的顾炎武、江永、戴震、朱轼、金榜、惠栋、郑元庆、藏琳、邵晋涵、王念孙、王引之、程瑶田、钱大昕、段玉裁等皆在征引之列。由此可见，朱彬从事《礼记》诠释时参考材料众多，且无所谓"汉学""宋学"门户之见。

此外，朱彬对江永、惠栋、段玉裁等人的音韵、训诂之学颇为重视，以至于其被人认为是循汉学家的治经途轨。罗振玉曰："朱彬《礼记训纂》，焦循《礼记补疏》，于训诂名物，考证尤详，足以羽翼郑学。"① 此"训诂名物""考证尤详"，皆乾嘉考据学应有之义。朱彬治《礼记》广征博引、无门户之见，正是扬州学派"通学"之体现。

二、《礼记》之校勘

清代考据学大盛，群经校勘就是其体现之一。皮锡瑞认为，清代经师有功于后学者有三事，一曰辑佚书，二曰精校勘，三曰通小学②。清人的经典校勘范围之广、力度之深可谓前所未有。下面将以江永、沈廷芳、阮元为例，对清中期《礼记》的校勘情况加以探讨，以见清中期学人在《礼记》经、注、疏校勘方面的成就。

作为乾嘉皖派先声的江永精于校勘之学，提倡"比堪"，即"善排比""勤考释""重辨微"，如此才能"比之细""考之详""释之精""辨之深"。此可从其《礼记》诠释中略窥一二，兹举两例以见之。

《檀弓上》："曾子之丧，浴于爨室。"郑《注》："见曾元之辞易箦，矫之以谦俭也。礼，死浴于适室。"孔颖达曰："此一节论曾子故为非礼以正其子也。……曾子达礼之人，应须浴于

---

① ［清］罗振玉：《本朝学术源流概略》，见《民国丛书》第 1 编·6·哲学宗教类，《辽居杂著》乙编本。
② ［清］皮锡瑞：《经学历史》，《皮锡瑞全集》第 6 册，中华书局，2015 年点校本，第 91—92 页。

正寝，今乃浴于爨室，明知意有所为。"元代陈澔曰："《士丧礼》'浴于适室'，无浴爨室之文。旧说曾子以曾元辞易簀，矫之以谦俭，然反席未安而没，未必有言及此，使果曾子之命，为人子者亦岂忍从非礼而贱其亲乎？此难以臆说断之，当阙之。"① 陈澔此说显然受到了王安石的启发。明代胡广修《礼记大全》、清人李光坡撰《礼记述注》、鄂尔泰等奉敕编《钦定礼记义疏》均采陈氏之说。江永曰："曾子易簀当在适室，丧事由近及远，安有迁尸而浴于他室者？此必有误字，疑是'奥室'之讹。《礼器》'臧文仲燔柴于奥'，'爨'可讹为'奥'，则'奥'亦可讹为'爨'。《士丧礼》'始死设床当牖'，本不当奥，盖门人欲尊其师，谓室中以奥为尊，故设床于奥以浴，记此讥其变礼，'室'当为衍字，又或本作'室奥'，因'奥'讹'爨'，故遂改作'爨室'耳。"② 郑玄、孔颖达与陈澔等人的观点不同，然皆不疑《礼记》此之经文，江永疑此"爨"当为"奥"字之讹，"室"为衍文。

《文王世子》："反养老幼于东序。"郑《注》、孔《疏》皆不解此"幼"字。陈祥道曰："兼幼言之者，耆老、孤子，先王未尝不兼养，然非所重，特老者而已。"陈澔曰："冯氏曰：石梁先生于此经涂去'幼'字，今按《疏》有其义，而郑《注》无养幼之文，疑是讹本攙入一字。"江永："按陈氏说是。此言终之以仁，故兼飨孤子言之。王氏删'幼'字，非也。"③ 江永从陈祥道之说，认为此"幼"字不衍。

---

① ［元］陈澔：《礼记集说》卷二，文渊阁《四库全书》第121册，第713页。
② ［清］江永：《礼记训义择言》卷二，文渊阁《四库全书》第128册，第310页。
③ ［清］江永：《礼记训义择言》卷二，文渊阁《四库全书》第128册，第339页。

沈廷芳是乾隆时期的经学家，少从方苞学古文，亦究心经学。沈氏所撰《十三经注疏正字》八十一卷，是清代较早的"十三经"全经校勘类的著作。该书"三礼"部分，《周礼》凡十卷，《仪礼》凡十一卷，《礼记》凡十五卷。

兹列沈氏对《礼记》的部分校语如下——

《檀弓上》孔《疏》："案宾位之位，随主人而变。"沈廷芳曰："上'位'字当衍文。"①

《檀弓上》孔《疏》："若其良史直笔。"沈廷芳曰："'直'，监本误'有'。"②

《檀弓上》陆氏《音义》："涕音体。"沈廷芳曰："案毛氏居正云：'后垂涕洟，音他计切，合通用。"③

《檀弓上》孔《疏》："疏草经一年，陈根陈也。"沈廷芳曰："上'陈'字当'则'字误。"④

《王制》孔《疏》："晦闇于礼义。"沈廷芳曰："'闇'，毛本误'闻'。"⑤

《王制》郑玄《注》："如今诏书除吏是矣。"沈廷芳曰："'是'，衍字。《集说》校。"⑥

---

① ［清］沈廷芳：《十三经注疏正字》卷四五，文渊阁《四库全书》第192册，第593页。
② ［清］沈廷芳：《十三经注疏正字》卷四五，文渊阁《四库全书》第192册，第593页。
③ ［清］沈廷芳：《十三经注疏正字》卷四五，文渊阁《四库全书》第192册，第594页。
④ ［清］沈廷芳：《十三经注疏正字》卷四五，文渊阁《四库全书》第192册，第594页。
⑤ ［清］沈廷芳：《十三经注疏正字》卷四六，文渊阁《四库全书》第192册，第610页。
⑥ ［清］沈廷芳：《十三经注疏正字》卷四六，文渊阁《四库全书》第192册，第610页。

《王制》郑玄《注》："四之日其早。"沈廷芳曰："'早'，当依《集说》本，从经作'蚤'。"①

《月令》孔《疏》："是郑以《月令》不韦所作。"沈廷芳曰："下疑脱'也'字。《月令》下疑脱'为'字。"②

《月令》孔《疏》："蕚布于午。"沈廷芳曰："'蕚'，《汉书》作'咢'。"③

根据沈廷芳之校语，可知其校勘涉"三礼"的经、注、疏、《释文》等各方面内容。其所校者，包括经、注、疏的讹、脱、衍、倒、错乱等情况，所采用较多的校勘方法是对校、本校、他校。沈氏对校的版本，主要是监本、重修监本、陆氏闽本、毛氏汲古阁本，而音义《释文》则以徐氏通志堂本为准。沈氏还以"三礼"经、注、疏的前后内容对校。此外，其广泛参考其他经典记载对"三礼"经、注、疏实行他校。

沈廷芳在《十三经注疏正字》之"例言"中曰："字，一本误者曰某本误，并误者曰某字误，某误而无可考曰当某字误，可商曰疑某字误，不可知曰某字，疑或脱或衍或误而不能定则概曰疑。"④由此可见沈氏之校勘态度是十分审慎的。在清代经典校勘史上，沈廷芳是较早从事"十三经"全经校勘的学人，故其对后来阮元等人的"十三经"校勘无疑具有借鉴和启发意

---

① ［清］沈廷芳：《十三经注疏正字》卷四六，文渊阁《四库全书》第192册，第614页。
② ［清］沈廷芳：《十三经注疏正字》卷四七，文渊阁《四库全书》第192册，第620页。
③ ［清］沈廷芳：《十三经注疏正字》卷四七，文渊阁《四库全书》第192册，第620页。
④ ［清］沈廷芳：《十三经正字例言》，《十三经正字》卷首，文渊阁《四库全书》第192册，第3页。

义。四库馆臣评价沈氏此书曰:"是书所举或漏或拘,尚未能毫发无憾。至于参稽众本,考验六书,订刊版之舛讹,祛经生之疑似,注疏有功于圣经,此书更有功于注疏,较诸训诂未明而自谓能穷理义者,固有虚谈实际之分矣。"① 不过,在清初学人顾炎武、张尔岐等人已经掘发唐石经的校勘价值,并已经将石经应用于他们的经典校勘中的前提下,沈廷芳对"十三经"校勘时不但没有参考石经,对清初学人之校勘成果也多有忽略,这不能不说是沈氏校勘方面的一大缺失。② 后来卢文弨、阮元等人在校勘实践中,对石经文献及清初学人之校勘成果多有重视,可谓回避沈氏之失,而扬沈氏之长。

阮元是乾嘉时期的著名学者,其一生以整理、刊刻、校勘、收藏图书,振兴学术为己任。阮元在出任浙江学政、巡抚期间,召集江浙朴学之士编纂《经籍纂诂》,创建诂经精舍,并组织汇校《十三经注疏》。阮元所主持编纂的《十三经注疏校勘记》二百余卷,被皮锡瑞誉为"经学之渊海"③。今以《礼记注疏校勘记》为研究对象,以见阮元所主持的经典校勘成就及特色。④

阮元在从事《礼记》校勘时,重视底本和参校本之选择。

---

① [清]永瑢等:《四库全书总目》卷三三,中华书局,1965年影印本,第278页。
② 邓声国说:"沈廷芳在对待前人随文注释体文献之校勘成果方面,涉及面较窄。……对于清初学者之随文校勘成果缺乏足够的重视。"(邓声国:《清代〈仪礼〉文献研究》,上海古籍出版社,2006,第354—355页。)
③ [清]皮锡瑞:《经学历史》,《皮锡瑞全集》第6册,上海古籍出版社,2015年点校本,第92页。
④ 阮元主编的《十三经注疏校勘记》,《周礼》部分由臧庸负责校勘,《仪礼》部分由徐养原负责校勘,《礼记》部分由洪震煊负责校勘。在诸家校勘基础上,阮元复定其是非。为方便起见,本书在称"三礼"注疏校勘记的作者时,皆以阮元统之。

校勘底本的选择，直接关系校勘质量之高低。阮元之前，部分学人在从事《礼记》校勘时，由于未能找到宋本作为底本，所以校勘质量打了折扣。阮元在从事校勘时，特别重视底本和参校本之选择，对前贤时人的校勘记亦多有重视。《礼记》部分，底本采用的是阮元家藏的十行宋本，参校经本有唐开成石经本、南宋石经本；经注本有岳本、嘉靖本、附释音本、闽本、监本、毛本、卫湜《礼记集说》本；参考的校本校记主要是惠栋校宋本、卢文弨校本、孙志祖校本、段玉裁校本、《考文》宋板、浦镗校本。

阮元从事《礼记》校勘时，不轻易改字，而是以校勘记的形式予以说明。阮元校勘群经极为谨慎，他言校勘原则曰："刻书者最患以臆见改古书，今重刻宋板，凡有明知宋板之误字，亦不使轻改，但加圈于误字之旁，而别据校勘记择其说，附载于每卷之末，俾后之学者不疑于古籍之不可据，慎之至也。"①"其经文、注文有与明本不同，恐后人习读明本，而反臆疑宋本之误，故卢氏亦引校勘记载于卷后，慎之至也。"② 在阮元看来，即便是底本有明显的讹误，也不可轻改文字，而是以校记的形式加以说明。在这样的校勘原则下，就能最大限度地再现古籍之原貌，减少校勘中由于主观臆断导致的错误。

对于《礼记》参校本之异同，阮元并不轻易盲从一家，而是将诸本之异同予以胪列，意在增广异闻。比如《礼记正义》

---

① ［清］阮元：《江西校刻宋本十三经注疏书后》，《揅经室集》三集卷二，中华书局，1993 年点校本，第 620 页。
② ［清］阮元：《江西校刻宋本十三经注疏书后》，《揅经室集》三集卷二，中华书局，1993 年点校本，第 620 页。

第四章　清代的《礼记》学

在孔颖达序之后又出"礼记正义"四字，阮校曰："此本于《礼记正义序》之后别出此篇目，闽本脱，监、毛本无。"①

阮元从事"三礼"校勘时，采用了多种校勘方法。他采用最多的是对校法以校《礼记》，比如《曲礼下》郑玄《注》："车轮，谓行不绝地也。"阮校曰："岳本'也'作'地'，嘉靖本同，宋监本同。案《经传通解》亦作'地'。《考文》引古本，'也'上有'地'字。《正义》云：'如车轮曳地而行'，注有'地'字为是。"② 此是对校法。

乾嘉时期考据学家们的文字、音韵、训诂之学，对经籍校勘起到了重要作用，这在《礼记》校勘中也可以看到。阮元所邀请之从事《礼记》校勘者如臧庸、徐养原、洪震煊等皆是名震当时学界的大家，他们皆有深厚的考据功夫，皆能从训诂学的角度对经文注疏进行考订。比如《曲礼下》孔《疏》："厌帖无耆强，为五服丧所著也。""耆"原作"者"，阮校："惠栋校宋本'强'字同，'者'作'耆'。监、毛本'者强'作'梁纚'，卫氏《集说》同。案当作'耆强'，宋本是也。古训'耆'为'强'。《逸周书·谥法》云：'耆，强也。'《左氏·昭廿三年传》'不懦不耆'，杜预注亦云：'耆，强也。'《疏》意盖谓无'耆强'之谓，厌帖而已，'耆'作'者'，形近之误也。"③ 对于"耆""者"二字之考察，除了版本比较外，还有

---

① ［清］阮元：《十三经注疏校勘记·礼记》卷一，《续修四库全书》第 181 册，第 560 页。
② ［清］阮元：《十三经注疏校勘记·礼记》卷四，《续修四库全书》第 181 册，第 582 页。
③ ［清］阮元：《十三经注疏校勘记·礼记》卷四，《续修四库全书》第 181 册，第 584—585 页。

文字训诂。

阮元对《礼记》之校勘颇为精审，受到当时和后世学人的高度重视，并时有征引和申论。阮元借助于地位之便，故能聚集学界精英，校勘主体水平一流；加之其又能博采汉唐石经、宋元善本，以及当代通行本详加比堪，故能在反复比堪诸本异同之基础上，实现经注疏文本是非曲直之判定。在《礼记》校勘方面，阮元及其所邀集的参与者能广采善本作校勘之资，又能广泛吸纳清代朴学家的校勘成果，故其《礼记》校勘水平可谓前无古人。直到今天，阮元校刻的《礼记》经注疏仍是公认的精校本，也是《礼记》研究者广泛采用的文本。

三、《礼记》文字训诂和名物考证

清初以来，考据之学逐渐兴起，到了清中期，文字训诂、名物考证成为当时的学术潮流。兹以江永、惠栋的《礼记》学为例，以见清中期《礼记》学的考据精神。

如《曲礼上》："共饭不泽手。"吴澄云："饭，扶晚切。下抟饭、放饭、扬饭、饭黍并同。"又云："此节五饭字，皆当作上声读。饭，谓食之也。"江永曰："按陆氏《释文》云：'依字书，食旁作卞，扶万反，食旁作反，符晚反。二字不同，今则混而一之。愚谓此节五饭字，唯放饭、饭黍二饭字音上声，若共饭、抟饭、扬饭三饭字当音扶万切，指所食之饭，而吴氏皆读上声，误矣。"① 此数"饭"字，吴澄认为皆当作上声读，食之义；江永认为，放饭、饭黍二饭字音上声，共饭、抟饭、

---

① ［清］江永：《礼记训义择言》卷一，文渊阁《四库全书》第128册，第295页。

扬饭三饭字当音扶万切,指所食之饭。

《檀弓下》:"祝声三。"郑《注》:"声,噫歆,警神也。"江永曰:"按:噫歆,郑以汉时警神之声言之,意古亦如此。噫者,发声;歆者,声之转,取声不取义。《疏》谓歆享。文端公谓如尚飨,皆非也。此不设饮食,何享之有?尚飨,乃祝词之末,欲神飨之,非引声也。后世以咳声用于吉祭者,诚误。"①郑《注》所言"噫歆"之"歆",孔《疏》认为是歆享之义,朱熹认为是尚飨之义。江永则认为此歆字乃声之转,取声不取义。

江永治学长于比勘,精于名物制度之考证,他往往在前人之基础上,形成自己的创见。如《曲礼上》:"尸必式乘必以几。"孔《疏》云:"几案在式之上,尊者有所敬事,以手据之几上,有幂。君以羔皮,以虎缘之也。"江永曰:"孔《疏》谓几在式上。按:舆人参分轸围,去一以为式围。《注》云:兵车式围,七寸三分寸之一。以方计之,广不及二寸,式上安可置几?况车行摇动,能冯之以为安乎?羔幂覆于式,未闻覆于几也。孔《疏》而下说者皆误。"②孔《疏》认为几案在式上。江氏据式之形制,认为几不可能在式上。江氏此说被后人所承,如孙希旦云:"《疏》谓'几在式上,以手据之',亦非也。"③孙氏于此虽未明言其说之所自出,然通过比较,其说受江永之影响,昭昭在目也。前面所述江永对《礼记》经文旧注之校勘,亦彰显其学说之创新精神。江永的《礼记》解义"持论多为精

---

① [清]江永:《礼记训义择言》卷四,文渊阁《四库全书》第128册,第329页。
② [清]江永:《礼记训义择言》卷一,文渊阁《四库全书》第128册,第298页。
③ [清]孙希旦:《礼记集解》卷一,中华书局,1989年点校本,第75页。

核"①，持义多允，其治《礼记》的方法和态度，为其后孙希旦、高邮王氏父子等所效法。

清中期吴派代表人物惠栋的《九经古义》从声音训诂的角度，以明九经之"古义"。兹以其《九经古义》的《礼记》部分为例，以见惠氏治经的考据取向。

惠栋重视从声音的角度释《礼记》经文。如《礼记·内则》："祗见孺子。"郑《注》："祗，敬也。或作振。"惠栋曰："古'祗''振'字通。《史记·夏本纪》：'皋陶述其谋曰：日严振敬六德。'今《尚书》'振'作'祗'。振又与'震'通。《鲁世家》周公作《无逸》云'治民震惧'，今《无逸》作'祗惧'。蔡邕石经《般庚》云'今尔惠朕曷祗动万民以迁'，今《盘庚》云'尔谓朕曷震动万民以迁'，'祗'与'振'义同而音异。"②惠氏征引《史记》《尚书》及蔡邕石经《尚书·般庚》之记载，认为《内则》此"祗"字与"振"相通，两字义同而音异。又如《礼记·曲礼上》："礼不讳嫌名。"郑《注》："嫌名，谓声相近，若禹与雨、丘与区也。"贾《疏》："今谓禹与雨音同而义异，丘与区音异而义同，此二者各有嫌疑。"惠栋曰："古'丘'字皆读为'区'，故郑云声相近。毛《诗》'丘与诗协'，《左传》'丘与旗协'，《战国策》'齐婴儿谣曰：大冠若箕，修剑拄颐，攻狄不能，下垒枯丘'，荀卿子曰'言之信者，在乎区盖之间'，《汉书·儒林传》作'丘盖'，颜籀《匡谬正俗》曰'今江淮田野之人，犹谓区为丘，亦古之遗音也'。"③

---

① [清] 永瑢等：《四库全书总目》卷二一，中华书局，1965年影印本，第174页。
② [清] 惠栋：《九经古义》卷一二，文渊阁《四库全书》第191册，第463页。
③ [清] 惠栋：《九经古义》卷一一，文渊阁《四库全书》第191册，第454页。

郑玄认为"丘"与"区"声相近。贾《疏》认为"丘"与"区"音异而义同。惠栋征引《毛诗》《左传》《荀子》《匡谬正俗》,认为"丘"与"区"之古音相近。清人孙希旦曰:"愚谓'丘''区'二字并音去求反……《疏》说非是。"①

惠栋还重视以文献互相印证,以明《礼记》字义。如《礼记·曲礼上》:"大夫七十而致事,若不得谢,则必赐之几杖。"郑《注》:"谢犹听也。君必有命,劳苦辞谢之。"惠栋曰:"案:谢,犹去位也。《说文》:'谢,辞去也。'《楚辞·大招》云'青春受谢',王逸云:'谢,去也。'谢,一作谢。《史记》蔡泽谓范睢云:'夫四时之序,成功者去。'今时有代谢之语,盖本于《楚辞》。顾炎武训'谢'为'序'。案《招魂》云:'若必筮予之,恐后之谢不能复用巫阳焉。'《注》亦云:'谢,去也。'谢,去也,若训为'序',不合事理。"②《曲礼上》此"谢"字,郑玄训为"听",贾《疏》承之。顾炎武训"谢"字为"序"。惠氏据《史记》《说文》及王逸《楚辞注》训"谢"为"去"。

如果从"三礼"学来看,乾嘉时期学人的考据学成就主要体现在《仪礼》学方面。比如凌廷堪的《礼经释例》对礼例的归纳,胡培翚的《仪礼正义》对《仪礼》的校勘和名物制度的考证,胡匡衷的《仪礼释官》对《仪礼》所记官制的辨析,皆可谓考据精深。《礼记》所记内容以义理见长,虽然清人从经文的校勘、名物的考证方面对其也有所研究,但是相对于《仪礼》学来说,还是稍显逊色。

---

① [清]孙希旦:《礼记集解》卷四,中华书局,1989年点校本,第89页。
② [清]惠栋:《九经古义》卷一一,文渊阁《四库全书》第191册,第453页。

晚清《礼记》学与今古文之辨

乾嘉时期，人人汲汲于文字、音韵、训诂、典章、制度、校勘、辑佚，重视考据成为时代的学风。钱穆先生在谈到学术之嬗变时曾说："夫学术犹果实，成熟则烂而落，而新生之可见者也。"[1] 乾嘉汉学如日中天时，也是其"成熟则烂而落"之时。一些人逐渐看到了乾嘉学术其实并非全是考据学，如江南文人袁枚致书吴派学人惠栋说："足下与吴门诸士厌宋学空虚，故倡汉学以矫之，意良是也。第不知宋学有弊，汉学更有弊。宋偏于形而上者，故心性之说近玄虚；汉偏于形而下者，故笺注之说多附会。"[2] 乾嘉学人致力于复兴汉学的主张，亦受到了一些倡导宋学的学人之批评。以理学自居的桐城派学人方东树著《汉学商兑》，对汉学进行激烈的批判，他将整个乾嘉学派作为批评的对象，说："汉学家皆以高谈性命为便于空疏，无补经术，争为实事求是之学，衍为独论，万口一舌，牢不可破。以愚论之，实事求是莫如程朱，以其理信而足可推行，不误于民

---

[1] 钱穆：《国学概论》，商务印书馆，1997，第257页。
[2] ［清］袁枚：《小仓山房文集》卷一八《答惠定宇书》，《续修四库全书》第1432册，第191页。

之兴行,然则虽虚理而乃实事矣。汉学诸人,言言有据,字字有考,只向纸上与古人争训诂、形声,传注驳杂,援据群籍,证佐数百千条,反之身己心行,推之民人家国,了无益处,徒使人狂惑失守,不得所用。然则虽实事求是,而乃虚之至者也。"① 汉学家以宋儒高谈性命为空疏,并倡导实事求是之学,而方氏认为汉学所标榜的实事求是实则多为附会,汉学只重考据,而于修齐治平漠不关心,从治学意义的角度来看,此才是真正的空疏。

方东树从宋学的立场对汉学所作的批评,较宋代以前的理学有一重大不同,那就是其重点已经不是对性理意蕴的阐发,而是强调程朱理学中的经世功用。黄开国认为,这种经世学说,"从汉学的文字训诂本身是不可能产生出这样的学说的,而以心性学说为中心的宋学也不可能开出这样的学说,历史也缺乏产生出新时代的新理论的条件。所以,人们只能在以往的学术中去寻求新的理论,而西汉的《公羊》学无疑成为最适合的理论"②。

今文学的中心是《公羊》学,在清代,其启蒙者是庄存与。庄氏有《春秋正辞》,摒弃名物训诂而专事微言大义之探求。庄存与认为,《春秋》有义例,其中蕴含有圣人的微言大义,他说:"《春秋》以辞成象,以象垂法,示天下后世以圣心之极。观其辞,必以圣人之心存之。史不能究,游、夏不能主,是故善说《春秋》者,止诸至圣之法而已。"③ 他以《公羊》说《春

---

① [清] 方东树:《汉学商兑》卷中(上),《续修四库全书》第951册,第559页。
② 黄开国:《刘逢禄〈公羊〉学的意义》,《哲学研究》,2008年第2期。
③ [清] 庄存与:《春秋正辞》附录《春秋要指》,《续修四库全书》第141册,第120页。

秋》，重视《公羊》之"大一统"义，如对齐桓、晋文之尊王攘夷，他作如是评价："诸侯无伯，亦《春秋》之所恶也。则其不主晋何？曰：诸侯之无伯也，晋襄公始为之也。不主晋于是始，而王道行矣。桓、文作而《春秋》有伯辞，实与而文不与也。"① 庄存与之后，治《公羊》学影响较大者还有刘逢禄。有学者说："今文经学体系的形成在清代经学史上是由刘逢禄的《公羊》学首次实现的。刘逢禄的著述不仅以《公羊》为主，刘承宽称其父'凡为《春秋》之书十有一种'，都是与《公羊》学有关的著述。另外关于《周易》《尚书》《诗经》等儒家著作，也都贯穿着《公羊》学的三科九旨。而且刘逢禄多次明确地说，《公羊》为《春秋》唯一正传，《春秋》为五经的莞钥，可见他是十分明确且有意识地以《公羊》学为宗来建立一个系统的今文经学体系。正是有了刘逢禄系统的今文经学体系，清代经学才有了能够与乾嘉汉学相抗衡的今文经学。"②

在经学传统中，《公羊》学是今文学的重镇，《公羊传》乃今文学的示范性经典。然而随着清代今文学的演变，在廖平、皮锡瑞等人的努力下，《王制》逐渐进入经学家的视域，并促进了今文学示范性经典由《公羊传》向《王制》的转变。

清代部分经学家崇尚经学之家法，他们由郑玄经学上溯东汉之古文学，再由东汉之古文学上溯西汉之今文学。在这个过程中，他们对延续两千余年的经学今古文之辨进行了反思。其中的代表人物有陈寿祺父子、廖平、皮锡瑞等。与庄存与、刘

---

① ［清］庄存与：《春秋正辞》卷七《诸夏辞第五》，《续修四库全书》第141册，第75页。
② 黄开国：《刘逢禄〈公羊〉学的意义》，《哲学研究》，2008年第2期。

逢禄、魏源、龚自珍等人的研究取向不同，陈、廖、皮等人更注重条析儒经或经说，从而实现对经学本身的深层认识。

今古文经学之辨是经学史上的一个大问题，二者区别的标准自汉代本就不甚清楚。东汉末年郑玄、三国魏王肃混淆今古文，今古文经学的区别在后世变得更加模糊了。有人认为今古文经之分在于经本的文字不同，即今文经是用汉人通行的文字隶书写成的，而古文经则是汉人发掘出来的用战国时期六国文字写成的本子；有人认为今古文经之分在于二者所处的地位不同，即立于学官的为今文经，流传于民间的是古文经。各家议论纷纭，难成定论。在清代今文学发展的过程中，今古文分别之本质逐渐变得清晰起来。陈寿祺、陈乔枞父子搜辑今文《尚书》《三家诗》遗说而作《五经异义疏证》，陈立治《公羊春秋》而作《白虎通义疏证》，皆能明于师法，而知以礼制为大要。三陈虽在治经中有以礼制作为区分今古文学之端倪，然而这种观念尚较为模糊。系统地对今古文做出分辨者当是廖平。梁启超曰："盖自今古之讼既兴，于是朱右曾有《尚书欧阳夏侯遗说考》，陈乔枞有《今文尚书经说考》《三家诗遗说考》《齐诗翼氏学疏证》，陈立有《公羊义疏》，专凭西汉博士说以释经义者间出，逮廖氏而波澜壮阔极矣。"①

廖平是中国近代著名的经学大师之一，他一生研治经学，融贯古今中西各种学说，构建了具有时代特色的经学理论体系，在中国近代学术界占有极其重要的地位。廖平经学凡六变，然

---

① ［清］梁启超：《论中国学术思想变迁之大势》，上海古籍出版社，2006，第104—105页。

其变中亦有不变。其高足蒙文通曾说："自先生今古之辨明，天下莫之能易。然六经儒家之学，何由而有二派之殊，则人各异论，先生因亦屡变其说而莫可定。然终以《王制》《周官》之为主，则未始有异。则先生之说虽变，谓之不变亦可。"① 由于廖平的平分今古说影响深远，所以学界在研究廖平经学或晚清经学时，皆对廖氏平分今古说多有讨论。廖平称陈氏父子能"以今古分别礼说"②，然而陈氏只是略知本源，未能滢澈。廖平遂以礼制为根荄，对今古文之辨作透彻的阐述。他对《五经异义》经说加以分析，发现今古学虽然分为很多派，然而在封国、爵禄、官制、丧葬等很多礼制方面却是"今与今同，古与古同，二者不相出入"③。廖氏认为，今古文经学所言礼制分别主《王制》和《周礼》，他以《王制》主今学，《周礼》主古学，先立两旗帜，然后招集流亡，各归部属。

廖平认为《礼记》中的《王制》是今文之祖，体现在两个方面。

一是《王制》为一王之大纲大法。廖平曰："《王制》一篇，以后来书志推之：其言爵禄，则职官志也；其言封建九州岛，则地理志也；其言命官、兴学，则选举志也；其言巡狩、吉凶、军宾，则礼乐志也；其言国用，则食货志也；其言司马所掌，则兵志也；其言司寇，则刑法志也；其言四夷，则外夷诸传也。大约宏纲巨领，皆已具此，宜其为一王

---

① 四川大学古籍所编：《儒藏》史部第100册，四川大学出版社，2007，第83页。
② ［清］廖平：《今古学考》卷下，《廖平全集》第1册，上海古籍出版社，2015年点校本，第39页。
③ ［清］廖平：《今古学考》卷上，《廖平全集》第1册，上海古籍出版社，2015年点校本，第15页。

大法欤！"① 又曰："孔子以《王制》为后世法，秦汉与《王制》不同，世遂不明此意，以《王制》为无用之书。不知后人阴被其福而不知，如《王制》开选举，后世全祖此法。而众建诸侯，即郡县之遗意；广开学校，亦治化之根本，《中庸》之'百世以俟圣人而不惑'。今用《王制》之事多为益，倍于《王制》者多为害，习焉不察耳。"② 历代之书、志等是对古代社会制度的记录，以此推之，可知《王制》对国家政治、经济、宗教、礼仪等各个方面从法的意义上加以设置和规定，从而成为王者之大经大法。

二是《王制》乃孔子晚年定论。《论语》记载孔子有"从周"之文，于是学人多以为孔子只尊周制。廖平认为，"从周"仅是孔子早年之说，改制才是孔子晚年定论。他说："孔子初年问礼，有'从周'之言，是尊王命、畏大人之意也。至于晚年，哀道不行，不得假手自行其意，以挽弊补偏；于是以心所欲为者，书之《王制》，寓之《春秋》，当时名流莫不同此议论，所谓因革继周之事也。后来传经弟子因为孔子手订之文，专学此派，同祖《王制》。其实孔子一人之言，前后不同。予谓从周为孔子少壮之学，因革为孔子晚年之意者，此也。"③ 此所谓"因革"乃素王改制之义。而孔子晚年素王改制之言当在《王制》一书中，廖平曰："孔子以匹夫制作，其行事具于《春秋》，复

---

① ［清］廖平：《今古学考》卷下，《廖平全集》第1册，上海古籍出版社，2015年点校本，第58页。
② ［清］廖平：《王制集说凡例》，《廖平全集》第4册，上海古籍出版社，2015年点校本，第93页。
③ ［清］廖平：《今古学考》卷下，《廖平全集》第1册，上海古籍出版社，2015年点校本，第34页。

推其意于五经。孔子已殁,弟子纪其制度以为《王制》。《论语谶》:'子夏六十四人撰仲尼微言,以事素王。'即《王制》也。此篇皆改制事,不敢讼言。所谓'微言',王即素王也。"① 廖平所言"改制",与《公羊》家所云素王改制的一大相同之处在于二者均以孔子为改制者,对孔子均持崇奉的态度。然廖平所云"改制",与《公羊》家所云改制又有所不同,他所言"改制"即改周之文以从质。廖氏曰:"按《王制》即所谓继周之王也。因于《周礼》即今学所不改而古今同者也。其损益可知,《王制》改周制,皆以救文胜之弊,因其偏胜,知其救药也。年岁不同,议论遂异。春秋时诸君子皆欲改周文以相救,孔子《王制》即用此意,为今学之本旨。何君解今礼,以为《春秋》有改制之文,即此意也。特不知所改之文,全在《王制》耳。"② 廖平所言改制较《公羊》家骇怪之论平实,即仅以孔子改文从质为改制。

在《王制》为今文之祖的观念下,廖平对古书之今古属性进行了判定。他撰《今古学专门书目表》,以《王制》为旗帜,以统诸书,所统诸书有《穀梁春秋》《公羊春秋》《尚书大传》《春秋繁露》《韩诗外传》《子夏易传》《蔡氏易说》《丁氏易传》《韩氏易传》《施氏章句》《孟氏章句》《今文尚书》《欧阳章句》《大夏侯章句》《小夏侯章句》《鲁诗故》《齐诗故》《韩诗故》《公羊颜氏春秋》《公羊文谥例》等。此外,廖平还对一

---

① [清]廖平:《王制集说凡例》,《廖平全集》第4册,上海古籍出版社,2015年点校本,第91页。
② [清]廖平:《今古学考》卷下,《廖平全集》第1册,上海古籍出版社,2015年点校本,第35页。

些经书中的单篇之今古文属性加以判定，他说："群经之中，古多于今，然所以能定其为今学派者，全据《王制》为断。《三朝记》知其为今学者，以与《王制》合也。《礼记》冠、昏、乡饮、射义所以知为今学者，以与《王制》同也。同者从同，异者自应从异，故旧说渊源，皆不足据。"① 廖平以《王制》为今学之祖，认为其有提纲挈领的作用。

廖平的平分今古说影响深远，蒙文通评论曰："清代自宋于庭以来，大张今学之帜，然于今古之界畔不能辨，于是以三世诸义，滥及群经，视前世区区欲以文字辨今古学诚殊，而不知根荄，则一也。以立学官与否为辨，则更肤浅不足道。……先生依许、郑《五经异义》，以明今古之辨在礼制，而归纳于《王制》《周官》。以《王制》《穀梁》鲁学为今学正宗，平分江河，若示指掌，千载之惑，一旦冰解。"② 廖平经学凡六变，分辨今古当是其经学之灵魂。从礼制的角度对今古文所作的辨析，使两千年以来的今古文之争，疑惑顿消。廖平以礼制分辨今古文，是其学术的最大贡献，也是晚清经学史上的大事，其影响十分深远。

首先，廖平的平分今古说促进了今文经学示范性经典的转移。在经学传统中，《公羊》学乃今文学之重镇，《公羊传》乃今文学的示范性经典。然而随着清代今文学的演变，《王制》逐渐进入经学家的视域，被廖平称为今文之大宗，与传统意义上

---

① ［清］廖平：《今古学考》卷下，《廖平全集》第1册，上海古籍出版社，2015年点校本，第35页。
② 蒙文通：《井研廖季平师与近代今文学》，四川大学古籍所编，《儒藏》史部第100册，四川大学出版社，2007，第82页。

以《公羊》学为今文学之中心的观念已大有不同。实际上，《王制》进入廖平及其他今文家的视域绝非偶然。由于《周礼》是古文学的基本经典，汉代的古文经学家以及后来的不少学者都将其归为周公所著，代表的是真正的周代之制。今文家最重视《公羊》经，然而《公羊》经虽多言改制，但是对具体制度的记述却远不及《王制》系统。如何找到一种能与《周礼》言制度相颉颃的经典，是晚清今文家跃上学术舞台时的一项重要使命。在这样的背景下，与《周礼》一样重视制度的《王制》便进入了今文家的视域。廖平倡之在前，康有为、皮锡瑞推之在后，《王制》遂成为晚清今文学的经中之经，以统帅今学诸经。

其次，廖平的平分今古说引发了晚清民初古文经学家对《王制》的讨论。从古文经学家对《王制》的反驳中，亦可反观晚清今文家以《王制》为今文大宗的观念在晚清民初的巨大影响。古文学大家章炳麟是站在古文学的立场来看待《王制》的，他同意东汉卢植之说，认为《王制》乃汉文帝时博士诸生抄撮应诏之书，《王制》"大达政体"，因此难以经世致用。在《国故论衡》中，章氏则称《王制》有五行之说，有阴阳家色彩，据此而否定《王制》乃孔子学说；更以《王制》"东田""周尺"之文，认定这些乃是汉代制度。刘师培亦相信汉人卢植之说，以之为汉文帝时博士诸生所作，在他看来，《王制》不是今文家所主张的素王改制之书，而是一本博士诸生杂采群经汇集而成之作。章、刘等人对《王制》作者问题所作的探究，有着明显的针对性，即驳廖、皮、康等人以《王制》为素王改制之书的观点。

再次，廖平以礼制平分今古之说对同时代的今文经学家康有为、皮锡瑞以及古文经学家章炳麟、刘师培、洪诚等人都产生了深远的影响。下面以晚清今文家皮锡瑞和古文家刘师培为例，以见廖平以《王制》《周礼》平分今古之说影响之深远。

晚清湖湘学人皮锡瑞（1850—1908）既是中国古代儒家经典研究的集大成者，也是现代儒家经典研究范式的开创者，他的经学研究具有融通各家各派的宏大气象。皮氏倡导治经要守家法，他说："说经宜知汉今古文家法。"①"治经必严家法，方不至臆说乱经；五经博士各治本经，方不至变改师说。"② 在重视经学家法的观念下，皮氏对《周礼》《王制》给予了很多关注，并试图通过对《周礼》《王制》的解析以明今古文之分。

皮锡瑞认为廖平从今古文的角度对经典所作的区分"未必尽可据"，然而与廖平一样，皮氏亦以"《王制》为今文大宗"③。之所以如此，首先是因为《王制》与孔子所立素王之制的《春秋》相通，他说："《王制》为多殷制，引《春秋》变周之文，从殷之质，则已知《王制》之通于《春秋》，特未明言为素王之制耳。"④ 皮氏认为，《春秋》斟酌损益四代之制而成，《王制》与《春秋》一样，亦是孔子斟酌四代而立新制，"《王制》即素王之制，其中损益周制，或取或否。郑君见其与《周礼》不合，别之为夏、殷礼。孔子斟酌四代，未尝不采夏、殷，

---

① ［清］皮锡瑞：《经学讲义底稿》，《皮锡瑞全集》第8册，中华书局，2015年点校本，第140页。
② ［清］皮锡瑞：《经学讲义底稿》，《皮锡瑞全集》第8册，中华书局，2015年点校本，第130页。
③ ［清］皮锡瑞：《经学通论》，《皮锡瑞全集》第6册，中华书局，2015年点校本，第463页。
④ ［清］皮锡瑞：《王制笺》，《皮锡瑞全集》第4册，中华书局，2015年点校本，第560页。

然既已经孔子损益,定为一王之法,则是素王新制,非夏、殷旧制矣。"① 对于《王制》与《春秋》相通,皮氏特举例加以证明:"《公羊》桓十一年传:'郑忽出奔卫,忽何以名?《春秋》伯、子、男一也,辞无所贬。'《解诂》云:'《春秋》改周之文,从殷之质,合伯、子、男为一。'《王制》曰:'公侯田方百里,伯七十里,子男五十里。'郑《注》云:'此地殷所因夏爵三等之制也。《春秋》变周之文,从殷之质,合伯、子、男以为一,则殷爵三等者,公、侯、伯也。'《正义》曰:'何休之意,合伯、子、男为一,皆称从子。郑意合伯、子、男为一,皆称伯也。'郑、何说虽稍异,而《春秋》三等,《王制》亦三等,其相合者一。"② 皮氏比较《春秋》《王制》所言爵制,认为《春秋》伯、子、男三等,《王制》亦三等,二者相合;又《王制》所言岁三时田与《春秋》三时田相合。依皮氏之意,《王制》与《春秋》所言礼制相通,《春秋》为孔子素王之说,由此可推导出《王制》所言亦孔子素王之说。

皮锡瑞认为,郑玄在解《王制》时必以《周礼》为证,此乃和同今古文,从而导致经学家法不明。他考郑《注》,指出其失有六:一曰土地,二曰封国,三曰官制,四曰征税,五曰礼典,六曰学制。如皮氏驳郑玄引《周礼》解《王制》封国之制、官制云:"《王制》云'公、侯田方百里',与《孟子》《公羊》《白虎通》合。张、包、周皆不信《周礼》有五百里之封。

---

① [清] 皮锡瑞:《王制笺》,《皮锡瑞全集》第4册,中华书局,2015年点校本,第561页。
② [清] 皮锡瑞:《经学通论》,《皮锡瑞全集》第6册,中华书局,2015年点校本,第464页。

郑据《周礼·大司徒》文创为周公斥大九州岛之界,以自圆其说。"① 在他看来,郑玄以古文之《周礼》为据解今文之《王制》,是"昧于家法,而自生葛藤"②。

在强调经学家法的基础上,皮氏进一步对汉儒之《王制》说加以考察。如《王制》:"诸侯之于天子也,比年一小聘,三年一大聘,五年一朝。"许慎《五经异义》云:"《公羊》说诸侯比年一小聘,三年一大聘,五年一朝天子。《左氏》说十二年之间八聘,四朝,再会,一盟。谨案:《公羊》说,虞、夏制。《左氏》说,周礼。《传》曰:'三代不同物。'明古今异说。"③郑玄《驳五经异义》云:"《公羊》说比年一小聘,三年一大聘,五年一朝,以为文、襄之制。录《王制》者,记文、襄之制耳,非虞、夏及殷法也。"④皮氏评论许、郑之说云:"许、郑杂引今古文以解经。许以《公羊》说为虞、夏制,与'群后四朝'不合,以《左氏》说为周礼,亦无明文可征。郑据《周礼》以疑《王制》,断为文、襄之制。《王制》作于周秦之际,其时《左传》未出,未必是据《左传》。"⑤ 皮氏认为,许、郑解经不守家法,郑玄以古文之《周礼》为据疑今文之《王制》,

---

① [清]皮锡瑞:《王制笺序》,《皮锡瑞全集》第4册,中华书局,2015年点校本,第555页。
② [清]皮锡瑞:《王制笺序》,《皮锡瑞全集》第4册,中华书局,2015年点校本,第555页。
③ [清]陈寿祺:《五经异义疏证》,《皇清经解》第7册,上海书店影印本,1988,第178页。
④ [清]陈寿祺:《五经异义疏证》,《皇清经解》第7册,上海书店影印本,1988,第177页。
⑤ [清]皮锡瑞:《王制笺》,《皮锡瑞全集》第4册,中华书局,2015年点校本,第596页。

此乃昧于家法，结论未必可据。

从晚清经学演变的角度来看，皮锡瑞的《王制》研究细化了经学中今古文之分的问题，从而为后世学人所重。毋庸讳言，皮锡瑞的《王制》研究，观点多有袭自廖平者，然而皮氏持论比廖平、康有为等今文家平允，在对《王制》作者的考订上较廖、康二人审慎，因此皮氏对《王制》所记制度的考释，亦多持之有据，可补廖平、康有为考据之不足。

除了今文家廖平、皮锡瑞重视《王制》之外，古文家刘师培也对《王制》格外关注。清代仪征刘氏家族以《左传》学而扬名学界。刘师培秉承家学，然其研究领域已突破《左传》而及"三礼"。其认为，"《王制》为孔子改制之书，或以为合于《穀梁》，或以为合于《公羊》，不知《王制》所采本不仅今文之说，于今文之中又不仅《公》《穀》二家之说。谓之偶取《公》《穀》则可，谓之悉合于《公》《穀》，则不可也"①。《王制》并非仅有今文说，今文中亦并非仅《公》《穀》两家之说。此外，刘氏认为廖平等人以诸经据《王制》而成是"倒果为因"，"近人解《王制》者……均依《王制》而作，不知此乃《王制》杂采群经也。谓《王制》依群经而作则可，谓群经依《王制》而作则倒果为因，夫岂可哉？"②

刘师培驳《王制》为孔子素王改制之书，指出其内容复杂多端。他说："《王制》一书为汉文时博士所作，博士各出其师说，汇为一编，故一篇之中，有古文说，有今文说，不拘于一

---

① 刘师培：《王制篇集证》，《国粹学报》，1907年3卷11期。
② 刘师培：《王制篇集证》，《国粹学报》，1907年3卷11期。

经之言也。所记之制，有虞夏制，有殷制，有周制，不拘于一代之礼也。惟其不拘于一经之言，故《史记》言其剌六经而成。惟其不拘于一代之礼，故郑君以为所记乃先王之事，是则《王制》一篇与东汉《白虎通》无异，乃杂采众家之说，历代之制，而成书者也。……是则考《王制》者，当首知其说采自何书，为何经之说，继当知其为某代之制，然后其说可通。若仅以一家之言，一代之制目之，失其旨矣。"① 刘氏以《王制》为博士各据家法而为之，故一篇之中有古文说、今文说，不拘于一经之言；所记之制，有虞夏制、殷制、周制，不拘于一代之礼，因此《王制》与汉代之《白虎通义》一样，乃杂采众家之说、历代之制而成。

刘师培在对《王制》经文进行考证时，并非完全以之为今文，而是认为其所记制度有今文，亦有古文，这与今文家以《王制》所记诸制度皆为今文的观点不同。其《王制》说看似与今文家判若水火，然细绎其文字，可知刘氏的《王制》说受今文家的影响实属明显。刘师培对《王制》所作的训释与汉唐以来直到清乾嘉时期诸儒重视名物制度之考证的风格有所不同。孔颖达的《礼记正义》之《王制》部分所作解义于名物制度无所不包，然于此说之今古文属性、制度之时代皆无细致的辨析。清人孙希旦的《礼记集解》虽精简，然却以释经文之本义为主，而于今古文属性、制度之时代等皆无关注。刘师培在训释《王制》时重视今古文属性的判定，以及所记制度的时代等，实皆受到今文家的影响，只是其立场与今文家相反而已。

---

① 刘师培：《王制篇集证》，《国粹学报》，1907 年 3 卷 11 期。

如果说刘师培的《王制篇集证》于今古之辨尚模糊，那么其后治《五经异义》、作《白虎通义定本》时则于今古家法之辨析已臻于成熟，晚年成《周礼古注集疏》和《礼经旧学考略》，则专以礼为宗。刘氏之《周礼古注集疏》虽仍以名物制度考证为要务，如关于"国子""昊天""献功"诸说之考证，皆涉及制度层面，而根本的则是礼制。其说解正确与否，当属仁者见仁智者见智之事，而其以礼制判别今古文则有明显的时代特色。

蒙文通先生曾深刻地指出："廖、刘两家立言不同，而推礼则一，其辨析今古则一，惟其说明今古相异之故乃不同耳。……其言今古两学立异之故不同，其所以辨今古两学则一。"[1] 蒙文通认为廖、刘经学虽然立场不同，然对礼制的重视则是异中之同。蒙先生站在经学史的高度，跳出了经学门户之见对廖、刘经学异同所作的评点可谓中允。由此可见，尽管学者的学术立场不同，然只要在同一个时代，他们的思想必然会打上时代的烙印。从经学史的角度去考察，可更加清楚地认识到刘师培礼学的渊源及时代特色。

---

[1] 蒙文通：《井研廖季平师与近代今文学》，四川大学古籍所编：《儒藏》史部第100册，四川大学出版社，2007，第107页。

清代《礼记》学与经世致用

中国之被称为"礼仪之邦"者,端赖有"三礼"为其先导和教典。"三礼"所强调的礼乐精神内化于国民之心,外现于国人之行。自古以来,"三礼"之学不限于纯学理性的探讨,还与社会秩序规范的实践有着十分密切的关系。历代的"三礼"学家,除了文本层面的文字训诂之外,还将"三礼"所强调的礼仪风范与社会需要密切关联起来。比如有功于礼学最大的东汉郑玄治"三礼","非是注解,且可为朝廷定制也"[①]。刘歆、王安石等人则通过《周礼》之诠释,从而为社会变革提供思想资源。而在"三礼"之中,《礼记》以其所记载的礼仪及所蕴含的道德理想,受到历代学者的高度重视。他们在阐发社会理想、从事社会秩序整合实践时,往往将《礼记》作为神圣的宝典。笔者在本篇将结合历史文化背景,对清代学人的《礼记》诠释所蕴含的经世致用思想进行梳理。

一、以《礼记》作为经筵和日讲的资源

清代入主中原以后,对社会秩序的重新整合成为要务。而

[①] [清]陈澧:《东塾读书记》卷一五,《陈澧集》第 2 册,上海古籍出版社,2008,第 265 页。

消除满汉文化的对立和隔阂是社会秩序整合的重要内容。清世祖于1652年举行"临雍释奠"典礼以激励士子笃守圣人之道,世祖称:"帝王敷治,文教是先,臣子致君,经术为本。……今天下渐定,朕将兴文教,崇经术,以开太平。"[1] 其谕礼部:"尔部即传谕直省学臣训督士子,凡六经诸史,有关于道德经济者,必务研求通贯,明体达用,处则为真儒,出则为循吏。果有此等实学,朕当不次简拔,重加任用。"[2] 此后,"文教是先"成为清代统治者的治平方略。

康熙当政以后,将世祖倡导的"文教是先"治国理念做了进一步推广,其中的一项重要举措便是设博学鸿儒制科。康熙重视儒学,他在经筵和日讲中对儒家经典颇为看重。所谓经筵,即古代帝王讲求文治的大典,意在向皇帝提供治国平天下的经典依据。《日讲礼记解义》是康熙时期的经筵之作。出于经筵的需要,《解义》的语言平实易晓,对前人解义的态度亦比较平允。经筵之目的,是为最高统治者提供治国理政的思想资源,其旨非文献考证和学术思想体系之建构。平实易晓的语言,对君臣之间展开讨论是十分必要的。

二、以《礼记》敦风化俗

明代中后期,中央集权统治出现松动,社会管控比较松懈。明朝政府降低了对江南赋税的征收,岁入由原来的三千万石降

---

[1] [清]康熙二十六年敕编:《世祖章皇帝圣训》卷五,文渊阁《四库全书》第411册,第134页。
[2] [清]康熙二十六年敕编:《世祖章皇帝圣训》卷五,文渊阁《四库全书》第411册,第134页。

为二千二百余万石。在此背景下，民间经济得到快速发展，南方开始出现较大的市镇。而在这些市镇里，商品经济发达，雇佣与被雇佣的关系颇为流行。随着经济的发展，晚明的社会风气也在悄然发生变化。此所谓"变化"，是相对于明代嘉靖以前而言。明代中前期，为了巩固统治，明政府倡导和组织了不少文化工程，比如《永乐大典》就是永乐年间官方组织编纂的百科全书式文献集，参与此书编纂的朝臣文士、宿学老儒达两万余人。明成祖为此书撰序说："昔者圣王之治天下也，尽开物成务之道，极裁成辅相之宜，修礼乐而明教化……朕嗣承鸿基，勔思缵述，尚惟有大混一之时，必有一统之制作，所以齐政治而同风俗。"[1] 统治者主导的文化工程对明代中前期道德伦理、礼仪风尚的引导起到了重要作用。然而随着晚明商品经济的发展，功利主义和竞奢风气在社会上开始蔓延开来。几乎所有的明史研究者都认同晚明是一个"竞奢时代"，甚至有学者称晚明是"社会生活内容丰富、尊卑失序、欲海横流、变动剧烈的'天崩地解'时代"[2]。在晚明的方志、文集、笔记中，关于竞奢风气之描述随处可见。据吏部左侍郎顾元起的《客座赘语》记载，嘉靖前后的士人生活与以前已大有不同，"家中多畜少艾，穿着华丽，闭门居家赋诗作文与亲友共赏。每逢家中名花开放，便设宴请客，以古诗奇句、僻事奇人为酒令，嘲谑相错，追求风流雅兴，以自高其身"[3]。作为社会风气引领者的士大夫对自己的生活方式引以为傲时，社会风气便随他们而改变。以

---

[1] 明代官修：《明太宗实录》卷七三，台湾"中研院"史语所，1962，第1018页。
[2] 张显清：《明代后期社会转型研究》，中国社会科学出版社，2008，第285页。
[3] 商传：《走进晚明》，商务印书馆，2014，第262页。

服饰为例，在明代中后期江南民众的社会生活中，"便服裘帽，惟取华丽，或娼优而僭拟帝后，或隶仆而上同职官，贵贱混淆，上下无别"；"南都（指南京）服饰，在庆、历前犹为朴谨：官戴忠静冠、士戴方巾而已。近年以来，殊形诡制，日异月新。于是士大夫所戴，其名甚夥，有汉巾、晋巾、唐巾、诸葛巾、纯阳巾、东坡巾、阳明巾、九华巾、玉台巾、逍遥巾、纱帽巾、华阳巾、四开巾、勇巾"。这种追求物欲、竞逐奢华的风气弥漫在当时整个社会。僭越礼制已成为时尚，以至于到了"人不以为异"的地步，甚至连统治阶层的上层人物也互相攀比，极尽奢靡。比如内阁首辅张居正"性喜华楚，衣必鲜美耀目，膏泽脂香，早暮递进……一时化其习，多以侈饰相尚"[1]。上层人物尚且如此奢侈，世风民风便可想而知了。

除了竞奢以外，晚明还陋俗泛滥，"明代的各种陋习劣俗，伴随社会发展变化而呈现出时代与地域的多元化特征。迷信、嫖娼、妓女、流氓、地棍、无赖、丐帮、盗窃、争讼、健讼、械斗等丑恶现象，充斥于中原汉族地区和边陲少数民族地区，对明代的政治、经济、文化和社会生活的各个方面产生了深远影响"[2]。在各种恶习中，赌博对晚明世风带来的负面影响尤其严重。顾炎武说："万历之末……士大夫无所用心，间有相从赌博者。至天启中，始行马吊之戏，而今之朝士，若江南、山东，几于无人不为，此有如韦昭所云'穷日尽明，继以脂烛。人事旷而不修，宾旅阙而不接'者。吁，可异也！"[3] 当时人的笔记、

---

[1] 沈德符：《万历野获编》卷十二，《续修四库全书》第1174册，第350页。
[2] 张显清：《明代后期社会转型研究》，中国社会科学出版社，2008，第333—334页。
[3] ［清］顾炎武：《日知录》卷二八，《顾炎武全集》第19册，上海古籍出版社，2011年点校本，第1096页。

方志对赌博恶习也多有记载，如浙江钱塘（今杭州），"风俗薄恶日甚一日，虽富贵子弟，皆习此风，小者金银珠玉，大者田地房屋，甚至于妻妾子女，皆以出注"①；吴地的崇明县，"赌则旧用叶子、枭卢、排九诸戏，妇女戏牙牌。近又名目繁兴，博尤豪恣，村市无赖，倚庇土豪、保甲，公然聚赌，商贾农夫辍业以嬉"②。赌博对晚明的社会风气、人伦教化和社会安定造成很大危害，已经冲破道德伦理而触及社会控制的底线。

明清之际的一些学者如陈确、颜元、张尔岐、王夫之等深感世风江河日下，他们在经典诠释中寻求经世良方，颇具实用意味的礼学遂进入他们的诠释视域。如王夫之希望藉《礼记》之诠释以明"中国之所以为中国，君子之所以为君子"③，还藉《礼记》以抒发对教化陵夷、世风败坏之深层忧虑。在《礼记章句序》中，王夫之说："夫之生际晦冥，遘闵幽怨，悼大礼之已斩，惧人道之不立，欲乘未死之暇，上溯'三礼'，下迄汉、晋、五季、唐、宋以及昭代之典礼，折衷得失，立之定断，以存先王之精意，征诸实用，远俟后哲。"④鉴于礼仪崩坏之现状，王夫之希望通过折衷先前典礼及前人治礼得失，从而存先王之精意，以达经世之效用。从总体上来看，明清之际的大多数学人既没有将注意力放在礼经的校勘和注释上，也没有将注意力放在礼物、礼器、礼制的考证上。他们或以礼批判阳明后学的

---

① 田艺蘅：《留青日札》卷三，《续修四库全书》第1129册，第40页。
② 曹炳麟：《崇明县志》卷四，1924年修，1930年刊本，第4页。
③ ［清］王夫之：《礼记章句序》，《礼记章句》卷首，《船山全书》第4册，岳麓书社，2011年点校本，第9页。
④ ［清］王夫之：《礼记章句序》，《礼记章句》卷首，《船山全书》第4册，岳麓书社，2011年点校本，第10页。

空疏学风，或阐述礼的经世功能，或在现实社会中以礼化俗、以俗合礼，也就是说，他们更关注的是礼意和礼教，而不是考据礼学。

清廷和地方特别重视以礼化俗。比如祭礼的教化功能在清代受到了特别的重视，而祭礼与《礼记》密切相关。《礼记·月令》云"孟春之月……其帝太皞，其神句芒"，又云"季冬之月……命有司大难旁磔，出土牛，以送寒气"，郑玄曰："土牛者，丑为牛，牛可牵止也。"祭句芒神和出土牛，是历代礼俗的重要内容，为历代官方和民间所高度重视。清代地方的"迎春"活动，有祭芒神和出土牛的仪节。据《乾隆彭山县志》载："立春前一日，率寮属迎芒神、土牛于东郊。……各官朝服，仪杖鼓乐俱，至东郊，行两拜礼。祀芒神毕，迎神与土牛回县署仪门外棚厂内安设，芒神西向，土牛南向。各官至大堂，宴罢，退。次日立春时，设酒果祭芒神，三献。祝曰：'维神职司，春令德应，苍龙生意，覃敷品彙，萌达某等，悉牧兹邑，具礼迎新，戴仰神功，育我黎庶，尚飨。'祝讫，复行四拜礼。各官执彩鞭立土牛旁，随长官环击土牛者三，绕牛三匝，以豆撒牛，人争拾豆，婴儿食之，痘疹稀少。"[①] 此记载的案语是："《礼记·月令》季冬'出土牛，以送寒气'，取建丑属牛送旧之义。立春芒神，司令迎新之义。"[②] 由此可见，《月令》"孟春祭芒神""季冬出土牛"的记载对后世礼俗的影响是十分深远的。不

[①] ［清］张凤翥纂：《乾隆彭山县志》卷四，《中国地方志荟萃》（西南卷·第3辑）第9册，九州出版社，2016，第204—205页。

[②] ［清］张凤翥纂：《乾隆彭山县志》卷四，《中国地方志荟萃》（西南卷·第3辑）第9册，九州出版社，2016，第205页。

过也应看到，各地并非照搬《月令》的记载，而是有所变通。如《月令》所记季冬出土牛，清代合江县则将此仪用于立春时劝农耕，象征春耕的开始。

三、以《礼记》阐发社会和人生理想

宋明理学借助于《乐记》所阐发的"天理人欲之辨"，为元代以来的统治者所利用，进而变成一套政治哲学。戴震对《礼记·乐记》"理欲"观作了辨析，以驳宋明理学家对立地看待"天理"与"人欲"之关系。他说："今既截然分理欲为二，治己以不出于欲为理，治人亦必以不出于欲为理，举凡民之饥寒愁怨，饮食男女，常情隐曲之感，咸视为人欲之甚轻者矣。轻其所轻，乃'吾重天理也，公义也'，言虽美，而用之治人，则祸其人。"[①] 戴震认为，当统治者将"天理"与"人欲"相对立的观念应用到社会治理之中，言论看起来很美，实际上却是害人。戴震还认为，将"天理"与"人欲"分离，并以"天理"为是，"人欲"为非，那么尊者、长者、贵者就把持"天理"的解释权，从而对卑者、幼者、贱者形成欺压之势，即使卑者、幼者、贱者据理力争，也会落得大逆不道的恶名。后儒及统治者之所以采纳这种做法，是因为他们对理的"自信"，而这种"自信"导致他们将主观意见当作"理"，因而"以理杀人"就是"以意见杀人"。戴震说："由是以意见杀人，咸自信为理矣。"[②] 在戴震看来，宋明理学家将与"欲"对立

---

① ［清］戴震：《孟子字义疏证》，中华书局，1982，第58—59页。
② ［清］戴震：《与段若膺论理书》，《戴震全集》第1册，清华大学出版社，1991，第214页。

的"理"应用于社会时,"理"便具有了杀人的功能。戴震在宋儒之基础上,对《礼记·乐记》所言"理欲之辨"所作的新阐释,受到学界的普遍重视,亦对中国近代社会具有启蒙意义。

如果说晚清以前的学者以《礼记》经世致用还是间接的,那么晚清部分学人以"三礼"学经世致用就比较直接了。在晚清危难的时局下,传统士人心忧天下,他们通过经典诠释从而阐发经世致用思想。康有为通过《礼记·中庸》《礼运》诠释从而阐发他的社会人生理想,就是本时期通经致用的典范之作。

晚清康有为特别重视《礼记》,除对《礼记》之成书有论说外,还在研究《礼运》的基础上写出了《礼运注》《大同书》,在研究《中庸》的基础上写出了《中庸注》。今结合诸书之内容,以见康氏《礼记》研究之特色。

康有为撰有《礼运注》一书,自署作于1884年,姜义华等人则认为作于1901年至1902年作者避居新加坡、印度期间。该书之内容最先刊载于康氏自办的《不忍》杂志,1916年由上海广智书局以《演孔丛书》为名出版铅字排印本。

康有为认为《礼记·礼运》乃贼大道之书,他说:"予小子六岁而受经,十二岁而尽读周世孔氏之遗文。乃受经说及宋儒先之言。二十七岁而尽读汉、魏、六朝、唐、宋、明及国朝人传注考据义理之说。……始循宋人之途辙……既悟孔子不如是之拘且隘也。继遵汉人之门径……既悟其不如是之碎且乱也……既乃离经之繁而求之史……既乃去古学之伪,而求之今文学。"① 然康氏认为"孔子之道大，虽不可尽见，而庶几窥其藩矣。惜其弥深太漫，不得数言而赅大道之要也，乃尽舍传说，而求之经文"②。康氏认为，饱读考据义理之书，追循汉宋治学之途，然皆难得孔子大道之要，及读《礼运》，才豁然开朗。他说："读至《礼运》，乃浩然而叹曰：孔子三世之变，大道之真，在是矣。大同、小康之道，发之明而别之精，古今进化之故，神圣悯世之深，在是矣。"③ 康氏认为《礼运》乃孔子之微言真传、万国之无上宝典，三世之变、大道之真、古今进化之故、神圣悯世之深，皆在是书，由此可见康氏对《礼运》评价之高。

康有为利用《礼运》的大同思想以构建自己的政治思想体系，成《大同书》一书，有强烈的经世倾向。康氏认为，汉、唐、宋、明不别其治乱兴衰，皆小康之世，两千年来儒先所言，不别其真伪、精粗、美恶，皆小康之道；而中国正处于小康之世。他说："今者中国已小康矣，而不求进化，泥守旧方，是失孔子之意，而大悖其道也，甚非所以安天下乐群生也，甚非所以崇孔子同大地也。"④ 康氏之意，其所处的是超越小康而追求大同之时，要实现这种超越，就得托古改制、变法维新。

---

① ［清］康有为：《礼运注》，《康有为全集》第5集，中国人民大学出版社，2007年点校本，第553页。
② ［清］康有为：《礼运注》，《康有为全集》第5集，中国人民大学出版社，2007年点校本，第553页。
③ ［清］康有为：《礼运注》，《康有为全集》第5集，中国人民大学出版社，2007年点校本，第553页。
④ ［清］康有为：《礼运注》，《康有为全集》第5集，中国人民大学出版社，2007年点校本，第553—554页。

戊戌变法失败以后，康有为流亡海外，游览欧美多国，还去过新加坡和印度。康氏突破了传统的经学考证法，用《礼运》与世界各国之风俗相比附。如《礼运》："夫礼之初，始诸饮食。其燔黍捭豚，污尊而抔饮，蒉桴而土鼓，犹若可以致其敬于鬼神。"康氏曰："礼因人道而设，故亦以饮食之礼为始。今非洲之人，以猎为事，归而分之。此亦礼也。太古民愚，故尤尚鬼。今考埃及、叙利亚、印度、波斯及各野番之先，皆以事鬼神为至重。印度、波斯、犹太之经，半为祭礼。……土鼓，筑土为鼓也。此盖述太古石期之先，未能制器，先已有礼也。今滕越野人，台湾生番，及南洋、婆罗洲各岛之生番，非洲之野番，尚有。"[1] 非洲人狩猎归而分之，康氏以《礼运》"始诸饮食"释之；埃及、叙利亚、印度、波斯及野番重事鬼神，康氏以《礼运》"致其敬于鬼神"释之；滕越野人，台湾、南洋、婆罗洲各岛之生番，非洲之野番未能制器而能行礼，康氏以《礼运》"蒉桴而土鼓"释之。

康有为撰有《中庸注》一书，该书之叙文曾载于《不忍》杂志。上海广智书局于1916年以《演孔丛书》为名出版了该书的铅字排印本。

在《中庸注》中，康有为试图会通《中庸》与《公羊》学，以阐发他的社会政治思想。如《中庸》："君子之中庸也，君子而时中。小人之中庸也，小人而无忌惮也。"康氏曰："孔子之道，有三统三世焉。其统异，其世异，则其道亦异。故君

---

[1] ［清］康有为：《礼运注》，《康有为全集》第5集，中国人民大学出版社，2007年点校本，第558页。

子当因其所处之时，观其会通，以行其典礼。上下无常，惟变所适。"① 康氏以《公羊》学"三统三世"说以释《中庸》所言之"时中"。又如《中庸》："故君子尊德性而道问学……温故而知新，敦厚以崇礼。"康氏曰："夫故者，大地千万年之陈迹，不温寻之，则不知进化之由，虽欲维新而恐误。新者，万物无穷无尽之至理，不考知之，无以为进化之法，虽能胜古而亦愚。孔子甚爱古迹，尤好新法。法者，其义相关，故戒守旧之愚害，而亦不可为灭古之卤莽也。"② 康氏释孔子之言，又表达了他的维新思想。

康有为还借《中庸》会通儒佛以表白心境。中国古代的知识分子多兼通儒释道，当仕途通达、一帆风顺时，便以儒修身齐家、兼济天下；当仕途不畅、贬谪流放时，则多以释道修养身心、独善其身。戊戌变法失败，对康有为的内心世界造成很大的冲击。其《中庸注》中调和佛儒，既是为了安顿自己的身心，也是为了寄予对未来的希望。如《礼记·中庸》："素富贵，行乎富贵。素贫贱，行乎贫贱。素夷狄，行乎夷狄。素患难，行乎患难。君子无入而不自得焉。"康氏曰："一切境界事物，可欣可慕者，泊然不能动之。非惟不动，且不愿焉。其安而行之，顺受自乐如此。故入于富贵，不离衮衣玉食。入于贫贱，不避监门赁舂。入于夷狄，不妨断发文身以讲周礼。入于患难，可以幽囚著作，行乞清歌。其神明超胜，故无所入而

---

① ［清］康有为：《中庸注》，《康有为全集》第5集，中国人民大学出版社，2007年点校本，第371页。
② ［清］康有为：《中庸注》，《康有为全集》第5集，中国人民大学出版社，2007年点校本，第386页。

不自得焉。"① 此段文字体现了康氏在变法失败后的无奈心境。又如《礼记·中庸》曰:"国有道,其言足以兴;国无道,其默足以容。"康氏曰:"后人若无改制之大事,而托于明哲默容,则为怯懦偷生之小人耳。"② 康氏不甘于失败,他一方面鞭挞偷生之小人,另一方面继续寄希望于改制。

---

① [清]康有为:《中庸注》,《康有为全集》第5集,中国人民大学出版社,2007年点校本,第375页。
② [清]康有为:《中庸注》,《康有为全集》第5集,中国人民大学出版社,2007年点校本,第386页。

第五章
20 世纪的《礼记》学

    20 世纪的《礼记》学是中国文化的组成部分，其所出现的新话题、运用的新方法、出现的新观念是在 20 世纪时代思潮、学术观念的影响下形成的，同时这些新话题、新方法和新观念又反映了 20 世纪中国学术思想的嬗变。本章拟以 1949 年为限，分为新中国成立前、后两个大时期。新中国成立后又以 1978 年党的十一届三中全会为限分为两个阶段。此外，在第二个时期还将用一定的篇幅对中国台湾地区的《礼记》学加以考察和总结。

20 世纪《礼记》学概论

一、1900—1949 年中国的《礼记》研究

在中国古代，儒学是社会上下都认同的最为正统的思想体系。晚清以及民国初年，一些学者对儒学的这种正统地位仍坚信不疑。然而 20 世纪前期发生的一系列社会革命运动，如辛亥革命、五四新文化运动、北伐战争、抗日战争、解放战争等，使儒学失去了过去的辉煌。其中对儒学冲击最厉害、影响最深远的，当属 1919 年的五四新文化运动。作为五四新文化运动的先锋，陈独秀、胡适、吴虞、鲁迅等人在"打倒孔家店"的口号下，对中国儒学进行了严厉的批判。他们批判的核心，就是儒家所倡导的"礼教"。鲁迅在《狂人日记》中更是斥"礼教"吃人。陈独秀、胡适、吴虞、鲁迅等人批判礼教的核心是其中的等级制，然而他们的批判在客观上使儒学成了众矢之的，儒家所说的"礼"在相当长一段时间内成了封建落后的代名词。

学术研究与世运密切相关，在 20 世纪上半期传统与现代激烈碰撞的年代，《礼记》这门古老而又重要的学问没有受到重视，不过还是有一部分学人仍然坚持从事传统文化研究，并在

《礼记》研究领域做出了贡献。综合来看，20世纪上半期的学人对《礼记》研究所取得的成就及特色主要有以下几点。

第一，有的学者从制度史和思想史的角度对《礼运》的成书年代展开了讨论。20世纪上半期，学界关于《礼运》大同章学派属性的争论十分热烈。康有为的《礼运注》、方垙的《礼运说》、李证刚的《孔子大同小康说之现实价值》、高鸿缙的《礼运大同篇五读》等皆持《礼运》大同思想属儒家说。早在1917年，吴虞就作《儒家大同之义本于老子说》一文，认为《礼运》的"大同""小康"思想出自道家。另有不少学人认为《礼运》"大同"说出自墨家。如伍非百的《墨子大义述》、金德建的《思想史上之汉代礼运篇本质与汉代社会的研究》、蒙文通的《论〈墨子〉书备三墨之学》皆认为《礼运》出于墨家。还有一部分学者认为《礼运》当是儒、道、墨诸家融合的产物。蒋维乔的《近三百年中国哲学史》、王新民的《礼运大同篇溯源》、钱基博的《读礼运卷头解题记》认为《礼运》由儒、道、墨三家思想融汇而成。《礼运》的学派属性问题引起了20世纪学人的普遍重视。20世纪参与《礼运》学派属性讨论的学者人数众多，其中不乏学问大家，相关讨论也很深入，即便是继承前人的观点，也是建立在更为细致的论证基础之上，否定前人观点者，亦是建立在文献比较的基础之上。

第二，20世纪前期，李安宅应用社会学的研究方法对《仪礼》和《礼记》展开研究，开辟了礼学研究的新局面。商务印书馆于1930年出版了李安宅所撰的《〈仪礼〉与〈礼记〉之社会学的研究》一书。关于该书的研究方法，李氏说："本文下手的方法，完全是客观地将《仪礼》和《礼记》这两部书用社会学的眼光来检讨一下，看看有多少社会学的成分。换句话说，就是将这两部书看成已有的社会产物，分析它所用以影响其他的社会现象（人的行动）者，是哪几方面。至于这两部书，这项社会产品之成于谁手，成于何代，都不是本文的中心问题，不管知道这些事是怎样有价值。"① 所谓"社会学"，是起源于19世纪末期的一门学科，最初得名于法国人孔德，其研究对象十分广泛，包括政治、经济、历史、社会结构、人口变动、民族、城市、乡村、小区、婚姻、家庭、宗教信仰、现代化等。在《〈仪礼〉与〈礼记〉之社会学的研究》一书中，李氏从礼、语言、物质文化、乐、知识、宗教与仪式、社会组织、政治等方面对《仪礼》和《礼记》作了研究。此书是第一本从社会学的角度研究《仪礼》和《礼记》的专著，其研究方法和研究范式对后来的学者产生了广泛而深远的影响。有学者评论曰："李安宅教授学贯中西，既从事社会学研究，又谙熟我国古代历史文献。他将社会学的观察，追溯运用于中国古代社会，从而在传统的'礼学'研究中，开辟了新领域。……全书虽不过是五万字，但读此一篇，对《礼记》《仪礼》一书所阐述的基本思想，及其对我国社会的主要影响，即可一目了然，并有清晰的认识，李安宅教授运用社会学研究古代文献，开辟社会学研究新领域的精神是令人十分崇敬和敬佩的。"②

二、1949—1978年中国大陆的《礼记》研究

毛泽东在《新民主主义论》一文中提出对文化遗产应采取

---

① 李安宅：《〈仪礼〉与〈礼记〉之社会学的研究》，上海人民出版社，2005，序言。
② 李安宅：《〈仪礼〉与〈礼记〉之社会学的研究》，上海人民出版社，2005，后记。

批判继承的方针，并提出要弘扬民族文化。新中国成立初期，党又提出了"百花齐放、百家争鸣"的文化政策。然而1957年以后"反右"斗争的扩大化，使得"双百"方针的贯彻执行受到了干扰，继而发生了多次意识形态领域的大批判，批判锋芒之所向，除了帝国主义文化、资产阶级文化以外，就是以儒学为主的所谓封建文化。

随之而来的"文化大革命"，则彻底背离了"双百"文化方针。"文化大革命"所殃及的不仅是中国社会的经济、政治，还严重摧残了中国的传统文化。如当时认为孔子是维护奴隶制度的反动派，是复古主义者，孔子所说的"克己复礼"的"礼"指的是奴隶制的等级制度以及与此相关的礼节，"复礼"就是要恢复已经动摇的西周奴隶主阶级统治的社会秩序、等级制度。后来，对孔子"克己复礼"的歪曲演变成为一场批判传统文化的运动。一次又一次的文化批判运动，使得中国传统文化受到极大的摧残，包括"三礼"在内的传统文化研究被视为迂腐和守旧的事情。

在这样的背景下，一些学者仍兢兢业业地从事《礼记》研究，并在此研究领域取得了一些成绩。

本时期关于《乐记》的作者和成书问题的讨论最多。新中国时期的学者关于《乐记》的作者和成书问题的讨论，当追溯到郭沫若于1943年所撰的《公孙尼子与其音乐理论》一文。此外，1975年出版的《〈乐记〉批注》一书认为，《乐记》是刘德及其手下的儒生所撰，刘德的目的是使汉武帝接受他的主张、改行儒家路线，并阴谋篡夺中央权力。这本书的出版，又一次掀起了学界关于《乐记》的作者和成书问题讨论的高潮。

蔡仲德等人认为《乐记》确为汉代刘德等人所撰，在《〈乐记〉作者问题辨正》《与董建、周来祥、吕骥同志商榷——〈乐记〉作者问题再辨正之一》《答周柱铨同志——〈乐记〉作者问题再辨正之二》《〈乐记〉作者再再辨正》《与李学勤先生辩〈乐记〉作者问题——兼论学术信息交流》等论文中，蔡仲德皆持此说。

金钟的《关于公孙尼子的〈乐记〉的断代和评价问题——兼与〈乐记〉批注者商榷》一文赞同郭沫若、杨公骥等人以《乐记》为战国初公孙尼子所作的观点，并列出四条证据予以说明。吕骥撰《关于公孙尼子和〈乐记〉作者考》一文，同意郭沫若以《乐记》为公孙尼子所作说，此外还驳蔡仲德之《乐记》成于西汉说。李学勤的《公孙尼子与〈易传〉的年代》一文对诸文献中关于公孙尼子的记载皆作了条列，认为公孙尼子就是《乐记》的作者。

针对《〈乐记〉批注》以《乐记》出自刘德及其手下的儒生的观点，不少学者继承郭沫若的观点，认为《乐记》的作者是春秋末战国初的公孙尼子。董健的《〈乐记〉是我国最早的美学专著》一文亦认为《乐记》的作者是战国时期的公孙尼子。周柱铨的《〈乐记〉考辨》、冯洁轩的《〈乐记〉作者辨——驳〈乐记〉批注》驳《〈乐记〉批注》以《乐记》出自刘德的观点，并对《乐记》的作者问题作了进一步的讨论。周来祥在《〈乐记〉成书年代考》一文中同意郭沫若的观点，即认为《乐记》出自春秋末战国初的公孙尼子。

在讨论《乐记》的作者和成书问题时，有的学者走了折中的道路。他们结合《汉书·艺文志》中的材料以及汉代以后的相关记载，认为《乐记》非一人一时所成，当是从先秦到汉代逐渐形成的一部书。孙尧年于1963年撰成的《〈乐记〉作者问题考辨》一文既不同意《乐记》乃公孙尼子所作说，亦不同意《乐记》是汉儒所作说，而是认为《乐记》是孔子以后到西汉中期以前儒家论乐的综合性著作。

1949—1978年这三十年中，一部分人从事《礼记》研究之目的，是为了配合当时阶级斗争的需要。如《批判孔孟反动教育思想的代表作——学记》《学记批判》等论文，从题目就可以看出论文作者的撰作动机和时代特征。

三、1979—1999年中国大陆的《礼记》研究

1979年，党的十一届三中全会胜利召开，总结了新中国成立以来30年的经验教训，并决定实行改革开放的国策。这种开放不仅是经济上的，还有文化上的。在改革开放的大背景下，中国的经济迅速发展，国力不断得到增强，人民生活水平不断提高，中国在国际舞台上也扮演着越来越重要的角色。中国在国际社会中地位提升，伴随而来的是民族自信心的增强，对于几千年以来的中国传统文化，不少人也由过去的一概骂倒逐渐地转为理解和接受。此外，经济水平的不断提高，使得文化建设也被摆放到越来越重要的位置。

在国际国内等多重因素的影响下，人们对包括儒学在内的中国传统文化逐渐重视起来。从事儒学研究的学者越来越多，相关的论著大量出现。此外，儒学教育走进了中小学课堂和教材。一些儒学联合会和国学院相继成立。改革开放以来，人们对于儒学由不接受到接受，由不理解到理解。

这20年，中国大陆的《礼记》研究主要是从以下几个方面展开的，并取得了一系列成果。

一是《礼记》本经的注译之作大量出现。这20年中，多有注译《礼记》之作问世，如王宁主编的《评析本白话三礼》、许嘉璐主编的《文白对照十三经》、陈戍国的《周礼·仪礼·礼记》、王梦鸥的《礼记今注今译》、杨天宇的《礼记译注》、王文锦的《礼记译解》、吕友仁的《礼记全译》等。这些注译之作或点校《礼记》，或注释《礼记》，或将《礼记》翻译成白话文。这些著作为了解和阅读《礼记》者提供了方便，也是立志从事《礼记》研究者的入门之书。

二是关于《礼记》成书问题的讨论十分热烈。学者们还利用出土文献对《礼记》的成书年代进行了考证。郭店楚简和已公布的上博竹简中，《缁衣》两件与《礼记·缁衣》内容基本一致；郭店简的《性自命出》与《礼记·乐记》有着密切的关系；《六德》《内礼》与《礼记·丧服四制》和《礼记·内则》等密切相关；上博竹简中的《民之父母》与《礼记·孔子闲居》内容基本一致。由于郭店楚简、上博竹简与《礼记》之间有着密切联系，所以不少学者作了相关研究。如李学勤利用郭店楚简对《礼记》的成书年代作了研究，他说："郭店简又影响到对《礼记》的看法。《缁衣》收入《礼记》，竹简中还有不少地方与《礼记》若干篇章有关，说明《礼记》要比现代好多人所想的年代更早。"[①] 又说："《汉志》的《记》都是古文，有的

[①] 李学勤：《郭店楚简与儒家经籍》，《中国哲学》第20辑，辽宁教育出版社，1999，第21页。

是孔壁所出，有的是河间献王所征集，都是孔门七十子后学的作品。高堂生五传弟子戴德、戴圣所传的《礼记》《大戴礼记》，都是根据这些材料编成的。现在由郭店简印证了《礼记》若干篇章的真实性，就为研究早期儒家开辟了更广阔的境界。"①李学勤认为，郭店楚简的出土，使得《礼记》的成书问题逐渐变得清晰起来。李先生还认为，郭店简与《礼记》的若干篇章有关，说明《礼记》的成书比很多人想象的时间要早。钟肇鹏的《郭店楚简略说》、庞朴的《古墓新知——漫读郭店楚简》、廖名春的《郭店楚简儒家著作考》和《郭店楚简与〈礼记〉的年代》、陈来的《郭店楚简之〈性自命出〉篇初探》、郭沂的《郭店楚简〈成之闻之〉篇疏证》、姜广辉的《郭店楚简与〈子思子〉》等对郭店简与《礼记》之间的关系作了梳理。此外，任铭善的《礼记目录后案》、钱玄的《三礼通论》、李学勤的《郭店简与〈礼记〉》、杨天宇的《礼记译注》之前言、王文锦的《礼记译解》之前言、彭林的《郭店楚简与〈礼记〉的年代》等对《礼记》的成书问题也作了较深入的探讨。学者们或运用传统学术研究的方法加以考证，或利用金文的研究成果加以论证，或从思想史的角度作推论，这些工作对于解决《礼记》成书问题的纷争具有重要的参考价值。

三是不少学者对《礼记》所记名物、制度及思想作了研究。从整体上对《礼记》思想进行研究的，有王启发的《〈礼记〉的礼治主义思想》、崔大华的《〈礼记〉的思想》等。《礼记》

---

① 李学勤：《郭店楚简与儒家经籍》，《中国哲学》第20辑，辽宁教育出版社，1999，第21页。

单篇中,《月令》《礼运》《乐记》所受关注度最高,相关研究成果也最多。《礼运》研究方面,较有代表性的有王启发的《〈礼记〉中的人格理想与社会理想》、卢宗埨的《礼运大同篇政治哲学的研究》等。《学记》研究方面较具代表性的有常校珍的《〈学记〉的教育心理思想研究》、李邦国的《〈学记〉的心理学和哲学思想》、许梦瀛的《〈学记〉的教学论与教师论》、邹玉现的《略论〈学记〉教学原则及其渊源》等。《乐记》研究方面较有代表性的有蔡仲德的《〈乐记〉音乐思想述评》《〈音心对应论〉质疑》《"和律论"质疑——兼论〈乐记〉》《〈乐记〉美学思想五题》、畲树声的《〈乐记〉音乐美学思想初探》,吴毓清的《论〈乐记〉二题——〈乐记〉探索之二》,李曙明的《音心对应论——〈乐记〉"和律论"音乐美学初探》,陈孝信的《〈乐记〉与〈诗学〉的比较研究——兼论中西艺术的美学性格》,蒋孔阳的《评〈礼记·乐记〉的音乐美学思想》,牛龙菲的《"音心对映论"评析》,姜开翔的《〈乐记〉美学思想初探》,修海林的《〈乐记〉音乐美学思想试析》,吕骥的《探索〈乐记〉的理论价值》《试论〈乐记〉的理论逻辑及其哲学思想基础》等。《礼记》思想的研究,是20世纪《礼记》学的闪光点。

20世纪的最后20年中,《礼记》研究蓬蓬勃勃地开展起来,从事这项研究的学者之多、研究的视角之新、取得的成果之丰富,可谓空前。而这一切,皆得益于新时期宽松的文化政策和学者们的辛勤耕耘。

四、1949—1999年台湾地区的《礼记》研究

1949年国民党退守台湾后，台湾地区的礼学研究经历了与大陆不同的发展历程。由于各种因素的促成，1949年以后台湾地区的礼学研究基本上延续了民国时期的学术传统。综合起来看，1949—1999年台湾地区的《礼记》学有两大亮点。

一是周何及其弟子对《礼记》思想所作的研究。

周何早年受过考据学的训练，然而他的礼学研究却不拘一格，特别是晚年所撰《古礼今谈》《礼学概论》等著作，已经由考据转向义理探求。周何认为，探求古人制礼之深意，对于深刻地认识古礼有着重要意义；同时，要使古礼焕发出新的活力，了解古礼制作者之深意当是首先面临的问题。周何曰："……我在师大开始讲授《礼记》，同时也教训诂学。不过我在《礼记》的课堂上特别说明，尽量少用文字训诂的方式来讲解《礼记》，因为《礼记》本身就是《礼经》的疏解，文字浅显，字面的意思容易懂，重要的是在礼意的说明比较有深度。如《冠义》《昏义》《祭义》《乡饮酒义》等篇，主旨都是在阐述各种礼仪节目的设计原意，以及内涵教化精神的发挥。舍此精华部分不讲，不仅是一种浪费，而且也觉得对真正精彩的固有文化没有尽到传递的责任。"[①] 周何虽然精通训诂学，并亲自讲授之，然而他教授《礼记》时，却尽量避免因过度重视训诂学从而导致忽略探求古礼之意的弊病。因此在《古礼今谈》《礼学概论》等著作中，周何花了不少笔墨探究古礼制作者之深意，并

---

① 周何：《古礼今谈》，国文天地杂志社，1992，自序。

对古礼的现代意义作了阐述。

周何指导的研究生也多是从事礼学研究的。从事《礼记》研究的,以林素英为代表。林氏撰有《古代生命礼仪中的生死观——以〈礼记〉为主的现代诠释》一书,对冠、婚、丧、祭等礼仪中的生死观作了梳理和阐释,从生命礼仪所透显出的生命本质中,分析归纳而抽绎建构其生死观,并对现代人的生死观作了反思,提出了解决现代危机的意见。林素英在该书之绪论中说:"本文在现象的呈显之后,即进而探究现象的本质,并陈述于每一节的末尾。再经由各不同现象所浮显的模式,而注意其在意识里的构成义,并藉由文化人类学、哲学人类学等诸前述材料,进入人类文化的生活界,从整体的文化模式中,探索各本质间的重要关系,进而凝聚其对生死的观念。因此,本文的进行,以现象的呈显与意义的诠释为主线,并以归纳比较、演绎分析的方法贯穿于其间。"① 由此可见,林素英对古代礼仪之研究,着眼点在"意义"之阐发,而非仪节之考证。如丧、祭二礼,《礼记》之论述非常多,《祭统》载"凡治人之道,莫急于礼。礼有五经,莫重于祭",林素英据此阐释曰:"丧、祭二礼是生者的显性生命与死者的隐性生命发生交互影响的礼仪活动。虽然礼仪的设计以生者的情感需要为主,然而其基本前提,则为必须先有人之死亡为要件。由于主、客体的生命形态不同,因而二者的沟通方式即无法经由彼此的相对观察生命变化,而体认死而不绝的生命概念,须透过后代子孙的心意念虑,

---

① 林素英:《古代生命礼仪中的生死观——以〈礼记〉为主的现代诠释》,文津出版社,1997,第10—11页。

发挥其想象能力,使意识不再仅止于意识的形态,而是能浮显所意识的形象以达到祖神临在、人神感通的最高境界。故而在后代子孙的心目中,祖宗不但是长存不减的,而且是可以产生教化子孙、达到激励斗志的真实存有。"① 林氏认为,丧、祭之礼中,生者的显性生命与死者的隐性生命相对存在,并隐含着不绝的生命意识,令子孙受益。

林素英还有《古代祭礼中之政教观——以〈礼记〉成书前为论》一书,其在绪论中说:"本文之进行,即以数据之呈现与意义之诠释为主线,意图建构当时政治教化之系统观念。"② 又曰:"走出传统礼学拘于研究名物制度、文字训诂之主流,转入以问题为研究中心,而作通贯性之探索,期望以此'持之有故,言之有理',且能通贯全局之概念探讨,更能趋近于经学要求'经''常''不变'之意义,希冀由于能得礼义之精髓,故能达到藉'礼'以'运'行天下之枢纽地位。"③ 由此可知,林素英在对古代祭礼进行研究时,重点是祭礼所蕴含的政教观,其方法则是以问题为中心的通贯性研究。

二是王梦鸥的《礼记》研究。

王梦鸥的《礼记》研究,既有关于《礼记》全书的研究,如其所撰《小戴礼记考源》《礼记思想体系试探》,也有关于《礼记》单篇之研究,如其所撰《乐记考》《礼记月令斠理及其

---

① 林素英:《古代生命礼仪中的生死观——以〈礼记〉为主的现代诠释》,文津出版社,1997,第240页。
② 林素英:《古代祭礼中之政教观——以〈礼记〉成书前为论》,文津出版社,1997,第10页。
③ 林素英:《古代祭礼中之政教观——以〈礼记〉成书前为论》,文津出版社,1997,第10—11页。

衍变之考察》《〈曲礼〉校释》《礼运考》等论文；既有关于《礼记》成书问题的研究，如《小戴礼记考源》，也有关于《礼记》文本的考订，如《礼记月令斠理及其衍变之考察》《〈曲礼〉校释》，还有关于《礼记》思想的发掘，如《礼记思想体系试探》；既有关于《礼记》经文的考证，也有关于郑玄注的考察。其研究角度多样，成果丰富。总的看来，王梦鸥的《礼记》研究可谓独树一帜，称得上是真正意义上的专家之学。

除了以上所介绍台湾地区《礼记》研究的两大亮点之外，还有不少学人也在辛勤耕耘，并有不少精到之作。如李云光于1966年出版的《郑氏三礼学发凡》一书将郑玄零散的注文作了归类考释，对于认识郑玄在校勘方面的成就具有重要意义。林平和的《礼记郑注音读之商榷》《礼记郑注释义之商榷》《试论郑玄注礼记之时代》，高明的《郑玄学案》等对郑玄的《礼记注》多有研究；李振兴的《王肃之经学》之《礼记》部分、简博贤的《王肃礼记学及其难郑大义》等对王肃的《礼记》学多有探讨。

第五章　20世纪的《礼记》学

《礼记》成书问题之研究

东汉以来，不少学者对《礼记》各篇的作者和写作时代作了探讨，但是由于年代久远，书缺有间，仁者见仁，智者见智，各家之说都有文献依据，但是皆难成定论。20世纪以来，不少学者对《礼记》成书问题作了讨论，总体上来看，观点可以分为两大派：一是以《礼记》为戴圣所编，二是以《礼记》非戴圣所编。

一、戴圣编纂说

20世纪的学人如吴承仕、周何、李学勤、杨天宇、彭林等皆认为《礼记》为戴圣所编，他们在前人研究之基础上对《礼记》成书问题作了讨论。

在《经典释文序录疏证》"礼"类，吴承仕对《礼记》的成书问题做了讨论，其所作论证大致如下——

一是驳"小戴删大戴"之说。吴承仕说："陈邵泰始中位燕王师，撰《周礼评》，甚有条贯。《序录》引其《周礼论序》，始谓大戴删古《记》，小戴又删《大戴记》，马融等复附益之。……清儒戴震、钱大昕、臧镛堂、陈寿祺、吴文起、黄以周等始证明其非，今更无信从陈说者矣。"① 与戴震等人的观点一致，吴承仕认为"小戴删大戴"是臆说。

二是以戴德、戴圣分别为大、小戴《礼记》之纂辑者。吴承仕曰："二戴各自撰《记》，本不相谋，故不嫌重复，如《大戴·哀公问于孔子》与《小戴·哀公问》同，《大戴·礼察》与《小戴·经解》略同，《大戴·曾子大孝》与《小戴·祭义》同，《大戴·诸侯衅庙》与《小戴·杂记》同，《投壶》二《记》俱有，文亦略同，而《大戴》亡篇中尚有《礼器》《祭法》佚文，以此推之，则相同者盖不止此数。"② 吴氏认为，二戴各自纂辑《记》文而成大、小戴《礼记》，"小戴删大戴"之说不成立。

三是对戴德、戴圣所采之《记》文作了说明。吴承仕曰："二戴《记》所采，一为礼家之《记》，即《古文记》百三十一篇及《明堂阴阳》三十三篇等是；二为乐家之《乐记》；三为《论语》家之《孔子三朝记》；四为《尚书》家之《周书》；五为九流之儒家；六为九流之道家；七为九流之杂家；八为近代之作；九为《逸礼》。此其可知者。"③ 吴承仕将二戴所采之《记》文分为九类，并对每一类作了说明。如关于"九流之儒家"类，吴氏曰："小戴之《坊记》《中庸》《表记》《缁衣》，沈约云皆取《子思子》。刘瓛则以《缁衣》为公孙尼子作。沈约、张守节又以《乐记》为公孙尼子作。《三年问》文本《荀

---

① ［唐］陆德明著，吴承仕疏证：《经典释文序录疏证》，中华书局，2008，第94页。
② ［唐］陆德明著，吴承仕疏证：《经典释文序录疏证》，中华书局，2008，第93页。
③ ［唐］陆德明著，吴承仕疏证：《经典释文序录疏证》，中华书局，2008，第92—93页。

子·礼论》。《大戴》之《哀公问五义》本《荀子·哀公篇》,《礼三本》文本《荀子·礼论》,《劝学》本《荀子·劝学》《宥坐》,《曾子立事》《本孝》《立孝》《大孝》《事父母》《制言上中下》《疾病》《天圆》本之《曾子》。"① 吴氏认为,大、小戴《礼记》篇目中有儒家之记文,有源自公孙尼子者,有源自《荀子》者,亦有本自《曾子》者。

吴承仕所处的时代,疑古之风尚未兴起,晚清民初的考据之学仍绵延不绝。作为章太炎的得意弟子,吴承仕在经学考据方面卓有建树。其关于《礼记》成书问题所作之讨论,基本上是沿着清人所铺设的路子展开。与不少清代学者一样,吴氏虽然怀疑"小戴删大戴""马融足三篇"之说,然却以戴德、戴圣是大、小戴《礼记》的纂辑者。吴氏对《礼记》各篇《记》文所作的分类与探源,对后世产生了深远的影响,从20世纪下半期一些学人讨论《礼记》各篇性质及来源的文字中,仍可看到吴氏之说的影子。

杨天宇撰《论〈礼记〉四十九篇的初本确为戴圣所编纂——兼驳洪业所谓"〈小戴礼〉非戴圣之书"说》一文,在前贤时人研究的基础上对《礼记》的成书问题作了探讨。清人毛奇龄、近人洪业认为《汉书·艺文志》无《礼记》之记载,可证《礼记》不传于西汉。杨天宇驳曰:"《汉志》是班固根据刘歆《七略》'删其要'而撰作的,而刘歆的《七略》,又是在其父所撰《别录》的基础上删要而成。故姚名达说:'先有《别录》而后有《七略》,《七略》乃摘取《别录》以为书,故《别录》详而

---

① [唐]陆德明著,吴承仕疏证:《经典释文序录疏证》,中华书局,2008,第92页。

《七略》略也。'故《汉志》未载之书，不等于《七略》未载，更不等于《别录》亦无其书。且《释文·序录》明云'汉刘向《别录》有四十九篇，其篇次与今《礼记》同'，复何疑哉？再则西汉时代的书，而《汉志》未收录的甚多，董仲舒的《春秋繁露》就是显例。如果我们再翻翻姚振忠的《汉书艺文志拾补》，则《汉志》未收录的，又岂止《繁露》和二戴《记》呢！"① 杨天宇认为，《汉书·艺文志》乃删《七略》而成，《七略》乃删《别录》而成，《汉书·艺文志》不著录《礼记》，并不能证明《七略》《别录》不著录《礼记》。

洪业认为，《礼记》之《投壶》《奔丧》出于古文之《逸礼》，《燕义》首段百余字出于古文之《周礼》，可见《礼记》是今古文杂之；戴圣是今文经学家，其不可能纂辑杂今古文的《礼记》。杨天宇从四个方面驳洪氏此说。

一是从汉代今古文之争之性质的角度驳洪业之说。杨天宇说："其实，认为汉代今古学两派处处立异，'互为水火'，不过是晚清学者的看法。而真正使今古学两派壁垒分明，互为水火的，也只是晚清学者的事。……其实汉代的今古文之争，是纯粹的学术宗派之争，并不带政治斗争的性质。"② 杨天宇对汉代今古文之争的性质作了考察，认为今古文两派是学术之争，并非壁垒分明，互为水火。

二是从汉代今古文之争之程度的角度驳洪业之说。杨天宇

---

① 杨天宇：《论〈礼记〉四十九篇的初本确为戴圣所编纂》，《经学探研录》，上海古籍出版社，2004，第259—260页。
② 杨天宇：《论〈礼记〉四十九篇的初本确为戴圣所编纂》，《经学探研录》，上海古籍出版社，2004，第261—262页。

说："汉代的今古文之争,突出地表现在古文学家欲为古文经争立学官上。今文学博士为保持其在学术上的统治地位,以及为本学派垄断利禄之途,则竭力反对立古文经学博士。然而古文经只要不争立博士,今古文两派就可相安无事。因此,自成帝时诏谒陈农'求逸书于天下',并诏刘向等校书,对于所搜集和校理的大量古文经籍,今文博士并无异议或以为不可。相反,博士们所可以读到的朝廷藏书,对于其中的古文经记,实早已暗自抄辑,并公开引用了。"[1] 杨天宇认为,汉代的今古文两派并非水火不容,他们仅争立博士,除此之外便相安无事。

三是从汉代今古文之争之阶段的角度驳洪业之说。杨天宇认为,二戴纂辑《礼记》时还没有今古文之争,他说:"古文经的提出以及今古文之争,发生在哀帝建平元年刘歆奏请朝廷为古文经立博士之后,前此并无今古学的概念,更无今古文之争。……由此可见,今古文之争未起,而生当武、宣时期的大、小二戴所抄辑的《礼记》中,混有古文经记,并不足为奇。"[2] 杨天宇认为,汉代今古文之争始于哀帝年间,而二戴抄辑《礼记》在武、宣时期,该时期并没有今古文之争。

四是从今古文之形成的角度驳洪业之说。杨天宇说:"自先秦流传至汉代的经、记,原本皆先秦古文,汉代的经学家以当时流行的文字(隶书)抄而读之,以为己用,即成今文。故大、小二戴《记》尽管从其来源说,多为古《记》,甚至还录有古

---

[1] 杨天宇:《论〈礼记〉四十九篇的初本确为戴圣所编纂》,《经学探研录》,上海古籍出版社,2004,第262页。
[2] 杨天宇:《论〈礼记〉四十九篇的初本确为戴圣所编纂》,《经学探研录》,上海古籍出版社,2004,第262—263页。

经《逸礼》(《投壶》《奔丧》)，然既为今古文之争尚未兴起时的二戴所抄辑而用之，也就成今文了，不当用哀帝时始兴的今古学二派的立场，去推论二戴必不可抄辑古文《记》。"① 杨天宇认为，先秦之经、记皆古文，汉代的经学家用隶书抄而读之，遂有今文；汉代经师抄辑《礼记》之古文，遂有《礼记》之今文，故认为二戴不抄古文《记》属臆断。

杨天宇认为《礼记》成书于戴圣，其论证思路如下。

第一，《记》文的存在，是《礼记》纂辑成书的前提。杨天宇认为，《通典》记载了汉宣帝时诸儒论五经同异的内容，说明宣帝时的礼家掌握了若干《记》文；这些《记》文为礼家所习见，具有不亚于经的权威性。在杨氏看来，《记》文是《礼记》成书之前提，他说："如此众多的《记》，礼家根据自己的需要，选抄其一定的篇数，以为己用，于是就有了戴圣的四十九篇之《礼记》，以及戴德的八十五篇之《礼记》。戴圣之《礼》学既以'小戴'名家，故其所抄辑之《记》，后人也就称之为《小戴礼记》。同样道理，戴德所抄辑之《记》，后人称之为《大戴礼记》。"② 杨氏认为，戴德、戴圣通过抄辑《礼》之《记》文，从而成大、小戴《礼记》。

第二，戴德、戴圣抄辑各种《记》文而成《礼记》。郑玄《三礼目录》于《礼记》各篇皆有"此于《别录》属某类"之记载，杨天宇认为这反映了《礼记》的抄辑过程，他说："由

---

① 杨天宇：《论〈礼记〉四十九篇的初本确为戴圣所编纂》，《经学探研录》，上海古籍出版社，2004，第266页。
② 杨天宇：《论〈礼记〉四十九篇的初本确为戴圣所编纂》，《经学探研录》，上海古籍出版社，2004，第255页。

《别录》的分类可见，四十九篇之《礼记》是从各种《记》书中抄合而成。如《月令》下《目录》云：'此于《别录》属《明堂阴阳记》。'《明堂位第十四》下《目录》云：'此于《别录》属《明堂阴阳》。'说明这二篇都是抄自《汉志》'《礼》家'的'《明堂阴阳》三十三篇'。《乐记第十九》下《目录》云：'此于《别录》属《乐记》。'说明此篇是抄自《汉志》'《乐》家'的'《乐记》二十三篇'。……其他诸篇盖亦如此，只是后人已不可一一考明其出处罢了。"[①] 杨天宇根据郑玄于《礼记》各篇之分类，认为《月令》《明堂位》《乐记》等篇出自《汉志》"《礼》家"的"《明堂阴阳》三十三篇"和"《乐》家"的"《乐记》二十三篇"。

杨天宇早年受洪业的影响，从汉代今古文之争的角度否定《礼记》为戴圣所编，然十多年后撰《论〈礼记〉四十九篇的初本确为戴圣所编纂》一文时，他改变了先前的看法，对汉代今古文经学的性质作了重新思考，认为今文家的戴圣同样可以纂辑今古文杂之的《礼记》。杨天宇认为，《汉书·艺文志》无《礼记》之记载并不能说明《礼记》不成于汉代。这些观点皆发前人之所未发，对认识《礼记》的成书时代有一定的参考价值。

台湾地区学人周何在《礼学概论》一书中将《礼记》的成书过程分为四个阶段。

一是"附经而作"阶段。周何说："案记与经每相比附，如

---

① 杨天宇：《论〈礼记〉四十九篇的初本确为戴圣所编纂》，《经学探研录》，上海古籍出版社，2004，第255—256页。

《仪礼·士冠礼》《士昏礼》《乡饮酒礼》《乡射礼》《燕礼》等十一篇末皆附有记。……此记实为《礼记》之最初形态，即读经之后，有所感发或领悟，顺手写于余简之上，是为附经而作之形态。"① 周何认为，《仪礼》之记文是《礼记》的最初形态，这些记文是读经者顺手写在简上的，故较零散，不独立成篇。

二是"单独成篇"阶段。周何说："若余简已被前人写去，或意见颇多，而余简有限，后人遂只能另取他简以抒己意，于是乃脱离了附经后而有单独成篇之形态。单篇之礼记，因不再附经，故内容范围亦不限于与礼经有关，而可以任意扩大，且至时人行礼之得失记事等，皆得收入，遂成记礼之杂文。"② 周何认为，"《记》百三十一篇"是《礼记》的单篇形态；这些《记》文是礼之杂文，内容相近者汇集在一起。

三是"汇编成书"阶段。周何说："西汉礼经博士有后仓、戴德、戴圣及庆普，各自名家，则其于学官中所讲授者亦必有不同，其参考选用以阐释礼经之记礼杂文取舍之间，亦必各依操选政之己见而为之，故各家所谓礼记，遂以各自选删而有彼此不同之传本，故知今传《大戴礼记》《小戴礼记》，不过当时两家传本而已。"③ 周何认为，西汉戴德、戴圣取舍礼之杂文，从而成大、小戴《礼记》。

四是"郑注之后始有定本"阶段。周何说："是郑玄《礼记》之学，得张恭祖之古文，又得马融之今文，又《后汉书·董钧传》言董钧传庆氏之学，下文又云郑玄尝取古经校礼，

---

① 周何：《礼学概论》，台北：三民书局，1998，第112页。
② 周何：《礼学概论》，台北：三民书局，1998，第113页。
③ 周何：《礼学概论》，台北：三民书局，1998，第113页。

有'取其义长者'之语，则郑玄注《礼记》，盖亦兼采庆氏之学矣，故郭嵩焘《礼记质疑·序》'是郑君于三家之书，会通抉择，始注而传之'是也。自郑玄为之作注，《小戴礼记》始有定本。"① 周何认为，二戴之后，又有不少人于《礼记》有增益工作，直到郑玄之时方有定本。

《礼记》成书问题非常复杂，仅《礼记》与《仪礼》记文之关系，已令学人绞尽脑汁。与以往学者不同，周何对《礼记》成书问题的讨论是从大体着眼，不拘泥于经史传记的记载。其对《礼记》与《仪礼》记文之关系作了辨析，从而找到了《礼记》单篇的最初形态。在此基础上，周何据刘歆《七略》之记载，对《礼记》成篇过程作了探讨，又据郑玄《六艺论》，认为《礼记》四十九篇为戴圣所辑，郑玄注《礼记》后，才有《礼记》定本。

李学勤撰《郭店简与〈礼记〉》一文，对《礼记》的成书问题作了探讨。李氏认为《礼记》为戴圣所辑，他说："如果说郑玄是东汉晚年人，还可以质疑的话，《礼记正义》所引郑玄《三礼目录》，于小戴四十九篇之下逐一征引刘向《别录》，说明诸篇分属于制度、通论、明堂阴阳、丧服、世子法、祭祀、乐记、吉事中的哪一类，由此可见，西汉晚期刘向整理书籍时，《礼记》已有这样四十九篇。"② 郑玄征引刘向《别录》以明《礼记》各篇之大要，李学勤据此认为《礼记》当成书于刘向之前。

---

① 周何：《礼学概论》，台北：三民书局，1998，第113—114页。
② 李学勤：《郭店简与〈礼记〉》，《中国哲学史》，1998年第4期。

此外，李学勤据郑玄的《六艺论》，对《礼记》之纂辑者作了考察，他说："郑玄《六艺论》对二戴所传《礼记》的来源有明确记述。据《礼记正义》所引，郑云：'汉兴，高堂生得《礼》十七篇；后得孔氏壁中、河间献王古文《礼》五十六篇、《记》百三十一篇。'又说：'传《礼》者十三家，惟高堂生及五传弟子戴德、戴圣名在也。戴德传《记》八十五篇，戴圣传《记》四十九篇。'"①李学勤认为，《六艺论》云戴德、戴圣所传《记》与大、小戴《礼记》的篇目一致，故戴德、戴圣是大、小戴《礼记》的纂辑者。

李学勤驳"小戴删大戴""马融足三篇"之说曰："这个说法本于陈邵《周礼论序》实无所据，《四库全书总目提要》已指出其与马融弟子郑玄所说，以及郑玄所引《别录》完全违背。所谓小戴删大戴，乃是妄说，洪业先生文已有定论。"②李学勤认为，"小戴删大戴""马融足三篇"之说与郑玄《别录》不合，此外，二戴《礼记》部分内容重复，这更能说明小戴《礼记》并不是删大戴《礼记》而成。

彭林结合郭店楚简对《礼记》的成书问题作了探讨。在《郭店楚简与〈礼记〉的年代》一文中，其将《礼记》各篇划分为三类。

一是传经之作。此类篇目是为解释《仪礼》之《士冠礼》《士昏礼》《乡饮酒礼》《大射仪》《燕礼》《聘礼》而作。

二是泛论礼意之作。郑玄所云通论十六篇都属于此类篇目。

---

① 李学勤：《郭店简与〈礼记〉》，《中国哲学史》，1998年第4期。
② 李学勤：《郭店简与〈礼记〉》，《中国哲学史》，1998年第4期。

三是记述《仪礼》之外的礼制之作。

因为《曲礼》《王制》《月令》《内则》《明堂位》《文王世子》《少仪》的成篇年代比较清楚,所以彭林重点探讨了第一、第二类篇目的成篇年代。

彭林认为,《礼记》传经诸篇依附于《仪礼》。《仪礼》不言礼仪之深意,故《仪礼》多附《记》文作为补充,然而所附《记》文过于简单,故需要有更详尽的《记》文来加以补充和说明,这就是在《仪礼》之《记》文外还有数量众多的单行《记》文的原因。

彭林进一步论《记》文与《仪礼》的关系:"它们应该是在传经或演习的过程中,被学生问及而作的说明,所以都是分条而列,没有统一的文体构架。这两种'记'具有同等的重要性,缺一不可。否则,《仪礼》诸礼就无法进行。因此,单行的《记》出现的时间,应当与《仪礼》大体相当。"[1] 彭林认为,既然《礼记》传经各篇与《仪礼》出现的时间相当,那么《仪礼》的成书年代就是《礼记》传经各篇的成篇年代。彭林还将《仪礼》《礼记》中的一些内容与《孟子》《荀子》《左传》《穀梁传》及郭店楚简《六德》作了比较,最后指出:"其(指《礼记》的传经篇目)年代当与《仪礼》相左右。"[2] 彭林据沈文倬的观点,认为《仪礼》及某些单行的《记》在东周就有流传,言下之意,《礼记》中的传经篇目在东周时就流传于世。

---

[1] 彭林:《郭店楚简与〈礼记〉的年代》,《中国哲学》第21辑,辽宁教育出版社,2000,第45页。
[2] 彭林:《郭店楚简与〈礼记〉的年代》,《中国哲学》第21辑,辽宁教育出版社,2000,第47页。

有人认为汉儒采先秦诸子的作品而成《礼记》，彭林驳曰："这次郭店楚简发现了《缁衣》篇，虽然其作者究竟是公孙尼子还是子思子并没有解决，但其年代则可以肯定在先秦，证明孔颖达、沈约之说必有所本。"彭林得出结论："上述现象，清楚地显示了《礼记》通论诸篇多作于战国。"① 彭林认为，《礼记》泛论礼意诸篇成于战国。

王锷的《〈礼记〉成书考》一书在前贤时人研究之基础上，对《礼记》的成书问题作了进一步的讨论。

关于《礼记》四十九篇之来源，王锷基本同意吴承仕、洪业、蔡介民、钱玄、王文锦、杨天宇等人的观点，即《礼记》来源于《记》百三十一篇等五种文献，并列出五大理由。

第一，《礼记》四十九篇，有选自《曾子》者，如《曾子问》等；有选自《子思子》者，如《坊记》《中庸》《表记》《缁衣》等；有选自《公孙尼子》者，如《乐记》；有选自《明堂阴阳记》者，如《明堂位》等；有选自《逸礼》者，如《投壶》《奔丧》等。

第二，《汉书·艺文志》"礼类""乐类""论语类""儒家类"著录的一些文献，均与《礼记》有关。

第三，《汉书·艺文志》在著录《记》百三十一篇时，说"七十子后学者所记也"。那么，这一百三十一篇究竟是什么内容，不得而知，我们只知道是七十子后学者的著作。因此，这一百三十一篇中的内容，应该说与以上所列文献密切相关，有一部分篇章应该是相同的。

---

① 彭林：《郭店楚简与〈礼记〉的年代》，《中国哲学》第21辑，第52页。

第四，《记》百三十一篇与献王所得《礼记》，都是阐释《礼》之"记"文，是同一类型的著作，原本皆用古文缮写，在流传中，传习者可能将其缮写为今文本。但《记》百三十一篇和献王所得《礼记》，不能与戴圣所选编的《礼记》四十六篇画等号。

第五，戴圣选辑《礼记》时，有关《礼》之"记"文的今文本也在学术界流传，他选编《礼记》时，从献王所得《礼记》与《记》百三十一篇中辑录需要的文章，是很正常的事情。①

王锷将前人的观点作了细化，使《礼记》四十九篇之来源问题变得更加清晰。其所列理由一，吴承仕、顾实、杨天宇、李学勤等人皆有所交代，王锷进一步指出《礼记》有些篇目选自《曾子》《子思子》《公孙尼子》《明堂阴阳记》《逸礼》等；其所列理由二，指出《汉书·艺文志》著录的一些文献是《礼记》各篇的主要来源；其所列理由三、四、五，指出《记》百三十一篇亦是《礼记》各篇的重要来源。

王锷认为，今传《礼记》由后仓弟子戴圣所编纂，时间在汉宣帝甘露三年（前51）以后、汉成帝阳朔四年（前21）以前的30年中。其理由有十，分别是：

第一，郑玄的《六艺论》是戴圣选编《礼记》四十九篇的最早记载。

第二，汉哀帝即位，王舜、刘歆讨论宗庙之事时，曾征引《礼记》中的《王制》《祭法》文字，则最迟在汉成帝末年，《礼

---

① 王锷：《〈礼记〉成书考》，中华书局，2007，第319—321页。

记》已经编纂成书。

第三，郑玄的《三礼目录》分别说明四十九篇于《别录》分属于通论、丧服、吉事、制度、祭祀、明堂阴阳、世子法、子法、乐记中的哪一类。

第四，刘向受诏校书在汉成帝河平三年（前26），这时戴圣已经是大儒，其年龄与刘向相若，故刘向《别录》著录戴圣选编的《礼记》，是符合实际的。

第五，就戴圣的生平来看，其治学、为政主要在汉元帝、汉成帝时期。汉成帝阳朔年间以前，他已是大儒。因此，《礼记》编纂完成的时间，应该在阳朔年间或河平三年以前。

第六，戴圣在汉宣帝黄龙元年（前49）为经学博士，汉元帝时期，他完全有可能看到内外藏书，尤其是外界不易见到的若献王刘德于汉武帝时献上的"古文先秦旧书《礼记》"等，这恰好为其选编《礼记》创造了条件。

第七，《汉书·儒林传》云"小戴授梁人桥仁季卿"，桥仁继承其师戴圣之学，撰《礼记章句》四十九篇。

第八，据《后汉书·张曹郑列传》，曹褒也传习戴圣之《礼记》四十九篇。

第九，戴圣编纂《礼记》时，汉代今古文之争尚未开始，先秦古文旧书和用今文缮写而成的文献，在社会上同时流传。《礼记》中有《投壶》《奔丧》，甚至大多数篇章辑自古文《记》百三十一篇之类的文献，是很正常的。

第十，《经典释文序录》有"汉刘向《别录》有四十九篇，其篇次与今《礼记》同，名为他家书所取，不可谓之《小戴礼》"一段文字。其意谓《别录》有四十九篇，篇次与当时流传的《礼记》相同，但是名称不能称"小戴礼"，因为"名"已经为戴圣所传习的《士礼》所用。①

王锷所列理由之第一、第三、第八条乃是学者们所普遍重视的，亦是争论最多的。其所列理由之第七条，李学勤有相关论述。其所列理由之第九条，杨天宇亦曾论及。其所列理由之第四、第五、第六条乃是从戴圣生平的角度着眼的，为以前的学者所忽视。其断定戴圣编纂《礼记》的时间大致在汉宣帝甘露三年（前51）以后、汉成帝阳朔四年（前21）以前的30年中，此结论也是前人所未曾有的。其所列理由之第二、第十条，为王锷首次提出。

二、非戴圣编纂说

20世纪以来，不少学者认为《礼记》非戴圣所编纂，持此种观点的有洪业、蔡介民、钱玄、王文锦等。而各家之间也有分歧，如洪业认为《礼记》由戴圣之后、郑玄之前的人合抄而成，蔡介民则认为《礼记》由马融、卢植编纂而成。

洪业引纪昀、戴震、钱大昕、陈寿祺诸家之说，力证"小戴删大戴"之非，他说："四十九篇之非由八十五篇删减而成，证据确实，不必再论矣。"②

陈邵"小戴删大戴"与《隋志》"马融足三篇"之说固不可信，然陈邵和《隋志》并不否认二戴为《礼记》之纂辑者。可是到了近代，受疑古思潮的影响，戴德为《礼记》之纂辑者

---

① 王锷：《〈礼记〉成书考》，中华书局，2007，第321—324页。
② 洪业：《礼记引得序——两汉礼学源流考》，《史学年报》，1936年11月第2卷第3期。

这一传统的观点受到了挑战。洪业认为，大小戴之后、郑玄之前那个时代，"'今礼'之界限渐宽，家法之畛域渐泯，而记文之钞合渐多，不必为一手之所辑，不必为一时之所成，故经说之抵牾，不必整剔；文字之重迭，不曾剪芟"①。洪业认为，《礼记》非一人一时之作，是在大小戴之后、郑玄之前由多人抄合而成。洪氏的论据有三点。

第一，刘向的《别录》无著录《礼记》四十九篇之数。《礼记》四十九篇首载于郑玄《三礼目录》，《三礼目录》于每篇皆云"此于《别录》属某类"。洪业认为刘向的《别录》未著录四十九篇之《礼记》，他说："《别录》于《记》一百三十一篇下，容或系以叙录，类别而区分之，为通论若干篇，制度若干篇，祭祀若干篇，吉礼若干篇，丧服若干篇等。"② 郑玄云《礼记》各篇"于《别录》属某类"并非《别录》著录之文，而是郑玄概括刘向叙录之言，故《别录》无《礼记》四十九篇之记载。

第二，戴圣是今文经学家，不可能纂辑杂有古文之《礼记》。洪业说："案小戴所执者士礼，东汉谓之今礼，其文皆今文也。倘于士礼之外，小戴别传有《礼记》以补益其所传之经，则其《记》亦当皆从今文，而不从古文。今试以《仪礼》郑《注》所举之今文、古文，就《礼记》校之。其从今文者固多，然而亦不尽然。……乃今《礼记》既收有《明堂阴阳》中之

---

① 洪业：《礼记引得序——两汉礼学源流考》，《史学年报》，1936年11月第2卷第3期。
② 洪业：《礼记引得序——两汉礼学源流考》，《史学年报》，1936年11月第2卷第3期。

《月令》及《明堂位》，复有《逸礼》如《奔丧》《投壶》及《衅庙之礼》等篇，此等岂似戴圣所辑录以传世者哉？"①洪业认为，《礼记》之《投壶》《奔丧》等是古文篇目，此外，《礼记·郊特牲》等篇目中皆有多从古文者；戴圣是今文经学家，不可能纂辑今古文杂之的《礼记》。

第三，《礼记》有与《周礼》相合而与《仪礼》不合者。洪业说："《燕义》首段百余字，实与本篇意义无甚关涉，顾乃颇与《夏官》诸子相同。辑录者徒以篇中有'士庶子'字眼，遂抄合之耳。……夫《周官》之出，众儒共排以为非是；小戴传授士礼者也，何为又传授不合于士礼而合于《周官》之记乎？"②洪业认为，戴圣是传士礼之人，而《礼记》之《燕义》《射义》中有非士人之礼，由此可证戴圣不是《礼记》的纂辑者。

在近代疑古思潮的影响下，戴圣是《礼记》的纂辑者这一观点受到质疑。洪业认为戴圣并非《礼记》的纂辑者，《礼记》成书当在大小戴之后、郑玄之前。平心而论，洪业所提供的诸条证据虽有新义，却缺乏说服力。其认为今文家的戴圣不可能纂辑今古文杂之的《礼记》，此说虽然为不少学者所尊奉，但是随着学界对汉代经学史的深入研究，学者们逐渐看到汉代今古文两派并不是水火不容。尽管如此，洪业还是功不可没，其将《礼记》成书问题的讨论推向深入。直到今天，学者们从事《礼

---

① 洪业：《礼记引得序——两汉礼学源流考》，《史学年报》，1936年11月第2卷第3期。
② 洪业：《礼记引得序——两汉礼学源流考》，《史学年报》，1936年11月第2卷第3期。

记》成书之研究，都会重视洪业的《礼记引得序——两汉礼学源流考》。

蔡介民撰《礼记成书之时代》①一文，对《礼记》的成书年代作了初步的探讨；后又撰《礼记成书时代再考》②一文，对前文作了补充和深化。蔡介民将前贤时人的观点分为六类。

一是"孔子门徒所共撰"说。蔡氏的依据是陆德明的《经典释文序录》所言"《礼记》者，本孔子门徒共撰所闻，以为此记"，以及孔颖达的《礼记正义》的相关记载。

二是"六国时人所撰集"说。蔡氏依据的是清人丁晏之说。

三是"二戴据古礼所删成"说。蔡氏依据的是晋陈邵的《周礼论序》所云"戴德删古礼二百四篇为八十五篇，谓之《大戴礼》；戴圣删《大戴礼》为四十九篇，是为《小戴礼》"，以及《隋书·经籍志》的相关记载。

四是二戴所传之《记》。蔡氏依据的是《汉书·艺文志》《儒林传》所云"传《礼》者十三家，唯高堂生及五传弟子戴德、戴圣名在也"，以及郑玄的《六艺论》的相关记载。

五是"二戴据《曲台记》所删成"说。蔡氏依据的是唐徐坚的《初学记》所云"德从子圣，乃删后氏《记》为八十五篇，名《大戴记》；圣又删《大戴记》为四十六篇，名《小戴礼》"。

六是"西汉初诸儒所纂辑"说。蔡氏依据的是《经义考》所引罗璧、李清臣之说。

---

① 蔡介民：《礼记成书之时代》，《新东方杂志》，1940年2月第1卷第1期。
② 蔡介民：《礼记成书时代再考》，《新东方杂志》，1940年6月第1卷第5期。

蔡介民参稽古今之说，对以上观点一一作了分析。观其论证，可知其在吸纳前人观点的同时也有自己的见解。如他驳"《礼记》为二戴所传述说"时，提出十一条证据。

第一，《六艺论》曰："按《汉志》及《儒林传》云：传《礼》十三家，唯高堂生及五传弟子戴德、戴圣名在也……今礼行于世者，戴德戴圣之学也。"夫《汉书》及《儒林传》只云戴德戴圣传礼有名，并未言其有书。郑氏推演其义，遂以当时行于世之礼书，加诸二戴之身上。"德传礼八十五篇，则《大戴礼》是也；戴圣传礼四十九篇，则此《礼记》是也。"今验其文义，似属推论，非肯定之辞也。

第二，二戴如有礼书传于世，何以郑氏前之《汉志》等书，未言一字，而待汉末始闻耶？

第三，《汉志》及《儒林传》所谓"传礼十三家……"其礼乃指《仪礼》而言；其所谓大小戴，亦为传《仪礼》人，与今之《礼记》皆不相蒙也。郑氏不之察，竟至张冠李戴，贻误千载矣。

第四，郑氏以前，二戴以后，《白虎通义》等书，所引礼文，多与今之《礼记》内容相同；然其名不定，或曰礼，或曰礼记，未有作《大戴礼》或《小戴礼》之名者。可见在郑氏以前，未见名《戴礼》之书也。

第五，《六艺论》谓二戴传礼若干篇。如读传为平声，则传者述而不作，不应有数百篇之记也；如读传为去声，则传者，解经义也，如三传之于《春秋》，何以其内容糅驳不伦，不类解经之作乎？

第六，二戴亲受礼于后氏，且以礼家明于当时。如有著述，当为解经之作，或因经义而发者，昔宋朱熹谓《仪礼》为经，《礼记》为传，即牵斯义。然按此说有四不可信。

第七，二戴与刘向同时，为今文传礼名家，似不应杂有古文义也。然今《礼记》内容则为体不纯，今古杂糅，如《文王世子》《明堂位》等篇，其著者也。

第八，《礼记》如出于戴氏一人之手，则不应如许糅驳。

第九，二戴同传《仪礼》，而各自名家，且其对于《仪礼》之见解，当有不同之处；今验二戴记书内，并无有之。

第十，《六艺论》谓二戴传礼若干篇，其说实无所本，不过据《汉志》及《儒林传》推测之耳。未可以为信也。盖二戴在西汉为名儒，并为传礼之大家，故易为人所伪托，而能征信于世也。

第十一，《礼记》篇第，刘向已列之《别录》。……世人不敢疑《戴记》者，多亦职此故耳。殊不知刘向列录之事，已多疑问。近人洪业《礼记引得序》谓《别录》不足信者有三。①

蔡介民于此所列论据，多有采自前人者。如其所列证据第二条，在黄以周的《礼书通故》、皮锡瑞的《经学通论》中皆

---

① 蔡介民：《礼记成书时代再考》，《新东方杂志》，1940年6月第1卷第5期。

有相似之论述；证据第七、第八条，洪业亦有相关论说；证据第十一条更是直接袭自洪业。其他证据如第一、第四、第六、第九、第十条，皆蔡氏自得之见。

蔡介民驳"小戴删大戴"之说，其所列证据有四。

第一，《汉书》未载及此事，《隋志》以前诸书，亦未有言及之者。

第二，二戴皆后仓之弟子，同论于石渠，各自名家，戴圣又何必删取大戴之书。

第三，《大戴记》与《礼记》重复者甚多，而且文字多违异。

第四，郑玄《六艺论》言二戴各自传礼，并无小戴删大戴之说。

蔡氏于此列四条证据以明"小戴删大戴"不可信。论据一，蔡氏认为《汉书》等文献无"小戴删大戴"之著录，此说钱大昕已有之；论据二，乃蔡氏之推论，钱大昕、沈钦韩已有之；论据三，蔡氏据大小戴《礼记》文本多有重复，认为《礼记》并非小戴删大戴而成，此说戴震已有之；证据四，蔡氏据郑玄的《六艺论》而否定"小戴删大戴"之说，此说钱大昕已有之。

在综合考察前贤时人的观点之后，蔡介民提出了自己的观点。蔡氏认为，《礼记》的纂辑者是东汉的马融和卢植，而非西汉的戴德、戴圣。他说："兹据前者所考，知《礼记》与二戴，绝无关系；其成书年代，亦绝非西汉或西汉以前。……诚以《礼记》一书，今古杂糅，章段繁碎，既非纂于一时，亦非出于一手，有先秦文，亦有两汉文；有儒家说，亦有道家说。先儒不知此理，每就其一二篇之内容，而推论其全体之时代，宜其说之扞格不能通也。……其编为今篇，与今《礼记》无以异者，其人为谁？余以为非西汉之二戴，乃东汉之马融、卢植也。"① 蔡氏将《礼记》的纂辑者归于马融和卢植。

蔡介民在探讨《礼记》成书问题时，对前贤时人的成果较为重视。近代以来，在《礼记》成书问题的研究方面，考察前人研究成果最全面的学者当属蔡氏。蔡氏的《礼记成书之时代》《礼记成书时代再考》两篇论文破成见有力，而其立论则不足。蔡氏仅凭《后汉书》所载卢植整理《礼记》之事，就认定马融、卢植是《礼记》的编纂者，其结论值得商榷。

著名礼学家钱玄认为，大小戴《礼记》诸篇的成篇时代前后跨度大，这些篇目按成篇时代可分为三类。

一是成篇于西周者。钱玄认为，《夏小正》成篇于西周。他说："《夏小正》正文，词句简朴，用语辞'越'，如'越有小旱'……均与《诗》《书》相类，为西周文字无疑。其传文则或为战国时作。"② 钱玄据文风、用辞，认为《夏小正》出于西周。

二是成篇于秦汉。钱玄认为，大、小戴《礼记》中的《月令》《王制》《盛德》《明堂》《保傅》《礼察》等篇目出自秦汉。如钱氏论《盛德》《明堂》曰："《明堂》'凡九室，一室而有四户八牖，三十六户，七十二牖'……这些都是五行生成之

---

① 蔡介民：《礼记成书时代再考》，《新东方杂志》，1940年6月第1卷第5期。
② 钱玄：《三礼通论》，南京师范大学出版社，1996，第45页。

数,近似汉《乾凿度》太乙行九宫之说。郑玄《驳五经异义》云:'《盛德篇》云"九室,三十六户,七十二牖",似秦相吕不韦作《春秋》时说者所益,盖非古制也。'《盛德》《明堂》无疑为汉人之作。"① 钱玄据五行生成说,以及郑玄之言,认为《盛德》《明堂》成篇于汉代。

三是成篇于战国。钱玄认为,大、小戴《礼记》中的不少单篇出自战国或孔子的三传弟子。他说:"《礼记·乐记》原来是《汉书·艺文志》乐家'《乐记》二十三篇'中的十一篇。据《隋书·经籍志》载沈约《奏答》云:'《乐记》取《公孙尼子》。'按《汉书·艺文志》儒家:'《公孙尼子》二十八篇。'原注'七十子之弟子'。则《乐记》之作者为孔子之再传弟子。"② 钱氏认为,《礼记》的有些单篇成于孔子第四代或第四代以后的弟子。他说:"《礼记》之《檀弓》《祭义》《杂记》等篇提及子思、公明仪,乃孔子之孙及再传弟子,即第三代;又有提及子思之子子上、乐正子春之门弟子世柳之徒,乃孔子之曾孙及三传弟子,即第四代。则作这些文章的,又在其后,那就是第四代或第五代。"③ 钱玄得出结论:"大小戴《礼记》,除可以确定为西周文字及秦汉人所作之外,多数篇目大致撰于战国时期,约公元前四世纪中期至三世纪前期之间。即后于《仪礼》十七篇及《论语》的著作时代,而早于《孟子》《荀子》的著作时代。"④

---

① 钱玄:《三礼通论》,南京师范大学出版社,1996,第45页。
② 钱玄:《三礼通论》,南京师范大学出版社,1996,第46页。
③ 钱玄:《三礼通论》,南京师范大学出版社,1996,第47页。
④ 钱玄:《三礼通论》,南京师范大学出版社,1996,第48页。

关于大、小戴《礼记》之成书过程，前人有颇多争议。钱玄将前人观点归纳为三类：一是大戴删《古文记》成大戴《礼记》，小戴又删大戴《礼记》成小戴《礼记》，持此观点的以陈邵、《隋书·经籍志》为代表；二是《古文记》百三十一篇，由大、小戴分辑成大戴《礼记》八十五篇、小戴《礼记》四十六篇，二数相加，合百三十一之数，持此观点的以钱大昕为代表；三是以大、小戴各自辑用《古文记》篇目，成大戴《礼记》、小戴《礼记》。

钱玄认为三种观点皆难以服人，他说："河间献王献古文书，即入秘府，诸儒莫得而见。刘歆校书，成于哀帝、平帝之时。戴德戴圣的生卒年不详，但知曾参加宣帝时石渠之会，这时二戴已早为博士，前后相距数十年，二戴不可能删辑刘歆所校定之《古文记》。"① 又说："大小戴不可能辑用《古文记》，当然也不可能辑用《礼古经》。"② 钱玄认为大、小戴与刘歆校《古文记》之间存在时间差，因此大、小戴不可能删辑刘歆所校的《古文记》；大、小戴是今文经学家，不可能采纳《古文记》。

在驳大、小戴辑《古文记》成《礼记》的观点以后，钱玄推测，"现在的大、小戴《礼记》，其成书既不在西汉，则必在东汉。且其成书也有一个发展过程"③。西汉已有大、小戴《礼记》单篇流传于世，只不过这些篇目未辑成书，因此刘歆校书时没能著录；东汉时，今古文两派的界限已不如西汉那样森严，传大、小戴《礼记》者广泛搜辑礼之记文，有辑自《礼古经》

---

① 钱玄：《三礼通论》，南京师范大学出版社，1996，第39页。
② 钱玄：《三礼通论》，南京师范大学出版社，1996，第39页。
③ 钱玄：《三礼通论》，南京师范大学出版社，1996，第39页。

者，有辑自其他古文之书者，有辑自秦汉之文献者，也有辑自《古文记》者；汉和帝时小戴《礼记》初成，后经马融、卢植之增删，郑玄之注释，《礼记》遂有定本。

王文锦在《大戴礼记解诂》的前言中认为《礼记》成书于东汉中期，其论证思路如下。

第一，《汉书》之《儒林传》《艺文志》"根本没有提到《大戴礼记》和《小戴礼记》"①，因此《礼记》不可能成书于西汉。

第二，王文锦据《汉书·艺文志》，认为西汉时期虽有不少礼家之《记》文，然而这些《记》文仅依附于《仪礼》而流传于世，并未成书，"正足以表明礼家门各自汇辑和传习的'记'，尚没有成为离开《士礼》而独立传习的书籍，并不能从而证明礼学家们根本就没有什么'记'的汇辑"②。

第三，王文锦认为，西汉时期今古文两派之观点泾渭分明，互相敌视，因此"今文学派的学官们既然反对把《逸礼》等古文经传立为学官，那么，他们自己汇辑和传习的《记》中，自然是不会掺入古文经记的。可是从东汉后期流传至今的所谓《大戴礼记》《小戴礼记》就都掺入了古文经记"③，由此推知《礼记》不是西汉时所成。

在否定戴圣纂辑《礼记》之观点后，王文锦对《礼记》的成书时代作了探讨，他说："东汉王朝建立之后，国家立经十四博士，都是今文经学。……尽管如此，由于古文经学已大兴于

---

① 王文锦：《大戴礼记解诂前言》，《大戴礼记解诂》，中华书局，1983，卷首。
② 王文锦：《大戴礼记解诂前言》，《大戴礼记解诂》，中华书局，1983，卷首。
③ 王文锦：《大戴礼记解诂前言》，《大戴礼记解诂》，中华书局，1983，卷首。

世，这时的家法、学风，从整个情况来看，已经不像西汉时期那么泾渭分明了。……到了东汉中期，大多数'记'的选辑本先后被淘汰，形成和保留了八十五篇本和四十九篇本。前者篇数较多，遂称之为《大戴礼记》；后者篇数较少，遂称之为《小戴礼记》。"① 王氏认为，东汉今古文经学之间的界限逐渐模糊，大、小戴《礼记》是在东汉由经师们选编而成的。

王文锦没有将《礼记》的纂辑成书者归为具体的个人，而是限定在东汉中期这样一个较大的时间范围内。王文锦提出的论据，前人已有述及，如从西汉今古文经学发展的角度来看《礼记》之成书，洪业在 20 世纪前期已有详尽的阐述；又如将《礼记》的纂辑时间限定在东汉，蔡介民已论及。蔡介民将《礼记》的纂辑者归于东汉的马融、卢植，王文锦则只是认为《礼记》纂辑于东汉。在《礼记》成书于东汉诸说中，王文锦的观点显得比较谨慎。

---

① 王文锦：《大戴礼记解诂前言》，《大戴礼记解诂》，中华书局，1983，卷首。

《礼记》所记制度和思想之研究

《礼记》的思想内容非常丰富，其不仅阐发《仪礼》所记礼仪之意义，还阐发哲学思想和政治思想。《礼记》的思想受到历代学人的高度重视，关于其思想研究的论著举不胜举。20世纪以来，学人们在前人研究之基础上，从各个角度对《礼记》的思想进行了掘发。

一、礼治思想渊源之研究

王启发对《礼记》的礼治主义作了探源。其认为夏商周三代的礼制相传而各有损益，以礼乐兴邦早已成为一种传统。到了春秋时期，在礼坏乐崩的形势下，孔子提出了复兴周礼的主张，并对礼治主义作了系统的论述，确立了礼治主义的政治学说。继孔子之后，战国时期的孟子和荀子对礼治主义作了进一步的发挥。荀子集孔孟礼学之大成，结合战国时期的政治形势，提出了一套关于礼的理论，完善了礼治主义的思想体系。在介绍先秦时期孔孟荀诸家礼治思想之后，王启发得出结论："《礼记》中的礼治主义思想正是先秦儒家政治思想的集中体现。"[1] 王启发还对法家作了探讨，认为法家的主张是《礼记》礼治主义的思想背景，商鞅、韩非、李斯等法家人物是在否定礼仪和道德教化的积极意义之基础上，进而否定礼制主义。秦始皇专任法家，以法治主义代替礼治主义；汉代总结秦亡之教训，礼治主义再度兴起，并对后世产生了深远的影响，因此《礼记》的礼治主义是对法家宣扬的法治主义所作之反思。

崔大华等人还根据《礼记》之记载，对《礼记》所言礼之起源的观点作了评述。《礼记》的作者在广阔的背景中寻求礼仪产生和存在的根源，如《丧服四制》："凡礼之大体，体天地，法四时，则阴阳，顺人情，故谓之礼。"《礼运》："是故夫礼，必本于大一，分而为天地，转而为阴阳，变而为四时，列而为鬼神。""夫礼，先王以承天之道，以治人之情，故失之者死，得之者生。"《乐记》："夫礼与天地同节。"《礼记》认为礼仪产生和存在的依据是"大一"和"天道"。崔大华认为，与将礼的行为植根于人的感情中的孔子儒学以及在人的本性中发掘礼的根源的荀子儒学不同，《礼记》是在人之外更广阔的背景中去寻找礼的根源。崔氏说："《礼记》这里的'天之道''大一'，显然具有在人之外、之上的作为万物最后根源的某种最高存在的性质。《礼记》将'礼'的根源从人自身移迁出来而客体化。如果说孔子将'礼'的行为的最后动因置放在人的内心道德感情里，是要唤醒人在'礼'的实践中的自觉主动性，荀子认为节制人所固有的欲望是先王制'礼'的原由，从而证明'礼'

---

[1] 王启发：《〈礼记〉的礼治主义思想》，《孔子研究》，1990年第1期。

的必要性，那么，《礼记》在这里将'礼'的最后根源归于'大一'或'天之道'的客体化过程，同时也就是完成对'礼'神圣性、合理性的论证过程。"① 崔氏认为，《礼记》将礼的根源归于"大一"或"天之道"，是将礼客体化，同时也是为了论证礼的神圣性和合法性。

二、《礼记》与孔、孟、荀思想之比较

20世纪以来，一些学者将《礼记》与孔子、孟子、荀子的思想作了比较研究。他们所作比较研究的角度可从以下两个方面来探讨。

一是性情论之比较研究。

在先秦人性论中，最具有代表性的是孟子的性善论和荀子的性恶论。孟子认为仁、义、礼、智根于心，人性本善；荀子认为人天生好利，人性本恶。《礼记》言性情，比如《礼运》说："何谓人情？喜、怒、哀、惧、爱、恶、欲，七者弗学而能。""饮食男女，人之大欲存焉。死亡贫苦，人之大恶存焉。故欲恶者，心之大端也。"《中庸》也说："喜怒哀乐之未发谓之中，发而皆中节谓之和。中也者，天下之大本也；和也者，天下之达道也。"又曰："人生而静，天之性也，感于物而动，性之欲也。物至知知，然后好恶形焉。好恶无节于内，知诱于外，不能反躬，天理灭矣。"学者们将《礼记》与孟子、荀子的人性论作了比较研究。如王启发认为："《礼记》的作者将道德本性和情欲本能相并列，实际上反映了孟子的性善论和荀子的性恶

---

① 崔大华：《〈礼记〉的思想》，《中国哲学史》，1996年第4期。

论的矛盾。《礼记》作者试图调和孟荀的观点而突出'礼'的意义，因而指出，正是始终保持着道德本性和圣哲先王进一步制作礼仪制度，一方面要节制人们的情欲本能，另一方面则要诱发和唤醒人们的道德本性。"① 王氏认为，《礼记》既承认礼义道德是人们与生俱来的先天心理素质，又认为人还存在情欲的本能，这实际上是性善论与性恶论之矛盾；《礼记》强调节制欲望而唤醒人的道德本性，实际上是对孟子、荀子人性论所作的调和。

崔大华认为《礼记》的性情论是对孟子和荀子人性论的发展，他说："《礼记》没有像孟子和荀子那样因此分别就情感表现而作出'性善'和就欲望发泄而作出'性恶'的价值判断，而是作出一种完全是中性的存在状态的描述：'静''中'。也就是说，在《礼记》看来，处于'未发''静止'状态的情感、欲望是人性所固有的，无所谓'善'或'恶'，因事而发的喜怒哀乐之情，感物而动的好恶之欲，如果合于规范（'中节'），就是正当的，可以实现的，反之，越出规范，驰骋物欲（'无节于内，知诱于外'）就会悖理，招致有害的后果。"② 崔氏认为，孟子和荀子是以善恶这样的价值判断去剖析人性，而《礼记》则认为情感和欲望是人所固有的，情感和欲望有正当与有害之别，而无善恶之分。

二是礼法关系之比较研究。

王启发、崔大华等人对《礼记》中的礼法思想作了探究。

---

① 王启发：《〈礼记〉的礼治主义思想》，《孔子研究》，1990年第1期。
② 崔大华：《〈礼记〉的思想》，《中国哲学史》，1996年第4期。

如王启发认为《礼记》继承了孔子的德治思想,他说:《礼记》的作者则进一步指出,作为政治手段,道德之所以比刑法更有效,就是因为道德本身就渗透在人们的日常生活之中。"……道德礼义就在潜移默化中起到善化民心的作用,因而能从根本上杜绝罪恶。"① 王氏认为,《礼记》重视德治与孔子思想如出一辙。王氏还认为《礼记》的"德法"观念与荀子的"礼法"观念近似,他说:"《礼记》作者先以神道设教的形式确立了意志之天的统摄地位,然后进一步说明了道德与刑法的关系和作用。所谓'德法',相当于荀子所讲的'礼法'观念,即礼义法度。一切行为准则和道德规范都是通过礼仪制度的确立和推行得到体现的,它直接起到规定和规范人们行为好恶和社会生活的作用。德法为政治的根本手段,刑法不过是一种辅助手段。"② 荀子以礼法作为政治的根本手段,以刑法作为辅助,《礼记》亦认为德法是政治的根本手段,刑法是辅助。

崔大华亦将《礼记》与孔子等人的礼法思想作了比较,认为孔子主张先礼后刑,荀子主张礼刑并重,《礼记》则主张礼、乐、政、刑相辅相成,"这在一定程度上反映了《礼记》所产生的那个时代的特色:这是一个法家思想和黄老思想都很活跃和有影响的时代"③。

三、《礼记·礼运》学派属性之研究

《礼运》是《礼记》的第九篇,郑玄曾作注、孔颖达曾作

---

① 王启发:《〈礼记〉的礼治主义思想》,《孔子研究》,1990 年第 1 期。
② 王启发:《〈礼记〉的礼治主义思想》,《孔子研究》,1990 年第 1 期。
③ 崔大华:《〈礼记〉的思想》,《中国哲学史》,1996 年第 4 期。

疏、卫湜曾作集解；此外，清人孙希旦、朱彬等人于《礼运》有注释。20世纪的学者对《礼运》也比较重视，相关研究成果颇多。

《礼运》开篇言"大同""小康"，而"大同"思想的学派属性备受学人争议。20世纪的学人对《礼运》"大同"思想的学派属性之认识可归纳为四种观点，即儒家说、道家说、墨家说、儒道墨诸家说。

1. 儒家说

康有为、吕思勉、郭沫若、张岱年、任继愈、方竑、李证刚、高鸿缙等人认为《礼运》"大同"思想属于儒家学派。

康有为在其所著《礼运注》一书中对《礼运》大加褒奖，并将《礼运》的思想归于孔子。康氏曰："读至《礼运》，乃浩然而叹曰：孔子三世之变，大道之真，在是矣。……二千五百年至予小子而鸿宝发见，辟新地以殖人民，揭明月以照修夜，以仁济天下，将纳大地生人于大同之域，令孔子之道大放光明，岂不异哉！"[1] 康有为认为《礼运》乃孔子之微言真传、万国之无上宝典，正是今文经学家崇经尊孔立场之体现。

郭沫若在《十批判书》中对《礼运》"大同"思想的学派属性亦作了探讨。郭氏说："《礼记·礼运》一篇，毫无疑问，便是子游氏之儒的主要经典。那是孔子与子游的对话。"[2] "《礼运篇》，毫无疑问，是子游氏之儒的主要经典。那不必一定是子游所记录，就在传授中着诸竹帛也一定是经过了润色附益的。

---

[1] 康有为：《礼运注》，《康有为全集》第5集，中国人民大学出版社，2007年点校本，第553页。
[2] 郭沫若：《十批判书》，东方出版社，1996，第133页。

但是要说孔子不能有那样的思想，子游也不能有那样的思想，那是把它的内容看得太深远了。"① 吕思勉、张岱年等历史学家和思想史家对《礼运》的学派属性也作了探讨。如吕思勉说："然则何者为孔子之所谓郅治乎？读《礼运》一篇则知孔子之所慨想者，在于大同；而其行之之序，则欲先恢复小康。"② 张岱年曰："《礼运》首段宣扬大同理想，称述孔子与子游的问答，可能是'子游氏之儒'的作品。"③ 在郭沫若、吕思勉、张岱年等人看来，《礼运》"大同"思想属于儒家，根据就是《礼运》所记子游与孔子的对话。不过他们对道家说、墨家说等皆无直接反驳。相比之下，高鸿缙、任继愈、李证刚等人的论证更有说服力。

高鸿缙以为《礼运》"大同"思想属儒家，并对道家说作了批驳。如《礼运》以五帝时代为大同，以禹、汤、文、武、周公、成王时代为小康，有人认为此乃道家思想之体现。高氏驳曰："儒家一贯的理想，以为古之先王，愈古愈圣，愈可为后世法。……《礼运》此篇，以禹、汤、文、武、周公、成王之时为小康之世，以尧舜以前为大同之世，有何不类孔子主张？为治之道，应有本末先后，所谓登高自卑，行远自迩，必先求小康，然后再进大同，是所谓君子务本。"④ 高氏认为，"大同""小康"体现的是治道之本末，"小康"进"大同"，是君子务本之体现，也是儒家之主张。高氏将《礼运》与《论语》作了

---

① 郭沫若：《十批判书》，东方出版社，1996，第135页。
② 吕思勉：《先秦学术概论》，《民国丛书》第四编，上海书店，1992，第55页。
③ 张岱年：《中国哲学史史料学》，《张岱年全集》第4卷，河北人民出版社，1996，第346页。
④ 高鸿缙：《礼运大同篇五读》，《孔学》，1943年8月第1期。

比较，如《论语》："子曰：道千乘之国，敬事而信，节用而爱人，使民以时。"高氏曰："大同篇'选贤举能'，可谓敬事；敬事就是把事当事，就是认真做事；能选贤举能以从政事，不得谓之不敬事。'讲信修睦'的信，就是'敬事而信'的信。……货力二句中的'恶'字和'不必'字，都是劝谕口吻，何等王道。决无强征民力，或使民不以时的苛虐政治了。"①《论语》："子曰：'政者正也。'""其身正，不令而行，其身不正，虽令不从。"高氏据此说："《大同篇》'天下为公'的'公'字与'正'字正相合。公则必正，正则必公；所以公字是大同政治的主要精神，正字是为政的无上要义。"② 高氏认为，《礼运》"大同"思想与《论语》所记儒家的政治思想是一致的，故"大同"思想出自儒家。

方竑驳《礼运》出自道家之说："本文谓禹、汤、文、武、成王、周公六君子处大道既隐之世，承衰救弊，不得不谨于礼义以为天下之纲纪。然民智日开，民德日漓，教令礼义，所以防闲其奸，道之中正，而谋用是作，兵由此起，美恶相因，利患相生，亦势之必然者。六君子拨乱反正，功成治定，适得小康之境。虽意匠微似老子，亦何害其为孔子之言乎？"③ 又曰："至于正君臣笃父子睦兄弟和夫妇，著义考信，刑仁讲让，示民有常，皆儒家精切之常言，而非老庄之徒之辞旨也。由是观之，《礼运》非老庄之徒所撰，大同之说，亦非创自老庄，断可知

---

① 高鸿缙：《礼运大同篇五读》，《孔学》，1943年8月第1期。
② 高鸿缙：《礼运大同篇五读》，《孔学》，1943年8月第1期。
③ 方竑：《礼运说》，《中央大学文史哲学季刊》，1945年3月第2卷第2期。

矣。"① 在方氏看来，孔、老思想本来就是相通的，《礼运》部分内容虽有道家之义，然而并不妨碍其为孔子之言；此外，《礼运》反复讲的仁、义、礼，皆儒家精切之言。

任继愈主编的《中国哲学发展史》一书亦认为《礼运》"大同"说出自儒家，他说："《礼运》所描绘的大同社会，儒家的色彩是十分鲜明的，道家不提倡'选贤与能，讲信修睦'，墨家和农家也不提倡'男有分，女有归'，而这些正是儒家所一贯强调的。"② 作者还举例说："《淮南子》认为仁义礼乐是在衰世产生的，在古代，由于人性纯朴无邪，没有侵欺暴虐的现象，因而用不着仁义礼乐，这种思想是和《礼运》相通的。"③ 任继愈认为，《礼运》描绘的"大同"社会有鲜明的儒家色彩，至于《礼运》对原始社会所作的美化，则是受道家思想的影响。

2. 道家说

古今皆有学者认为《礼运》"大同"思想出于道家。20世纪的学者如吴虞、董楚平认为《礼运》出自道家学派。

早在1917年，吴虞就作《儒家大同之义本于老子说》一文，认为《礼运》的"大同""小康"社会思想出自道家。吴氏曰："老子又言：'大道废，有仁义，智慧出，有大伪，六亲不和，有孝慈，国家昏乱，有忠臣。'则讥小康之世。……盖道家重道德以公天下为贵，传贤不传子，故曰不独亲其亲，不独子其子。即三皇五帝之世，所谓大同之治也。儒家重仁义，以

---

① 方竑：《礼运说》，《中央大学文史哲学季刊》，1945年3月第2卷第2期。
② 任继愈主编：《中国哲学发展史》（秦汉卷），人民出版社，1985，第171页。
③ 任继愈主编：《中国哲学发展史》（秦汉卷），人民出版社，1985，第172页。

家天下为主，传子不传贤，故曰各亲其亲，各子其子，即三王五霸之世，所谓小康之治也。"① 吴氏认为，《礼运》的"大同"社会是"天下为家"，此与老子的思想相合。

董楚平《礼运大同考原》一文引经据典，先是对《礼运》中的关键词汇"大道""大同"作了辨析，在此基础上将《礼运》的"大同"思想放到思想史中进行考察，进而言其学派属性。董氏认为，《庄子》《列子》等道家著作把人看成自然的一部分，主张人要返回自然，汉初出现了运用道家思想实现社会理想的新道家，《礼运》中的"大同"思想应该出于汉初的新道家。董氏说："《庄子》《淮南子》里的'至德之世'，和《礼运》的大同之世，都是幻想中的原始平等社会。不过，《淮南子》和《礼运》篇首的社会理想要比《庄子》积极，社会性较强。这是汉初新道家的思想特点。"② 董氏认为《礼运》"大同"章不言人与自然的关系，可能是儒家在转述道家思想时走失了原义。

3. 墨家说

20世纪的不少学人认为《礼运》"大同"思想出自墨家。如伍非百认为《礼运》"大同"之说颇与儒家言出入，而与《墨子》相契合，如《礼运》之"天下为公"与《墨子》之"尚同"合，《礼运》之"选贤与能"与《墨子》之"尚贤"合，《礼运》之"讲信修睦"与《墨子》之"非攻"合，《礼运》之"不独亲其亲，不独子其子"与《墨子》之"兼爱"合。因此，"《礼运》大同说与其他儒家言不甚合，而与《墨

---

① 吴虞：《儒家大同之义本于老子说》，《新青年》，1917年7月3卷5期。
② 董楚平：《礼运大同考原》，《中国文化研究辑刊》第3辑，复旦大学出版社，1986，第119页。

子》书不但意义多符，即文句亦无甚远"①。

　　金德建认为《礼运》体现的皆是墨家思想，他说："我们根据思想演进的历史系统考察起来，觉得儒家或者道家都没有十分妥当的理由，应为墨家思想较确。"② 如金氏将《礼运》"人不独亲其亲，不独子其子。……矜寡孤独废疾者皆有所养"与《墨子·兼爱》作了比较，得出结论曰："'兼爱'是整个墨子思想的重心，墨子所标举的几个思想纲领之中，'兼爱'算为一种根本观念。《礼运》也同样主张兼爱的。"③ 金氏认为墨子的"尚同"主张与《礼运》更符，他说："所谓'天下为公'和'大同'等于墨子之尚同。"④ 金氏认为，《礼运》中有墨家的兼爱思想。又如《礼运》云："是故夫礼必本于天""故圣人参于天地，并于鬼神以治政也""圣人作则必以天地为本"，金氏认为《礼运》。"类此'本于天'的观念，和墨子'天志'相等"⑤。《礼运》云："列于鬼神""致其敬于鬼神""并于鬼神""鬼神以为从""山川所以傧鬼神也""事鬼神之大端也"，金氏遂认为"明鬼思想在《礼运》中也很浓厚的"⑥。此外，金氏还极力论证《礼运》中有墨子的"节用""非攻"思想。

---

① 伍非百：《墨子大义述》，国民印务局，1933，第200—201页。
② 金德建：《思想史上之汉代礼运篇本质与汉代社会的研究》，《民族杂志》，1935年5月第3卷第5期。
③ 金德建：《思想史上之汉代礼运篇本质与汉代社会的研究》，《民族杂志》，1935年5月第3卷第5期。
④ 金德建：《思想史上之汉代礼运篇本质与汉代社会的研究》，《民族杂志》，1935年5月第3卷第5期。
⑤ 金德建：《思想史上之汉代礼运篇本质与汉代社会的研究》，《民族杂志》，1935年5月第3卷第5期。
⑥ 金德建：《思想史上之汉代礼运篇本质与汉代社会的研究》，《民族杂志》，1935年5月第3卷第5期。

此外，金德建从墨学源流的角度对《礼运》的学派属性作了说明。《汉书·艺文志》述墨家之渊源时有"清庙之守"一词，金氏曰："《吕氏春秋》和《汉志》均主张墨家出于清庙之守，以为墨子曾学郊庙之礼。《礼运》篇是墨家思想，所以其中关于郊庙礼记载颇多。"① 此外，《汉书·艺文志》论墨家源流时有"三老五更"一词，金氏曰："《礼运》说：'故宗祝在庙，三公在朝，三老在学……''三老在学'就是《汉志》所论墨家的'养三老五更'。由此亦可见《礼运》主张之渊源于古代墨家。"② 金氏认为，《汉书·艺文志》追溯墨家之渊源时提到的"清庙之守"和"三老五更"在《礼运》中皆有，由此证明《礼运》当出自墨家。

史学大家蒙文通亦认为《礼运》反映的是墨家思想，他说："究之《礼运》一书，取之于墨而义又有进于墨者。班氏言墨见俭之利，因以非礼。故庄生及司马谈并言墨之非礼乐，《礼运》则于墨家非礼之后，上探礼乐之源以言之。……则言礼之本于人情，可以义起。三千三百，不足泥也。……斯其独探礼乐之源，以重建礼乐之基，殆正以答墨家之难，而义已大进于墨家也。"③ 蒙氏在《儒学五论》中又曰："墨既托夏，而儒之取墨，亦不谓之法墨，而托之法夏。法夏，从墨之义也。"④ 蒙文通认

---

① 金德建：《思想史上之汉代礼运篇本质与汉代社会的研究》，《民族杂志》，1935年5月第3卷第5期。
② 金德建：《思想史上之汉代礼运篇本质与汉代社会的研究》，《民族杂志》，1935年5月第3卷第5期。
③ 蒙文通：《论〈墨子〉书备三墨之学》，《图书集刊》，1942年第3期。
④ 蒙文通：《儒学五论》，《中国现代学术经典·廖平蒙文通卷》，河北教育出版社，1996，第595页。

为《礼运》吸纳了墨家之义，不过在墨家之义的基础上有所改进。

蔡尚思认为《礼运》"大同"思想属于墨家。他说："我以为，先秦诸子最反对大同说者，莫如提倡无知识主义、无政府主义、个人主义的道家，如老子主张：'绝仁弃义''绝圣去智''不尚贤，不使能''小国寡民'……其最和大同说相合者莫如墨家。"① 蔡氏认为《礼运》的"天下为公，选贤与能"，便是《墨子》的"尚贤尚同"；《礼运》的"故人不独亲其亲，不独子其子"，便是《墨子》的"兼相爱交相利""爱利万民"；《礼运》的"老有所终……幼有所长，矜寡孤独废疾者皆有所养"，便是《墨子》的"老而无子者有所得终其寿，连独无兄弟者有所杂于生人之间，少失其父母者有所放依而长"；《礼运》的"货恶其弃于地也，不必藏于己；力恶其不出于身也，不必为己"，便是《墨子》的"有力者疾以助人，有财者勉以分人，有道者劝以教人"。蔡氏认为以上便是"大同"说"出于《墨子》的铁证"②。

4. 儒道墨诸家说

20世纪以来，还有一部分学者认为《礼运》是儒、道、墨诸家融合的产物。蒋维乔、侯外庐、王新民、钱基博、王启发等人皆持此说。如蒋维乔列《墨子·兼爱中》之原文，并分析道："《礼运》篇大同之精神，当是依据老子'无为之治'及墨子'兼爱'之说而成者。"③ 最后，蒋氏得出结论："《礼记》之

---

① 蔡尚思：《中国传统思想总批判》，湖南人民出版社，1981，第77页。
② 蔡尚思：《中国传统思想总批判》，湖南人民出版社，1981，第78页。
③ 蒋维乔：《近三百年中国哲学史》，中华书局，1936，第116—117页。

《礼运》篇之大同说，明是汉代学者所为，综合老、儒、墨三家思想而成。"①

侯外庐认为《礼运》是儒、道、墨、农诸家思想融合而成。他说："《礼运》关于'大同世界'的空想学说……吸收了墨家以及道家和农家的学说，描绘了'天下为公'的理想社会的美好图景。"不过，侯氏认为该篇的作者还没有摆脱儒家的藩篱，因为本篇"主要论述的只在于如何'修礼'，以达到所谓'小康'之世。"②

王新民认为《礼运》是儒、道、墨三家思想融合的产物，他说："《礼运》大同篇非孔子之说，子游或其门徒融儒道墨三家之见为一，以为我国立国之最高理想也。"③王氏认为《礼运》乃融会诸家思想而成，不过缺乏相关的论证。

20世纪90年代，王启发等人在全面考察前人观点的基础上，进一步对《礼运》"大同"思想的学派属性作了论证。王启发通过比较各家之说，认为《礼运》乃儒、墨、道、农诸家思想融合的产物。他说："孟子有所谓'尊贤使能，俊杰在位''老吾老以及人之老，幼吾幼以及人之幼'的主张，墨子有'视人之国若视其国，视人之家若视其家，视人之身若视其身'……老子有'小国寡民'的主张，庄子有民人表现为'愚而朴，少私而寡欲，知作而不知藏，与而不求其报'的'建德之国'的憧憬。这一切都在《礼运》的大同理想中得到了反映。"④ 在王氏看

---

① 蒋维乔：《近三百年中国哲学史》，中华书局，1936，第116—117页。
② 侯外庐：《中国思想史纲》，中国青年出版社，1980，第105—106页。
③ 王新民：《礼运大同篇溯源》，《福建文化》，1946年6月新2卷第4期。
④ 王启发：《〈礼记〉中的人格理想与社会理想》，《中国社会科学院研究生院学报》，1990年第4期。

来,《礼运》吸收了《孟子》《墨子》《老子》的思想,进而形成了"大同"理想。与蒋维乔、侯外庐、王新民、钱基博等人观点不同的是,王启发认为"《礼运》的思想主体还是以儒家学说为本"①,以其他各家学说为辅。

20世纪的学人对《礼运》学派属性之研究,既有继承,又有发展。吴虞、董楚平、伍非百、金德建、蒙文通、蔡尚思、侯外庐、王启发等人皆认为《礼运》中有道家思想,此是对宋代以来学者观点之继承。汉唐时期的学者据《礼运》中子游与孔子的对话,认为《礼运》反映的思想属于儒家。宋代吕祖谦、黄震等人认为《礼运》的作者并不是子游,且《礼运》中有道家思想。受吕、黄之说影响,清人姚际恒、陆奎勋亦认为《礼运》的"大同"思想出于道家。由此可见,20世纪以《礼运》出自道家者,皆是直接或间接地受到了宋代、清代学者的影响。

20世纪的学人在《礼运》学派属性的研究方面还有"发展",此所谓"发展"有三层意思。

一是对"儒家说"或"道家说"作了进一步的论证。比如康有为、李证刚、高鸿缙、任继愈等人对"儒家说"作了进一步的申说,吴虞、董楚平等人对"道家说"作了进一步的论证。

二是对"道家说"作了修正。蒋维乔、侯外庐、王新民、钱基博、王启发等人认为《礼运》中不但有道家思想,还融合了儒、墨、农诸家之说。

三是否定"儒家说"和"道家说",而提出"墨家说"。伍

---

① 王启发:《〈礼记〉中的人格理想与社会理想》,《中国社会科学院研究生院学报》,1990年第4期。

非百、金德建、蒙文通等人一反前贤时人的儒家说和道家说，认为《礼运》乃是取义于墨家而成。

综上所述，《礼运》的学派属性问题引起了20世纪学人的普遍重视。20世纪参与《礼运》学派属性讨论的学者人数众多，其中不乏学术名家。此外，相关讨论也很深入，有继承前人观点者，也有别立新说者，这些讨论对《礼运》成篇的认识有重要的参考价值。

四、《礼记》孝道思想之研究

"十三经"系统论孝道的，一是《孝经》，一是《礼记》。关于《礼记》孝道思想之研究，当以肖群忠《〈礼记〉中的孝道思想》一文为代表。该文对《礼记》的孝道思想作了系统的探讨，其要点如下。

一是对《礼记》所言孝与礼的关系作了梳理。《礼记》既论孝，又论礼，那么孝与礼究竟是何关系？肖群忠根据《礼记》之《祭统》《祭义》《坊记》及《大戴礼记》的记载，认为礼体现孝，教人以孝，丧礼、祭礼又是从孝之自然亲情中产生的；孝与礼是里与表的关系，人之孝心、孝行是通过礼仪表达出来的。肖氏说："如果说，孝乃德之本，为天经地义之事，为万事万物之纲纪，那么，礼是指导行孝的具体实践原则和实践规范，或者说，人们的孝心、孝行无不通过合乎礼仪的行为表达出来。"[①] 肖氏对《礼记》中礼与孝的关系之辨析，对于厘清《礼

---

① 肖群忠：《〈礼记〉的孝道思想及其泛化》，《西北师范大学学报（社会科学版）》，1995年第2期。

记》中伦常观念之间的关系，以及理解《礼记》中的孝道思想和礼学思想都有参考意义。

二是从历史的角度对《礼记》中的孝道思想作了考察。肖氏认为，孔子所言的孝仅是子对亲辈的道德义务，到了孟子，孝的意义被扩大了，孝悌不仅影响和制约仁、义、礼、智，而且成了儒家的最高理想。肖氏对《大学》《中庸》《祭义》《大戴礼记·曾子本孝》等篇目作了考察，指出《礼记》不仅把孝泛化至政治、道德、教化领域，而且将孝看成放诸四海而皆准的普遍前提。肖氏还对《礼记》所言孝道思想的影响作了考察。在肖氏看来，孝道理论和原则由《礼记》创造，由《孝经》系统化，并借《孝经》而得以广泛传播，而《礼记》中孝行的传播则得益于《二十四孝》《三十六孝》《弟子规》《女儿经》等诸多童蒙和家训之书。肖氏从历史的角度对《礼记》所言孝道思想所作之研究，可以使人们更加清楚地看到《礼记》中的孝道思想在中国伦理思想史上的地位和影响。

出土文献与《礼记》之研究

1993年10月湖北省荆门市郭店一号墓出土800余枚竹简，经过整理，可知这批竹简主要是儒家和道家文献。儒家文献有《缁衣》《鲁穆公问子思》《穷达以时》《五行》《唐虞之道》《忠信之道》《成之闻之》《尊德义》《性自命出》《六德》以及《语丛》一、二、三、四等共14篇。1994年，上海博物馆从香港购得1200余枚战国竹简，这批竹简约三万字，内容涉及儒家、道家、兵家等，共百余种古籍。其中少数有传世本，如《缁衣》《易经》《孔子闲居》《曾子立孝》等，多数是佚书，如《诗论》《性情论》《乐礼》《鲁邦大旱》《四帝二王》《乐书》《子羔》等。[1]

郭店竹简和已公布的上博竹简中，《缁衣》两件与《礼记·缁衣》内容基本一致；上博竹简中的《民之父母》与《礼记·孔子闲居》内容基本一致；郭店竹简的《性自命出》与《礼记·乐记》有着密切的关系；《六德》《内礼》与《礼记·丧服四制》

---

[1] 张立行：《战国竹简露真容》，《文汇报》，1999年1月5日；郑重：《"上博"看竹简》，《文汇报》，1999年1月14日；马承源主编：《上海博物馆藏战国楚竹书》（一），上海古籍出版社，2001，序、前言。

和《礼记·内则》等关系密切。郭店竹简、上博竹简与《礼记》之间有着密切联系,有的学者甚至将郭店简称作"荆门礼记"[1],另有学者从郭店简中的《子思子》来看《礼记》中的子思子,并对郭店简与《礼记》的思想关联作了探讨。[2] 还有学者利用这些文献重新考察《礼记》的成书年代。[3]

一、简本与《礼记》关系之研究

有些学者对郭店简和已公布的上博简与《礼记》的关系作了辨析。如陈来在《郭店楚简之〈性自命出〉篇初探》一文中说:"以现存文献与荆门郭店楚简十四篇相比照,最接近者为《礼记》,这在内容、思想、文字上都是如此。这也是大家所公认的。在这个意义上,若径直称这部分竹简为荆门礼记,虽不中,亦不可谓全无理由。"[4] 陈来认为,在文字、内容、思想等方面,郭店简与《礼记》皆有很大的相似性,故郭店简可称为"荆门礼记"。

李学勤不同意陈来的观点,他在《先秦儒家著作的重大发现》一文中说:"大家知道,《礼记》(以及《大戴礼记》)这种性质的各篇,每每和儒家的子书互见。至于《礼记》中具体讨论礼制的那种,郭店简里完全没有,所以这些竹简儒书不能称作《礼记》。"[5] 李学勤在《荆门郭店楚简中的〈子思子〉》一文中又说:"郭店简内的这些儒家作品能不能叫作《礼记》呢?我

---

[1] 陈来:《郭店简可称"荆门礼记"》,《人民政协报》,1998年8月3日。
[2] 龚建平:《郭店简与〈礼记〉二题》,《武汉大学学报》,1999年第5期。
[3] 如王锷所撰《〈礼记〉成书考》。
[4] 陈来:《郭店楚简之〈性自命出〉篇初探》,《孔子研究》,1998年第3期。
[5] 李学勤:《先秦儒家著作的重大发现》,《中国哲学》,第20辑,第15页。

认为是不能的。……先秦时只有七十子后学的种种著作，却没有《礼记》这个名称，有关著作也不都是礼经的'记'，因此，《缁衣》《五行》《鲁穆公》和别的子思一系的作品，称为《子思子》是恰当的。"① 李学勤认为郭店简中无《礼记》中关于礼制的部分，故不能冠以《礼记》之名；《缁衣》《五行》《鲁穆公》和其他子思一系的作品称作《子思子》是恰当的。

李学勤还据郭店简对《礼记》的成书问题作了探讨。他说："郭店简又影响到对《礼记》的看法。《缁衣》收入《礼记》，竹简中还有不少地方与《礼记》若干篇章有关，说明《礼记》要比现代好多人所想的年代更早。"② 李学勤认为，郭店楚简的出土，使得《礼记》的成书问题逐渐变得清晰起来。他说："《汉志》的《记》都是古文，有的是孔壁所出，有的是河间献王所征集，都是孔门七十子后学的作品。高堂生五传弟子戴德、戴圣所传的《礼记》《大戴礼记》，都是根据这些材料编成的。现在由郭店简印证了《礼记》若干篇章的真实性，就为研究早期儒家开辟了更广阔的境界。"③ 既然郭店简与《礼记》的若干篇章有关，那就说明《礼记》的成书比很多人想象的要早。

彭林结合经史文献之记载，对郭店简作了研究。其据《汉书·艺文志》《汉书·景十三王传》《隋书·经籍志》之记载，认为大、小戴《礼记》均采古文《记》。关于郭店简各篇的学派属性，彭林说："郭店楚简共七百余支，整理者分之为十六篇。……鄙意，十四篇儒家作品的性质，应该就是'古文《记》

---

① 李学勤:《荆门郭店楚简中的〈子思子〉》,《中国哲学》,第20辑,第79页。
② 李学勤:《郭店楚简与儒家经籍》,《中国哲学》,第20辑,第21页。
③ 李学勤:《郭店楚简与儒家经籍》,《中国哲学》,第20辑,第21页。

二百四篇'之属。孔颖达《礼记正义》说《记》的内容,'或录旧礼之义,或录变礼之所由,或兼记体履,或杂序得失,故编而录之,以为记也。'验诸今本《礼记》,甚是;验诸郭店简,也完全相符。"① 在此基础上,彭林将郭店简与《礼记》作了比较。如《鲁穆公问子思》,彭氏说:"《鲁穆公问子思》记鲁穆公与子思之问答,与《礼记》之《檀弓》诸篇最为相似。"② 此外,彭林认为《唐虞之道》所述教育思想与《礼记·学记》可以互相发明,《成之闻之》与《礼记·表记》文句有相似之处,《尊德义》与《乐记》《祭义》有时代共性,《六德》与《丧服四制》等篇互为表里,《成之闻之》引《书》之文与今本《缁衣》《坊记》如出一辙。彭林认为,郭店简中的儒家类作品皆是刘向《别录》所云"古文《记》二百四篇"之属,与《礼记》同出一源。

二、简本《性自命出》与《礼记·檀弓》关系之研究

《礼记·檀弓下》记子游论礼之言:"人喜则斯陶,陶斯咏,咏斯犹,犹斯舞,舞斯愠,愠斯戚,戚斯叹,叹斯辟,辟斯踊矣。"郭店简《性自命出》曰:"意(喜)斯慆,慆斯奋,奋斯羕(咏),羕(咏)斯猷,猷斯迬。迬,意(喜)之终也。愠(愠)斯忥(忧),忥(忧)斯戚,戚斯戁,戁斯莱,莱斯通。通,愠(愠)之终也。"彭林据简本此段文字,对《檀弓》所

---

① 彭林:《郭店楚简与〈礼记〉的年代》,《中国哲学》,第21辑,第56页。
② 彭林:《郭店楚简与〈礼记〉的年代》,《中国哲学》,第21辑,第57页。

记子游之言作了辨析:"简文此语可判分为二,前半始于喜,由喜而慆、而奋、而勇、而獻,而迡,凡五级,由微而著,渐及高潮,故以'迡,意之终也'一语作结。后半始于愠,由愠而悥、而戚、而戁、而柰、而通,亦五级,逐级而上,故以'通,愠之终也'一语作结。逻辑极为清楚,如此方与子游语意相契合。郭店简本与孔疏所及之无'舞斯愠'之郑本及陆德明《释文》所据之本,一脉相承,渊源有自。今本《檀弓》显经汉儒之改窜。"① 彭林据简本,认为《檀弓》此段文字中的"舞斯愠"三字属衍文。

陈来对简本《性自命出》与《檀弓》的关系作了探讨,认为《性自命出》中的十"斯",在《檀弓》中是子游的话,说明《性自命出》可能是子游或其学生的作品。当然,也可以怀疑是否《檀弓》中的子游引述《性自命出》而论辟踊。不过,"那样的话,子游所可能引述的,就只能是孔子,以《性自命出》为出于孔子之手,似乎可能很小"②。十"斯"在《檀弓》中出自子游,因此《性自命出》是子游或其学生所作。

三、简本《缁衣》与《礼记·缁衣》关系之研究

郭店简有《缁衣》一篇,不过简本《缁衣》没有《礼记·缁衣》的第一章。其他各篇,简本《缁衣》与《礼记·缁衣》基本相应,只是次序有所不同。考察两种《缁衣》的关系,对于《礼记》和郭店简的研究皆有重要意义。学术界对此极为重视,

---

① 彭林:《〈郭店楚简·性自命出〉补释》,《中国哲学》,第20辑,第318页。
② 陈来:《郭店楚简之〈性自命出〉篇初探》,《孔子研究》,1998年第3期。

相关论文层出不穷。

廖名春《郭店楚简儒家著作考》一文从四个角度对郭店简《缁衣》与《礼记·缁衣》作了比较研究。廖氏认为郭店简《缁衣》更接近故书，理由如下——

一是通过将郭店简《缁衣》与《礼记·缁衣》篇首相比较，可证郭店楚简《缁衣》更接近故书。《礼记·缁衣》篇首有"子言之"一章，余皆"子曰"二十四章；简本无"子言之"章，亦无第十六、十八两章。廖氏说："《礼记·缁衣》本'子言之'章当从别章窜入，故称呼与其他二十三章异。而篇名为《缁衣》，'好贤如缁衣'章自应居篇首，此为古书通例。楚简无'子言之'章，当为故书之旧。"① 通过比较，廖名春认为《礼记·缁衣》首章"子言之"为别篇窜入，郭店简《缁衣》无"子言之"章，为故书之旧。

二是通过将简本《缁衣》与《礼记·缁衣》章次相比较，可证郭店简《缁衣》更接近故书。郭店简《缁衣》与《礼记·缁衣》章次颇不同，廖名春认为，"一般而言，楚简本的章次较《礼记·缁衣》合理"②。他举例曰："楚简本第二章在《礼记·缁衣》本中属第十一章。楚简首章'子曰'论执政者'好恶恶'，'则民藏它而刑不屯'，此章'子曰'则论执政者当'章善瘅恶'，导民向善，'则民情不忒'。'好'即'章善'，'恶恶'即'瘅恶'，'民藏它'即'民厚''民情不忒'。两章'子曰'意同旨近，宜相衔接。而《礼记·缁衣》本第三章

---

① 廖名春：《郭店楚简儒家著作考》，《孔子研究》，1998年第3期。
② 廖名春：《郭店楚简儒家著作考》，《孔子研究》，1998年第3期。

'子曰'论'民教之以德，齐之以礼'，而不可'教之以政，齐之以刑'，认为治民重在德、礼而不在刑法。所论语'好恶恶'显然有别。两相比较，楚简以'章好章恶'章接'好恶恶'章显然较《礼记·缁衣》本以'民教之以德'章接合理。"① 通过比较，廖氏认为简本《缁衣》首章与第二章的衔接较合理。

三是通过将简本《缁衣》与《礼记·缁衣》征引《诗》《书》相比较，可证郭店简《缁衣》更接近故书。廖名春曰："楚简称引《诗》《书》，是有严格规律的，都是先《诗》后《书》；而《礼记·缁衣》本称引，大体也循先《诗》后《书》之序。所以故书称引《诗》《书》当如楚简本之序，《礼记·缁衣》本先《书》后《诗》的两章当为后人窜乱所致。"② 廖氏认为，楚简《缁衣》称引《诗》《书》有严格的规律，而《礼记·缁衣》有先《书》后《诗》两章，可证《礼记·缁衣》为窜乱所致。

四是通过将简本《缁衣》与《礼记·缁衣》文字相比较，可证郭店简《缁衣》更接近故书。廖名春认为，楚简《缁衣》通假字多，书写不及《礼记·缁衣》规范；但是有意义之别的异文，简本则往往胜过《礼记·缁衣》。廖氏举例曰："今本《礼记·缁衣》第十章引《书》：'尹吉曰：惟尹躬及汤，咸有壹德。'郑玄注：'吉，当为告。告，古文诰，字之误也。尹告，伊尹之诰也。'楚简本'吉'即作'诰'。可见今本'吉'为讹字。"③ 廖氏据简本校今本《缁衣》之误字，由此说明简本更接

---

① 廖名春：《郭店楚简儒家著作考》，《孔子研究》，1998年第3期。
② 廖名春：《郭店楚简儒家著作考》，《孔子研究》，1998年第3期。
③ 廖名春：《郭店楚简儒家著作考》，《孔子研究》，1998年第3期。

近故书。

对于《缁衣》简本与今本首章之差异，钟肇鹏与廖名春观点基本一致。钟氏曰："楚简时代甚古，而全篇以《缁衣》为首，足证今本《缁衣》第一章为编辑《礼记》者误将上篇此章抄入《缁衣》。"① 钟氏认为，今本《缁衣》首章系《表记》文字之窜入，故与简本不同。钟肇鹏对简本与今本《缁衣》引《诗》《书》之状况作了比较。钟氏认为简本与今本引《诗》《书》有很大的不同，他说："楚简本于'民之表也'下接'《诗》云"赫赫师尹，民具尔瞻"'……引《诗》为证，旨意切合。今本则……同一章引《诗》《书》三次，冗沓重复。显然楚简本将《诗》云置于'是民之表也'是正确的。今《缁衣》则系秦汉以后错简。就此一例，可见楚简有其优越性。"② 通过比较，钟氏认为简本优于今本。廖名春、钟肇鹏皆从引书的角度来看简本与今本《缁衣》之优劣，然廖氏着眼于引《诗》《书》的顺序，钟氏则着眼于引《诗》《书》是否重复与合理。

彭林通过将《缁衣》上博简本、郭店简本以及《礼记》本加以比较，发现凡是郭店简与今本有差异者，郭店简与上博简都相同。彭林认为，简本与今本有差异者，简本皆相合，因此，"出土于不同墓葬的两篇《缁衣》，抄手不一，字体或异，而内容全同，这绝不是一种偶然的巧合，可以肯定，至迟在战国中期，《缁衣》就有了定本"③。

---

① 钟肇鹏：《荆门郭店楚简略说》，《中国哲学》，第21辑，第230页。
② 钟肇鹏：《荆门郭店楚简略说》，《中国哲学》，第21辑，第231页。
③ 彭林：《郭店楚简与〈礼记〉的年代》，《中国哲学》，第21辑，第53页。

刘晓东将《缁衣》的竹简本与《礼记》本作了比较，他说："从竹简本文字内容的完整性来看，它不是某种摘抄本。其内容与《礼记》本基本相合，文字也大体能够对应，其间有不容置疑的因承关系。同时很明显，《礼记》本也绝非竹简本的直接隶定本。此竹简本只能是'古文本'之一，而且是比较原始的古文本。在此竹简本与《礼记》本之间，应当还有其他的'古文本'。"[1] 刘氏还以简本《缁衣》为据评论前人所作之研究。如任铭善认为《缁衣》是《表记》的下篇，刘晓东说："从这竹简的单行及其相对完整性来看，可见有人认为《礼记》中《缁衣》乃《表记》的下篇（如任铭善《礼记篇目后按》。《缁衣》与《表记》之所以有牵涉，当是在小戴编四十九篇之时或之后发生的）是不确的。"[2] 刘氏认为，简本《缁衣》是单行和完整的，任铭善认为《缁衣》是《表记》下篇的观点是错误的。

四、简本与《礼记·乐记》关系之研究

郭店楚简《性自命出》有很多论乐的内容，其中不少内容为他书所无，因此该篇一出，立即受到了学者们的重视。

陈来将郭店简《性自命出》与《乐记》作了比较，指出二者多有相同或相通之处。如《性自命出》"四海之内，其性也。其用心各异，教使然也"，陈来说："这里的心指道德意识的水

---

[1] 刘晓东：《〈郭店楚墓竹简·缁衣〉初探》，《兰州大学学报（社会科学版）》，2000年第4期。
[2] 刘晓东：《〈郭店楚墓竹简·缁衣〉初探》，《兰州大学学报（社会科学版）》，2000年第4期。

平，道德意识的水平是教育的结果，故说'其用心各异，教使然也'，因为'教所以生德于中者也'。从这里的说法来看，作者并没有人性善或者人性恶的意识。《乐记》说'人有血气心知之性，无喜怒哀乐之常'，亦可作为本篇这段话的注脚。"① 陈来又说："《礼记·乐记》虽是数篇合成，但其中思想基本一致。如说'人心之动，物使然也'，'感于物而动，性之欲也，物至知知，然后好恶形焉'。……《性自命出》与《乐记》的看法相近，认为'凡动性者，物也'，'及其见于外，物取之也'。这里'及其见于外'的'其'指性，性见于外便是情，见于外，也就是'好恶形焉'。"② 通过比较，陈来认为《性自命出》与《乐记》的观点是相近的。

梁人沈约认为《乐记》"取《公孙尼子》"而成书，郭沫若据此认为《乐记》的作者是公孙尼子。陈来通过比较《性自命出》与《乐记》，认为《性自命出》的作者是公孙尼子。陈来说："《性自命出》中有一大段论'乐''声'，还谈到赉、武、韶、夏及郑卫之乐。这与《礼记》中的《乐记》（各篇）最近。……按今本《乐记》为十一篇之合，《史记正义》说《乐记》为公孙尼子作。则此篇《性自命出》应与公孙尼子有关。"③ 邹华据郭店简，指出："在这篇针对的竹简中，出现了一篇保存完好的《缁衣》。这篇《缁衣》与现存《礼记》中的《缁衣》大体相同，它的出现，同时证明了沈约'《乐记》取《公孙尼子》'这一说法的真实性，因为在沈约的同一《奏答》中，还

---

① 陈来：《郭店楚简之〈性自命出〉篇初探》，《孔子研究》，1998年第3期。
② 陈来：《郭店楚简之〈性自命出〉篇初探》，《孔子研究》，1998年第3期。
③ 陈来：《郭店楚简之〈性自命出〉篇初探》，《孔子研究》，1998年第3期。

提到《礼记》中的《缁衣》等篇出自《子思子》。……楚简《缁衣》也连带地证明了《公孙尼子》的存在，证明《乐记》为公孙尼子所作，至少也证明了《乐记》早于荀子《乐论》。"①邹氏认为，郭店简所存之《缁衣》，证明沈约以《乐记》出自公孙尼子的观点是可信的。邹华还将《性自命出》与《乐记》的性情论、人性论加以比较，认为《性自命出》关于情性的理论与《乐记》的思想基调一致，"《乐记》与《性自命出》在用语和内容上的相近表明，它们即使不是出自同一人的手笔，至少也是同一时代的产物"②。邹氏还指出，《性自命出》对音乐的论述与《乐记》大致相同，二者可互证，说明二者的成书年代相去不远。此外，"《乐记》中关于'灭天理而穷人欲'等人性之恶的表述，是可以出现在荀子之前的"③。

蔡仲德认为《性自命出》和《乐记》与公孙尼子无关。如陈来据《乐记》和《性自命出》皆言"听琴瑟之声"，推断《性自命出》和《乐记》出自公孙尼子，蔡仲德驳曰："关于'听琴瑟之声'，《乐记》所说为'君子听钟声则思武臣……听磬声则思死封疆之臣……听琴瑟之声则思志义之臣……听竽、笙、箫、管之声则思畜聚之臣……听钟鼓之声则思将帅之臣，君子之听音，非听其铿锵而已也，彼亦有所合之也。"④ 蔡氏认

---

① 邹华：《郭店楚简与〈乐记〉》，《西北师范大学学报（社会科学版）》，2004年第6期。
② 邹华：《郭店楚简与〈乐记〉》，《西北师范大学学报（社会科学版）》，2004年第6期。
③ 邹华：《郭店楚简与〈乐记〉》，《西北师范大学学报（社会科学版）》，2004年第6期。
④ 蔡仲德：《郭店楚简儒家乐论试探》，《孔子研究》，2000年第3期。

为,《性自命出》与《乐记》在用语上确有相合之处,然结合上下文,可知二者所言并不相干。

五、简本与《礼记·中庸》关系之研究

郭店简《性自命出》曰:"性自命出,命自天降。"又曰:"四海之内,其性一也。其用心各异,教使然也。……道者,群物之道,凡道,心术为主。……教,所以生德于中者也。"《礼记·中庸》曰:"天命之谓性,率性之谓道,修道之谓教。"《中庸》与《性自命出》皆言性命之学,可见二者在思想上有很大的相似性。对于二者的关系,今人也作了不少研究。如廖名春认为,"《中庸》'天命之谓性'说应是对简文'性自命出,命自天降'的归纳和提炼"[①];此外,"《中庸》的'修道之谓教'说,与简文的'凡道,心术为主。道四术,唯人道为可道也。……圣人比其类而论会之,观其先后而逢训之,体其义而节度之,理其情而出入之,然后复以教。教,所以生德于中者也'也大致相同"[②]。通过比较,廖氏认为《中庸》的语言比较精练,当是从简本《性自命出》提炼而来。

姜广辉对《中庸》与《性自命出》的关系作了分析,认为《性自命出》与《中庸》的思想脉络是一致的,不过《中庸》较《性自命出》更为凝练,"所以《性自命出》应早于《中庸》"[③]。学界普遍认为《中庸》的作者是子思,"那我们可以据

---

① 廖名春:《郭店楚简儒家著作考》,《孔子研究》,1998年第3期。
② 廖名春:《郭店楚简儒家著作考》,《孔子研究》,1998年第3期。
③ 姜广辉:《郭店楚简与〈子思子〉》,《哲学研究》,1998年第7期。

此推断《性自命出》应为子思所作"①。

关于《成之闻之》"是以君子贵成之"一语,郭沂认为与《中庸》"君子诚之为贵"一语相关。他说:"按照《中庸》自己的解释,'诚'本来包含'成'的意思:'诚者,自成也。'其实,此二字本可通假。朱骏声《说文通训定声》云:'成,假借为诚。'故此处'君子贵成之'之'成'读作'诚'可能更妥。由此可见,此语几乎完全照搬了《中庸》'君子诚之为贵'一句,只是语序略加改动。"② 既然简本《成之闻之》"君子贵成之"源自《中庸》"君子诚之为贵",那么《中庸》的出现当早于简本《成之闻之》。

陈来认为郭店简《成之闻之》与《中庸》的思想多有相同之处。如《中庸》"所求乎子以事父未能也,所求乎臣以事君未能也,所求乎弟以事兄未能也,所求乎朋友先施之未能也",陈来说:"这四个'所求'表达的就是'求己'。……与本篇(即《成之闻之》)的'求己'思想都是一致的。"③ 又如《中庸》"上焉者虽善无征,无征不信,不信民弗从矣",陈来认为这里所说的"不信则民不从",与《成之闻之》"行不信则命不从"等思想完全一致,所以《中庸》追求的是"见而民莫不敬,言而民莫不信,行而民莫不说",是"君子不动而敬,不言而信","不赏而民劝,不怒而民威"的治国效果,由此可见,"《中庸》有着和本篇相近的问题意识"。④ 陈来认为《成之闻之》和《中

---

① 姜广辉:《郭店楚简与〈子思子〉》,《哲学研究》,1998年第7期。
② 郭沂:《郭店楚简〈成之闻之〉篇疏证》,《中国哲学》,第20辑,第282页。
③ 陈来:《郭店竹简儒家记说续探》,《中国哲学》,第21辑,第68页。
④ 陈来:《郭店竹简儒家记说续探》,《中国哲学》,第21辑,第68页。

庸》在思想上可互通。为了谨慎起见,其并没有判定《中庸》与《成之闻之》的出现孰先孰后。

还有一些学者利用郭店简来研究孔孟之间的思想发展史。如庞朴认为,多年来学界始终未能搞清楚孔子到孟子这一百多年思想发展的情况,郭店简的出土,对于解决这个问题具有重要意义。庞朴以郭店简与《中庸》的关系为例,说:"楚简在孔子的'性相近'和孟子的性本善之间,提出了性自命出、命自天降、道始于情、情生于性、性一心殊等等说法,为《中庸》所谓的'天命之谓性,率性之谓道,修道之谓教'命题的出场,做了充分的思想铺垫,也就补足了孔孟之间所曾失落的理论之环。"[1] 庞氏认为,郭店简中的诸多命题是《中庸》的思想来源,言下之意,郭店简可以填补孔子到《中庸》之间思想史的空白。

李学勤认为《大学》《中庸》与孔门思想有着密切的关系,特别是郭店简的发现,"不仅证实了《中庸》出于子思,而且可以推论《大学》确可能与曾子有关"[2]。在李学勤看来,《大学》提出的许多范畴如"修身""慎独""新民"等,在竹简里都有反复的论述引申,"由此可知,宋以来学者推崇《大学》《中庸》,认为《学》《庸》体现了孔门的理论思想,不是没有根据的"[3]。

---

[1] 庞朴:《古墓新知——漫读郭店楚简》,《中国哲学》,第20辑,第8—9页。
[2] 李学勤:《先秦儒家著作的重大发现》,《中国哲学》,第20辑,第16页。
[3] 李学勤:《先秦儒家著作的重大发现》,《中国哲学》,第20辑,第16页。

分科而治与《礼记》单篇研究

在中国古代，学人们多是从经学角度对《礼记》加以研究，即重视经典的文字训诂、名物考证，或微言大义的阐发。然而20世纪以来，受西学分科而治的影响，中国传统经学被瓦解，哲学、教育学、社会学、文学、民俗学等领域的学者从各自的学科理论和方法出发，对《礼记》加以研究。比如《礼记》中的《学记》受到教育学领域学者的重视，特别是从事中国教育史、教育思想史研究的学者对《学记》重视有加。而《礼记》中的《乐记》受到了艺术学领域学者的重视，特别是从事中国音乐史的学者对《乐记》颇为青睐。20世纪以来，一些学人从不同的学科理论和方法出发从事《礼记》研究，出现了别具特色的学术成果。

一、《学记》之研究

《学记》是《礼记》的第十八篇，其主要内容是论述教学方法、学习方法以及尊师重道等。单篇《学记》之研究，见于目录者屈指可数，宋有戴溪的《学记口义》，明有翁汝进的《学记节解》，清有杨葆彝的《学记章句》、刘光蕡的《学记臆解》、宋育仁的《学记补注》等。

20世纪以来，随着学科的分化，传统的经学被"肢解"。《学记》中的教育思想与现代教育理论有很多契合之处，因此受到近现代教育理论研究者的重视。民国时期，关于《学记》之论著有王树枏的《学记笺证》、董文煜的《礼记学记篇今释》、章廷俊的《〈学记〉的教育制度与教学法则之剖析》、吴县贝的《〈学记〉通诠》、杜通明的《学记考释》等。新中国成立以后，特别是1979年以来，不少研究者从文献学、教育学、哲学、心理学等学科的角度对《学记》展开研究，相关的成果较以前大为增多。

一是从文献学的角度对《学记》作了研究。王树枏的《学记笺证》、董文煜的《礼记学记篇今释》等通过笺注之学释《学记》。如《学记》"发虑宪"之"虑"字，王树枏曰："虑亦宪也。《周礼·朝士注》云：'故书虑为宪。'《后汉书·邓禹传》云：'李文李春程虑为祭酒。'注云：'虑字或为宪字。'《大戴记·四代篇》云：'刑出虑，虑则节，虑亦宪也。'"[1] 王氏引《后汉书》《大戴礼记》以释"虑"字，认为"虑"即"宪"。又如《学记》："一年视离经辨志……九年知类通达，强力而不反。"章廷俊曰："经七年的考察，所谓'小成'即《尚书大传·周传》之'见小节焉，践小义焉'之意。"[2] 又曰："学者达小成后，再进则有所谓'大成'。即在入小学的第九年，经过精密的考察，结果须能触类旁通，贯达义理，且又能不违师教，

---

[1] 王树枏：《学记笺证》，《中国学报》，1913年3月第5期。
[2] 章廷俊：《〈学记〉的教育制度与教学法则之剖析》，《政衡月刊》，1935年6月第16期。

于是得称'大成'。所谓'大成',即《尚书大传》之'见大节焉,践大义焉'之义。"① 章氏引《尚书大传》"见小节焉,践小义焉"以释《学记》之"小成",引《尚书大传》"见大节焉,践大义焉"以释《学记》之"大成"。

二是用白话文、汉语拼音注译《学记》。如高春华的《〈学记〉注·译·析》、金祖涛的《〈学记〉译注》、曹音的《〈学记〉评述》、陈高岑的《〈学记〉疏义》皆是注译之作。各家的注释和翻译皆大同小异。如《学记》开篇:"发虑宪,求善良,足以謏闻,不足以动众。……君子如欲化民成俗,其必由学乎。"高春华释曰:"发布计划法令,能征求德行善良人士的意见,可以小有声名,但不足以感动大众。能就教贤人,体察关系疏远的人,可以感动大众,但不足以感化百姓。君子如要感化百姓,并使之养成良好的风俗习惯,那一定要从办学设教开始。"② 金祖涛释之曰:"(君子)发出谋虑和政令的时候,能征求德行良善的人的意见,能够取得个人小小的名声,但还不能把大家动员起来;起用圣贤的人,体恤被疏远的人,能够动员起大家来,但仍不能感化人民。统治者要想感化人民,使他们养成好的风俗习惯,一定要利用学校教育这个手段。"③ 通过比较,可知高春华、金祖涛对《学记》的白话翻译大体上是相同的,仅个别文字的理解上有差异。

三是对《学记》的结构体系作了探讨。《辞海》认为《乐

---

① 章廷俊:《〈学记〉的教育制度与教学法则之剖析》,《政衡月刊》,1935年6月第16期。
② 高春华:《〈学记〉注·译·析(上)》,《江苏大学学报》,1982年第4期。
③ 金祖涛:《〈学记〉译注》,《语文学刊》,1985年第2期。

记》阐述了教育的作用和教学相长、循序及时、禁于未发、启发诱导、长善救失等教育经验,论述了尊师的重要意义,是中国古代教育史上很有价值的教学论著。李海涛对《学记》的思想内容和结构体系作了探讨。他认为,从文体形式看,《学记》不仅论述周详,说理精粹,学术气氛浓厚,而且结构体系完整严谨;全文共二十段,可分为"绪论""本论"和"结论"三部分,呈"总——分——总"的体式。李氏曰:"《学记》以简赅的文字,生动的比喻,系统而全面地阐明了教育的目的和作用,教育和教学制度,教学的原则与方法,教师的选择和使用,学习方法的研究和指导,教材的钻研和处理,以及知识学习与实践训练、能力培养的关系等,提出了'务本'兴教的主张。"[1]

从现代教育学的角度来看,《学记》中的教育理论十分丰富,涉及教学目的、教学原则、教学管理、教师修养等。《学记》中有很多关于教学目的的论述,如"君子如欲化民成俗,其必由学乎","古之王者,建国君民,教学为先"。学者们认为《学记》中的这些内容相当于今天教育学中的"教学目的"。如凌圣翰曰:"《学记》的作者建议当时的统治者重视学校教育,来达到'化民成俗'和'建国君民'的目的。这样,就可以维护社会秩序,巩固政权,使教育适应封建统治阶级的利益。所谓'学为君也',就是培养封建贵族子弟掌握统治劳动人民的治术,具有'化民成俗'能力,使一般人民都能'安分守己'。"[2]

---

[1] 李海涛:《论〈学记〉的思想内容与结构体系》,《成都大学学报(社会科学版)》,1998年第3期。
[2] 凌圣翰:《〈学记〉的教育思想》,《广西民族学院学报(社会科学版)》,1979年第2期。

《学记》中有不少关于教学原则和教学方法的内容,如"知不足然后能知反也,知困然后能自强也,故曰教学相长也";"故君子之教喻也:道而弗牵,强而弗抑,开而弗达";"教也者,长善而救其失者也"。今人根据这些内容,对《学记》所言的教学原则和方法作了分析和归纳。如邹玉现将《学记》中的教学原则归纳为五点,分别是"师生切磋、教学相长""善于启发、触类旁通""长善救失、转劣为优""循序渐进、由浅入深""相观而善好事、乐群取友"。孔庆福将《学记》中的教学原则归纳为八点,分别是"教学相长""预""及时施教""循序渐进""观摩""启发诱导""长善救失""因材施教"。何朴将《学记》中的教学法归纳为四点,分别是"诱导法""问答法""练习法""讲述法"。有的学者对《学记》所言教学原则之本质作了揭示,如杨家聪曰:"关于启发式,《学记》说过'开而弗达'和'开而弗达则思'。这两句话不仅揭示了启发式的本质是促成学生积极思考,而且论说了进行启发式教学,是指教师的讲授着重在打开问题的一角或揭示问题的一环,起到指明路径的作用('开');教师不把事物的'底里'和盘托出,不抱着学生登上'彼岸'('弗达'),这是为了促成他们思考('思'),增长他们的才智。"[①]

关于教师的素质和作用,《学记》中也多有论述,如"师也者,所以学为君也";"记问之学,不足以为人师,必也听语乎";"能为师然后能为长,能为长然后能为君";"凡学之道,

---

① 杨家聪:《〈学记〉中教学论之我见》,《湖北大学学报(哲学社会科学版)》,1995年第6期。

严师为难，师严然后道尊，道尊然后民知敬学"。陈辉据这些记载，将《学记》对教师的要求归纳为三点：一是据"记问之学，不足以为人师"，认为"教师要具有真才实学"；二是据"善教者使人继其志"，认为"教师要具有'善教'的本领"；三是据"君子之教，喻也"以及"不愤不启，不悱不发"，认为"教师要有善喻的能力"。① 许梦瀛亦对《学记》中的教师论作了讨论，认为《学记》对教师的要求主要体现在五个方面，即"教学相长""学识渊博""教法熟练""学生楷模""教师语言"。②

20世纪以来，一些学人对《学记》中的心理学思想作了探讨。虽然这方面的成果不多，但是研究角度新，故值得《学记》研究者们重视。杨鑫辉对《学记》的心理学思想作了探讨，认为《学记》的心理学思想主要有以下几点，即"重视感官作用""强调启发思维""注意个性特征""主张及时而教""关于教师心理"等。③ 张文山对《学记》中的教育心理学思想作了研究。④ 凌枫芝从教师的地位和作用、教师的基本条件及尊师的必要性三个方面探讨了《学记》的教师心理学思想。⑤ 李邦国认为《学记》心理学思想的要点有五：一是重视感官和感性认识；二是重视激发学生学习的兴趣和培养学生的思维能力；三是注意早期教育和关键年龄；四是重视学生个性心理特征；五是重

---

① 陈辉：《〈学记〉教与学思想探微》，《四川师范学院学报（哲学社会科学版）》，1990年第3期。
② 许梦瀛：《〈学记〉的教学论与教师论》，《河南师范大学学报（哲学社会科学版）》，1991年第2期。
③ 杨鑫辉：《〈学记〉心理学思想初探》，《心理学探新》，1981年第1期。
④ 张文山：《〈学记〉中教育心理学思想初探》，《心理科学通讯》，1982年第1期。
⑤ 凌枫芝：《〈学记〉中教师心理学思想探索》，《云南师范大学学报（哲学社会科学版）》，1995年第1期。

视教师心理的研究。① 学者们多应用现代心理学理论以释《学记》所包含的心理学材料。如《学记》云"道而弗牵，强而弗抑，开而弗达"，李邦国说："从现代心理学的观点来看，'道'与'强'就是培养学生思维活动的动机，从而激发学生学习的主动积极性。只有这样，才能使学生'比物丑类''知类通达'，即形成批判性、灵活性、广阔性、深刻性与敏捷性等良好的思维质量。"② 李氏于此应用现代心理学理论来探讨《学记》所言的"道"和"强"。

有的学者还从教育管理的角度对《学记》作了研究。如王少媛认为《学记》中所述的学校管理规则和方法主要包括开学仪式、目的教育、纪律要求、体罚等。其认为《学记》的教育管理思想有两大特点：一是强调政教合一，二是合理性与封建性相结合。③ 刘颖对《学记》中的教育管理思想作了归纳，包括学制体系、行政领导、学校管理主张以及教师论等。④ 李保强、陈辉对《学记》中的教育目标管理思想作了剖析。⑤

《学记》在20世纪获得了前所未有的关注，相关论著数量大，研究也颇有新意。从研究主体来看，20世纪的《学记》研究者大多是大专院校教育系或教育研究所的研究人员。经学家的研究重视文字训诂和制度考证，这样的研究固然有其不可替代的学术价值，然而笺释文字零散，不成系统，难以把握《学

---

① 李邦国：《〈学记〉的心理学和哲学思想》，《黄石师范学院学报》，1982年第2期。
② 李邦国：《〈学记〉的心理学和哲学思想》，《黄石师范学院学报》，1982年第2期。
③ 王少媛：《论〈学记〉教育管理思想》，《辽宁高等教育研究》，1992年第5期。
④ 刘颖：《〈学记〉中的教育管理思想》，《教育管理》，1995年第3期。
⑤ 李保强，陈辉：《〈礼记·学记〉中的教育目标管理思想刍议》，《管子学刊》，1996年第4期。

记》思想之全貌。教育理论研究者虽然不一定能准确理解《学记》中的每个字、每个制度，但是他们拥有现代教育学的理论素养，能将《学记》的研究与现代教育理论结合起来，从而实现古老知识的现代转化。从研究内容来看，20世纪的《学记》研究可分为文本考证和思想理论探讨两方面。文本考证方面，一是《学记》中的文字和制度之考释，二是用汉语拼音注释《学记》中的疑难字，将《学记》翻译成白话文，三是考察《学记》之结构。思想理论研究方面，多是利用现代教育思想释读《学记》，从而达到古为今用的目的。

20世纪的《学记》研究成果丰硕，然而不足之处亦很明显。如关于《学记》教育理论之研究的论文数量很大，然而各家之论述，基本是围绕教学目的、教育原则、教学方法、教师论、学生论而展开，不少观点被反复转抄，即便是自我发明，亦未能有太多创见。当然，研究中也出现了一些新元素，比如有人从心理学和管理学的角度对《学记》作了研究，然而相关成果数量并不多。

二、《乐记》之研究

20世纪以来，学者们对《礼记·乐记》给予了很大的关注，特别是自郭沫若于1943年9月撰《公孙尼子与其音乐理论》之后，不少学者相继发表论文，对《乐记》的作者、音乐理论、美学思想等展开了积极的讨论。笔者于此拟结合相关材料，对20世纪学人们的《乐记》研究状况作一述评。

20世纪的学人对《乐记》的作者及成篇问题多有讨论，相关的论文层出不穷。这些论文的观点可分为四类：一是公孙尼子所作说,二是西汉刘德及手下儒生所作说,三是西汉杂家所作说,四是先秦到西汉诸儒所作说。

有些学者认为《乐记》为公孙尼子所作,他们依据的文献记载如下——

《汉书·艺文志》曰:"武帝时,河间献王好儒,与毛生等共采《周官》及诸子言乐事者,以作《乐记》,其内史丞王定传之,以授常山王禹。禹,成帝时为谒者,数言其义,献二十四卷记。刘向校书,得《乐记》二十三篇,与禹不同,其道浸以益微。"

《汉书·艺文志》儒家类有《公孙尼子》二十八篇。注云:"七十子弟子。"杂家类有《公孙尼》一篇。

《隋书·音乐志》曾引梁武帝的《思弘古乐诏》。

沈约《奏答》云"《乐记》取公孙尼"。

张守节《史记正义》曰:"其《乐记》者,公孙尼子次撰也。"唐人虞世南的《北堂书钞》、马总的《意林》、徐坚的《初学记》、李善的《文选注》等,皆曾引用公孙尼子的话。如《意林》曰:"公孙尼子曰:'乐者,先王所以饰喜也;军旅者,先王所以饰乐也。'"《初学记》引《公孙尼子》曰:"乐者,审一以定和,比物以饰节。"

《圣贤群辅录》曰:"公孙氏传《易》,为道,为洁净精微之儒。"

《韩非子·显学篇》曰:"自孔子之死也,有子张之儒,有子思之儒,有颜氏之儒,有孟氏之儒,有漆雕氏之儒,有仲良氏之儒,有孙氏之儒,有乐正氏之儒。"

学者们围绕这些记载,对《乐记》的作者和成书问题作了讨论。如郭沫若据《汉书·艺文志》所记儒家类"《公孙尼子》二十八篇"及杂家类"《公孙尼》一篇",又据《隋书·音乐志》所引梁武帝的《思弘古乐诏》及沈约《奏答》所云"《乐记》取公孙尼",从而推断《乐记》的作者是公孙尼子。他说:"今存《乐记》取自公孙尼子,沈约与皇侃既同为此说,大约《公孙尼》原书在梁时尚为完具。"[1] 郭沫若据《史记·仲尼弟子列传》所记"公孙龙字子石,少孔子五十三岁",认为"公孙龙"当为"公孙尼";既然公孙尼子为孔门弟子,故可知《乐记》的作者出自春秋末、战国初。不过郭沫若的观点不甚明确,其一方面认为《乐记》是公孙尼子的作品,另一方面又认为《乐记》并非全为公孙尼子所作。他说:"关于《乐礼》的一节应该不是公孙尼子的东西,至少也应该怀疑。"[2]

郭沫若还结合先秦思想史,将《乐记》与《吕氏春秋》《荀子》作了比较,他说:"我认为今存《乐记》,也不一定全是公孙尼子的东西,由于汉儒的杂抄杂纂,已经把原文混乱了。但主要的文字仍来自《公孙尼子》,故沈约与皇侃云然耳。……至于《吕氏春秋》《毛诗传》《汉书·乐志》等的抄取,那都是不成问题的。"[3] 在郭氏看来,公孙尼子可能是孔子的直传弟子,比子思早,并先于孟子和荀子,因此《荀子》《吕氏春秋》《毛诗传》《汉书·乐志》中的音乐思想承自公孙尼子。

---

[1] 郭沫若:《公孙尼子与其音乐理论》,《〈乐记〉论辩》,人民音乐出版社,1983,第2页。
[2] 郭沫若:《公孙尼子与其音乐理论》,《〈乐记〉论辩》,人民音乐出版社,1983,第3页。
[3] 郭沫若:《公孙尼子与其音乐理论》,《〈乐记〉论辩》,人民音乐出版社,1983,第3页。

杨公骥认为，公孙尼子是《乐记》的作者，其生活的年代是战国，故《乐记》成于战国。他说："战国学者公孙尼子的《乐记》，是论述音乐、歌舞的经典型著作。"又说："《汉书·艺文志》称公孙尼子是孔丘的再传弟子，但《隋书·经籍志》却称'尼，似孔子弟子'。按：《乐记》中载有子夏答魏文侯问，看来公孙尼子应是子夏的后辈。子夏小孔丘四十四岁。孔丘卒时，子夏只有二十九岁，为魏文侯师时，已是八十多岁的老人。由此看来，公孙尼子应是孔丘的再传弟子。"[1]

金钟赞同郭沫若、杨公骥等人以《乐记》出自战国初期公孙尼子的观点，并列四条证据作为补充：一是《汉书·艺文志》儒家类有"公孙尼子二十八篇"，列在子夏弟子李克之后，孟轲、荀卿之前，沈约、张守节等人皆认为公孙尼子是《乐记》的作者；二是汉代王禹所献《乐记》与刘向所校《乐记》是两个本子；三是据近代以来的出土文献，可知《汉书·艺文志》的记载是可靠的；四是《乐记》有些文字与《荀子·乐论》《吕氏春秋》论乐篇章相同，证明《乐记》在先秦的影响不小，《荀子·乐论》是抄袭《乐记》以反对墨子。金钟于此所列第一、第四两条证据，前人皆多使用。其所列第二条证据，即河间献王所作之《乐记》与刘向所校之《乐记》的关系，周柱铨已论及。其所列第三条证据，以近代以来的出土文献为据以证《汉书·艺文志》之可信，并驳《汉书》以前无公孙尼的观点。

周来祥在《〈乐记〉成书年代考》一文中从七个方面对

---

[1] 杨公骥：《公孙尼子的〈乐记〉及其艺术理论》，《〈乐记〉论辩》，人民音乐出版社，1983，第23页。

《乐记》的作者问题作了探讨，要点如下：一是《乐记》的人性论，与孔子"性相近，习相远"的说法相近，而与孟子、荀子的观点相去甚远；二是《乐记》中的元气说、阴阳说更近于春秋以来《周易》的阴阳思想，而与《吕氏春秋》大相径庭；三是《乐记》中"用于宗庙社稷，事乎山川鬼神""圣人作乐以应天"的思想，与《尚书·尧典》中"神人以和"的观点相近；四是《乐记》中的礼、乐、刑、政四者并用的思想，成为从孔子的礼乐治国到荀子的依法治国思想发展的一个中间环节；五是《乐记》中没有后来《荀子·乐论》中非墨的内容，由此推测《乐记》略早于墨子；六是《乐记》乐为和的思想，更接近春秋间孔子的音乐思想，而与战国末期荀子的思想有明显的不同；七是《乐记》有唯物主义和素朴的辩证法思想，说明其不可能诞生在谶纬神学和形而上学盛行的汉代。周来祥有广阔的学术视野，其将《乐记》放到先秦两汉思想文化发展的大背景下进行考察，从而找出《乐记》的思想渊源，以及《乐记》与其他各家学说之异同。在此基础上，周氏倾向于《乐记》为公孙尼子所作的观点，但又强调在没有足够的证据以前暂不作定论为好。

董健的《〈乐记〉是我国最早的美学专著》一文亦认为《乐记》的作者是战国时期的公孙尼子，其论证思路大致如下：一是承袭郭沫若等人采用的一些材料，即梁人沈约，唐人虞世南、张守节之相关论说；二是发掘新的证据以明《乐记》的作者。如董氏认为，《乐记》用"中和"以释艺术的教育功能，强调艺术要使人"合生气之和"，做到"血气和平"，不能让喜、怒、哀、乐之情过度，与《春秋繁露·循天之道篇》中的相关论述相似。董仲舒交代其说出自公孙氏之《养气》,董健据此推断,此"公孙氏"正是《乐记》的作者公孙尼子。此外,《韩非子·显学篇》云孔子死后儒分为八,其中有位"孙氏"。《圣贤群辅录》亦指出八派中有一位"公孙氏以传《易》为道",并认为其为"洁净精微之儒"。董健曰:"《养气》所说的'气'不可'太实''太虚''太劳''太逸';情不可过于'怒''喜''忧''惧',正是要达到这种'洁净精微'的境界,也就是《乐记》所说的'血气和平'。……《圣贤群辅录》这一记载不仅说明作《养气》的公孙氏和传《易》的公孙氏是一个人,而且进一步证明了这个人就是公孙尼。"① 董健认为,《圣贤群辅录》所云"洁净精微"的公孙氏,乃《乐记》出自公孙尼子的又一证据。

李学勤对公孙尼子的相关记载皆作了考察,认为公孙尼子就是《乐记》的作者。他说:"《乐记》的作者,文献中有明文。……《乐记》篇数众多,取自《公孙尼子》,所指自然是儒家有二十八篇的《公孙尼子》。《公孙尼子》至唐犹存,所以沈约、张守节及其同时人都能亲见其书,说法当是可信。前人根据《初学记》《意林》等类书所引《公孙尼子》语见于《乐记》,证明了《乐记》确为公孙尼子的作品。因此,在《汉书·艺文志》中,《乐记》《公孙尼子》,可能还有礼类的《记》百三十一篇,实有着共通的内容。"② 李学勤对《汉书·艺文志》、沈约、张守节诸说皆信而不疑,认为《乐记》的作者是公

---

① 董健:《〈乐记〉是我国最早的美学专著》,《南京大学学报》,1977年第4期。
② 李学勤:《公孙尼子与〈易传〉的年代》,《文史》,第35辑。

孙尼子。

自《〈乐记〉批注》发表以后,学术界围绕《乐记》的作者和成书年代又展开了一场讨论。在这场讨论中,大多数学者将矛头指向了《〈乐记〉批注》,并撰写了不少文章对其加以批判。《〈乐记〉批注》的作者认为,《乐记》是由西汉武帝时河间献王刘德及其手下的一批儒生采辑先秦诸家有关音乐的言论编纂而成的。

冯洁轩对《〈乐记〉批注》所作论证一一予以批驳,如《汉书·艺文志》所记刘向校得的二十三篇《乐记》与王禹献出的二十四卷《乐记》不同,《〈乐记〉批注》的作者认为此所谓"不同",仅是在篇数和文字上略有出入而已。冯氏则认为,《〈乐记〉批注》的作者无视《汉书·艺文志》所记刘向校得的二十三篇《乐记》与王禹所献二十四卷《乐记》之不同,以"略有出入"的不同传本化为今传本《乐记》,乃是"以意为之"[①]。

周柱铨认为,《乐记》在西汉时有两个本子:一是刘德与毛生等采用《周官》及诸子言乐事而成的《乐记》(即《王禹记》);二是刘向校书所得的二十三篇《乐记》。《王禹记》与刘向所校得的《乐记》本不同。在此基础上,周氏提出三条证据以明现存《乐记》乃刘向之校本:其一,刘向所校《乐记》二十三篇之名目,在《别录》中得以保存下来,其首篇所记十一篇之篇名与现存《乐记》一致,只是顺序略有不同而已;其二,

---

[①] 冯洁轩:《〈乐记〉作者辨——驳〈乐记批注〉》,《〈乐记〉论辩》,人民音乐出版社,1983,第183—184页。

刘向在《别录》中对《礼记》四十九篇有简释，这四十九篇之顺序及篇名与现存《礼记》完全相同；其三，刘向在《说苑》一书中直接引用了《乐记》原文，文字与现存《乐记》基本相同。基于以上证据，周柱铨认为刘德绝非现存《乐记》的作者。他说："《乐记》是在刘德死后很多年，才由刘向校书得到的，因此《乐记》自然无法参加《〈乐记〉批注》的作者所安排的河间献王刘德同汉武帝刘彻之间的'儒法两条路线斗争'了。"①

蔡仲德认为《乐记》成于西汉，并罗列七条证据以驳周柱铨之说。周柱铨又撰《〈乐记〉续考——兼与蔡仲德同志商榷》一文，对蔡仲德之反驳予以回应。周柱铨曰："其实据我国书籍发展的常识，古书一般多无作者名，开目录学先河给古书冠以作者名的正是刘向。但像《管子》《荀子》等书也不是一个人的作品，而是一个流派的作品。及后有些书带上传人姓氏的如《大戴礼记》《小戴礼记》，也只说明戴德、戴圣是《礼记》传人之一。看来《艺文志》作者也无意把据古代文献编成《乐记》的刘德看成是作者，所以在书目中以其传人王禹命名，而却把刘向校书得的古乐记二十三篇命名为《乐记》。"② 吕骥亦驳蔡仲德的观点曰："一个二十四卷，一个二十三篇……他们似乎认为'卷'字和'篇'字之间的差异没有意义；对于'不同'二字，似乎只能理解为数量上的不同，而不含有内容上的不同。这显然是由于他们要得出《乐记》是刘德编撰的，不是

---

① 周柱铨：《〈乐记〉考辨》，《〈乐记〉论辩》，人民音乐出版社，1983，第101页。
② 周柱铨：《〈乐记〉续考——兼与蔡仲德同志商榷》，《〈乐记〉论辩》，人民音乐出版社，1983，第378页。

公孙尼子的著作的结论，而使他们不重视这些差异。"① 吕氏认为，河间献王所编之书与刘向校得之书不仅是文字略有差异，而且两书的内容亦不相同。

蔡仲德认为《乐记》不可能出自先秦，只可能出自天下大一统之后。周柱铨驳蔡氏此说，并从三个方面论证《乐记》产生于先秦的可能性：一是《乐记》反映的社会背景是乱而非稳定，因此其是求治、求安，以达到"同民心而出治道""天下皆宁"，这种思想有鲜明的战国时代色彩；二是从思想的角度来看，《乐记》所云"声音之道，与政通矣"，与《国语》《左传》中的观点类似，《乐记》的"和乐"思想，在《左传》《国语》中亦可看到，《乐记》"乐以治心"的学说似受齐国稷下学派的影响；三是根据确实可考的文献和出土的音乐文物，可证明战国是一个音乐的时代，从音乐实践的角度证明《乐记》产生于战国是有道理的。

《〈乐记〉批注》的作者认为《乐记》成书于汉武帝时代的刘德及其手下的一批儒生。其曰："《乐记》是由西汉武帝时的河间献王刘德及其手下的一批儒生，采取先秦诸家有关音乐的言论编纂而成的。它还告诉我们，传、校《乐记》的有西汉成帝时的王禹、刘向。"②《〈乐记〉批注》的作者还认为，尽管《隋书·音乐志》言《乐记》为公孙尼所作，并存录梁武帝《奏答》"《乐记》取《公孙尼子》"一语，然《隋书》之记载前后矛盾；《宋书·乐志》肯定了《汉书·艺文志》所记《乐

---

① 吕骥：《关于公孙尼子和〈乐记〉作者考》，《中国音乐学》，1988年第3期。
② 中央五七艺术大学音乐学院理论组：《〈乐记〉批注》，人民音乐出版社，1976，第84页。

记》的作者及成书年代，然无"《乐记》取《公孙尼子》"一句，故《奏答》不能成为判断《乐记》成书年代的依据。此外，《〈乐记〉批注》据《汉书·艺文志》，认为汉武帝之前有人因为没有"乐经"而无法从理论上说明雅乐之意义，直到刘德作《乐记》后才解决了这一问题；《乐记》内容多有重复，不是个人专著，故认为其为公孙尼一人所著的结论是不能成立的。

郭沫若、杨公骥、周柱铨等人据"与禹不同"，认为刘向校书所得之《乐记》与河间献王、毛生等所撰之《乐记》非同一本书。蔡仲德驳之，认为"与禹不同"是指《乐记》传本不同，即篇数、文字略有出入，而非指作者不同，原因有七：一是这里只提刘德作《乐记》，未提别的作者；二是如果确实存在不同作者的《乐记》，就理当同时写明两书的作者；三是史书无刘德之后发现先秦《乐记》的记载；四是如存在先秦的《乐记》，《汉书·艺文志》当大书特书，而不应该有不提此事、不记作者之理；五是如果刘向所校本与河间本不同，《艺文志》当说明"与河间献王不同"；六是《艺文志》云"《乐记》二十三篇，《王禹记》二十四篇"，说明只有传本之异，而无作者之别；七是《宋书·乐志》云王禹"献《记》二十四卷，刘向校书，得二十三篇"。①

此外，郭沫若、周柱铨等人据沈约的《奏答》、张守节的《史记正义》，认为公孙尼子是《乐记》的作者。蔡仲德认为，沈约的《奏答》既云"《乐记》取公孙尼子"，又采用《汉

---

① 蔡仲德：《〈乐记〉作者问题辨正》，《〈乐记〉论辩》，人民音乐出版社，1983，第257—258页。

书·艺文志》刘德作《乐记》之记载而未加以否定，不觉有矛盾，原因在于"他是以'《乐记》取《公孙尼子》作为对河间献王……作《乐记》'的补充说明，即认为刘德的《乐记》自作的成分不大，而是'捃拾沟渠之间，得片简遗文'编纂成书的。这是既承认刘德作《乐记》，又认为《乐记》的材料主要取自《公孙尼子》"[1]。蔡仲德认为《奏答》和《宋书》于《乐记》作者之记载有矛盾，郭沫若等人误解了《奏答》之原义。

蔡仲德等人还从学术史和思想史的角度以证《乐记》为西汉刘德及毛生所作。郭沫若、周柱铨皆认为《吕氏春秋》《易传》《荀子》抄袭了《乐记》。如《吕氏春秋·适音》曰："治世之音安以乐，其政平也。……故先王之制礼乐也，非特以欢耳目极口腹之欲也，将以教民平好恶行理义也。"《乐记》曰："治世之音安以乐，其政和……将以教民平好恶而反人道之正也。"对于以上两段很相近的文字，周柱铨认为其在以论"乐"为主旨的《适音》中显得有些游离，而蔡仲德认为其是论"乐"与"政"的关系，可以深化《适音》之主题，与主旨并不游离。周、蔡二人对《吕氏春秋》解读不同，从而得出了不同的结论。

郭沫若、周柱铨、杨公骥等人皆认为《荀子》抄了《乐记》。如《荀子·乐论》曰："故听其《雅》《颂》之音，而志意得广焉。……是先王立乐之术也，而墨子非之，奈何！"《乐记》曰："是故乐在宗庙之中，君臣上下同听之，则莫不和敬。……是先

---

[1] 蔡仲德：《〈乐记〉作者问题辨正》，《〈乐记〉论辩》，人民音乐出版社，1983，第248页。

王立乐之方也。"又曰:"故听其《雅》《颂》之声,志意得广焉。……故乐者天地之命,中和之纪,人情之所不能免也。"周柱铨认为,《乐记》于此是说听了《雅》《颂》之音,学会跳舞,可使人心胸宽广、容貌端庄、行动一致,进而达到"与天地之齐,中和之纪",《乐记》之推论颇合全篇之逻辑;而《乐论》则在"进退得齐焉"后加"故乐者,出所以征诛也,入所以揖让也",与前之文义相比,显得十分突兀。蔡仲德认为,周柱铨所说《乐论》"显得突兀"的部分,恰恰是对前文的引申和发展,《乐记》在"进退得齐"后立即得出结论,"这才真使人有突兀之感"。①

20世纪以来,一些学者如丘琼荪、孙尧年、蒋孔阳结合《汉书·艺文志》中的材料以及汉代以后的文献记载,认为《乐记》是从先秦到汉代逐渐形成的,非一人一时之作。

丘琼荪认为《乐记》性质颇杂,其中文字有与《荀子·乐论》及《吕氏春秋》之《音初》《侈乐》《适音》诸篇相同者,也有与《诗序》《左传》《易·系辞》《礼记·祭义》《庄子》《尸子》《孔子家语》相同者;若谓春秋战国间的公孙尼子采撷以上诸家之说而成《乐记》,自然不合事理,然沈约、张守节等人以公孙尼子为《乐记》的作者,亦非空穴来风。丘氏说:"《乐记》原题公孙尼,后此书为好事者采入《乐记》中,《礼记》为儒家经典,一登龙门,声价十倍,因于公孙尼三字下加一'子'字以尊之,此亦极合情理之事。于是原为汉武帝时杂

---

① 蔡仲德:《〈乐记〉作者问题辨正》,《〈乐记〉论辩》,人民音乐出版社,1983,第243页。

家公孙尼之作品，一变而为春秋战国间儒家公孙尼子次撰，气息既近儒家，后人遂亦不辨。如此，则所有矛盾，均可解决，千古疑云，为之一扫。"① 丘氏认为，《乐记》的作者是公孙尼，然此公孙尼生活于汉武帝时期，并非春秋战国时期的公孙尼子。

孙尧年认为《乐记》是孔子以后到西汉中期以前儒家论乐的综合性著作；《乐记》除末三篇各自独立，其来源难以具体考定外，其主体部分八篇具有一定的整体性，其议论不见于《荀论》，即据《荀论》引申，或与《荀论》同一源流，"它主要是荀子门下所搜集的材料，所作的记录与阐说，经毛生等编纂成篇（亦应包括毛生的阐说在内，后来戴圣等或有更动）"②。孙氏将《乐记》与《荀子》相比较，认为《乐记》多源于《荀子》，"《乐记》主体部分八篇文字，与先秦典籍对照，采自《荀论》者最多，并构成各篇的重要部分……这说明了编纂者的思想观点与荀子的一致性"③。此外，孙氏认为《乐记》中的礼乐精神与《荀子》是一脉相承的。"礼是荀子学说的灵魂，《荀子》三十二篇中，除实为附录的《仲尼》《宥坐》两篇外，篇篇都讲到礼。……《乐记》不崇实而务虚，它务的虚，就是讲乐对礼的配合，乐的重大政治意义与作用。……由此可见，《乐记》基本精神是继承自荀子而更加发展的。"④ 言下之意，《乐

---

① 丘琼荪：《〈乐记〉考》，《〈乐记〉论辩》，人民音乐出版社，1983，第71页。
② 孙尧年：《〈乐记〉作者问题考辨》，《〈乐记〉论辩》，人民音乐出版社，1983，第174页。
③ 孙尧年：《〈乐记〉作者问题考辨》，《〈乐记〉论辩》，人民音乐出版社，1983，第158页。
④ 孙尧年：《〈乐记〉作者问题考辨》，《〈乐记〉论辩》，人民音乐出版社，1983，第156—157页。

记》当成书于《荀子》之后。孙氏认为《乐记》由孔子后学所成,并非杂家著作,具体地说,是先秦到汉代的儒家作品。

蒋孔阳认为《乐记》是先秦儒家音乐美学思想的总结和集大成者,非一人一时之作,其论证要点,一是关于《乐记》与公孙尼子的关系问题。蒋孔阳对此既不肯定也不否定,他说:"马国翰《玉函山房辑佚书》中既然保存有公孙尼子论乐的某些话,与《乐记》相同,那么,我们就不必完全否定公孙尼子与《乐记》有某些关系。"① 二是关于《乐记》的作者和编者当如何区别的问题。蒋孔阳说:"《乐记》不是一人一时之作,而是汉初儒者搜集和整理了先秦谈乐的言论,特别是儒家谈乐的言论,综合起来,编辑成的一部著作。它的原作者,应当是先秦儒者,它的编辑者则是汉初儒者。"② 蒋氏认为,《乐记》的作者出自先秦,而编者出自汉初。三是关于《乐记》与《史记·乐书》的先后问题。蒋孔阳说:"如果《乐记》的音乐美学思想形成于战国末叶,那么它的成书年代,最晚不得晚于《史记》的成书年代。这是因为《史记》的《乐书》,基本上取自《乐记》。必须先有《乐记》,然后才会有《史记》的《乐书》。……《乐记》的最后编辑成书,当不得晚于成帝时代。至于以后的增补损益,可说一直延续到汉末。"③ 蒋氏认为,《史记·乐书》是根据《乐记》而编订的,故《乐记》的成书年代

---

① 蒋孔阳:《评〈礼记·乐记〉的音乐美学思想》,《中国社会科学》,1984年第3期。
② 蒋孔阳:《评〈礼记·乐记〉的音乐美学思想》,《中国社会科学》,1984年第3期。
③ 蒋孔阳:《评〈礼记·乐记〉的音乐美学思想》,《中国社会科学》,1984年第3期。

当在《史记》之前。四是关于《乐记》与思孟学派、阴阳五行学派、荀学派的关系问题。蒋氏说："《乐记》音乐美学思想，虽以荀派为主，但并不以荀派为限，思孟学派以及阴阳五行的学说，都有反映。"① 蒋氏认为，《乐记》参考了思孟学派、阴阳五行学派、荀学派的观点，言下之意，《乐记》成书当晚于这些思想流派。

20世纪的学人对《乐记》的音乐美学思想所作的研究主要涉及四个方面的问题，即音乐的产生、音乐与政治的关系、音乐的功能、比较研究。

《乐记》有不少论音乐发生的记载，如《乐记》曰："凡音者，由人心生也。人心之动，物使之然也。""乐者，音之所由生也，其本在人心之感于物也。""凡音者，生于人心者也。""乐者，心之动也。""诗言其志也，歌咏其声也，舞动其容也。三者本于心，然后乐器从之。"学者们围绕这些记载，对《乐记》的音乐发生论作了探讨。最早是郭沫若对《乐记》的音乐发生论作了阐述，他说："你的感情受了外界的刺激而感动了，你用声音把它形象化出来，那你有怎样的感情便必然有怎样的声音。"② "音乐是内在生活的花，但其实也是外界生活的反映，因为感情是由于外物而动的。同时也是外界生活的批判，因为感情的发生并不是纯全的被动，而有主观的能动作用存在。"③

---

① 蒋孔阳：《评〈礼记·乐记〉的音乐美学思想》，《中国社会科学》，1984年第3期。
② 郭沫若：《公孙尼子与其音乐理论》，《〈乐记〉论辩》，人民音乐出版社，1983，第10页。
③ 郭沫若：《公孙尼子与其音乐理论》，《〈乐记〉论辩》，人民音乐出版社，1983，第11页。

郭氏据《乐记》，认为音乐的发生与人的感情密切相关，而人的感情又受外在环境的支配。

自从郭沫若对《乐记》的音乐发生论作了讨论以后，不少学人沿着郭氏的路子作了进一步的研究。如杜国庠也对《乐记》的音乐发生论作了阐述。杜氏认为，《乐记》一方面肯定人受外界刺激而产生诗歌舞蹈，另一方面也看到人有意识地利用音乐陶冶性情。他说："人既具有血气心知，就不仅会在抒写感情方面去利用它们，而且也要运用它们去图感情的满足（享受）；因此也使主观方面受到了一些影响，并进一步去控制这种影响（陶冶性情）等等。可见乐的现象是与人类以俱来的。所以说：'其本在人心之感于物也。'"① 杜国庠、郭沫若皆是从主客观的角度探讨《乐记》的音乐发生论。

杨公骥认为，外界事物的激发从而使人产生思想情感，然而"人心之动"并非艺术，人的感受必须通过一定的表现方法和形式才能成为艺术。杨氏据《乐记》"其哀心感者，其声噍以杀；其乐心感者，其声啴以缓"，认为声的各种音律和形式都受人的情感所支配。与郭沫若、杜国庠的观点不同，杨公骥还对《乐记》的音乐发生论作了批判，他说："公孙尼子曾一再宣称，'人心之动，物使之然'，'感于物而后动'。但是，作为'人'的'先王'，在'制作乐'时，其'心之动'又是什么'使之然'呢？显然不是'物使之然'，因为'先王'正是反对'人化（于）物'才'立乐'！以此推论，'先王立乐'难道不是'心之动'的表现？如果既是'心之动'同时又不是'物使之

---

① 杜国庠：《关于〈乐记〉》，《〈乐记〉论辩》，人民音乐出版社，1983，第21页。

然',那么,难道'先王'不是'人'?"①《乐记》一方面言乐乃感于物而生,另一方面又言圣人制礼作乐,故《乐记》的音乐发生论自相矛盾。

还有些学者对《乐记》所言之音乐功能作了探讨。《乐记》于音乐功能之论述着眼于政治,并与礼相结合。如《乐记》曰:"乐者所以象德也,礼者所以缀淫也。是故先王有大事必有礼以爱哀之,有大福必有礼以乐之。""乐者为同,礼者为异。"又曰:"乐由中出,礼自外作。""礼以导其志,乐以和其性。""礼节民心,乐和民性。"郭沫若对《乐记》所言音乐与政治的关系作了辨析,他说:"音乐又成为政治的高抬贵手。为政的人当倾听民间的音乐,不仅可以知道民间的疾苦,也可以知道政治的良与不良。从这儿便可以生出政治的改革。……由于知道音乐与政治的关系,故音乐可以成为重要的政治工具。一方面用它去感动人,另一方面须得制作良好的音乐。"②又说:"礼乐是政教的大端,礼乐得其正,可使政教得其平,反之,政教得其平,也就愈使礼乐得其正。"③乐与礼相反相成,两相调剂,恰到好处;统治者一方面要从民间音乐知道民之疾苦,另一方面应当制作良好的音乐以感化民众。

继郭沫若之后,宗白华从音乐与政治关系的角度对音乐之功能作了阐述。在其看来,一方面强调维持等级社会的秩序,

---

① 杨公骥:《公孙尼子的〈乐记〉及其艺术理论》,《〈乐记〉论辩》,人民音乐出版社,1983,第31页。
② 郭沫若:《公孙尼子与其音乐理论》,《〈乐记〉论辩》,人民音乐出版社,1983,第12页。
③ 郭沫若:《公孙尼子与其音乐理论》,《〈乐记〉论辩》,人民音乐出版社,1983,第14页。

所谓"天地之序",这就是礼,另一方面又强调争取民心,保持整个社会的和谐,所谓"天地之和",这就是乐,"两方面统一起来,达到巩固等级制度的目的"。① 宗氏认为,虽然礼乐的功能有异,但是巩固等级制度的作用却是相同的。

朱光潜将《乐记》誉为"中国美学的开山祖",他在《中国古代美学简介》一书中从美学的角度对礼乐之关系及功能的探讨尤为精彩。朱光潜曰:"值得注意的是《乐记》的作者特别强调礼与乐相反相成、不可分割的关系,不但把乐看作艺术,实际上也把礼看作艺术,是王道必备的秩序与和谐两个方面。就人民来说,'礼乐皆得,谓之有德',有德才可以'平好恶而反人道之正',这是中国古代就已提出的'人道主义'。礼、乐不可互离,其真正含义是艺术反映政治而且为政治服务。政治本身就是一种广义的艺术,因为乐求和谐,礼求秩序,秩序与和谐都是艺术所不可少的。"② 朱光潜据《乐记》,认为礼乐是相反相成的关系,礼乐所追求的和谐与秩序是政治的反映,同时又服务于本身就是艺术的政治。

一些学者根据《乐记》之记载,对音乐的审美教育功能作了阐述。《乐记》曰:"大乐与天地同和,大礼与天地同节。"其将礼乐与天地联系起来,使其所论之礼乐超越功利而具有本体意义。此外,《乐记》还将音乐与人的情感联系起来:"夫乐者乐也,人情之所不能免也。""论伦无患,乐之情也;欣喜欢

---

① 宗白华:《〈乐记〉中的音乐思想》,《〈乐记〉论辩》,人民音乐出版社,1983,第55页。
② 朱光潜:《〈乐记〉与中国美学》,《〈乐记〉论辩》,人民音乐出版社,1983,第187页。

爱，乐之官也。"郭沫若认为，《乐记》将礼乐的崇高性上扬，音乐的崇高可使人受到感染，并产生同样的崇高感，"礼乐的成功不仅可以使天下太平，而且可以使宇宙明朗化。……更进一步是把宇宙全体看为一个音乐或一座礼堂，或一座奏着音乐的庄严礼堂。……到这儿为止我们看到音乐的崇高性逐渐上升，作者的精神也逐渐亢扬，把音乐的赞美推崇到至高无上的地位，很有点类似希腊皮它果拉司派的宇宙观"[1]。王善忠认为，《乐记》既强调音乐与现实的联系，又强调音乐有一定思想内容；乐的审美享受从根本上来说还是工具性的存在。《乐记》所言审美与伦理教化是联系在一起的，他说："《乐记》作者把乐作为对人们施行教化的工具，也即把乐的审美享受作为施行伦理教化的媒介手段。"[2]

《乐记》中有丰富的哲学思想，宋代二程、张载、朱熹等人曾用《乐记》构建他们的理学思想体系。20世纪的学人对《乐记》的哲学思想也作了讨论，议题有三，即《乐记》的哲学思想体系，《乐记》的哲学思想属于唯心主义还是唯物主义，《乐记》的人性论、中和论。

有些学者对《乐记》的哲学思想体系作了探讨。如高建平认为，读《乐记》难免会感到头绪纷繁，不得要领，而抓住"以类相动"再读《乐记》，就可知《乐记》有严整的逻辑体系，各种音乐观在这个体系中皆能各就各位；《乐记》中渗透着

---

[1] 郭沫若：《公孙尼子与其音乐理论》，《〈乐记〉论辩》，人民音乐出版社，1983，第15页。

[2] 王善忠：《我国古代音乐美学的珍贵文献——〈乐记〉》，《〈乐记〉论辩》，人民音乐出版社，1983，第138—139页。

天人相通思想，即音乐合于天地万物。在此前提下，高氏认为《乐记》中有一个双向的关系：《乐记》讲由物到心，由心到音，是音乐的起源和本质，从这个模式出发，就会有音乐的产生等一系列命题；《乐记》又讲由音到心，由心到物，不同的声音可以引起人们不同的反应，于是又会产生一系列的艺术主张，如"乐以节人""乐教"等。①

吕骥认为，《乐记》有内在的逻辑性，并非杂抄而成，他说："从《乐记》本身来看，它的理论构想是明确的，有条理、有层次，每一章的主题是鲜明的，整部书可以认为是一部体系完整的艺术理论著作。"② 在此前提下，吕氏认为《乐记》蕴含着自殷周以来非神的天道思想、建立在自然科学基础上的无神论思想以及贯穿于奴隶时代的统治阶级思想和封建社会初期的唯物论。

20世纪中期以来，受学术研究大气候的影响，出现了《乐记》属于唯心主义还是唯物主义的争议。有的学者专门撰写文章来表达看法，有的学者则在研究艺术美学思想的过程中表达看法。如郭沫若的《公孙尼子与其音乐理论》一文虽然没有给出"唯心""唯物"的标签，但是从其论述仍可见其倾向。如《乐记》云"德者性之端也，乐者性之华也，金石丝竹，乐之器也。……唯乐不可以为伪"，郭沫若说："音乐是内在生活的花，但其实也是外界生活的反映，因为感情是由于外物而动的。同时也是外界生活的批判，因为感情的发生并不是纯全的被动，

---

① 高建平：《论"以类相动"——〈乐记〉体系初探》，《天津师范大学学报》，1985年第3期。
② 吕骥：《试论〈乐记〉的理论逻辑及其哲学思想基础》，《音乐研究》，1991年第2期。

而有主观的能动作用存在。"[1] 郭氏既肯定音乐是外界生活的反映，感情由于外物而动，又肯定主观能动性的存在。其对《乐记》此段文字的解读，基本上倾向于唯物主义。

继郭沫若之后，不少学者对《乐记》哲学思想的唯心或唯物属性作了探讨。如杨公骥在《中国文学》一书中认为，《乐记》有唯物主义的因素，同时也有不可克服的矛盾，究其原因，乃是公孙尼子不能完全摆脱唯心论的影响。此外，吉联抗认为《乐记》有不少"唯物主义的光辉"，同时也有把音乐问题曲解附会到"天""神"观念上的唯心主义内容。[2]

蔡仲德认为《乐记》的"动静"说是一种精致的唯心论，"理欲"说是一种露骨的唯心论，"天人感应"说是一种有神论，"唯君子为能知乐"说是一种唯心史观。如《乐记》言"感于物而动""人心之动，物使之然也"，不少研究者据此认为《乐记》的思想属于唯物主义，蔡仲德则说："我认为《乐记》提出'感于物而动''人心之动，物使之然也'的命题，承认外物对人心的一定作用，承认外物在音乐产生过程中的一定作用，是可取的，有一定的唯物论因素。但它认为这种作用不是使人产生意识、产生音乐，而是使人所固有的智力、情感、德性活动起来，表现出来，所以'动静'说的实质还是唯心的，归根结底，它不是唯物论的反映论，而是唯心论的先验论——一种精致的唯心论。"[3] 蔡仲德认为，《乐记》所言"感于物而

---

[1] 郭沫若：《公孙尼子与其音乐理论》，《〈乐记〉论辩》，人民音乐出版社，1983，第11页。
[2] 吉联抗：《〈乐记〉——我国古代最早的音乐理论》，《人民音乐》，1958年第5期。
[3] 蔡仲德：《〈乐记〉哲学思想辨析》，《〈乐记〉论辩》，人民音乐出版社，1983，第309页。

动""人心之动,物使之然也"有唯物论因素,但其不是唯物论的反映论,而是一种先验精致的唯心论。

李业道认为《乐记》的哲学思想属于唯物论,是朴素唯物论、中国古代唯物论。如《乐记》云"人生而静,天之性也;感于物而动,性之欲也",蔡仲德认为此乃"动静说",是一种精致的唯心论。李业道驳蔡仲德,认为《乐记》于此所言"动""静"并不能构成"说",该句的两个相对应概念是"静"和"欲",而非"静"和"动";"性"与"物"是主客关系;"感于物而动"才是"说","这个'说'是唯物论"。① 高建平亦对蔡仲德的观点提出了质疑。同样是《乐记》"感于物而后动"一语,高氏认为不能简单以唯心论概之,《乐记》于此所言"物",也不能用今天所谓"物"的概念去理解,他说:"《乐记》的'物'并不同于我们今天所谓的'物质'。……在《乐记》中,'物'仅是泛指能引起人的喜怒哀乐之情的外在刺激物而已,并没有深究物质和意识的最终根源。从上面我们提供的双向模式可以看出,对心起作用的外在刺激物有两种,一是'物',一是'音',《乐记》中的'物'的含义,正好有此二者。在《乐本》中,'物'指自然和社会生活环境,在《乐言》中指音乐艺术。"②

20世纪的一些学者对《乐记》的人性论作了探讨。《乐记》曰:"人生而静,天之性也,感于物而动,性之欲也。物至知

---

① 李业道:《关于蔡仲德提出的〈乐记〉哲学思想的几个问题》,《中央音乐学院学报》,1999年第1期。
② 高建平:《论"以类相动"——〈乐记〉体系初探》,《天津师范大学学报》,1985年第3期。

知，然后好恶形焉。好恶无节于内，知诱于外，不能反躬，天理灭矣。夫物之感人无穷，而人之好恶无节，则是物至而人化物也。人化物也者，灭天理而穷人欲者也。"这是探讨《乐记》"人性论"者所依据的材料。

有些学者认为《乐记》所持的是人性无善无恶论。如郭沫若认为《乐记》的人性论"和孔子的'性相近，习相远'正一脉相通"[①]。周来祥承袭郭沫若的观点，认为"(《乐记》)论人性的观点，与孔子'性相近，习相远'的说法很相近，而与后来孟子之性善、荀子之性恶相去甚远"[②]；与孟、荀先天性善论或性恶论不同，《乐记》的人性论是中性的，善恶观是后天形成的。

有的学者认为《乐记》所持的是性有善有恶论。比如周柱铨根据王充的《论衡》，认为公孙尼子所持的是性有善有恶论，《乐记》是公孙尼子的作品，那么《乐记》所持的应该是性有善有恶论。《乐记》云"物至知知，然后好恶形焉"，周氏据此曰："这虽然谈的是'好恶'而不是'善恶'，但其原理是一致的，即不承认人的本性是天生的，也不是天赋予的。天赋予它的是'静'，是洁白、未定性的。"[③] 周氏认为《乐记》认为人先天的是"静"，与公孙尼子的人性有善有恶论基本一致。

蔡仲德认为《乐记》所持的是性善论。在他看来，《乐记》"好恶"一词无"善恶"之义，"它(指《乐记》)主张节后天

[①] 郭沫若：《公孙尼子与其音乐理论》，《〈乐记〉论辩》，人民音乐出版社，1983，第5页。
[②] 周来祥：《中国古典美学和古典文艺理论的奠基石——论公孙尼子的〈乐记〉》，《〈乐记〉论辩》，人民音乐出版社，1983，第192页。
[③] 周柱铨：《〈乐记〉考辨》，《〈乐记〉论辩》，人民音乐出版社，1983，第110页。

的'人欲',存先天的'天理';主张'平好恶',而恢复'人生而静'的'天之性'。这就是认为人性本善,恶是后天形成的,是孟子'性善'说的继承与发展"①。

李泽厚、刘纲纪主编的《中国美学史》对《乐记》的人性论作了探讨。李、刘二人认为,《乐记》乃抄《荀子》而成;《荀子》所持的是性恶论,《乐记》承袭《荀子》,故其所持的亦是性恶论。如李、刘二人抓住《乐记》所云"感于物而动,性之欲也"之"欲"字,认为此"欲"字是认识《乐记》人性论的关键字眼。李、刘二人曰:"这里的后一句话肯定了对外物的欲望是人的本性所具有,也就是荀子所反复论述过的'人生而有欲'的意思。至于前一句话,则可能与荀子《解蔽》中所谓的'虚壹而静'的'静'有关系。……《乐记》所谓'人生而静,天之性也',实际指的是人心有不为物欲所牵,认识道的能力。但人性又会'感于物而动',有各种欲望追求,因而无法知'道'。由此可见,为人性所具有的欲望是恶,不是善。这正是荀子一贯的观点。"② 李、刘二人结合《荀子》人性论中对"欲"的强调,认为《乐记》所持的是性恶论。

20世纪的学人对《礼记·乐记》给予了充分的重视。《乐记》获得20世纪学人的青睐不是偶然的,其反映出了20世纪学术研究的一些特点。前人多从考据的角度研究儒家经典,即使有义理研究,亦多是在传统经学的框架范围内展开。受西学

---

① 蔡仲德:《〈乐记〉作者问题辨正》,《〈乐记〉论辩》,人民音乐出版社,1983,第251页。
② 李泽厚、刘纲纪主编:《中国美学史》第1卷,中国社会科学出版社,1984,第342页。

的影响，20世纪的学科分化意识很强，传统的经学被文学、哲学、史学、美学等分割。《乐记》的内容十分丰富，从各个角度皆可加以研究。自从郭沫若在20世纪40年代发表的《公孙尼子与其音乐理论》一文对《乐记》的诸多问题作了探讨之后，学界对《乐记》的重视可谓空前，此后的几十年中，《乐记》研究得以蓬蓬勃勃地展开，出现了大量的论文和专著。

20世纪的《乐记》研究主要集中在两个问题上，一是《乐记》的成书问题，二是《乐记》的音乐美学思想。如果说《乐记》的成书问题是经学时代遗留下来需要继续讨论的话题，那么《乐记》的美学思想则是20世纪新辟的研究领域。自郭沫若对《乐记》的音乐理论作了初步的探讨之后，不少学者从美学、艺术的角度对《乐记》作了新的研究，内容包括《乐记》中的音乐发生论、音乐与政治的关系、音乐的教化意义等。这些研究是学人们在新的学术背景下开辟的，为前人所未曾涉及。

20世纪的《乐记》研究呈现出多元化的特点。中国古代的《乐记》研究大致有两条路径：一是传统的经学考证，二是义理之阐发。《乐记》是《礼记》之单篇，从事《礼记》研究的学者自然不会忽略，比如孔颖达的《礼记正义》、孙希旦的《礼记集解》、朱彬的《礼记训纂》等皆将《乐记》作为《礼记》研究的一部分。他们采用传统的考据法对《乐记》的文本及其所记的名物制度进行研究。而宋儒大多是就《乐记》中的"天理""人欲"概念及相关命题进行推演，从而构建他们的理学思想体系，其研究方法多是义理之阐发。20世纪以来，部分学者继承了传统的经学考证法，对《乐记》作了研究。比如《乐记》的作者问题，学者们还是依据文献记载，排比推敲，从而得出结论。不过同样是从事《乐记》成书问题研究，古人的论证往往是片段性的，而非专门性的论述，而20世纪的学者问题意识很强，思路也比较开阔，他们重视从多学科的角度作综合性的研究。《乐记》中的不少内容与《荀子》《吕氏春秋》《易传》相似，这些文字孰先孰后，直到今天还是一大悬案。从事考据研究的学者不会忽略这个问题，从事思想史、艺术史、美学史、音乐史研究的学者也难以绕过这个问题。此外，《乐记》中的一些概念和命题有很强的哲理意味，比如"天理""人欲"两个概念，是宋明理学重要的思想资源。鉴于《乐记》在中国古代思想史上的重要地位，20世纪从事中国古代思想史研究的学者，对《乐记》自然不会淡然处之。随着现代学科的分化，作为新兴学科的美学受到了不少学人的重视，因此从事美学、音乐理论或艺术理论研究的学者自然也不会轻视《乐记》。

主要参考文献

说明：

1. 清代及清代以前的著作（包括现代整理本）按经、史、子、集顺序排列，各部分之下再按著者年代先后排列（含现代整理本）；

2. 经的部分按《易》《书》《诗》《周礼》《仪礼》《礼记》、"三礼"总义、《春秋》《孟子》、群经总义、"四书"的顺序排列；

3. 今人的著作、论文按写作或出版年代先后排列。

一、清代及清代以前著述

［唐］陆德明：《经典释文》，中华书局1983年版。

［唐］陆德明著，吴承仕疏证：《经典释文序录疏证》，中华书局2008年版。

［宋］刘敞：《七经小传》，文渊阁《四库全书》本。

［清］沈廷芳：《十三经注疏正字》，文渊阁《四库全书》本。

［清］阮元校刻：《十三经注疏（附校勘记）》，中华书局1980年版。

[清]惠栋：《九经古义》，文渊阁《四库全书》本。

[清]陈寿祺：《五经异义疏证》，《皇清经解》第7册，上海书店1988年影印本。

[清]孙诒让：《周礼正义》，中华书局1987年版。

[清]张尔岐：《仪礼郑注句读》，文渊阁《四库全书》本。

[清]万斯大：《仪礼商》，文渊阁《四库全书》本。

[汉]马融：《礼记马氏注》，[清]马国翰：《玉函山房辑佚书》第2册，上海古籍出版社1990年版。

[汉]卢植：《礼记解诂》，[清]马国翰：《玉函山房辑佚书》第2册，上海古籍出版社1990年版。

[魏]王肃：《礼记王氏注》，[清]马国翰：《玉函山房辑佚书》第2册，上海古籍出版社1990年版。

[南朝·梁]贺玚：《礼记新义疏》，[清]马国翰：《玉函山房辑佚书》第2册，上海古籍出版社1990年版。

[南朝·梁]皇侃：《礼记皇氏义疏》，[清]马国翰：《玉函山房辑佚书》第2册，上海古籍出版社1990年版。

[宋]吕大临：《礼记解》，陈俊民辑校：《蓝田吕氏遗著辑校》，中华书局1993年版。

[宋]卫湜：《礼记集说》，文渊阁《四库全书》本。

[元]吴澄：《礼记纂言》，文渊阁《四库全书》本。

[元]陈澔：《礼记集解》，文渊阁《四库全书》本。

[明]黄道周：《表记集传》，文渊阁《四库全书》本。

[明]黄道周：《缁衣集传》，文渊阁《四库全书》本。

[明]黄道周：《坊记集传》，文渊阁《四库全书》本。

[清]王夫之：《礼记章句》，《船山全书》第4册，岳麓书社

2011年点校本。

［清］万斯大：《礼记偶笺》，《续修四库全书》影印上海辞书出版社图书馆藏清乾隆二十四年万福刻《万充宗先生经学五书》本。

［清］张沐：《礼记疏略》，《四库全书存目丛书》本。

［清］李光坡：《礼记述注》，文渊阁《四库全书》本。

［清］纳兰性德：《陈氏礼记集说补正》，文渊阁《四库全书》本。

［清］康熙年间敕编：《日讲礼记解义》，文渊阁《四库全书》本。

［清］乾隆十三年敕撰：《钦定礼记义疏》，文渊阁《四库全书》本。

［清］方苞：《礼记析疑》，文渊阁《四库全书》本。

［清］江永：《礼记训义择言》，文渊阁《四库全书》本。

［清］汪绂：《礼记章句》，《续修四库全书》影印上海辞书出版社图书馆藏清光绪二十一年刻本。

［清］杭世骏：《续礼记集说》，《续修四库全书》影印华东师大图书馆藏清光绪三十年浙江书局刻本。

［清］孙希旦：《礼记集解》，中华书局1989年点校本。

［清］朱彬：《礼记训纂》，中华书局1996年点校本。

［清］焦循：《礼记补疏》，《续修四库全书》影印复旦大学图书馆藏清道光六年半九书塾刻《六经补疏》本。

［清］郭嵩焘：《礼记质疑》，《续修四库全书》影印上海辞书出版社图书馆藏清光绪十六年思贤讲舍刻本。

［清］俞樾：《礼记异文笺》，《清经解续编》第5册，上海书

415

店 1988 年影印本。

［清］皮锡瑞：《王制笺》，《皮锡瑞全集》第 4 册，中华书局 2015 年点校本。

［清］康有为：《礼运注》，《康有为全集》第 5 集，中国人民大学出版社 2007 年点校本。

［宋］朱熹：《四书章句集注》，中华书局 1983 年点校本。

［汉］司马迁：《史记》，中华书局 1959 年点校本。

［汉］班固：《汉书》，中华书局 1962 年点校本。

［晋］陈寿：《三国志》，中华书局 1964 年版。

［南朝·宋］范晔：《后汉书》，中华书局 1965 年点校本。

［唐］令狐德棻：《周书》卷四五，中华书局 1971 年版。

［唐］李百药：《北齐书》，中华书局 1972 年版。

［唐］魏徵：《隋书》，中华书局 1973 年点校本。

［唐］姚思廉：《梁书》，中华书局 1973 年版。

［唐］房玄龄等：《晋书》，中华书局 1974 年点校本。

［唐］李延寿：《北史》，中华书局 1974 年版。

［唐］长孙无忌：《唐律疏议》，中华书局 1983 年版。

［唐］杜佑：《通典》，中华书局 1988 年版。

［宋］黎靖德辑：《朱子语类》，《朱子全书》(修订本)第 17 册，上海古籍出版社、安徽教育出版社 2010 年点校本。

［宋］王应麟：《玉海》，文渊阁《四库全书》本。

［元］脱脱：《宋史》，中华书局 1985 年点校本。

［明］官修：《明太宗实录》，台湾"中研院"史语所 1962 年版。

[清]陆世仪：《治乡三约》，《丛书集成三编》本。

[清]康熙二十六年敕编：《世祖章皇帝圣训》，文渊阁《四库全书》本。

[清]永瑢等：《四库全书总目》，中华书局1965年影印本。

[清]黄宗羲撰，全祖望补：《宋元学案》，中华书局1986年版。

[清]朱彝尊：《经义考》，中华书局1998年影印本。

[清]赵翼：《廿二史札记》，凤凰出版社(原江苏古籍出版社)2008年版。

[宋]王应麟：《困学纪闻》，《四部丛刊三编》本。

[宋]刘敞：《公是弟子记》，文渊阁《四库全书》本。

[宋]范祖禹：《帝学》，文渊阁《四库全书》本。

[宋]黄震：《黄氏日抄》，文渊阁《四库全书》本。

[明]罗钦顺：《困知记》，文渊阁《四库全书》本。

[明]杨慎：《丹铅总录》，文渊阁《四库全书》本。

[清]梁启超：《中国近三百年学术史》，上海三联书店2006年版。

[清]梁启超：《论中国学术思想变迁之大势》，上海古籍出版社2006年版。

[清]梁启超：《清代学术概论》，人民出版社2008年版。

[唐]李翱：《李文公集》，文渊阁《四库全书》本。

[唐]韩愈：《昌黎先生文集》，文渊阁《四库全书》本。

[唐]柳宗元：《柳宗元集》，中华书局1979年点校本。

[唐]刘禹锡：《刘禹锡集》，中华书局1990年点校本。

[清]董浩：《全唐文》，中华书局1983年标点本。

[宋]周敦颐：《周敦颐集》，中华书局2009年点校本。

[宋]欧阳修：《欧阳修全集》，中华书局2001年点校本。

[宋]张载：《张载集》，中华书局1978年点校本。

[宋]李觏：《李觏集》，中华书局2011年点校本。

[宋]王安石：《王安石全集》，上海古籍出版社1999年点校本。

[宋]程颢、程颐：《二程集》，中华书局1981年点校本。

[宋]胡宏：《胡宏集》，中华书局1987年点校本。

[宋]杨时：《龟山集》，文渊阁《四库全书》本。

[宋]陆九渊：《陆九渊集》，中华书局1980年版。

[宋]杨简：《慈湖遗书》，《四明丛书》第四集（一），新文丰出版公司1988年版。

曾枣庄、刘琳等编：《全宋文》，上海辞书出版社、安徽教育出版社2006年标点本。

[明]杨慎：《升庵集》，文渊阁《四库全书》本。

[清]顾炎武：《顾炎武全集》，上海古籍出版社2011年点校本。

[清]陈确：《陈确集》，中华书局1979年点校本。

[清]方苞：《方苞集》，上海古籍出版社2008年点校本。

[清]王念孙：《高邮王氏遗书》，江苏古籍出版社2000年版。

[清]阮元：《揅经室集》，中华书局1993年点校本。

[清]崔述：《丰镐考信录余录》，《崔东壁遗书》第11册，

上海古书流通处1926年影印本。

［清］郭嵩焘：《郭嵩焘诗文集》，岳麓书社1984年版。

［清］章太炎：《章太炎全集》（演讲集下），上海人民出版社2015年点校本。

［清］廖平：《廖平全集》，上海古籍出版社2015年点校本。

［清］皮锡瑞：《皮锡瑞全集》，中华书局2015年点校本。

［清］康有为：《康有为全集》，中国人民大学出版社2007年点校本。

［清］陈澧：《陈澧集》，上海古籍出版社2008年版。

二、清代以后重要著述

伍非百：《墨子大义述》，国民印务局1933年版。

马宗霍：《中国经学史》，商务印书馆1936年版。

蒋维乔：《近三百年中国哲学史》，中华书局1936年版。

中央五七艺术大学音乐学院理论组：《〈乐记〉批注》，人民音乐出版社1976年版。

赵尔巽主编：《清史稿》，中华书局1977年点校本。

侯外庐：《中国思想史纲》，中国青年出版社1980年版。

黄侃：《黄侃论学杂著》，上海古籍出版社1980年版。

蔡尚思：《中国传统思想总批判》，湖南人民出版社1981年版。

张立文：《朱熹思想研究》，中国社会科学出版社1981年版。

任铭善：《礼记目录后案》，齐鲁书社1982年版。

张岱年：《中国哲学大纲》，中国社会科学出版社 1982 年版。

蒋伯潜：《十三经概论》，上海古籍出版社 1983 年版。

《〈乐记〉论辩》，人民音乐出版社 1983 年版。

李泽厚、刘纲纪主编：《中国美学史》第 1 卷，中国社会科学出版社 1984 年版。

任继愈主编：《中国哲学发展史》（秦汉卷），人民出版社 1985 年版。

陈俊民：《张载哲学思想及关学学派》，人民出版社 1986 年版。

顾颉刚：《中国上古史研究讲义》，中华书局 1988 年版。

贺麟：《宋儒的新评价》，商务印书馆 1988 年版。

蒙培元：《理学范畴系统》，人民出版社 1989 年版。

钟肇鹏：《谶纬论略》，辽宁教育出版社 1991 年版。

朱义禄：《儒家理想人格与中国文化》，辽宁教育出版社 1991 年版。

张立文：《走向心学之路——陆象山思想的足迹》，中华书局 1992 年版。

周何：《古礼今谈》，国文天地杂志社 1992 年版。

吕思勉：《先秦学术概论》，《民国丛书》第四编，上海书店 1992 年版。

胡玉缙等编：《续修四库全书总目提要》，中华书局 1993 年版。

李泽厚：《中国古代思想史论》，安徽文艺出版社 1994 年版。

张岱年：《张岱年全集》第四卷，河北人民出版社 1996 年版。

郭沫若：《十批判书》，东方出版社 1996 年版。

钱玄：《三礼通论》，南京师范大学出版社 1996 年版。

钱穆：《中国近三百年学术史》，商务印书馆 1997 年版。

钱穆：《国学概论》，商务印书馆 1997 年版。

林素英：《古代生命礼仪中的生死观——以〈礼记〉为主的现代诠释》，文津出版社 1997 年版。

林素英：《古代祭礼中之政教观——以〈礼记〉成书前为论》，文津出版社 1997 年版。

夏传才：《十三经概论》，天津人民出版社 1998 年版。

蒙培元：《心灵超越与境界》，人民出版社 1998 年版。

陈来：《朱子哲学研究》，华东师范大学出版社 2000 年版。

丁为祥：《虚气相即——张载哲学体系及其定位》，人民出版社 2000 年版。

冯友兰：《中国哲学史》，华东师范大学出版社 2001 年版。

马承源主编：《上海博物馆藏战国楚竹书》（一），上海古籍出版社 2001 年版。

钱穆：《两汉经学今古文平议》，商务印书馆 2001 年版。

彭永捷：《朱陆之辨——朱熹陆九渊哲学比较研究》，人民出版社 2002 年版。

姜广辉：《中国经学思想史》第 2 卷，中国社会科学出版社 2003 年版。

蔡方鹿：《知》，四川人民出版社 2004 年版。

杨天宇：《经学探研录》，上海古籍出版社 2004 年版。

张舜徽：《清儒学记》，华中师范大学出版社2005年版。

李安宅：《〈仪礼〉与〈礼记〉之社会学的研究》，上海人民出版社2005年版。

蒙文通：《经学抉原》，上海人民出版社2006年版。

王锷：《〈礼记〉成书考》，中华书局2007年版。

张显清：《明代后期社会转型研究》，中国社会科学出版社2008年版。

焦桂美：《南北朝经学史》，上海古籍出版社2009年版。

蔡方鹿：《宋明理学心性论》，巴蜀书社2009年版。

朱维铮编：《周予同经学史论》，上海人民出版社2010年版。

沈文倬：《清代礼书提要三种》，《中国经学》第七辑，广西师范大学出版社2010年版。

郑熊：《宋儒〈中庸〉学研究》，陕西人民出版社2010年版。

贺昌群：《魏晋清谈思想初论》，商务印书馆2011年版。

舒大刚：《儒学文献通论》，福建人民出版社2012年版。

李云光：《三礼郑氏学发凡》，华东师范大学出版社2012年版。

郝虹：《魏晋儒学新论——以王肃和"王学"为讨论的中心》，中国社会科学出版社2011年版。

陈来：《宋明理学》，生活·读书·新知三联书店，2011年版。

支伟成：《清代朴学大师列传》，上海人民出版社2014年版。

商传：《走进晚明》，商务印书馆2014年版。

周启荣：《清代儒家礼教主义的兴起——以伦理道德、儒学经典和宗族为切入点的考察》，天津人民出版社2017年版。

三、现当代重要研究论文

刘师培：《王制篇集证》，《国粹学报》1907年3卷11期。

王树枬：《学记笺证》，《中国学报》1913年3月第5期。

吴虞：《儒家大同之义本于老子说》，《新青年》1917年7月3卷5期。

金德建：《思想史上之汉代礼运篇本质与汉代社会的研究》，《民族杂志》1935年5月第3卷第5期。

章廷俊：《〈学记〉的教育制度与教学法则之剖析》，《政衡月刊》1935年6月第16期。

洪业：《礼记引得序——两汉礼学源流考》，《史学年报》1936年11月第2卷第3期。

蔡介民：《礼记成书之时代》，《新东方杂志》1940年2月第1卷第1期。

龚道耕：《礼记郑义疏发凡》，《志学月刊》1942年第3期。

高鸿缙：《礼运大同篇五读》，《孔学》1943年8月第1期。

方竑：《礼运说》，《中央大学文史哲学季刊》1945年3月第2卷第2期。

王新民：《礼运大同篇溯源》，《福建文化》1946年6月新2卷第4期。

吉联抗：《〈乐记〉——我国古代最早的音乐理论》，《人民音乐》1958年第5期。

董健：《〈乐记〉是我国最早的美学专著》，《南京大学学报》

1977年第4期。

凌圣翰:《〈学记〉的教育思想》,《广西民族学院学报(社会科学版)》1979年第2期。

定县汉墓竹简整理组:《定县40号墓出土竹简简介》,《文物》1981年第8期。

杨鑫辉:《〈学记〉心理学思想初探》,《心理学探新》1981年第1期。

张文山:《〈学记〉中教育心理学思想初探》,《心理科学通讯》1982年第1期。

李邦国:《〈学记〉的心理学和哲学思想》,《黄石师范学院学报》1982年第2期。

高春华:《〈学记〉注·译·析(上)》,《江苏大学学报》1982年第4期。

姜国柱:《李觏的"礼论"思想》,《江汉论坛》1983年第6期。

蒋孔阳:《评〈礼记·乐记〉的音乐美学思想》,《中国社会科学》1984年第3期。

高建平:《论"以类相动"——〈乐记〉体系初探》,《天津师范大学学报》1985年第3期。

张岱年:《中国哲学中"天人合一"思想的剖析》,《北京大学学报》1985年第1期。

金祖涛:《〈学记〉译注》,《语文学刊》1985年第2期。

董楚平《礼运大同考原》,《中国文化研究辑刊》第3辑,复旦大学出版社1986年版。

吕骥《关于公孙尼子和〈乐记〉作者考》,《中国音乐学》1988

年第 3 期。

王启发：《〈礼记〉的礼治主义思想》，《孔子研究》1990 年第 1 期。

廖焕超：《〈中庸〉作者献疑》，《孔子研究》1990 年第 2 期。

陈辉：《〈学记〉教与学思想探微》，《四川师范学院学报（哲学社会科学版）》1990 年第 3 期。

梁启超：《古书真伪及其年代（附三种）》，江苏广陵古籍刻印社 1990 年影印。

王启发：《〈礼记〉中的人格理想与社会理想》，《中国社会科学院研究生院学报》1990 年第 4 期。

王育济：《论二程的"天理人欲之辨"》，《山东大学学报》1991 年第 2 期。

许梦瀛：《〈学记〉的教学论与教师论》，《河南师范大学学报（哲学社会科学版）》1991 年第 2 期。

吕骥：《试论〈乐记〉的理论逻辑及其哲学思想基础》，《音乐研究》1991 年第 2 期。

徐兴元：《谶纬与经学》，《中国社会科学》1992 年第 2 期。

王少媛：《论〈学记〉教育管理思想》，《辽宁高等教育研究》1992 年第 5 期。

凌枫芝：《〈学记〉中教师心理学思想探索》，《云南师范大学学报（哲学社会科学版）》1995 年第 1 期。

肖群忠：《〈礼记〉的孝道思想及其泛化》，《西北师范大学学报（社会科学版）》1995 年第 2 期。

姜义华：《论〈礼记〉及其文化内涵》，《中国文化》1996 年第 2 期。

曾贻芬：《明代官修"大全"散论》，《史学史研究》1996年第2期。

崔大华：《〈礼记〉的思想》，《中国哲学史》1996年第4期。

李保强、陈辉：《〈礼记·学记〉中的教育目标管理思想刍议》，《管子学刊》1996年第4期。

陈来：《郭店简可称"荆门礼记"》，《人民政协报》1998年8月3日。

刘颖：《〈学记〉中的教育管理思想》，《教育管理》1995年第3期。

杨家聪：《〈学记〉中教学论之我见》，《湖北大学学报(哲学社会科学版)》1995年第6期。

李海涛：《论〈学记〉的思想内容与结构体系》，《成都大学学报(社会科学版)》1998年第3期。

陈来：《郭店楚简之〈性自命出〉篇初探》，《孔子研究》1998年第3期。

廖名春：《郭店楚简儒家著作考》，《孔子研究》1998年第3期。

李学勤：《郭店简与〈礼记〉》，《中国哲学史》1998年第4期。

姜广辉：《郭店楚简与〈子思子〉》，《哲学研究》1998年第7期。

张立行：《战国竹简露真容》，《文汇报》1999年1月5日。

郑重：《"上博"看竹简》，《文汇报》1999年1月14日。

李业道：《关于蔡仲德提出的〈乐记〉哲学思想的几个问题》，《中央音乐学院学报》1999年第1期。

龚建平:《郭店简与〈礼记〉二题》,《武汉大学学报》1999年第5期。

赖井洋:《略论李觏对荀子〈礼论〉的继承和发展》,《韶关大学学报》1999年第6期。

郭沂:《郭店楚简〈成之闻之〉篇疏证》,《中国哲学》第20辑,辽宁教育出版社1999年版。

庞朴:《古墓新知——漫读郭店楚简》,《中国哲学》第20辑,辽宁教育出版社1999年版。

李学勤:《郭店楚简与儒家经籍》,《中国哲学》第20辑,辽宁教育出版社1999年版。

蔡仲德:《郭店楚简儒家乐论试探》,《孔子研究》2000年第3期。

彭林:《郭店楚简与〈礼记〉的年代》,《中国哲学》第21辑,辽宁教育出版社2000年版。

钟肇鹏:《荆门郭店楚简略说》,《中国哲学》第21辑,辽宁教育出版社2000年版。

陈来:《郭店竹简儒家记说续探》,《中国哲学》第21辑,辽宁教育出版社2000年版。

彭林:《郭店楚简与〈礼记〉的年代》,《中国哲学》第21辑,辽宁教育出版社2000年版。

刘晓东:《〈郭店楚墓竹简·缁衣〉初探》,《兰州大学学报(社会科学版)》2000年第4期。

杨天宇:《略述中国古代的〈礼记〉学》,《河南大学学报(社会科学版)》2000年第5期。

杨天宇:《略论汉代今古文经学的斗争与融合》,《郑州大学学报》2001年第2期。

申屠炉明:《南北朝儒家经学义疏三论》,《江苏社会科学》2001年第4期。

李学勤:《重写学术史》,河北教育出版社2002年版。

杨树达:《汉书窥管》,湖南教育出版社2007年版。

朱汉民:《二程天理论的文化意义》,《湖南大学学报》2001年第4期。

姜广辉:《论宋明理学与经学的关系》,《湖南大学学报》2004年第5期。

刘桂莉:《格物致知综论》,《中华文化论坛》2004年第4期。

邹华:《郭店楚简与〈乐记〉》,《西北师范大学学报(社会科学版)》2004年第6期。

吴丽娱:《改撰〈礼记〉:〈大唐开元礼〉的创作更新》,《礼学与中国传统文化》,中华书局2006年版。

潘斌:《卢植〈礼记解诂〉探微》,《青海社会科学》2007年第5期。

曾军:《从民间著述到官方教材》,《华中师范大学学报》2007年第4期。

林乐昌:《张载礼学论纲》,《哲学研究》2007年第12期。

潘斌:《王安石〈礼记〉学探论》,《社会科学辑刊》2008年第1期。

彭耀光:《程颐"格物致知"思想新探》,《中国哲学史》2008年第1期。

黄开国:《刘逢禄〈公羊〉学的意义》,《哲学研究》2008年第2期。

刘卫宁：《两晋南北朝儒经义疏研究》，暨南大学 2008 年博士学位论文。

王锷：《东汉以来〈礼记〉的流传》，《井冈山大学学报》2010 年第 5 期。

潘忠伟：《唐初〈礼记〉地位的提升与北朝礼学传统》，《中华文化论坛》2011 年第 3 期。

陶广学：《孔颖达〈礼记正义〉研究》，扬州大学 2012 年博士学位论文。

陈丽平：《试析刘向以礼制改良政治思想》，《阜阳师范学院学报(社会科学版)》2014 年第 5 期。

张帅：《南北朝三礼学研究》，山东师范大学 2013 年博士学位论文。

盛洪：《天道之法：儒家的道—礼—法秩序观》，《中国法律评论》2016 年第 3 期。

王启发：《王肃的礼学及其后世影响》，《湖南大学学报(社会科学版)》，2016 年第 2 期。

刘丰：《关于刘向〈礼记〉的三个问题》，《中国哲学史》2017 年第 3 期。

王启发：《北朝熊安生的礼记学及其经学史意义》，《湖南大学学报(社会科学版)》2018 年第 1 期。

后　记

　　本书是河南大学李振宏先生主编的《中华元典学术史丛书》之一种。蒙李先生信任，《〈礼记〉学术史》由我承担撰写工作。由于我曾撰写并出版过《宋代〈礼记〉学研究》《宋代"三礼"诠释研究》《二十世纪中国三礼学史》等书，所以对中国《礼记》学术史有初步的研究。当李先生约我参加撰写工作时，我便欣然应承下来。

　　需要说明的是，本书"汉唐时期的《礼记》学"部分的提纲是由我与我的师弟刘延超博士商讨后提出来的。这部分的初稿由刘博士完成，最后由我修改完善。

　　限于作者水平，本书一定还有很多疏失，恳请读者批评指正。

潘斌

2021 年 3 月 8 日